教育部人文社会科学研究青年基金项目『冲突法视角下中国遗产管理法律制度构建研究』（项目编号18YJC820084）成果

# 比较法视野下的遗产管理法律制度研究

Research on the Legal System of Estate Administration from the Perspective of Comparative Law

张弛 著

WUHAN UNIVERSITY PRESS
武汉大学出版社

**图书在版编目(CIP)数据**

比较法视野下的遗产管理法律制度研究/张弛著.—武汉：武汉大学出版社,2023.12

ISBN 978-7-307-24004-9

Ⅰ.比…　Ⅱ.张…　Ⅲ.遗产—研究—中国　Ⅳ.D923.504

中国国家版本馆 CIP 数据核字(2023)第 182411 号

责任编辑:胡　荣　　责任校对:李孟潇　　版式设计:马　佳

---

出版发行：**武汉大学出版社**　(430072　武昌　珞珈山)

(电子邮箱：cbs22@ whu.edu.cn　网址：www.wdp. com.cn)

印刷:武汉邮科印务有限公司

开本:720×1000　1/16　印张:21　字数:341 千字　插页:1

版次:2023 年 12 月第 1 版　2023 年 12 月第 1 次印刷

ISBN 978-7-307-24004-9　定价:88.00 元

---

# 序

自2011年4月1日施行的《中华人民共和国涉外民事关系法律适用法》(以下简称《法律适用法》)首次明确规定遗产管理冲突规则以来，遗产管理在国内实体法规则层面出现了近十年的空白。直到2021年1月1日施行的《民法典》颁行之后，这一领域的缺失才得以填补。我国遗产管理相关理论和司法实践目前尚处于初步发展阶段，从比较法的视角开展研究，有助于继续补充和完善我国的遗产管理法律制度。

本书从遗产管理实体法入手，围绕遗产管理法律制度相关的管理财产、管理人员、管理流程三个核心开展研究；在此基础上分析了涉外遗产管理涉及的国际私法问题，然后在相应各部分穿插分析解构了《民法典》中遗产管理相关条文，最后在遗产管理人类型化的基础上筛选解读了相关典型案例。

本书关于实体法规则的研究是在横向比较一些代表性国家的民法典中遗产管理相关法律规则的基础上，重点归纳阐释共性部分的规则，适当推介部分有借鉴意义的个性化做法。关于管理财产，从立法体例和立法模式的角度分析了遗产的范围，围绕继承权客体、继承模式、不完全遗产等问题剖析了划定遗产范围需要重点考量的因素，探讨了占有和网络财产的可继承性。关于管理人员，在类型化的基础上区分不同管理人之间的联系和区别、分析了各自的法律地位，在此基础上对各类遗产管理人的选任和职务终止以及相关权利义务做了较为细致的解读。关于管理流程，重点分析了编制遗产清单、通知和公告、遗产破产和遗产分割这几个管理过程中涉及的关键节点。实体法层面的三个核心相关的内容没有完全遵循现有体例的安排，而是在《民法典》现有体例基础上略有拓展，具有一定的理论参考意义。

本书关于冲突规则的研究则主要围绕我国遗产管理仅有的一条冲突规则适用过程中需要留意的国际私法问题展开。遗产管理案件的管辖，既要考虑两大法系针对这类案件管辖的特点，又要关注确立管辖权的考量因素。基础冲突规则理论的运用还涉及遗产管理的识别、范围的确定、系属公式的运用等。在前述分析讨论的基础上，结合《民法典》中遗产管理实体规则的制度设计，详细阐述了《法律适用法》第 34 条的规范构造。

本书关于《民法典》中遗产管理相关条文的解读则穿插安排在实体法和冲突法相应理论分析部分，以便于将横向比较的结论和我国现有规定对照解读。在遗产管理基础理论部分，本书重点就《民法典》中的遗产保管(第 1151 条)、遗产管理人(第 1145 条)作了全面的对照分析解读，印证了我国遗产管理的宏观架构是全面覆盖了遗产保管人、遗嘱执行人、遗产管理人和遗嘱信托受托人的一种体系化安排。在实体法规则层面，本书围绕三个核心直接对应的部分内容分析了《民法典》中遗产的范围(第 1122 条)、遗产管理人的指定(第 1146 条)、遗产管理的通知(第 1150 条)三个条文。

本书关于遗产管理的司法实践作了初步的类案整理分析，按照管理人的身份性质具体划分了遗产保管人、遗嘱执行人、遗产管理人、遗嘱信托受托人四个类型。每个大类之下，又筛选了当前司法实践中遇到的有一定代表性且存在明显分歧争议的三类典型案例。针对这些从其他案由中筛选出的与遗产管理人相关的案例，细致地梳理了各级法院的不同处理态度，并作了适当的评述分析。

综观全书，本书章节的安排在保持实体法部分和冲突法部分相对独立的基础上，合理穿插了《民法典》中遗产管理法律制度对应部分具体规则的解读，然后再就司法实践中的实际运用进行归纳总结，是在横向的国别比较分析的基础上对照参考《民法典》相关条文的内容，重新设计架构了遗产管理法律制度的基本框架，这种结构安排具有较强的体系性。在书中作者的立场和观点都是在该体系基础上作出的分析解读，表达简明、逻辑连贯、态度明确，提出的建议也较为审慎，对遗产管理相关具体规则在当下的理解和适用具有一定的参考借鉴意义。在冲突规则出台后，实体法规则缺位十年的背景下，遗产管理理论在司法实践中的实际运用效果大打折扣，《民事案件案由规定》更新后新增的两个遗产管理直接相关案由适用较少。本书的研究也较侧重于理论分析和规则解读，司法实践相关研究仍有进一步挖掘的空间。期望作者继续关注遗产管理司法实践发展新动向，后续研究须进一步增进理论研究为司法实践充分运用的效果，为遗产管理司法解释的出台提供有参考价值的素材，为国际私法法典的编纂修订贡献绵薄之力。

**肖永平**

2023年10月10日

# 前　言

遗产管理制度作为遗产继承过程中的一项重要制度，为众多国家继承法所采纳。遗产管理制度是妥善处理被继承人遗产的一种体系化安排。随着《中华人民共和国民法典》(以下简称《民法典》)的颁布施行，遗产管理制度的整体框架已基本确立。我国于2011年施行的《中华人民共和国涉外民事法律关系适用法》(以下简称《法律适用法》)第34条明确规定了遗产管理冲突规则。二者对涉外遗产管理的法律适用都具有重要的指导意义，在《中国国际私法法典》研讨的背景下，准确理解和运用遗产管理法律规则是当下急需引起重视的关键问题。本书系统地论述了遗产管理的基本问题、遗产的范围、遗产管理人、遗产管理主要环节、涉外遗产管理的国际私法问题、各类遗产管理人典型案例，并在此基础上提出我国遗产管理规则准确理解和适用的具体建议。

关于遗产管理的基本问题，首先值得注意的是遗产管理的内涵必须从广义和狭义两个角度来全面理解。广义的遗产管理包含遗产保管、遗产信托、遗嘱执行和狭义的遗产管理。不同类型遗产管理之间，主要联系是其基本结构相同；主要区别是功能不同：遗产保管重在保存，遗产信托可以避税，遗嘱执行需要尊重被继承人遗愿，遗产管理需完成遗产的转移和分配。简要梳理遗产管理的历史发展主要脉络也有助于我们更准确地理解遗产管理法律制度：古埃及托孤是遗产管理的最早雏形；古罗马的遗产信托是古代遗产管理发展的鼎盛时期；英国的用益制度则是现代遗产管理制度的起源。《民法典》第1151条将遗产保管单列，将其界定为“存有遗产的人”，能够较全面地覆盖各类临时持有遗产的人。《民法典》第1145条通过四个逻辑层次明确规定了不同的产生遗产管理人的方式，进而划定了我国遗产管理制度的大体框架。

关于遗产的范围，各国的立法体例实质趋同，本质上都属于分散式立法体例；立法模式也大同小异，主要是概括规定加具体调节。本书在比较各国遗产范围立法的基础上分析了界定遗产范围应当考量的四方面因素，并对占有和网络虚拟财产的可继承性进行了详细阐述。占有的可继承性，应当从占有的本质属性、社会现实需求以及占有在我国立法框架下的现状三个方面加以佐证。网络虚拟财产具有财产属性，有三种类型网络虚拟财产具有可继承性：一是具有纪念意义或证据功能的信息资料型；二是能转化为现实财产且能被大众认可的信誉型；三是虚拟货币。在现实中继承网络虚拟财产，我们需要区分虚拟财产的类型，确定被继承人的权利状态，并提供继承的合理理由。《民法典》第1122条没有沿用《中华人民共和国继承法》(以下简称《继承法》)中“概括+列举”的方式界定遗产的范围，新采用了“概括+排除”的方式，先概括性划定自然人遗产的宏观范围，再通过“依照法律规定或者根据其性质不得继承”的限制将部分财产排除在遗产范围之外。

关于遗产管理人，我们需要区分不同类型的遗产管理人，分析两大法系遗产管理人的法律地位，归纳总结遗产管理人的选任、终止及其权利义务关系。遗产保管人在两大法系都是占有人。遗产信托受托人，在英美法系是信义义务人，在大陆法系是源生权利人和专项财产代理人。遗嘱执行人和狭义遗产管理人，在英美法系是人格代表，在大陆法系是代理人。狭义遗产管理人的选任与遗产信托受托人和遗嘱执行人的选任相比显得较为复杂，但后两者的补选规则也可以部分借鉴前者。遗产管理人的权利主要包括表决权、处分权、请求权和诉讼参与权；义务则主要包括妥善管理义务、损害赔偿义务、管理情况报告义务和共同管理协助义务。《民法典》第1146条法院指定遗产管理人，有独立的三级案由，作为法院的一种被动型职权，其应是确定遗产管理人的兜底性条款。

遗产管理过程中的主要环节，需重点把握遗产清单的编制、通知和公告、遗产破产和遗产分割。遗产清单在限定继承时由继承人、遗产管理人、法院或专门机关编制。编制期间有固定期间和弹性期间两种规定。遗产清单主要记载遗产的现状，可供利害关系人查询。遗产管理中的公告主要包括对遗产债权债务人、遗产管理相关事项以及遗产债务分配方案的公告。遗产破产的功能在于合理分配遗产，破产标准是资不抵债，破产财产的范围应限于遗产。破产程序主要包括破产申请、破产期限、破产清偿顺序等事项。遗产分割则主要涉及债权债务处理、遗产归扣、预留应继份和特留份、遗产分配等内容。《民法典》第1150条规定了继承开始后通知义务的履行，主要涉及通知义务主体、通知对象、通知顺位、通知时间节点、通知方式等具体问题。

涉外遗产管理的国际私法问题需要重点关注遗产管理的管辖权、适用范围、系属公式以及冲突规则的解释和运用。大陆法系遗产管理的管辖具有附属性，英美法系遗产管理的管辖相对独立。确立遗产管理的管辖需要考量客观连结因素，还需关注纯遗产管理事由的管辖。遗产管理的范围主要包括遗产管理中的程序性事项，这些事项与遗产管理的关联程度比继承高。遗产管理的法律适用包括适用继承的准据法、适用法院地法、适用被继承人的属人法、适用遗产聚集地法以及灵活适用准据法。在民法典时代理解和适用《法律适用法》第34条这一冲突规则，需在准确理解遗产管理人内涵的基础上划定遗产管理的范围，全面把握不同系属公式的特点，灵活解释和运用遗产所在地这个连结点。

在我国目前遗产管理司法实践中，最新的《民事案件案由规定》(2020年版)确立的“34. 遗产管理纠纷”和“406. 申请指定遗产管理人”几乎无人问津，相关案例都散见于其他案由项下，或作为附带问题一并处理。经搜集、整理、筛选后，我们还是能从中发现不同类型遗产管理人的相关案件仍各有侧重，展现了一定类型化的特点。遗产保管人主要涉及拒不交付遗产和遗产保管不当的问题。遗嘱执行人主要面临被认定为无效或存在多份遗嘱等问题。遗产管理人则涉及共同担任遗产管理人、法院指定遗嘱执行人以及无人继承遗产的处理等问题。遗嘱信托则主要涉及遗嘱信托受托人的权限和变更等问题。

最后，我们还需持续关注我国遗产管理制度的合理运用及进一步完善的问题。本书从构建基础、构建方向、遗产的范围、遗产管理人和遗产管理事项等方面进行了论述。构建基础主要包括继承模式和遗产管理的整体结构。构建方向应该以遗产为核心、以遗产管理人为推动者、以遗产管理事项为实施重点。遗产的范围的总括性规定应采用概括加排除式规定，还需规定遗产归扣、共有财产的分割和特定类型财产的继承等问题。遗产管理人相关规定的构建需从遗产管理的法律地位、选任和解职、权利和义务三个方面着手。遗产管理的主要环节应包括编制遗产清单、通知和公告、遗产破产和遗产分割。涉外遗产管理应建立独立的管辖权规则，并对遗产管理冲突规则的范围和系属进行解释。

# 目　　录

# 第一章　遗产管理的基本问题

遗产管理的基本问题主要包含其自身含义和历史发展。这两方面是从比较法的角度进行研究的起点和基础，对其进行分析有助于更准确地理解遗产管理的含义、把握遗产管理的本质。

遗产管理这一概念在不同的语言中有不同的表达方式，甚至在同一语言的不同语境中也存在不同含义，有必要对其进行简要的归纳概括。一方面使不同语言中的术语得以对应，便于比较研究；另一方面可减少对该术语不恰当地使用，便于学习和交流。遗产管理的历史发展是遗产管理在不同历史时期具体形态的呈现。鉴于遗产管理的历史发展是一个较大的命题，本书仅限于对当代遗产管理制度影响较深远的部分内容进行简要归纳和分析。

## 第一节　遗产管理的两层含义

"遗产管理"这一术语在目前的文献中并非表达着同样的内容，甚至出现了完全不同的表意对象。导致这一现象的原因多种多样，难以穷尽，但有四个方面的因素不容忽视。首先，不同的语言中描述同一种现象所用词汇千差万别，仅仅靠翻译难以实现概念的完全对应。其次，文化差异造就了形式多样的遗产继承传统和习俗，遗产管理即便在概念上能找到对应概念，但对应概念所要表达的内容也不尽相同。再次，各国法律规定的不同也决定了各国遗产管理的具体实施条件和方式有所不同。最后，由于对遗产管理的理解不同使得同一词语在不同的文献中所表达的含义也略有区别。这些因素增加了理解"遗产管理"这一概念在不同语境中具体含义的难度。"遗产管理"又与相关概念联系较为紧密，容易产生混淆。因此，我们需要对该概念的含义进行梳理，并与相关概念加以区分，以便准确地理解和交流。

“遗产管理”，顾名思义，即对遗产的管理。但遗产管理的管理权源不同、方式多样、内容各异，语义角度的理解和法律著述中的含义存在较大差别。对这一概念，我们应当从广义和狭义的角度进行分析界定。

## 一、广义的遗产管理

广义的遗产管理，是指一切以遗产为对象的管理行为的总称，包括遗产信托受托人、遗嘱执行人、遗产保管人和遗产管理人等对死者遗产进行的管理活动。之所以将这几种对遗产的管理行为都划归为广义的遗产管理，是因为它们在本质上是相同的，核心任务都是保存和管理遗产进而确保遗产利害关系人(包含继承者)的权利得以实现、义务得以履行。

对广义的遗产管理项下的不同管理类型已有不少研究，这些不同类型遗产管理的定义纷繁复杂，容易产生混淆和误用。对这些概念进行归纳梳理是准确认知和理解遗产管理的起点。

### (一)遗产信托

遗产信托，即对遗产设立的信托，包括遗嘱信托(testamentary trust/trust under will)和生前信托(inter vivos trust/living trust)①两大类。目前对遗嘱信托研究相对较多，对生前信托的研究相对较少(尤其是在大陆法系国家)。我国现存的部分文献中使用“遗嘱信托”一词表达的含义与“遗产信托”无异，属于错用了上位概念。造成这一现象有三个方面的原因：(1)未仔细区分遗产信托和遗嘱信托的差别；(2)受罗马法中的“遗产信托”一词的影响，将其沿用，但表达的却是遗嘱信托；(3)生前信托的适用在我国凤毛麟角，若排除这种情形，遗产信托与遗嘱信托也没有太多差别。

---

① “生前信托”本是英美法系翻译的对应概念，但此处借用是为了表达“生前代用遗产信托”。由于“生前代用遗产信托”在英美法系中并没有十分明确的对应概念，所以此处暂时借用上位概念进行表达。

黄风教授主编的《罗马法词典》对“遗产信托”的界定是：“遗产信托是一种死因财产处置行为，表现为遗产处置人委托其继承人、受遗赠人实施某种使第三人受益的行为。”①这一含义描述的是“遗嘱信托”，但用到的术语却是“遗产信托”。这一定义的特殊之处在于，受托人限定在继承人和受遗赠人的范围内。之所以出现这种情形，是因为该观点是在解释古罗马时期的遗产信托定义的基础上演化而得出的结论。古罗马时期的遗产信托建立之基础是信任，委托人与受托人之间一旦产生纠纷也是自然之债，当时并不受法律保护。因此，对于受托人的信任是遗产信托产生的最重要的因素，受托人往往与委托人较为亲近。

史尚宽先生在其《信托法论》中曾对“遗产信托”一词之含义进行了详细的分析，最后精要地概括为“是财产移转和管理的一种设计”②。这是对遗产信托的概括性描述，揭示了遗产信托的本质。无论是遗嘱信托还是生前信托，归根结底都是财产转移和管理的一种设计。

1. 遗嘱信托

在普通法系，关于遗嘱信托的定义往往落脚于信托本身，并在此基础上附加了遗嘱及其生效要件。例如，遗嘱信托是由遗嘱设立的，其条款于委托人死后生效的信托。③ 又如，遗嘱信托是通过遗嘱设立的信托，由委托人生前设立并于其死后生效。④ 之所以出现这种循环定义，与英美法系学者对信托的理解密切相关。

英国信托法专家阿瑟·昂德希尔爵士(Arthur Underhill)认为：“信托是一项衡平法上的义务，用以约束对信托财产享有(普通法上)所有权的受托人为受益人之利益而处分财产，而任何受益人都有权要求受托人完成此义务。”⑤这一定义方法较好地反映了信托中的三方当事人之间的权利义务，并表明了委托人和受托人与信托财产间的关系，极具代表性且产生了较为深远的影响。

---

① 参见黄风编：《罗马法词典》，法律出版社2002年版，第113页。

② 参见史尚宽著：《信托法论》，台湾商务印书馆1972年版，第1~12页。

③ Liz C. Messianu, *Estate Planning as Necessary as Ever Following Atra*, Estate Planning Client Strategies (Aspatore 2013), 2013 WL 3772849.

④ Philip H. Pettit, *Equity and the Law of Trust*, 7th Edition, Butterworths, 1993, p. 23.

⑤ Geraint W. Thomas & Alastair Hudson, *The Law of Trusts*, Oxford University Press, 2004, p. 15.

牛津大学伯纳德·卢顿教授(Bernard Rudden)认为：“信托本质上是一种赠与，它分散在长远的时间维度之上，因而受制于管理体制的约束。”①这一定义中的信托是指通过财产赠与转移而设立的信托，强调的是对财产转移这一过程的管理。反映在遗嘱信托领域，则强调保护家庭代际之间财富的转移。将信托的本质归结为赠与，则是强调这种信托在除去管理因素之外，与赠与的实际法律效果并无二致。

美国《第三次信托法重述》中对“信托”的界定是：信托是基于信托请求建立在信托财产上的信义关系，受托人负有衡平法上的义务，为公益之目的或他人之利益而管理信托财产。② 这一定义既强调了信义关系，又明确了衡平法上的义务，力图从这两个关键点出发揭示信托的本质，算是比较有代表性的观点。

由于信托起源较早，随后被引入不同领域，有着较为复杂的信托关系，不同国家和地区的分类标准亦有所不同，因而普通法系学者对于信托的定义也存在较大差别，难以统一。③ 不少英美法系学者都认为给“信托”一个明确而完整的定义实属不易。④ 即便如此，这些信托法的不同定义也只是对信托的基本描述，对信托在个案中的认定所产生的实质影响极为有限。因为这些定义能对法官产生的最大程度的影响仅限于对“信托”的直观理解，难以影响法官对个案的认定。正如曼斯菲尔德勋爵(William Murray Mansfield)所言，普通法规则源于个案且自成一体。⑤ 从这一角度来看，具体的定义是否明确而完整显得并不重要，与之紧密相关的权利义务似乎才是重点。

遗嘱信托作为一种特定类型的信托，若要将其定义建立在信托的基本定义之上，就会变得更加复杂且难有统一之定论。而将遗嘱信托落脚于信托本身显得更为简洁，也不会对通过判例法来认定遗嘱信托产生实质性影响。因此，普通法系对遗嘱信托进行精确定义的必要性相对较小。只需要从最具区分性的角度加以概

① [美]托马斯·加兰尼斯(Thomas P. Gallanis)著，徐卫译：《美国信托法的新方向》，载《交大法学》2013 年第 3 期，第 98 页。

② Restatement (Third) of Trust § 2 (2003).

③ 信托法领域的一些较为权威的学者，例如 Arthur Underhill，George G. Bogert & George T. Bogert，Bernard Rudden，Austin W. Scott 等，对信托的定义都存在较大差别。

④ 参见江平编著：《西方国家民商法概要》，法律出版社 1984 年版，第 75 页。

⑤ Alan B. Morrison, *Fundamentals of American Law*, Oxford University Press, 1996, p. 21.

括描述即可，这便是普通法学者的著述中出现"遗嘱信托是信托"这一循环定义之缘由。

大陆法系对"遗嘱信托"含义的表达则相对较为明确。究其原因，可从大陆法系法规成文化和信托在继承法领域的地位两方面分析。

现代信托缘起于英美法系，对于大陆法系而言，属于舶来品。为了便于对这种新制度的理解，最便捷的办法是通过一种受众广泛的方式作出规定。以此为目标的最优选择就是用相关立法中的具体条文予以表达。

关于"信托"的含义，一些大陆法系国家的法律规定较为完整。如韩国《信托法》第 1 条第 2 款规定："本法中的信托，是指以信托人与受托人间特别信托的关系为基础，信托人将特定财产转移给受托人，或经其他手续，请受托人为受益人的利益或特定之目的，管理或处分其财产的法律关系。"①这一界定非常接近于 1985 年《海牙关于信托的法律适用及其承认的公约》中的规定。该公约第 2 条规定："在本公约中，信托这一术语是指委托人在其生前或死后为受益人的利益或为了特定目的而将其财产置于受托人的控制之下时产生的法律关系。"②公约中信托的定义是为了消除两大法系之间法律体系和理念的差异作出妥协而形成的一种描述性的定义。不仅韩国信托法中沿用了这一概念，大陆法系不少国家对信托的界定都与此概念大同小异。因此，不少对于遗嘱信托的界定也是建立在这一定义的基本框架之上。

遗嘱信托是指立遗嘱人(委托人)为实现对身后遗产的计划，预先在遗嘱中设立信托条款，将遗产的管理、分配、运用和给付等规划写在遗嘱中，在遗嘱生效后将信托财产转移给受托人并由受托人依据信托条款的内容管理处分信托财产的一种制度。③ 这一概念看似繁复，但其基本构架依然是建立在前述信托定义的构架之上，只是增加了遗嘱这一因素。

大陆法系明确界定遗嘱信托的原因与信托在继承体系中的地位也紧密相关，或者说与遗产转移制度有较强的关联。在大陆法系国家，遗产的转移主要依赖于

---

① 参见霍玉芬著：《信托法要论》，中国政法大学出版社 2003 年版，第 294 页。

② Article 2, Convention on the Law Applicable to Trusts and on Their Recognition, http://www.hcch.net/index_en.php? act=conventions.text&cid=59, last visited 10 September 2022.

③ 参见吴肇武：《遗嘱信托概念之辨析》，载《法制与社会》2011 年第 4 期，第 262 页。

遗嘱继承和法定继承两种方式。通过设立遗嘱信托而转移遗产的做法极为罕见，准确地说遗嘱信托在大陆法系的继承体系中尚未建立。但随着商业信托在大陆法系的发展，这一制度出现在继承体系中的可能性也逐渐增加。遗嘱信托要在继承体系中占有一席之地，需要人们对其有一个基本认识。为了顺应这种需要，对遗嘱信托进行一个相对全面而细致的界定则显得尤为必要。

英美法系对"遗嘱信托"的界定属于加入了遗嘱因素的循环定义。而大陆法系的界定相对全面而细致。两大法系对于"遗嘱信托"一词的界定虽然在语言表达上大相径庭，但其表意对象并无区别，均指以遗产为信托财产设立的信托。只因遗产信托的成熟程度和司法方式的不同而产生语言表达之差异。遗嘱信托在英美法系伴随着现代信托的起源经历了数百年的发展，而在大陆法系国家尚未成型。在司法实践中，英美法系的经验主义与大陆法系的法典主义也对概念的精细化要求不同。这两方面的因素促成了两大法系在描述"遗嘱信托"这一概念时语言表达的差异。

2. 生前信托

生前信托(inter vivo trust/living trust)是委托人生前创设并生效的信托。① 生前信托与遗嘱信托最关键的区别在于设立基础和生效时间不同。生前信托以生前行为(拟定的信托文件)而成立，可在委托人在世时产生法律效力。遗嘱信托则以死因行为(遗嘱)而成立，需以委托人的死亡为生效要件。

有学者指出，日本的生前信托其实就是遗嘱信托的一种，是委托人在生前和受托人之间基于信托契约，把享有的财产权转移给受托人，由受托人管理、运用(大多存放在信托银行里，作为银行的遗嘱执行业务)。② 严格来说，生前信托应该是遗产信托的一种，与遗嘱信托并列存在。各国继承法对遗嘱都有严格的形式要求，与信托契约有本质上的差异。遗嘱是一个单方法律行为，不因受托人是否接受而影响其效力。但生前信托契约则是一个双方法律行为，受托人拒绝则无法成立和生效。生前信托和遗嘱信托最主要的区别在于信托成立的时间不同。生前

① Black's Law Dictionary 1651 (9th ed. 2009).

② 张军建、陈光：《建构我国遗产信托制度的思考》，载《中南大学学报》2004 年第 6 期，第 730 页。

信托本质上也是对个人财产在自己死后的一种安排，只是时间提前而已。因此，生前信托和遗嘱信托在本质上并无太大差别。

美国的法律从业者对生前信托是否可撤销的认识也有一个细微的变化过程。20 世纪 40 年代的学者认为，生前信托在委托人和其他利害关系人同意的条件下通常被认为是可撤销的。① 而今得克萨斯州法院则指出，除非信托时明确约定不可撤销，否则一律推定为可撤销。② 对生前信托可撤销条件的放宽，也从侧面反映出其被逐渐熟悉和广泛使用的发展历程。生前信托可撤销也是对委托人自由处分个人财产的一种尊重。这种做法拉近了生前信托与遗嘱信托之间的距离。因为遗嘱也可以更改，遗嘱信托也是可以撤销的，只有最终遗嘱中设立的遗嘱信托才无法撤销。

**(二)遗嘱执行**

遗嘱执行是指遗嘱执行人依照遗嘱内容来管理和分配遗产的过程。我国学者把遗嘱执行人分为两类。第一类指笼统的"人"，例如"遗嘱执行人是指有权执行遗嘱的内容，实现遗嘱人意愿的人"，③ 又如"遗嘱执行人是按照遗嘱人的指定或按照法律的规定而执行遗嘱的人"。④ 第二类明确了遗嘱执行的主体，例如"遗嘱执行人是依被继承人的指定或法律的规定执行遗嘱的自然人、法人和非法人组织"。⑤ 它们的主要区别在于法人和非法人组织是否能够成为遗嘱执行人。

遗嘱执行需要注意两个重要问题：(1)遗嘱执行人的具体范围；(2)遗嘱执行到什么程度。遗嘱由谁来执行，由遗嘱执行人的含义以及各国对遗嘱执行人的规定来确定。遗嘱执行到什么程度，则需要考虑是否完全遵照遗嘱的内容来执行。

值得注意的是，大陆法的遗嘱执行人是指执行遗嘱的人，这表明遗嘱执行人

---

① Abraham S. Guterman, "The Federal Income Tax and Trusts for Support—the Stuart Case and its Aftermath", *Harvard Law Review*, Vol. 57, 1944, p. 507.

② Gerry W. Beyer, "Wills & Trusts", *SMU Law Review*, Vol. 66, 2013, p. 1231.

③ 巫昌祯主编：《婚姻与家庭法学》，中国政法大学出版社 2007 年版，第 281 页。

④ 龙翼飞著：《比较继承法》，吉林人民出版社 2001 年版，第 88 页。

⑤ 刘心稳著：《中国民法学研究述评》，中国政法大学出版社 2006 年版，第 814 页。

可由遗嘱指定以外的途径产生，英国法的遗嘱执行人则是遗嘱指定的执行人，只能由遗嘱指定产生，通过其他选任产生的称为遗产管理人(administrator)。[①] 在大陆法系，只要遗嘱有效，同时又选任了管理遗产的人，此管理人即被称为遗嘱执行人。德国、法国、瑞士、日本、俄罗斯等国法律明文规定了遗嘱执行人的选任方式。他们都没有将遗嘱执行人限定为遗嘱指定的人。《德国民法典》专门规定了由第三人确定遗嘱执行人的情形。[②]《日本民法典》规定，家庭法院可根据利害关系人的请求选任遗嘱执行人。[③]《日本民法典》将遗嘱没有指定遗嘱执行人情况下由家庭法院指定的管理人也称为遗嘱执行人。也就意味着，只要存在有效遗嘱，再选任出的任何管理人都称为遗嘱执行人，这是对遗嘱执行人的范围最大化的一种立法例。

英国的遗嘱执行人仅限于遗嘱指定的人，既包括遗嘱明确指定的遗嘱执行人(executor)，也包括遗嘱指定的遗嘱相关事务执行人(如收集遗产、清偿债务与丧葬费用、分配遗产等)，还专门设置了代理链(the chain of representation)来应对遗嘱执行人死亡的情形。[④] 所谓"代理链"，是指在立遗嘱人的遗嘱执行人在就职后、遗嘱执行事务完毕前死亡时，若遗嘱执行人也指定了遗嘱执行人(此处区别称为"代理遗嘱执行人")，就由代理遗嘱执行人继续执行有关立遗嘱人的未完成之遗嘱执行事务。英国对遗嘱执行人的认定较为严格，只有遗嘱中表明了寻求执行遗嘱之人的意愿，才有可能被认定为遗嘱执行人。"代理链"制度只能弥补遗嘱执行人死亡且指定了代理遗嘱执行人之情形。这是遗嘱执行人的范围相对较小的一种立法体例。

---

① 张泽传：《两大法系遗嘱执行人制度比较》，载《贵州师范大学学报》2002 年第 2 期，第 9 页。

② 参见《德国民法典》第 2198 条。陈卫佐译：《德国民法典》(第三版)，法律出版社 2010 年版，第 603 页。《德国民法典》相关条文均引自此译著，除非原文引用，不一一注明页码。

③ 《日本民法典》第 1010 条规定："没有遗嘱执行人，或遗嘱执行人已不复存在时，家庭法院根据利害关系人的请求，可以选任遗嘱执行人。"参见渠涛编译：《最新日本民法》，法律出版社 2006 年版，第 219 页。《日本民法典》相关条文均引自此译著，除非原文引用，不一一注明页码。

④ 参见张泽传：《两大法系遗嘱执行人制度比较》，载《贵州师范大学学报》2002 年第 2 期，第 10 页。

各国对于遗嘱执行人的认定存在差异，与各国遗产管理整个体系密切相关。遗嘱执行人范围的界定还需结合社会现实需求。从整体来看，由于英美法系的遗产信托制度发展较为成熟且适用较广泛，遗嘱执行在遗产继承中所占比例相对较小，故而对遗嘱执行人的范围做严格解释。在大陆法系，遗产信托尚未发展成熟，遗产的继承主要依赖法定继承和遗嘱继承，为了更全面地保护和尊重立遗嘱人的愿望，对遗嘱执行人的范围偏向于扩大解释。

遗嘱执行的程度，或者说是否完全按照遗嘱执行，需要依据遗嘱的具体内容来判断。若遗嘱分配的是净资产，不存在遗漏债务，当然应该按照遗嘱的内容执行。但有些遗嘱可能只分配了自己所有的财产和债权，并未交代债务如何处置。此时，遗嘱执行人不应完全遵照遗嘱来分配财产，而应该偿还债务之后再分配遗产。此外，若遗嘱对遗产的分配违反了特留份制度的规定，遗嘱执行人也应该依照法律规定预留特留份之后再进行分配。

### （三）遗产保管

继承开始后，属于死者的一切财产都应转归继承人、受遗赠人所有，但现实中遗产并非都能即可转为继承人、受遗赠人占有，有时要经过一段时间后才分割遗产，故在遗产分割前，需要对遗产加以保管。① 如果不确定遗产保管人，难免会出现遗产被侵占、损毁的情况，从而损害继承人、受遗赠人、酌情分得遗产人的利益，在无人受遗赠时，遗产被侵害的可能性更大。② 为了避免这些情况的发生，遗产的保管就显得尤为必要。

遗产的保管，是指在遗产分割前对死者遗产进行保存和管理的行为，从被继承人作为财产所有权人死亡后到遗产分割处理前，为了避免遗产损毁、散失，保证继承人、债权人、受遗赠人之合法权益不受损害。③ 因为此时继承已经开始而财产还没有分割，遗产处于一种继承人共同共有的状态，所以需要对遗产进行一

① 参见李俊主编：《婚姻家庭继承法》，中国政法大学出版社 2010 年版，第 195～196 页。

② 房绍坤、范李瑛、张洪波编著：《婚姻家庭与继承法》，中国人民大学出版社 2007 年版，第 244 页。

③ 赖廷谦著：《婚姻与继承法学》，四川大学出版社 2004 年版，第 203 页。

定的管理，以免产生不必要的损失。① 按照这一定义，遗产的保管则可能与遗产信托的受托人、遗嘱执行人以及狭义的遗产管理人的管理存在交叉和重合。这几类管理人都有保存和管理的职能，就可能出现权责划分不清，甚至出现纠纷时互相推卸责任的局面。因此，我们需要考量遗产保管的核心功能而尽量排除与这一功能不相关的因素。

遗产保管的核心功能在于防止遗产的毁损、灭失，意在使遗产得以留存。那么，占有人保存遗产即可，无须行使额外的管理。对遗产的保管，能保证遗产在保管期间正常存续即可，没有使遗产保值增值等额外管理之必要。从遗产保管的核心功能来看，它仅指遗产的占有人(多数情形下为继承人)对遗产的暂时保管。这一制度的存在，主要是为了弥补被继承人死亡之后至遗产管理人接管之前的一段管理空白期。针对管理空白期，美国学者也提出了临时遗产管理(temporary administration)的概念。以得克萨斯州为例，基于遗产而享有的法律上的权利在被继承人死后并没有立即转移给继承人或其他权利继受人。② 从被继承人死亡到正式的遗产管理开始前，存在一段空白期，容易出现许多问题而必须采取措施及时保存遗产，得州立法要求为此期间指定临时管理人。③ 这种临时的管理只是正式的遗产管理开始前的过渡措施。这种过渡性质是由正式遗产管理制度决定的。但若没有系统的遗产管理制度，对于遗产的保管则未必是一个临时的过渡手段。因为对遗产保管的需求会一直持续到遗产分割完毕。

在《民法典》生效之前，由于我国尚未建立遗产管理制度，对遗产保管的解释更接近于正式的遗产管理，这是该历史阶段保护遗产的客观现实需求。但随着遗产管理制度在《民法典》中初步建立，遗产的保管则需要重新定位。我们认为，从建立健全遗产管理制度长期发展来看，遗产的保管需要与遗产的管理划分界限。若建立了遗产管理制度，遗产保管的功能应该着眼于填补被继承人死亡至遗产管理人选任之间的空白，类似于美国的“临时管理”的功能。否则，遗产保管

① 参见吴红瑛主编：《婚姻法与继承法》，浙江大学出版社 2007 年版，第 276 页。

② Andrew G. Middleton, “Power Failure: How the Texas Probate Code Leaves a Gap in the Ability to Preserve Estates After Death”, *Texas A&M Law Review*, Vol. 1, 2013, p. 231.

③ Andrew G. Middleton, “Power Failure: How the Texas Probate Code Leaves a Gap in the Ability to Preserve Estates After Death”, *Texas A&M Law Review*, Vol. 1, 2013, p. 232.

人和遗产管理人之间的权责难以明确，易生纠纷。即便出现选任的遗产管理人本身也是遗产保管人的情形，① 也存在一个权利义务变更的过程，不会对遗产管理产生不利影响。

如果为遗产保管人设定过多的责任，也可能会造成保管人因担心承担责任而放弃对遗产的占有。若数个继承人都不愿意占有该遗产，互相推诿，则可能出现遗产暂时无人占有的情形。这就违背了设立遗产保管的初衷。作为一种临时管理方式，遗产保管应当严格限制保管人的权利和责任，只要能保存遗产而不致毁损灭失即可。遗产保管人的权责范围应小于正式的遗产管理人的权责范围。

## 二、狭义的遗产管理

狭义的遗产管理，仅指无遗嘱继承时，选任的遗产管理人对死者遗产进行的管理活动。它在英美法系和大陆法系中的含义略有不同。大陆法系不同国家对狭义遗产管理的界定也存在差别。

### （一）英美法系

在英美法系，狭义遗产管理人（administrator）是指在没有遗产信托受托人和遗嘱执行人的情况下，选任遗产管理人帮助完成遗嘱检验程序（probate process）的人。也就是说，除遗产信托受托人、遗嘱执行人以外的其他管理人都称为狭义遗产管理人。

为了更顺利地完成遗嘱检验程序，美国统一州法委员会一直致力于《统一遗嘱检验法》（*Uniform Probate Code*, *UPC*）的编纂，并取得了一些阶段性成果。② 美国各州关于继承的规定仍存在显著差别，常常在跨州的继承时出现程序烦琐、周期较长的情况。UPC 对于扩大遗产管理弹性制具有重要作用，且能够在不同州立

① 例如选任的遗产管理人为继承人中的一人，而该继承人本身又因占有遗产而负有保管遗产的责任。此时该继承人在担任遗产管理人前后的权利义务也会发生明显变化。

② 例如 NCCUSL 编纂的 Probate Code: Final Act 2004 (2006), Probate Code: Technical Amendments Approved by Executive Committee (2008), Probate Code: Final Act 2008 (2009), Probate Code: Uniform Probate Code Conforming and Technical Amendments (2010)等。

法之间起到一定的衔接作用。① 在美国，未经遗嘱检验的遗嘱不能成为享有所有权或占有权的有效证明：因为具体的权利没有被确定，推定的继承人、受益人、债权人尚不能行使他们的权利。② 自然人死亡，一些正式的程序(遗嘱检验程序)将启动，有两个主要原因：(1)继承人和受益人需要证明其权利来源；(2)遗产债权人的债权需要得到清偿。③ 此时，各类遗产管理人必须及时管理和控制遗产，以防止受到侵害。

设立了信托或存在遗嘱时，由遗产信托受托人和遗嘱执行人管理，其他情况则由狭义遗产管理人来管理。这是英美法系间接继承制度所决定的，遗产债务未清偿则无法实现继承人对遗产中积极财产的继承，所以必须存在遗产管理人。英美法系的狭义遗产管理人看似范围较广，但事实上并不是最主要的遗产管理人类型。因为间接继承制度的存在，被继承人大多会对个人身后财产进行安排，要么设立遗产信托，要么立遗嘱指定遗嘱执行人。因此，狭义的遗产管理人通常是在其他类型管理人不存在时选任，作为一种补充制度选任管理人。

### (二)大陆法系

大陆法系的狭义遗产管理人在不同国家亦有细微差别，但这些差别主要是一些形式上的差别，本质上大体类似。

德国的狭义遗产管理人与英美法系的狭义遗产管理人类似。之所以说类似而不是相同，是因为德国采取的是概括继承而不是间接继承。在概括继承模式下，遗产管理并不一定是必经程序。在完全概括继承(无限责任继承)中就没有遗产管理之必要，因为继承人需向遗产债权人承担责任。在限定概括继承中，只要不存在危及遗产债权人利益之情形，没有人申请就不会出现遗产管理。德国赋予继承人和遗产债权人申请命令遗产管理的权利，明确了遗产管理人的义务和责任，

① Karen J. Sneddon, "Beyond the Personal Representative: the Potential of Succession without Administration", *South Texas Law Review*, Vol. 50, 2009, pp. 449-492.

② Andrew G. Middleton, "Power Failure: How the Texas Probate Code Leaves a Gap in the Ability to Preserve Estates After Death", *Texas A&M Law Review*, Vol. 1, 2013, p. 231.

③ Gerry W. Beyer, Wills, Trusts, and Estates: Examples and Explanations, Aspen, 2005, p. 231.

规定遗产管理人可以取得报酬，并列举了遗产管理的终止和废止的具体情况。①狭义遗产管理人主要适用于无遗嘱继承的情形。由于德国还存在遗产信托和遗嘱执行的专门规定，这些规定应该是对狭义遗产管理的专门规定。也就意味着，德国的狭义遗产管理人的范围与英美法系狭义遗产管理人的范围一致。所不同的是德国的狭义遗产管理只在法院认为有必要时才会依申请而发布遗产管理命令。日本的狭义遗产管理与德国类似。日本狭义遗产管理人的名称略有不同，称为“继承财产管理人”。

瑞士的狭义遗产管理与德国相比适用范围略窄。仅在四种情况下发布遗产管理命令：(1)继承人不在且无代理人时，并以其利益的需要为限；(2)声明有继承权的人均不能证明其继承权，或某继承人生死不明时；(3)未知悉被继承人的全部继承人时；(4)法律规定的特别情况。② 瑞士的狭义遗产管理是在德国狭义遗产管理范畴内进一步缩减。

法国狭义遗产管理本质上与德国没有区别，但其包含两个板块：其一是“遗产管理人”实施的遗产管理，其二是“遗产委托管理人”实施的遗产管理。遗产管理人的管理，仅适用于无人继承的遗产和无人承认的遗产。③ 遗产委托管理人的管理，则是无遗嘱继承时的管理(对无人继承和无人承认的遗产的管理除外)。这两种管理人实施的管理之和与德国狭义遗产管理基本相同。

虽然一些大陆法系国家关于狭义遗产管理存在一些措辞、适用范围和要求上的不同，但本质上都是无遗嘱继承时选任的遗产管理人实施的管理活动。而与英美法系狭义遗产管理相比，最主要的区别在于这类管理并非必须实施，只有符合特定条件才能实施。而英美法系的狭义遗产管理在无遗嘱继承中是不可避免的。

---

① 参见《德国民法典》第 1981、1985、1987、1988 条。

② 参见《瑞士民法典》第 554 条第 1 款。殷生根、王燕译：《瑞士民法典》，中国政法大学出版社 1999 年版，第 152 页。《瑞士民法典》相关条文均引自此译著，除非原文引用，不一一注明页码。

③ 参见《法国民法典》第 809~811 条。参见罗结珍译：《法国民法典》，北京大学出版社 2010 年版，第 205 页。《法国民法典》相关条文均引自此译著，除非原文引用，不一一注明页码。

## 三、不同管理类型的联系及区别

### （一）联系

广义遗产管理项下的不同管理类型的主要联系在于其运行模式从宏观上来看是相同的。基本架构是以遗产为核心建立的“T 形架构”，如图 1-1 所示。

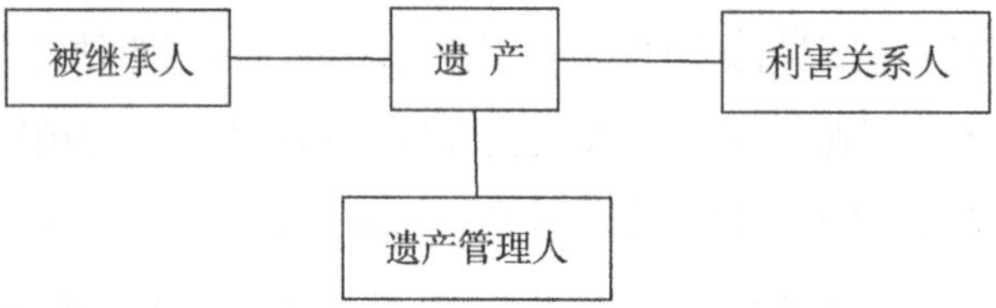


在这一关系中，无论死者、管理者、利害关系人之间的关系如何演变，这一结构从未发生过变化。因为这是一种事实关系，而且是所有类型的遗产管理产生的最原始、最本质的关系。遗产管理中所有的法律关系都是在这一事实关系的基础上发展演变而来。

之所以称之为 T 形架构而不是 Y 形架构，是为了能更好地展现出遗产管理的本质。因为在 T 形架构中，遗产从被继承人（委托人）到利害关系人这一遗产转移和分配过程才是遗产管理的核心内容，是贯穿整个遗产管理活动的主线。遗产管理人只是在遗产的转移和分配过程中起推动和辅助作用的人，他被安排在主线之外。而 Y 形架构则无法展现这一特性。

在这一基本架构中，遗产是整个遗产管理体系的核心要素。遗产是各方当事人权利义务关系直接指向的对象，也是将各方当事人联系起来的重要节点，还是遗产管理活动存在的基础。遗产管理人围绕遗产展开管理活动，以实现遗产的顺利转移。简言之，遗产管理就是在遗产管理人的推动下将被继承人的遗产转移给相关利害关系人的过程。将这一过程命名为遗产管理制度也能反映出以遗产为核心的构建理念。而所谓“遗产管理人制度”则只能反映出遗产管理人的相关规定以及其法律地位和权利义务等内容。

遗产管理制度也不应以管理人为核心来构建。遗产管理人对遗产的管理只是一个阶段性的活动，持续时间相对于遗产的其他利害关系人的所有权持续时间相比是短暂的，而遗产的最终权利归属对遗产管理人的影响远不及对利害关系人的影响。这就决定了遗产管理人并不是遗产管理活动的最核心因素。即便以遗产管理人来构建遗产管理制度，遗产管理人与其他因素之间的联系也是一个权责关系。权责关系并不是一个客观事实，存在很多变动因素，难以成为一个制度的稳固根基。此外，以遗产管理人为中心构建遗产管理制度，就难免要赋予管理人大量的权力以维持整个制度的有效运行。对遗产管理人而言，不仅增加了大量的工作，其受监督的方式也成为需要慎重考量的问题。

### (二)区别

在不同类型的遗产管理中，遗产保管相对较为特殊。作为一种临时保管措施，其设立目的是保证在正式遗产管理开始之前遗产不受到侵害，防止遗产毁损、灭失。遗产保管主要涉及的是对遗产的保存，并不存在真正的管理行为，故不能称之为正式的遗产管理。遗产保管和其他三种遗产管理都存在交集。三类正式的遗产管理开始之前，遗产并未受遗产管理人的实际控制，往往由继承人暂时保管，在无继承人时，通常由被继承人生前单位或最后住所地的基层组织保管。在正式遗产管理人被任命后，遗产才交由正式遗产管理人实际控制。由继承人实施的保管，可能在遗产管理过程中会一直持续，直到遗产管理活动结束。例如，继承人居住被继承人的房产，就没有必要也很难交由遗产管理人实际控制。

遗产信托和其他两类正式遗产管理最主要的区别在于其避税功能。这也是遗产信托在英美法系国家流行的一个极为重要的原因。被继承人将遗产设立信托，成为独立的信托资产，而继承人未取得该资产的所有权，不能被认定为继承遗产，从而无法征收高额遗产税。这种方法能够实现，是由于英美法系承认信托是一种能够切断委托人和信托财产之间所有权关系的一种法律关系。由于受托人只是接受委托而管理信托财产，故无须缴纳所得税。受益人从该信托中取得财产利益时才需要缴纳所得税。常见的用于避税的信托形式主要包括累计利益信托、虚拟公益信托和离岸信托。累计利益信托由于受益人在信托期间不从信托中取得财产利益而无须缴税。虚拟公益信托则是利用法律对公益事业提供减免部分赋税而实现避税。高赋税地的委托人通过离岸信托将财产转移至赋税较低的境外，再由受益人在境外享受信托利益，通过税收比例差额来实现避税。此外，有学者指出遗嘱信托与遗产管理之间的不同之处主要体现在四个方面：(1)管理和信托的目的不同，遗嘱信托在于财产的保值增值和财产转移，而遗产管理则在于遗产的清理、偿债和分配；(2)财产权表现不同，对于遗产，遗产管理人有完全所有权，而遗嘱信托人则只有名义所有权；(3)标的不同，美国的遗产管理人只有动产所有权而遗嘱信托则没有限制；(4)新受托人的产生不同，遗嘱信托的新受托人可以由利害关系人指定或向法院申请任命，而遗产管理人则只能由遗嘱人指定或特定情形下由法院指定。①《民法典》中只明确规定："自然人可以依法设立遗嘱信托。"②这就意味着我们并未将生前信托纳入遗产管理的大框架之下。同时，关于遗嘱信托的具体操作，目前只能参照《中华人民共和国信托法》(以下简称《信托法》)中的遗嘱信托相关条款去实施。前述遗嘱信托与遗产管理之间的差异也将持续存在。

遗嘱执行与遗产管理具有较高的相似性，总体架构上基本类似。但遗嘱执行中需要充分尊重被继承人对遗产的安排，而遗产管理则没有这一考量因素。此外，遗嘱执行适用于遗嘱继承，而遗产管理主要适用于无遗嘱继承，也可适用于遗嘱继承。例如，虽存在有效遗嘱，但遗嘱中未指定遗嘱执行人或指定的遗嘱执行人拒绝该项任命，则由继承人共同推选或法院指定产生新的遗产管理人。在部分大陆法系国家，这种选任的遗产管理人也被称为遗嘱执行人。但在英国，由于其对遗嘱执行人作狭义解释，这样选任的遗产管理人则算是遗产管理人。有学者指出，遗嘱执行人虽起到了遗产管理的作用，但仍与遗产管理人有明显区别：(1)适用的范围不同，遗嘱执行人适用于遗嘱继承的情形，而遗产管理则适用于其他所有情形；(2)产生的方式不同，遗嘱执行人的产生有遗嘱指定、协商确定或法院指定三种方式，遗产管理人的产生则由继承人协商确定或经利害关系人申请由法院指定；(3)担任条件不同，遗嘱执行人必须为完全民事行为能力人，遗

① 参见叶朋著：《公正视角下的遗嘱自由与限制私法研究》，江苏大学出版社 2011 年版，第 145~146 页。

② 参见《民法典》第 1133 条第 4 款。

产管理人则不需完全民事行为能力人。① 从《民法典》中遗产管理的规则来看，这些差别又有一些细微变化：(1)范围不同主要是遗嘱执行人主要负责遗嘱中的财产，而遗产管理人主要负责法定继承和无人继承财产；(2)产生方式不同则是遗嘱执行人只能通过遗嘱指定，遗产管理人则可以通过继承人推选、继承人共同担任、法院指定产生；(3)担任条件应相同，原则上都应该由完全民事行为能力人担任，需额外关注的是未成年继承人担任共同遗产管理人时，不宜随意剥夺其管理人身份，这时可考虑由其监护人代为行使权利。

关于遗产管理的内涵，确有必要从广义和狭义两个角度分别予以界定。广义的遗产管理包含遗产保管、遗产信托、遗嘱执行和狭义的遗产管理。狭义遗产管理仅指无遗嘱继承时选任的遗产管理人对遗产进行的管理。英美法系对“遗嘱信托”的界定属于加入了遗嘱因素的循环定义。而大陆法系的界定则相对全面而细致。两大法系对于“遗嘱信托”一词的界定虽然在语言表达上大相径庭，但其表意对象并无区别，均指以遗产为信托财产设立的信托。只因遗产信托的成熟程度和司法方式的不同而产生语言表达之差异。两大法系的遗嘱执行并无本质差别，但对遗产管理人的界定有所不同。大陆法系对遗嘱执行人的界定相对宽泛，补选的管理人也被称为遗嘱执行人；英美法系倾向于狭义解释遗嘱执行人。遗产保管人在两大法系都指临时保管遗产的人，大陆法系的保管人通常只需尽保管义务，美国的临时管理人则可以行使清点财产等部分职责。两大法系的狭义遗产管理人本质也相同，主要区别在于，大陆法系并非一定要选任遗产管理人，而英美法系在没有其他类型遗产管理人时必须选任遗产管理人。

## 第二节 遗产管理的历史发展

### 一、古埃及托孤

从广义的遗产管理角度来看，目前有证可考的起源当属古埃及遗嘱托孤。公

① 参见杜江涌：《遗产管理人制度研究》，载陈苇主编：《中国继承法修改热点难点问题研究》，群众出版社 2013 年版，第 438~439 页。

元前2000年左右，古埃及就有人设立遗嘱，让他的妻子继承自己的遗产，并为儿女指定监护人，还设有立遗嘱的见证人。[①] 托孤典故中的核心事项包含两方面：一是对遗产的处理，二是对子女监护权的表态。

关于子女监护权的表态，从现代英美法系对信托的界定来看，类似于就某一特定权利而设立的信托。而信托的基本构成要素则包含三方面：一是设立信托的意图，二是财产的转移，三是有效的信托目的。[②] 从信托的基本要素来看，对监护权的表态缺乏财产转移这一基本构成要素，因而只能称之为类似信托的行为。然而也有观点认为托孤典故是信托的起源，这应该是将两个核心事项合二为一，从整体上作出的认定。

关于遗产处理的部分，其虽与现代遗嘱信托有着诸多相似之处，基于信任而产生、存在财产的转移、并以实现委托人之意愿而为受益人谋求利益而设计，但它与现代遗嘱信托依然泾渭分明。

现代遗嘱信托有一个极为重要的特征，受托人以自己的名义而非委托人的名义实施与遗产相关的法律行为。而托孤典故中的遗嘱见证人显然是没有获得遗产所有权的。[③] 也许有人会认为这种行为以谁的名义实施并不重要，那么昂德希尔爵士对信托的定义就能很好地消减这一疑问。他认为受托人对信托财产享有法律上的所有权，与此同时受益人对该财产享有衡平法上的所有权。[④] 而处分有所有权的财产和处分无所有权的财产会产生截然不同的法律效果。有所有权的财产处分行为会对该财产的权属状态产生既定有效地改变，而无所有权的处分行为对财产权属的影响则属于不确定状态。

托孤典故中的遗嘱见证人是否仅为证明遗嘱之存在而设立有待考察，但可以

① 陈琼：《信托监管中的市场约束问题研究》，湖南大学2009年博士学位论文，第13页。

② Carly Howard, "Trust Funds in Common Law and Civil Law Systems: A Comparative Analysis", *University of Miami International and Comparative Law Review*, Vol. 13, 2006, p. 347.

③ 关于遗产的处理，立遗嘱人的目标很明确，是为了将遗产顺利转移给其妻子。其寻找遗嘱见证人的目的则是为实现遗产的顺利转移提供保障。倘若立遗嘱人将该遗产的所有权先转移给遗嘱见证人，然后再转移给其妻子，无疑增加了其遗产顺利移交给其妻子的风险，与其寻找遗嘱见证人的初衷相违背。故而遗嘱见证人未取得遗产所有权当属相对更为合理之推论。

④ Geraint W. Thomas & Alastair Hudson, *The Law of Trusts*, Oxford University Press, 2004, p. 15.

明确的是，其设立目的之一包含顺利实现遗产之移转，这也是该遗嘱遗产处分部分的终极目标。而遗嘱见证人存在的理由也应当是其有助于实现遗产处分的终极目标。虽然此见证人的具体权利义务难以准确界定，但其在这一遗产转移的过程中承担的作用已与现代的遗产管理制度中的各类遗产管理人的核心作用相同，即确保遗产的顺利转移。所不同的是，该遗嘱见证人在遗产转移的过程中起作用的程度与现代的遗产管理人有所不同。在当时的历史背景下，该遗嘱见证人起到的帮助遗产转移的作用大抵是被动的、辅助性的，然而现代遗产管理人的功能在法律的拟制下必然会更有效，甚至在一定程度上有一定的主导性。这虽是二者之间最主要的区别，但不能否认的是两种路径在本质上的相似之处。我们认为，从这个角度去分析，托孤典故中的遗产处分部分可构成广义遗产管理之起源。

## 二、古罗马遗产信托

早在古罗马时期，罗马法中已有关于遗产信托的记录，是古代遗产管理的重要组成部分。最早并比较完整地记载"遗产信托"的罗马法文献当推盖尤斯的《法学阶梯》和优士丁尼的《法学阶梯》。[①] 此外，比较有影响力的还有乌尔比安对于遗产信托的论述。

### （一）盖尤斯时期

在盖尤斯的《法学阶梯》第二编中，遗赠（legata）和遗产信托（fideicommissa）是分为不同板块进行论述的，无论从体例编排上还是具体内容上都相对独立。[②] 在这个阶段，二者之间还相对独立，没有明显的依附关系。

1. 遗产信托的基本范式

关于遗产信托的基本范式，盖尤斯给出的模板是委托人将遗产转移给有继承资格的受托人，再由受托人将遗产全部或部分退交给受益人。这一基本范式构成了古罗马时期遗产信托的基本框架，之后的发展也大致在此基础之上。之所以出

① 胡大展：《论信托法的源流》，载《法学家》2001 年第 4 期，第 74 页。

② 参见［古罗马］盖尤斯著：《盖尤斯法学阶梯》，黄风译，中国政法大学出版社 2008 年版，第 150~188 页。

现受托人成为继承人的现象，主要是存在受益人不能享有法律上的直接继承权的情形。当时的法律体系通过严格的身份制度将外邦人和女人直接排除在法律人之外。这就使得外邦人和妇女无法由自己直接取得法律上的继承权。类似的制度还有公元19年的《由尼亚法》，该法禁止拉丁人直接取得遗产和遗赠，但他们可以通过遗产信托取得。① 由于这些人直接作为继承人的权利被剥夺，而他们在现实社会中频繁地扮演着受益人的角色，才导致了遗产信托在古罗马时期得以发展。这一制度的存在是为了回避当时封闭而又森严的身份等级制度，也是当时经济发展的客观需求。

2. 元老院主导的管理

在盖尤斯时代的遗产信托框架下，受托人虽以继承人的身份出现，但其实质功能是让遗产能够避免一些身份法的严苛规定而转移给受益人。这一功能与现代遗产管理人的功能在本质上一致，二者都是遗产的中转人，只不过现代遗产管理人无须避免身份法上的限制而已。而受益人的身份相对复杂，有时被视为继承人，有时被视为受遗赠人，还曾一度被视为买主。这与受益人身份多元化且受到身份法的不同限制直接相关。

在这种身份关系复杂且主要依赖于信任的遗产信托框架下，受托人如约完成委托人之托受到的约束力极小。为了使遗产能顺利转移，受托人和受益人通过要式口约约定：受托人应当向受益人转移遗产、受托人免于因遗产清偿和善意给付的损害、受托人享有他人就遗产对其提起的一切诉讼的辩护权、受益人则仅能以代理人或诉讼代表的名义行使有关遗产继承的诉权。② 随后于公元56年出台的《特雷贝里元老院决议》终止了这种口约，但赋予了受益人更广泛的诉权。③ 这一系列的变化使得受托人承担了较重的管理义务而未能获得对应的报酬，于是他们纷纷拒绝委托人的请求，致使遗产信托消灭。为了挽回这一局面，公元70年出

---

① 参见[古罗马]盖尤斯著：《盖尤斯法学阶梯》，黄风译，中国政法大学出版社2008年版，第182页。

② 参见[古罗马]盖尤斯著：《盖尤斯法学阶梯》，黄风译，中国政法大学出版社2008年版，第174页。

③ 参见[古罗马]盖尤斯著：《盖尤斯法学阶梯》，黄风译，中国政法大学出版社2008年版，第174~178页。

台的《贝加苏元老院决议》又准许受托人从遗产中扣除四分之一作为报酬，但需承担遗产继承的费用。① 这两项决议是引导和维系当时遗产信托最核心的因素，指引并规范着遗产信托相关人的行为。受托人在这些元老院决议的引导下完成其任务，实质上起到的管理作用十分有限。管理的事项主要是依照遗嘱的内容完成遗赠等给付，以及依照债权人之请求交付部分遗产。这种局限性是奴隶制社会背景以及当时的法律桎梏所决定的。

盖尤斯虽未对遗产信托给出明确定义，但对遗产信托运作的形式和大体流程作了较为详细的解释，并就遗产信托中财产转移过程中的一些问题以及诉权等都做了细致的分析。这些贡献的积累和铺陈，为后来古罗马的遗产信托的发展和体系化奠定了基础。

### （二）查士丁尼时期

遗产信托制度在查士丁尼时期逐渐发展成熟，遗赠和遗产继承合二为一，统称为“信托遗给”。查士丁尼的《法学阶梯》中称之为“信托遗给”，若以遗产全部或一部为标的，称信托遗产继承，相当于遗产继承；若以特定物为标的，称个别物的信托遗给，相当于遗赠。② 这种制度建立在信任的基础上，但受托人可能违背信义。后来，奥古斯都皇帝常常由于对某些人的照顾，或者由于提出要求据说是为了皇帝的安全，或者由于某些人背信弃义情节十分恶劣，于是命令执政官进行干预，行使他们的权力。③ 由于他们的干预显得公正而深得民心，逐渐变成执政官经常管辖的事；人们逐渐乐于采用信托，以致随后设置了一位特别大法官，专门受理信托遗给事件，称为信托遗给大法官。④ 自此，遗产信托逐渐兴盛。

查士丁尼还对遗产信托做了解释：“当某人欲以遗产或者遗赠物给他所不能

---

① 参见［古罗马］盖尤斯著：《盖尤斯法学阶梯》，黄风译，中国政法大学出版社 2008 年版，第 174~178 页。

② ［古罗马］查士丁尼著：《法学总论：法学阶梯》，张企泰译，商务印书馆 2009 年版，第 125~131 页。

③ ［古罗马］查士丁尼著：《法学总论：法学阶梯》，张企泰译，商务印书馆 2009 年版，第 125 页。

④ ［古罗马］查士丁尼著：《法学总论：法学阶梯》，张企泰译，商务印书馆 2009 年版，第 125 页。

直接遗给的人时，他便通过信托那些能够依遗嘱获得遗产的人来实现之。之所以将其称为遗嘱信托，是因为他不能以法律去制约任何人，而只能依靠他所委托的人的诚信来进行制约。"①从这一界定中可以看出，财产的所有权从立遗嘱人转移给了受托人，但受益人此时并没有所有权，受益人的所有权只能从受托人处转移而取得。受托人取得所有权与现代英美法上的遗产信托相一致，不同的是现代英美法上的受益人在遗产转移时也同时会取得衡平法上的所有权，古罗马时期的受益人没有这种权利。

乌尔比安还指出："遗产信托财产需要交付给受托人，且不得从受托人处将其财物给予剥夺。"②这一观点强调了受托人对于受托财产的实际控制权，与现代信托法中受托人的地位更为接近。乌尔比安还提出遗产占有的观念，将其界定为：对死者享有的遗产或者遗产物要求占有的权利。③ 这种占有权利为受托人实际控制受托财产提供了理论依据。

## 三、英国用益制度

### （一）用益制度的起源

关于英国用益（USE）制度的起源，较常见的说法有两种：一种认为其源于十字军东征，另一种认为其源于对方济各会（Franciscan，Franziskaner，Ordine francescano）的捐赠。

由于中世纪早期的欧洲受单纯自然经济制约，几乎没有商品和货币，君主要下级武士为他承担各种义务，无法以其他的方式支付报酬，只得把土地分封给下级当作酬劳。④ 中世纪英国财产制度的主要内容是土地制度，而土地权利的分配

① 费安玲著：《罗马继承法研究》，中国政法大学出版社2000年版，第258~259页。

② ［意］桑德罗·斯奇巴尼编：《婚姻·家庭和遗产继承》，费安玲译，中国政法大学出版社2001年版，第591页。

③ ［意］桑德罗·斯奇巴尼著：《遗产继承——民法大全选译》，费安玲译，中国政法大学出版社1995年版，第67页。

④ 黄敏兰：《论欧洲中世纪的封建制与非封建性制度》，载《西北大学学报》1999年第3期，第121~122页。

及由此所形成的权责关系，则以土地保有权制度为核心。① 为了保证土地能够在国王和贵族手中，当时的土地流转被严格限制，土地作为遗产继承也受到较多限制。② 财产所有者要保护自己的终身财产(life estate)或无条件继承的不动产(fee simple estate)，则需要亲自参与英国法院的诉讼。③ 这就意味着，参与十字军东征的骑士一旦离开自己的领地就无法亲自出庭维护其土地保有权，而这正是其财产权的核心内容。于是，骑士们在东征之前纷纷将财产从形式上转移给第三方，实际上仍然由自己和家人使用，这种临时的转移一直持续到骑士东征归来或者在骑士死后将其转移给指定的继承人。④ 这种财产的临时转移制度后来被称为"USE"，即用益制度。

方济各会教义的精髓在于神贫(holy poverty)观念，其行乞修士们故此均遵守神贫原则，不拥有任何财产，特别是当他们被允许前往英格兰传教后的相当长时期内均公开发誓信守该原则。⑤ 然而，当方济各会发展到一定规模之后，行乞已经不能维持修士们的最低生活要求了，但他们衣食住行又需要有一定的财产支持。信徒们开始向教会捐赠一些土地和财产。但方济各会的修士们既不能以个人名义，也不能以集体名义拥有任何财产。⑥ 当教义和现实产生冲突的时候，修士们开始寻求第三方的帮助。信徒们捐赠的财产由第三方所有，但这些财产的收益用以支持修士们的基本生活。这种对财产不享有所有权，但享有用益物权的方法流传演变成了用益制度。

---

① 陈晓枫、苏艾平：《英国封建政治的特质与宪政的生成》，载《法学评论》2007 年第 5 期，第 134 页。

② John H. Langbein, "The Contractarian Basis of the Law of Trusts", *Yale Law Journal*, Vol. 12, 1995, pp. 168-188.

③ Carly Howard, "Trust Funds in Common Law and Civil Law Systems: A Comparative Analysis", *University of Miami International and Comparative Law Review*, Vol. 13, 2006, pp. 353-355.

④ Carly Howard, "Trust Funds in Common Law and Civil Law Systems: A Comparative Analysis", *University of Miami International and Comparative Law Review*, Vol. 13, 2006, p. 355.

⑤ 吕富强：《论中世纪教会对普通法信托制度的起源和形成所发挥的作用》，载《暨南学报》2013 年第 12 期，第 38 页。

⑥ Austin Wakeman Scott, *The Law of Trusts*, $4^{th}$ Edition, Little, Brown and Company, 1987, p. 13.

## (二)用益制度的四阶段

1. 私人契约属性时期

第一阶段起于用益制度的第一次适用，止于15世纪初衡平法院对这一制度的第一次干预。① 关于用益制度的第一次适用，斯科特(Austin Wakeman Scott)教授认为用益制度第一次在英国出现还不能完全确定。我们更倾向于第一次适用出现在十字军东征之时。而第一次制裁则是依据1279年颁布的《没收法》(又称“教产法”，Mortmain Statute)。该法规定任何人未经国王特许而向教会捐赠土地，一律没收归国王所有。没收法主要目的是防止土地向永续存在的公共团体名下流转，因为这样会逃避土地流转和继承时的赋税，早期主要针对当时的方济各会。随着私人对用益制度的广泛运用，直接导致国家税收大幅度缩减，1391年扩展《没收法》的适用范围，将其直接适用于个人利用用益制度逃避继承税的情形。继而在15世纪初出现了衡平法院对用益制度纠纷进行干预的案例。

在这一时期，无论是教会抑或是私人的用益权均建立在对第三方管理人(feoffee)信任的基础上。用益权相关各方之间即便存在约定，也只能被认定为私人之间的契约。但在用益制度产生之初，一般情况下，契约义务还不被普通法所承认。② 这种情形下，第三方管理人就有可能违背委托人的意愿而独自享用转移到他名下财产的用益权。这种可能性在用益制度之后发展的过程中被大量验证，也促使该制度进入其发展的第二阶段。

2. 衡平法干预时期

第二阶段起于15世纪初衡平法院大法官第一次着手干预用益制度，一直延续了百余年，直至1536年《用益法》的颁布。③ 由于私人契约属性时期的用益制度不受法律的保护，第三方管理人大量私自享有受托人用益权的情况越来越多。

---

① Austin Wakeman Scott, *The Law of Trusts*, 4th Edition, Little, Brown and Company, 1987, p. 12.

② 参见崔明霞、彭学龙：《信托制度的历史演变与信托财产权的法律性质》，载《中南财经大学学报》2001年第4期，第51页。

③ Austin Wakeman Scott, *The Law of Trusts*, 4th Edition, Little, Brown and Company, 1987, p. 12.

然而这种情形在当时的普通法院很难得到救济，其主要原因有两个方面：一是先例制度尚未健全，二是令状制度机械僵化。

依据当时的普通法制度，当事人在普通法法院提起诉讼，须先向大法官申请以国王的名义发出的令状。令状载明诉讼的条件和类别，法官只能在令状的范围内进行审判。但是令状的种类和范围都有限，因此，许多争议往往由于无适当令状可资依据，而无法在普通法法院提起诉讼。

向大法官和国王议会提起的、针对无信义的第三方管理者的投诉的数量急剧增加，衡平法院不得不从基本的公平正义观念出发重新审视用益制度衍生的问题。在 1446 年的 Myrfyn v. Fallan 案中，衡平法院首次对无信义的管理者给予了处罚。在之后的 90 年中，寻求衡平法院的救济顺理成章地成为这类案件最有效的途径。然而衡平法院的救济并不能演化成长效救济机制，毕竟这有违衡平法院的设立目标和主要职能。出台针对用益制度的专门的法律化解这种尴尬境况显得尤为必要。

3.《用益法》调整时期

第三阶段持续了近一个世纪，《用益法》的适用促使用益制度的发展日趋成熟，同时信托也开始萌芽。① 有观点认为，《用益法》的一个最重要的目标就是恢复国王的封建附属权利，所以从几个方面作出努力：将用益权转化为普通法上的权利，国王对普通法上的权利有收取封建赋税的权利；取消遗赠的权利，保证国王的封建附属权利不受侵害；通过法定寡妇所得产禁止亡夫遗产，恢复封建附属权利；保护国王的监护权这一重要的封建附属权利。② 这一观点是对《用益法》设定之目的较为全面、准确的解读，纠正了当时不少国内学者认为《用益法》废除了用益制度的谬误。

若将《用益法》置于用益制度发展的历程中来考察，其最主要的作用是将用益制度纳入了普通法的调整范畴。因为这一作用为后来英国信托制度中信托财产的“双重所有制”奠定了基础。

---

① Austin Wakeman Scott, *The Law of Trusts*, 4th Edition, Little, Brown and Company, 1987, p. 18.

② 余辉：《信托法律制度的肇始——英国 1536 年〈用益法〉》，载《环球法律评论》2003 年秋季号，第 373 页。

4. 现代信托形成期

第四阶段开始于 17 世纪现代信托的形成。信托形成的过程并非畅通无阻，也受到了三次阻力。这三次阻力也与《用益法》排除适用的三种用益紧密相关：积极用益、动产和有期地产上的用益以及双重用益。① 由于早期的用益大多是消极用益，即受托人不负有积极管理委托财产的职责。积极用益是在此基础上演化而来的有一定创新性的用益。同样，早期的用益也大多是在土地上设置的用益，而动产和有期地产上的用益也是属于对老用益制度的创新使用。而《用益法》最初设计的目标主要在于管控以前出现的传统的用益制度，并未预见性地对新型用益制度作出规定。与此同时，当时的普通法法院并未完全解决先例制度不健全和令状制度机械化的制约。因此，在解释适用《用益法》的初期偏向于对其进行严格解释，从而排除了积极用益以及在动产和有期地产上设立的用益。关于双重用益有两个比较著名的案例：一个是 1557 年泰雷尔案(Tyrrel' Case)，确立了“用益之上的用益无效”原则；另一个是 1635 年的萨巴奇诉达斯顿案(Sambach v. Daston)，该案又承认“用益之上的用益(第二层用益)是有效的”。② 早期对双重用益的否定无非是为了维护国家的税收等封建附属权利。随着查理二世复辟对军役领土地的废除，基于土地的封建附属权利也大打折扣，用益对国家收入的影响极其微小。于是，“用益之上的用益无效”逐渐被打破，当时的法院也逐渐承认这类案件中的第二层用益是信托。大法官谢菲尔德(Shepherd) 在 1651 年出版的《试金石》(*Touchstone*) 中明确指出：所有的《用益法》没有规定的用益，包括用益之上的用益，大法官法院都将其视为“信托”。③ 到 17 世纪后期，《用益法》起初不承认的三种用益应当作为衡平法上的信托执行且应有相应的信托规则对此进行管理已逐渐为大众所接受。④

---

① Austin Wakeman Scott, *The Law of Trusts*, 4th Edition, Little, Brown and Company, 1987, pp. 20-23.

② 参见余辉：《近现代英国信托法律制度的确立》，载《西北政法学院学报》2003 年第 6 期，第 123~126 页。

③ 李宜利：《近现代英国信托制度的确立——以〈用益法〉三项例外向信托的转变为视角》，载《商》2013 年第 7 期，第 194 页。

④ 参见余辉：《近现代英国信托法律制度的确立》，载《西北政法学院学报》2003 年第 6 期，第 126 页。

关于遗产管理的历史发展，本书主要选择了古埃及托孤、古罗马的遗产信托和英国的用益制度三个历史时期进行介绍。古埃及托孤是遗产管理的最早雏形。虽然托孤典故中见证人的具体权利义务难以准确界定，但其在这一遗产转移的过程中承担的作用已与现代的遗产管理制度中的各类遗产管理人的核心作用相同，即确保遗产的顺利转移。因此，其遗产处分部分可构成广义遗产管理之起源。古罗马的遗产信托是古代遗产管理发展的鼎盛时期，可分为盖尤斯时期和查士丁尼时期。盖尤斯时期最大的贡献在于确立了遗产管理的基本范式，属于元老院主导的遗产管理。查士丁尼时期逐渐发展成熟，并将遗赠和遗产继承合二为一，统称为“信托遗给”并设立信托遗给大法官。英国的用益制度则是现代遗产管理制度的起源。英国用益制度可分为私人契约属性时期、衡平法干预时期、《用益法》调整时期和现代信托形成期。虽然这三个典型历史时期的遗产管理规则发生了变化，但遗产管理的本质并未改变。遗产管理的结构也一直属于“T”型结构。

## 第三节　民法典中的遗产保管

《民法典》第1151条规定：“存有遗产的人，应当妥善保管遗产，任何组织或者个人不得侵吞或者争抢。”

### 一、规范意旨

遗产保管在我国《民法典》中主要关注的是“存有遗产的人”对其实际控制的遗产负有妥善保管的义务，与通常所称遗产管理人有显著区别，故而有必要从规范目的和法条意义两个层面予以解读。

#### （一）规范目的

遗产的完整性是遗产顺利分配的前提。① 我国的遗产保管制度尚不完善，这与计划经济体制下社会财富较为匮乏的国情相关，但随着社会财富增长，遗产分

① 参见李智：《遗产债务清偿制度研究》，西南政法大学2016年硕士学位论文，第11页。

割前遗产处理规则的缺失、限定继承流于形式等问题突出，将引发诸多诘难。①就我国现有的规定，遗产继承与遗产债务是两条处理路径，缺失遗产分割前的遗产处理规则，也将导致难以规范继承人如实以继承财产清偿遗产债务。② 其次，在多数情形下，从被继承人死亡到遗产分割这段时间，因遗产的归属尚未确定，如果不对遗产加以保管，遗产就有被私分、转移、隐匿、毁坏、盗窃等危险，以至于遗产的全部或部分丧失，其结果必然会给遗产的分割、债务的清偿造成困难，并将严重损害继承人、受遗赠人和债权人的合法权益，因而遗产的保管具有极其重要的现实意义。

### （二）法条意义

一般说来，从被继承人死亡到遗产分割都有一个过程。在这期间，如对遗产不加以保管，就有可能使遗产遭受毁损或遗失，也有可能被某个继承人或其他利害关系人隐匿和侵吞等，这就会损害继承人的利益。为了维护全体继承人的利益，从被继承人死亡到遗产分割这段时间，对遗产必须加以妥善保管。

根据我国《民法典》第 1151 条的规定，存有遗产的人，应当妥善保管遗产，任何组织或者个人不得侵吞或者争抢。事实上，我国《民法典》仍将妥善保管遗产的主要义务赋予存有遗产的人，从文义解释来看，仅指遗产占有人或被指定保管遗产的人。当然不排除遗产保管人在知道或应当知道遗产可能面临毁损的情况下，可以采取必要措施保护由其保管的遗产，一定程度上能够降低遗产保管人的法律风险。

## 二、立法历史沿革

由于遗产继承的方式不同，对于遗产保管，不同国家和地区有不同的法律规定及看法。在我国，遗产继承，即由有合法继承权的人经过确认其继承权，而直接取得死者的遗产，属于“直接继承方式”，所以有些学者就认为删去“保管遗

---

① 参见谭启平、冯乐坤：《遗产处理制度的反思与重构》，载《法学家》2013 年第 4 期，第 118~113 页。

② 参见张玉敏：《财产继承中债权人利益的保护》，载《现代法学》1997 年第 2 期，第 17~20 页。

产"在学理上更为通顺。而有些国家或地区属于"间接继承方式"，如在我国香港地区，遗产必须经过遗产管理阶段，即根据香港《遗嘱认证及遗产管理条例》第10条的规定，凡任何人在香港或其他地方去世，且在香港遗下他没有立遗嘱的遗产，则该遗产须归属遗产管理官；如遗产管理官认为适当，可收取及接管该遗产，直至就该遗产的管理作出授予为止。① 实际上，不论是英美法系的国家还是一些大陆法系国家，其遗产管理制度已经经过了很长一段时间的洗礼，它们其实将遗产保管纳入了遗产管理制度中。

### (一)域外法关于遗产保管的规定

1. 大陆法系

大陆法系国家遗产分割前的遗产处理法律规范体系以构建遗产隔离于继承人财产的规则为中心，以平等保护继承人和遗产利害关系人利益为目的。② 遗产管理制度要求设立遗产管理人，持有遗产管理证书方能胜任遗产管理人，其处分遗产需要遗产检验法官同意。遗产管理人的职责包括：遵循严格的遗嘱检验程序、清理被继承人债权债务、制作并提交遗产清单、保管遗产、清偿税款及债务、将遗产中的剩余财产交付继承人。③

在剩余财产交付主义模式下，继承人之继承体现为间接继承。继承开始后，遗产作为独立的遗产法人，被继承人债权债务首先由遗产法人承担，遗产所产生的收益、负担均归遗产法人承担。④ 从这个过程来讲，遗产必须得到妥善保管，遗产法人制度就将平等保护继承人和被继承人之债权人利益的需要有机地结合起来。

在法院交付主义模式下，遗产诉讼特别程序保证了遗产独立于继承人财产。遗产包括被继承人权利义务之和，继承开始后任何人不得擅自占有遗产，必须经

---

① 参见王春旭、罗文武著：《港澳台民商法》，人民法院出版社1997年版，第101页。

② 参见[美]弗里德曼著：《遗嘱、信托与继承法的社会史》，沈朝晖译，法律出版社2017年版，第13页。

③ 参见[英]威廉·格尔达特著：《英国法导论》，张笑牧译，中国政法大学出版社2013年版，第124页。

④ 参见[美]彼得·哈伊著：《美国法律概论》(第2版)，沈宗灵译，北京大学出版社1997年版，第107页。

由遗产诉讼特别程序后，由法院将遗产交付继承人。以《奥地利普通民法典》为例，法院移交遗产于继承人之前，遗产被视为由死者占有，在涉及第三人时，继承人和被继承人被视为一人。① 在这一模式下，法院为遗产的保管人。

在当然继承主义和承认继承主义模式下，遗产分割前的遗产处理法律规范体系依然以构建遗产隔离于继承人财产的法律规范体系为中心，平等保护继承人和遗产利害关系人利益。《德国民法典》规定继承人、被继承人之债权人可以向遗产法院申请遗产管理。遗产管理命令发布后，继承人丧失遗产处分权并由遗产管理人进行遗产管理、债务清偿。倘若遗产有剩余则移交继承人，若遗产不足以清偿债务则中止遗产管理程序并进入破产程序；继承人接受继承后发现遗产不足清偿债务，可以申请进入遗产破产程序。

关于遗产管理人的责任，须尽善良管理人的注意义务，若由于自己的过失造成财产损失，要承担损害赔偿任。《法国民法典》第 772 条规定，遗产管理人若不按规定履行义务，在有继承人出现时，应当对继承人负担损害赔偿责任。《日本民法典》第 934 条亦规定遗产管理人应尽善良管理人的注意义务，若不履行此义务对遗产的利害关系人造成损害的，自应负赔偿责任。

2. 英美法系

在遗产分割前遗产处理规则上，英美采用剩余财产交付模式。被继承人死亡后，被继承人财产进入遗产管理程序。

美国在《美国统一继承法典》中设立了遗产管理制度。从其的判例中也可以看出美国设立了相对合理的遗产管理人制度。英美法中的遗产管理制度，由遗产管理人管理遗产，遗产管理人的管理和处分行为受到严格烦琐的遗产检验程序的制约，实现了遗产和继承人财产的有效隔离，保证了继承人及遗产利害关系人利益得到平等保护。英美法系国家的遗产管理制度建立在庞大的司法服务机构基础上，遗产检验程序由官方司法机构主导，程序烦琐、成本高昂。②

英国是判例法国家，虽然没有民法典，但也可以从他的判例和单行法看出，

① 参见周友军、杨垠红译：《奥地利民法典》，清华大学出版社 2013 年版。

② 参见马新彦、黄海洲：《英美法遗产信托制度研究——兼论我国遗产继承制度的完善》，载《求是学刊》2014 年第 1 期，第 41 页。

英国设立了遗产管理人制度。遗产管理人制度最早出现于英国，而英国作为英美法系最典型的国家，关于遗产管理人制度的内容发展得已然相当完善。针对遗产继承的问题，英国专门成立了家庭法院，来负责遗产的管理相关事宜。关于遗产管理人的产生，主要有两种方式：一种是遗嘱指定，另一种是法院指定。法律详细规定了法院对其所指定的遗产管理人负有解除权及监管义务等内容。

针对遗产管理人的职责，英国《继承法》也作出了详尽规定，主要有以下几种：(1)占有并清算遗产；(2)管理并处分遗产；(3)追讨遗产债务；(4)通知遗产债权人并清偿债务；(5)制作遗产账目；(6)分配遗产。此外，在关系到未成年人的利益时，必须由专业的信托机构或由多人对遗产进行管理，以此来保障其合法权益。

关于遗产管理人的法律责任。英国继承法作了如下规定：(1)若遗产管理人擅自占用遗产，私自转移或使用的，将承担相应法律后果并赔偿遗产损失；(2)遗产管理人在管理遗产过程中应谨慎妥善管理，若因其个人原因对造成遗产损失的，应承担法律责任；(3)遗产管理人应当保证遗产的价值不变，如果遗产管理人因个人过错导致遗产造成损毁等问题，遗产继承人及其他遗产利害相关人有权追究其民事责任。由此可见，由于遗产管理人负有重要职责，故英国法律对遗产管理人的规定非常严格。①

由此可见，外国的遗产管理人制度经过了法律与社会发展的考验，对各国遗产处理产生了重要的作用。它们将遗产保管融入遗产管理制度中，遗产管理人承担了保管遗产的职责，使得被继承人遗产转移到继承人手中这一过程的安全性有保障。

**(二)我国关于遗产保管的规定**

随着经济的发展，遗产继承案件也随之增多，遗产的范围越来越广，数量也越来越多。在《民法典》颁布实施前，由于我国继承法及相关司法解释，缺乏遗产管理制度，在被继承人死亡后遗产交付前，很可能使遗产处于无人管理的状

① 参见[英]靳克斯著：《英国法》，张季忻译，中国政法大学出版社2007年版，第225页。

态，很难妥善地处理、分配遗产。

依据《继承法》第24条规定，我国设立有遗产保管人，以保护遗产不被损毁或散失。此外，根据1985年《最高人民法院关于贯彻执行〈中华人民共和国继承法〉若干问题的意见》(以下简称《继承法意见》)第44条规定，法院在审理有关遗产继承案件的过程中得知存在有继承人，但是法院没有办法通知该继承人时，要为其保留应当分割的遗产份额，这一部分遗产由法院指定遗产保管主体进行保管。这一规定的前提是在法院审理继承案件过程中，适用范围十分有限。其次，是类似于提存的一种方式，将无法通知的继承人的应继份提取并对这一部分遗产进行保管，保管的对象也是特定的。除此以外，我国继承法相关规定对于保管人的地位、义务与责任等法律也都没有再进一步的规定。

我国《继承法》遗产处理规则参考了大陆法系国家民法典和《苏俄民法典》，然而法规范体系化程度不够，缺乏遗产分割前遗产处理规则的体系化整合，导致对继承人保护过度而对被继承人之债权人保护不足。① 我国《继承法》确立了遗产保管规则，但该规则过于简略，缺乏遗产管理制度，也缺乏遗产保管人的权利、义务和责任的规定。②《继承法》第24条规定，"存有遗产的人，应当妥善保管遗产，任何人不得侵吞或者争抢"。按此规定，对遗产负有保管义务的首先是存有遗产的人。存有遗产的人是遗产的法定保管人，他可能是继承人，也可能不是继承人。继承人既有保管遗产的义务，也有保管遗产的权利；非继承人只有保管遗产的义务而没有权利，保管只是暂时的。当其他权利人出现时，"存有遗产的人"需将遗产转移给权利人。

现行《民法典·继承编》对遗产分割前遗产处理规则体系做了丰富和完善。其中，第1145、1146条规定了遗产管理人的选任和遗产管理人争议的解决；第1147条规定了遗产管理人的义务，包括清理并制作遗产清单、向继承人报告遗产、保管并防止遗产毁损、处理债权债务以及分割遗产；第1148、1149条分别规定了遗产管理人故意或重大过失的民事责任承担以及获得报酬的权利。这其实

① 参见郭明瑞：《民法典编纂中继承法的修订原则》，载《比较法研究》2015年第3期，第86~92页。

② 参见付翠英：《遗产管理制度的设立基础和体系架构》，载《法学》2012年第8期，第32页。

较为全面地规定了遗产管理制度，实现了遗产与继承人财产之间的隔离，[①] 包含保管并防止遗产毁损的内容，将遗产保管义务部分赋予遗产管理人承担，保证遗产隔离于继承人财产，以平等保护继承人和遗产利害关系人。[②]

从实施的社会效果上看，《继承法》对继承人与被继承人之债权人利保护失衡，如对继承人利益保护过度，则可能对被继承人之债权人利益产生损害。继承开始后遗产分割前的遗产管理规则对平等保护继承人和遗产利害关系人殊为关键。遗产分割前的遗产处理规则是由法律规定所构成的规范化体系，应充分衡平继承人及利害关系人的利益，形成体系化的遗产处理规则是民法典编纂的使命。[③] 我国《民法典》中遗产管理规则大多安排在第 6 编第 4 章"遗产的处理"项下，业已在立法层面充分表明了立场，后续则需要在司法实践中进一步通过具体适用来检验成效。

## 三、遗产保管的执行

遗产保管在实际执行层面需要重点关注的两方面主要涉及遗产保管主体的确定以及遗产保管人应承担的义务。

### （一）遗产保管的主体确定

所谓存有遗产的人，是指被继承人死亡时，实际控制遗产的人。存有遗产而且负责保管的人称为遗产保管人。遗产保管人既可以是继承人，也可以是遗嘱执行人，还可以是其他人。其身份并没有限制，自然人或者组织均可担任，只是当遗产无人保管时的由其暂时保管的一个过渡阶段。继承开始后，负有对遗产妥善保管义务的，首先应是存有遗产的人。但如果存有遗产的人为不完全民事行为能力人，如精神病人或未成年人，则应由其法定代理人担任遗产的保管人。遗产的

① 参见王丽萍：《债权人与继承人利益的协调与平衡》，载《法学家》2008 年第 6 期，第 119~124 页。

② 参见谢鸿飞：《民法典与特别民法关系的建构》，载《中国社会科学》2013 年第 2 期，第 102 页。

③ 参见谭启平、冯乐坤：《遗产处理制度的反思与重构》，载《法学家》2013 年第 4 期，第 118~132 页。

存有人保管遗产，既是权利也是义务，即使继承人放弃继承或受遗赠人放弃受遗赠，也应当对存有的遗产尽到妥善保管的责任。存有遗产的人如果不应成为遗产保管人，应及时将遗产交付给遗产保管人保管。

另外，人民法院在审理继承案件时，如果知道有继承人而无法通知的，分割遗产时，要保留其应继承的遗产，并确定该遗产的保管人或保管单位。

### (二)遗产保管人的义务

《民法典》虽然没有对遗产保管人的义务进行具体规定，但可以对照遗产管理人的义务，得出遗产保管人应履行以下义务：(1)清理死者遗产，编制遗产清单；(2)向继承人或其他继受人公开遗产清单；(3)妥善保管遗产，存有遗产的人应当妥善保管遗产；(4)发布寻找继承人或受遗赠人的启示；(5)向继承人或其他继受人及时移交遗产。遗产保管人也应对遗产妥善保管，非经全体继承人同意，不得使用和处分遗产。遗产保管人不尽职的，可经继承人或其他利害关系人的申请而更换。保管遗产所花费的费用，最后从遗产的价值中扣除。遗产保管人(包括其他人)侵吞或故意损坏遗产时，继承人、被继承人生前的债权人可以向人民法院提起诉讼，要求返还财产；原物不在，返还财产不可能的，折价赔偿。

在被继承人死后，遗产的范围和占有状态无法马上确定，因此，需要先确定遗产的范围，即编者遗产清单。对遗产进行估值，或者在经授权的前提下变卖，将被继承人的财产数额、形式、状态罗列编制成册，以确认遗产价值，防止遗产控制人利用其便利地位对遗产藏匿转移或私自处分，损害其他遗产权利人的权益，危害交易安全；而后，为避免遗产权利人因消息闭塞而不知继承开始的事实，致使其权益受损，必须在继承开始后进行一定期限的公告，意在通知被继承人生前的债务人清偿债务和告知受遗赠人实现受遗赠的合同权利。①

## 四、遗产保管与遗产管理的区别

现实中争论最多的是遗产保管与遗产管理的区别，二者在一定程度上有相似

① 参见付翠英：《遗产管理制度的设立基础和体系构架》，载《法学》2012 年第 8 期，第 31~37 页。

之处。就遗产管理人来说，我国法律对于遗产管理人没有定义，其在法理上应当具有以下特征：第一，遗产管理人对遗产的管理权不是来自法律规定，而是来自被继承人生前的委托授权；第二，遗产管理人对遗产的权利范围由被继承人的授权范围确定，一般比保管人的权利范围广泛许多；第三，遗产管理人对遗产的管理期限止于该财产的属性由遗产变更为继承人或受遗赠人的财产。由于遗产管理人对遗产的管理权来自被继承人的委托授权，所以，遗产管理人属于遗嘱执行人的范畴，只不过其执行被继承人嘱托的范围仅限于对遗产的管理。

从以上特征而言，就与遗产保管人有很大的区别，遗产保管人既可以是继承人，也可以是遗嘱执行人，还可以是其他人。其还具有以下特征：第一，被继承人去世时存有遗产的人，都是遗产保管人；第二，妥善保管遗产是遗产保管人的法定义务；第三，遗产保管人对于遗产的权利限于保管，没有使用、处分、收益的权利；第四，遗产保管人对于遗产的保管期止于该遗产移交至合法权利人。

从二者的特征来看，遗产管理人的职责范围大于遗产保管人。笔者认为，在具体规定遗产管理的相关制度时，可以将遗产保管的条款纳入，形成完整的遗产管理体系。从另一角度来讲，“管理”和“保管”虽然在一定范围内是具有一致性的，但是无论如何“保管”是无法取代“管理”的。毕竟“管理”是综合的、动态的活动，而“保管”只是一种事实状态的保持，强行将二者以另一种方式诠释为相等同的制度，反而会增加立法成本。①

从时间来说，遗产保管的时间不宜过长，过长会造成长期积压，既不利于继承人使用，也不利于发展社会生产。

从方法来说，第一，开具死者遗留财产的清单。这样既可避免遗产失散，也便于保管和以后清算移交；第二，指定遗产的保管人。

从期限来说，一般以 6 个月为宜。在被保管的遗产中，如有易于腐烂、易于变质的物品，可以先作价出卖，所卖价款，列入遗产。②

① 参见张平华、刘耀东著：《继承法原理》，中国法制出版社 2009 年版，第 443 页。

② 参见王利明：《继承法修改的若干问题》，载《法学研究》2013 年第 7 期，第 181 页。

## 第四节 民法典中的遗产管理

《民法典》第1145条规定：“继承开始后，遗嘱执行人为遗产管理人；没有遗嘱执行人的，继承人应当及时推选遗产管理人；继承人未推选的，由继承人共同担任遗产管理人；没有继承人或者继承人均放弃继承的，由被继承人生前住所地的民政部门或者村民委员会担任遗产管理人。”

### 一、规范意旨

《民法典》第1145条处在《民法典·继承编》第四章“遗产的处理”开篇第1条，肩负着承上启下的使命，我们有必要从文义解释、体系解释、条文结构、管理人的功能定位等角度来做全面分析解读。

从文义解释的角度来看，此条主要表述的是不同情形下遗产管理人如何选任的问题。有学者认为本条主旨是规定遗产管理人的产生方式。[①] 在不同情境下选出合适的遗产管理人，即为本条的规范意旨之一。

从体系解释的角度来看，此条文统领《民法典》新增遗产管理法律制度的8个条文，[②]划定了法典框架下遗产管理的范围：首先，对遗产管理人和遗嘱执行人采用了一体化安排的做法，肯定了二者在身份地位、角色职能、权利义务等方面的相似性；其次，通过单列第1151条通过规定“存有遗产的人”的义务，明确界分了遗产保管与“遗产管理和遗嘱执行”之间的差别；最后，第1133条第1款和第4款分别单独约定遗嘱执行和遗嘱信托的内容，也再一次强调了二者之间的差别。统领新增遗产管理法律制度条款，构建法典下的遗产管理框架，此为本条规范意旨之二。

从条文结构的设置来看，此条文预留了限定继承和概括继承两种模式的适用空间，明确了无人继承遗产的处理思路。首先，遗嘱执行人和继承人推选的遗产

① 参见杨立新著：《中国民法典释评·继承编》，中国人民大学出版社2020年版，第181页。

② 参见《民法典》第1133条、第1145~1151条。

管理人，依第 1147 条之规定应当完成编制遗产清单、处理被继承人的债权债务等流程，然后再将剩余遗产转交给各继承人，这是典型的限定继承的处理方式；其次，全体继承人共同担任遗产管理人，导致了遗产管理人和继承人身份混同的情况，遗产债权债务的处理无异于继承人以其实际控制的财产来偿还债务并主张债权，更接近于遗产由全体继承人概括继受的状态，当属于概括继承的处理方式；最后，民政部门或者村民委员会担任遗产管理人处理无人继承的遗产，依第 1160 条之规定收归国家(用于公益事业)或集体所有，相当于履行此二主体分内之职。预留限定继承和概括继承两种模式，依职权处理无人继承遗产，此为本条规范意旨之三。

从遗产管理人的功能定位来看，围绕遗产管理人而展开的遗产管理制度的确立具有重要意义：首先，有利于保全遗产；其次，维护被继承人生前的利益；再次，保护继承人利益；最后，保护遗产债权人利益。[①] 合适的遗产管理人在保全遗产的同时努力寻找被继承人、继承人、遗产债权人之间的合理平衡点以尽量维护各方利益，此为本条规范意旨之四。

## 二、立法历史沿革

由于本条为新增条款，原《继承法》等其他关联性法律及司法解释当中虽没有直接相关的表述，但与之相关的内容仍有迹可循。由于当时尚不存在遗产管理人，与本条相关的内容主要涉及《继承法》第 16 条、第 32 条和《继承法意见》第 57 条。

《继承法》第 16 条第 1 款规定："公民可以依照本法规定立遗嘱处分个人财产，并可以指定遗嘱执行人。"由于这一规定较为抽象，给遗嘱执行人在司法实践中的操作遗留了诸多具体适用问题。为解决这些问题，有学者建议：首先，应允许遗嘱人在遗嘱中委托他人指定遗嘱执行人；其次，出现无遗嘱执行人(无法就职)的情况时，可由利害关系人协商解决遗嘱执行事宜，协商不成则可以向人民法院申请指定遗嘱执行人；再次，若遗嘱执行人不愿就职，则应当及时向利害关系人表明态度，不及时表态则应视为默示拒绝，避免执行陷于停顿；最后，遗嘱

① 参见龙卫球主编：《中华人民共和国民法典·婚姻家庭编与继承编释义》，中国法制出版社 2020 年版，第 343 页。

执行人应迅速制作遗产清单、清偿遗产债务、管理并分配遗产，管理不当造成利害关系人损失的，还应承担赔偿责任。[①] 同时，还有学者指出，遗嘱执行人虽有管理遗产之权限，但仅限于遗嘱所涉遗产，遗嘱所未涉之遗产仍须由遗产管理人管理之。[②] 在十三届全国人大三次会议审议《民法典》(草案)时，也有意见提出在此条基础上增设遗嘱信托，鉴于《信托法》对遗嘱信托已做了规定，遗嘱信托主要由信托法来调整，新增条款可以作衔接性规定。[③] 自《继承法》颁行以来，学界和实务界都意识到不可能只依靠遗嘱执行人来完成所有的遗产管理情形，进而提出了增设遗产管理人和遗产信托来完善遗产管理相关法律制度，并最终在《民法典》中全面展现，这是我国遗产管理法律制度发展具有里程碑意义的关键节点。

《继承法》第 32 条主要规定了无人继承遗产应归国家或集体所有。[④]《民法典》第 1160 条沿袭了此方案，但是强调收归国有的财产应用于公益事业。[⑤] 在继承编起草过程中，考虑到无人继承遗产由国家无偿取得，为了充分发挥这部分财产的价值，更好地体现"取之于民用之于民"的宗旨，故明确规定必须用于公益事业。[⑥] 此条规定主要解决的是无人继承遗产的归属的问题，但并未明确由谁来负责具体执行。继承活动是民事活动，理应以当事人自决为原则，但民间自决需要当事人足够的参与，而其弊端则是一旦民事主体不能及时参与继承活动或因种种原因缺位则会影响遗产管理、流转秩序的连贯性。[⑦] 因此，对于无人继承的遗产的处理，应该充分重视被继承人生前所在单位、村委会、居委会在继承活动中

---

① 参见侯国跃：《我国遗嘱执行人制度的立法构想》，载《法学杂志》2010 年第 6 期，第 83~85 页。

② 参见刘耀东：《论我国遗产管理人制度之立法构建——兼论与遗嘱执行人的关系》，载《广西大学学报(哲学社会科学版)》2014 年第 4 期，第 113 页。

③ 参见石宏主编：《〈中华人民共和国民法典〉解释与适用 · 婚姻家庭继承编》，人民法院出版社 2020 年版，第 205 页。

④ 参见《继承法》第 32 条："无人继承又无人受遗赠的遗产，归国家所有；死者生前是集体所有制组织成员的，归所在集体所有制组织所有。"

⑤ 参见《民法典》第 1160 条："无人继承又无人受遗赠的遗产，归国家所有，用于公益事业；死者生前是集体所有制组织成员的，归所在集体所有制组织所有。"

⑥ 参见石宏主编：《〈中华人民共和国民法典〉解释与适用 · 婚姻家庭继承编》，人民法院出版社 2020 年版，第 258 页。

⑦ 郭明瑞、张平华：《海峡两岸继承法比较研究》，载《当代法学》2004 年第 3 期，第 6 页。

的地位。[1] 所以，《民法典》第 1145 条就明确了由民政部门或村民委员会担任无人继承遗产的遗产管理人。

《继承法意见》第 57 条主要规定了无人继承遗产收归国家或集体所有之前，应当酌情考虑分配给继承人以外的人，主要指依靠被继承人扶养且缺乏劳动能力又没有生活来源的人、以及对被继承人生前扶养较多的人这两种情形。[2] 要求既没有劳动能力又没有生活来源，实质上已经排除了大部分被扶养人适当分得遗产的机会，再结合我国目前的社会保障情况来看，完全没有生活来源的人已经很少出现，若仍坚持这一限定性条件，将导致该条文被架空。[3] 因此，《民法典》1131 条沿袭了这一做法，但删除了"缺乏劳动能力又没有生活来源"的限制条件，增加了"遗产酌给请求权"[4]的适用范围。

《民法典》第 1145 条虽为新增条款，但其所涉及的内容在之前的立法中已有所体现，既承袭了关于遗嘱执行人的规则，又明确了无人继承遗产的处理主体，还进一步吸纳了新的遗产管理人相关规定，构建了法典框架下遗产管理法律制度的基本架构。

## 三、构成要件和法律效果

要准确理解遗产管理人在《民法典》中的内涵，在该条具体规则层面的解读，我们需重点分析其构成要件和法律效果。

### （一）构成要件

依照第 1145 条之规定，可以担任遗产管理人的主体包含四种情形：(1) 遗嘱执行人；(2) 推选的遗产管理人；(3) 全体继承人；(4) 民政部门或村民委员会。

① 参见郭明瑞、张平华：《海峡两岸继承法比较研究》，载《当代法学》2004 年第 3 期，第 6~7 页。

② 参见《继承法意见》第 57 条："遗产因无人继承收归国家或集体组织所有时，按继承法第十四条规定可以分给遗产的人提出取得遗产的要求，人民法院应视情况适当分给遗产。"

③ 参见石宏主编：《〈中华人民共和国民法典〉解释与适用 · 婚姻家庭继承编》，人民法院出版社 2020 年版，第 198~199 页。

④ 参见李佳伦：《民法典编纂中遗产酌给请求权的制度重构》，载《法学评论》2017 年第 3 期，第 110~112 页。

这四类主体任职都有一定的前提条件。此外，本条所规定的遗产管理人产生方式，是主要的产生方式，在实际生活中，还存在其他产生方式，例如被继承人通过遗嘱指定遗产管理人。①

1. 由遗嘱执行人担任遗产管理人

遗嘱执行人担任遗产管理人，应该优先考虑，毕竟遗嘱执行应当尊重被继承人遗愿，而遗嘱执行人往往是被继承人在生前已经慎重考虑并挑选之后作出的决定。这就意味着，只要存在合法有效的遗嘱，且遗嘱中指定了遗嘱执行人，那么被选中的人毫无疑问就应该肩负起妥善管理遗产之责。但现实情况往往要复杂得多，需要结合具体情况分别予以讨论。

首先，遗嘱仅指定了遗嘱执行人，且只安排部分财产由其处置。此时，依《民法典》第1154条之规定，遗嘱未处分的遗产应按法定继承办理。② 因此，遗嘱执行人原则上不得自行处分应该按法定继承办理的部分遗产；除非继承人一致同意遗嘱执行人一并处理该部分遗产，这属于继承人共同推选了遗产管理人；若继承人不同意由遗嘱执行人处理该部分遗产，则需另行推选遗产管理人。

其次，遗嘱中仅指定了遗产管理人。这种情况需要结合遗嘱的内容去分析判断。若遗嘱未就遗产做任何安排，主要内容和目的都只是为了指定一个合法有效的遗产管理人，那么我们还是应该尊重被继承人意志，其死后财产按法定继承办理，但由遗嘱中指定的遗产管理人来负责具体的遗产管理事务。若遗嘱中指定了遗产管理人并对遗产作出了规划，那么这种指定的"遗产管理人"应该直接等同于"遗嘱执行人"来处理。

最后，遗嘱中同时指定了遗嘱执行人和遗产管理人。这种情况下，一个相对规范化的模板应该是：指定遗嘱执行人完成一部分遗产规划和安排执行，剩余部分财产由指定的遗产管理人按法定继承办理。其余情况则应该适当调整遗嘱执行

---

① 参见杨立新著：《中国民法典释评 · 继承编》，中国人民大学出版社2020年版，第183页。

② 参见《民法典》第1154条："有下列情形之一的，遗产中的有关部分按照法定继承办理：（一）遗嘱继承人放弃继承或者受遗赠人放弃受遗赠；（二）遗嘱继承人丧失继承权或者受遗赠人丧失受遗赠权；（三）遗嘱继承人、受遗赠人先于遗嘱人死亡或者终止；（四）遗嘱无效部分所涉及的遗产；（五）遗嘱未处分的遗产。"

人和遗产管理人的名称。例如，指定遗嘱执行人和遗产管理人完成了全部遗产的分配，则应该将二者都称为“遗嘱执行人”；又如，遗嘱中未对遗产作出任何安排，则应将二者都称为“遗产管理人”。这都属于共同遗产管理人的情形。

在共同管理的情况下，遗嘱执行人应优先于遗产管理人，即先由遗嘱执行人执行遗嘱；在无人承认继承时，应先由遗产管理人依搜索继承人及公告遗产债权人、受遗赠人等清算程序后，再由遗嘱执行人执行遗嘱。①遗嘱执行人和遗产管理人共同管理时，没有必须要遵循的先后顺序，反而需要共同管理人互相协调配合，尽可能保障被继承人、继承人和遗产债权人各自的合法权益。

2. 由继承人推选之人担任遗产管理人

由继承人推选之人担任遗产管理人，主要适用于有遗产需要通过法定继承的方式来继承：一是没有遗嘱，全部遗产都依法定继承；二是有遗嘱，但有部分遗产仍需依法定继承。

全部遗产都依法定继承时，还要看继承人的具体人数。继承人只有一人的，被继承人的遗产直接转化为该继承人的个人财产，其进行的是所有权人的管理；继承人为多人的，虽每人都可以作为遗产管理人，但为了遗产管理更顺利进行，全体继承人应及时推选出管理人。②此外，我们还需注意，出现一些特定情形时，应视为没有遗嘱执行人：(1)被继承人没有遗嘱；(2)被继承人立有遗嘱，但是未指定遗嘱执行人；(3)被继承人指定了遗嘱执行人，遗嘱执行人丧失行为能力、死亡或者发生了其他不能履行职务的情况。③出现应当视为没有遗嘱执行人的情况时，继承人仍需尽快推选遗产管理人。

有遗嘱，但有部分遗产仍需依法定继承，需要关注遗产管理人的身份的特殊性。此种情况往往同时存在遗嘱执行人和遗产管理人，遗嘱执行人无论是否是继承人，都需严格按遗嘱意愿管理遗产，相对而言争议较少；但推选遗产管理人管

---

① 刘耀东：《论我国遗产管理人制度之立法构建——兼论与遗嘱执行人的关系》，载《广西大学学报(哲学社会科学版)》2014年第4期，第113页。

② 参见杨立新著：《中国民法典释评·继承编》，中国人民大学出版社2020年版，第182页。

③ 参见龙卫球主编：《中华人民共和国民法典·婚姻家庭编与继承编释义》，中国法制出版社2020年版，第345页。

理遗嘱中没有明确安排的那部分遗产，则较容易出现争议，需要理顺其与继承人之间的关系。当推选的遗产管理人为继承人时，继承人对该部分遗产属于共同共有状态，遗产管理人的行为效果及于整个该部分遗产，类似于合伙中执行合伙事务的合伙人的行为效果，此时可比照合伙关系来处理；当推选的遗产管理人为继承人以外的人时，遗产管理人和继承人之间则可按照委托合同来处理。①

3. 由全体继承人共同担任遗产管理人

由全体继承人共同担任遗产管理人，适用前提应该是继承人不推选遗产管理人或推选了但无法达成一致意见。此时，全体继承人同时也是全体遗产管理人，应按共同的意思对遗产进行管理，不能取得一致意见时，应按多数人的意见进行管理。② 此种情形实际上并未解决继承人之间的核心矛盾，在涉及清算、分割遗产等重大问题时仍需协商一致，因此对部分继承人管理遗产职责的限制不能对抗不知情的其他遗产权利人；一旦出现损害遗产债权人利益的情形时，遗产债权人可根据《民法典》第 1146 条直接向法院申请指定遗产管理人。③ 共同担任遗产管理人需要解决的最关键问题还是在于如何共同协商一致，最低限度要求也是能形成多数人同意的意见。考虑到很多实体权利的变更需要三分之二以上多数同意，因此这一标准在共同担任遗产管理人的情形下也极具参考价值。

法定继承人原则上不得辞任遗产管理人一职，除非其放弃继承权：继承人管理遗产是其应尽的义务，当然不可辞任；放弃继承权与遗产不再有利益联系，才可辞任。④ 除开“应尽的义务”这一原因之外，此种情形已经属于无法推选遗产管理人的一种退而求其次的方案，已经属于诉讼程序之外的最后一道防线。如果继承人共同担任遗产管理人无法胜任，那只能通过诉讼途径请求法院代为指定并处理相关争议。

---

① 参见龙卫球主编：《中华人民共和国民法典 · 婚姻家庭编与继承编释义》，中国法制出版社 2020 年版，第 345 页。

② 参见杨立新著：《中国民法典释评 · 继承编》，中国人民大学出版社 2020 年版，第 182 页。

③ 参见龙卫球主编：《中华人民共和国民法典 · 婚姻家庭编与继承编释义》，中国法制出版社 2020 年版，第 345 页。

④ 参见杨立新著：《中国民法典释评 · 继承编》，中国人民大学出版社 2020 年版，第 182 页。

全体继承人共同担任遗产管理人未依法履行职责，因故意或者重大过失造成受遗赠人和遗产债权人损害的，应当承担民事责任，① 此时可以将全体继承人视为一个合伙企业来处理对待。依《民法典》第 1149 条之规定，遗产管理人可以依照法律规定或者按照约定获得报酬，② 但全体继承人共同担任遗产管理人即便取得报酬，该部分报酬也还是得再次分配，故而不建议此种情况下约定遗产管理人的报酬。

4. 由民政部门或村民委员会担任遗产管理人

由民政部门或村民委员会担任遗产管理人，出现在有无人继承遗产之时，通常表现为没有继承人、继承人均放弃继承、或继承人均丧失继承权等。近年来，被继承人债务清偿纠纷逐年递增，继承人放弃继承的案例也占据了相当大的比例，法院对这类案件的处理方式主要有裁定驳回起诉、裁定诉讼终结、认定放弃继承行为无效、判决继承人清理遗产并以遗产清偿等。③ 为了让这一类案件在司法实践中更好地妥善解决，合适的遗产管理人成为其中不可忽视的关键一环。为了更好地处理被继承人无人继承的遗产，综合考量各主体之间联系的密切程度，城镇居民由其住所地民政部门担任遗产管理人，农村居民由其所在集体的村民委员会担任遗产管理人。④

民政部门和村民委员会担任遗产管理人，是其各自职责所在，当然不可以辞任。⑤ 民政部门和村民委员会担任遗产管理人还有很重要一方面原因在于其行政职能与被继承人的遗产较容易产生交集。例如，在各省、直辖市的机构改革方案⑥中都会明确民政部门有"促进慈善事业发展，组织、指导社会捐助工作"

---

① 参见《民法典》第 1148 条："遗产管理人应当依法履行职责，因故意或者重大过失造成继承人、受遗赠人、债权人损害的，应当承担民事责任。"

② 参见《民法典》第 1149 条："遗产管理人可以依照法律规定或者按照约定获得报酬。"

③ 参见刘学在、赵贝贝：《遗产管理人的诉讼实施权配置研究——从实体与程序的双重维度切入》，载《中南大学学报(社会科学版)》2022 年第 4 期，第 32 页。

④ 参见中国审判理论研究会民事审判理论专业委员会编著：《民法典继承编条文理解与司法适用》，法律出版社 2020 年版，第 165 页。

⑤ 参见杨立新著：《中国民法典释评·继承编》，中国人民大学出版社2020年版，第182页。

⑥ 例如《中共山东省委、山东省人民政府关于山东省省级机构改革的实施意见》规定："组织拟订全省促进慈善事业发展政策，组织、指导社会捐助工作；……"又如《天津市机构改革方案》规定："负责拟订促进慈善事业发展政策和慈善信托、慈善组织及其活动管理办法并组织实施。推动全市慈善相关工作，组织、指导社会捐助工作。"

相关内容的表述，下属各地市州等也都有相应职能的明确表述，而无人继承遗产收归国有应用于慈善事业，自然由民政部门来处理最为适宜。村民作为集体经济组织一员，其财产中有很大一部分与集体所有的农业用地、宅基地等紧密相关，而这些权利的分配往往都由村民委员会负责，而且《中华人民共和国村民委员会组织法》第10条关于村民委员会的职责明确要求“热心为村民服务”，因此村民委员会担任农村居民无人继承遗产的管理人在现有法律框架下最为适宜。

### (二)法律效果

本条列举了选任遗产管理人的主要的、常见的方式，并不意味着其他方式产生的遗产管理人无效。原则上来说，只要选任遗产管理人的过程没有违反法律中的强制性规定，都不得随意否认选任遗产管理人的效力。因为一旦轻易否认法庭之外自主决定选任出的遗产管理人的效力，必然面临着利害关系人依《民法典》第1146条之规定进入司法程序，要求法院指定遗产管理人。

从学理角度分析，有学者认为遗产管理人的确定有四种方式：一是继承人推选遗产管理人；二是遗嘱指定遗产管理人；三是法院指定遗产管理人；四是默认的遗产管理人(无遗嘱和法院的指定，亦无推选人，则由全体继承人作为默认的遗产管理人)。①还有学者建议：第一，由继承人担任遗产管理人时，若继承人为一人，则由其担任，若继承人为数人则协商由一人主管，其他人辅助；第二，由遗嘱执行人担任遗产管理人时统一管理；第三，由法院直接指派遗产管理人，条件是在继承人无法或不愿成为遗产管理人时由利害关系人向法院提出申请。②

此外，确定遗产管理人还应注意：首先，遗产管理人应为年满18周岁、具有完全民事行为能力的公民；其次，遗产管理人应具有一定的社会生活经验和基本的法律知识，能够在管理遗产期间对遗产进行有效管理，并有能力完成遗产债务清偿和遗产分配等事项；最后，遗产管理人应具有较高的道德水平，以确保遗

① 参见杨立新主编：《婚姻家庭继承法》，北京师范大学出版社2010年版，第355~358页。

② 参见刘悦著：《中国财产继承法律制度研究》，中国海关出版社2003年版，第200~202页。

产的合法合理分割。[1] 这些观点都为我们准确理解遗产管理人的确定方式提供了很好的思路和方案，有助于我们更准确地界定第 1145 条适用的法律效果。

遗产管理人一旦被选定，就需要依法履行以下职责：(1)清理遗产并制作遗产清单；(2)向继承人报告遗产情况；(3)采取必要措施防止遗产毁损、灭失；(4)处理被继承人的债权债务；(5)按照遗嘱或者依照法律规定分割遗产；(6)实施与管理遗产有关的其他必要行为。[2] 若因故意或者重大过失造成继承人、受遗赠人、债权人损害的，应当承担民事责任。[3] 通常也可以依照法律规定或者按照约定获得报酬，[4] 但全体继承人共同担任遗产管理人时不推荐。《民法典》相关条文列举了遗产管理人的职责和比较关键的权利义务，但这并不意味着遗产管理人只需要关注这几个法条中罗列的问题即可完成使命。按照遗产管理的一般流程来看，遗产管理人需要编制遗产清单、及时通知和公告遗产相关权利义务、及时处理债权债务关系、完成财产归扣并分割遗产，在存在个人破产的法域可能还得考虑遗产破产的相关问题。遗产管理人的权利应该包括表决权、处分权、请求权和诉讼参与权；取得报酬只是请求权中与管理人个人利益关系较密切的一种。遗产管理人的义务除第 1148 条提及的损害赔偿义务外，还应当包括妥善管理义务、管理情况报告义务和共同管理协助义务。

## 四、条文架构与功能定位

要探寻遗产管理人在《民法典》遗产管理法律制度体系下的角色定位，在宏观架构层面，我们需要准确把握该规则的条文架构和功能定位。

### (一)条文架构

从内容上看，本条应划分为四个逻辑层次：

第一层："继承开始后，遗嘱执行人为遗产管理人"，指的是有遗嘱且指定了遗嘱执行人的，遗嘱执行人负责按遗嘱安排去管理对应部分遗产，将其视为

---

① 参见王海啸：《浅谈遗产管理人制度》，载《法制与经济》2012 年第 10 期，第 48 页。

② 参见《民法典》第 1147 条。

③ 参见《民法典》第 1148 条。

④ 参见《民法典》第 1149 条。

“遗产管理人”并且类比遗产管理人的职责去妥善管理遗产。继承开始后，第一顺位优先考虑由遗嘱执行人担任遗产管理人，既是法律对被继承人意愿充分尊重的表现，又暗含了遗嘱执行人和遗产管理人的核心功能具有高度同质性，进而可以同等考量二者的职责及权利义务。

此种情形需要额外考虑的是遗嘱内容与遗产管理人职责产生冲突如何处理。例如，被继承人已在遗嘱中安排了自己全部的可继承遗产，但未将生前债务从遗产中扣除，显然将会与遗产管理人职责中的处理遗产债务相违背。虽然我们要尊重被继承人的意愿，但前提条件是不违反法律的规定。遗嘱执行人担任遗产管理人的意义就在于，既然赋予了这种身份属性，就不得随意违背法律为其设定的特定职责。既然违反法律规定的部分遗嘱都有可能认定为无效，那么遗嘱执行人依法律规定行使职责去修正遗嘱中处理不当的部分，也算不上真正意义上的违背被继承人意愿。

第二层：“没有遗嘱执行人的，继承人应当及时推选遗产管理人”，指的是在没有合适的遗嘱执行人的情况下，继承人有必要尽快推选出合适的遗产管理人。最直观地解读这一层含义，可以理解为“法定继承时，继承人应当及时推选遗产管理人”。在多数情况下，我们确实可以这么理解，这也似乎泾渭分明地划分了界限：遗嘱执行人用于遗嘱继承；遗产管理人用于法定继承。

然而“没有遗嘱执行人”并不等同于“没有遗嘱”，而有可能只是遗嘱执行人(非继承人)①明确拒绝担任遗嘱执行人一职，抑或是因其他原因(例如，意外死亡)导致其无法履行该职务。继承人是无权代替被继承人去指定一位新的遗嘱执行人的，故而只能由其推选合适的遗产管理人。此时，若推选了遗产管理人，则其需要处理的事务几乎与第一层当中的遗嘱执行人一致。但值得注意的是，该条中的“应当推选遗产管理人”属倡导性规范，目的在于维护遗产完整性及高效处理、分割遗产之需要而作出的规定，也就是说，是否成立遗产管理人并非分割遗

① 此处强调非继承人，主要原因在于：依杨立新教授的观点，继承人无权拒绝成为遗产管理人，因为这是在为自己即将继承的财产服务，是其应尽的义务。同理，继承人同样也无权拒绝成为遗嘱执行人，除非确实出现了无法胜任的特定情形。参见杨立新著：《中国民法典释评·继承编》，中国人民大学出版社 2020 年版，第 182 页。

产的前置条件。①

此外，还需要额外考虑的是遗嘱中仅指定了遗产管理人且明确表示按法定继承分配财产该如何处理。首先，从逻辑结构上来说，被继承人指定遗产管理人和指定遗嘱执行人都更契合第一层逻辑；其次，从个人意愿出发考虑，无论指定何种类型的管理人，都属于个人真实意思表示，只是在财产安排的思路上略有不同而已；最后，从遗产管理的执行效力来看，被继承人指定遗产管理人直接避免了继承人在推选遗产管理人时无法达成一致的情况出现，反而能更快地进入遗产管理程序，能更快地保护被继承人的遗产。

第三层："继承人未推选的，由继承人共同担任遗产管理人"，指的是没有通过推选程序选出合适的遗产管理人，作为一种兜底方案由所有继承人共同担任遗产管理人。在这种情况下，继承人和遗产管理人的身份出现了重合，也使得遗产管理人在限定继承模式之下的职能发生了微妙的变化。在限定继承模式下，经过了遗产管理程序之后，继承人才能取得剩余遗产的所有权。而全体继承人共同担任遗产管理人，打破了这种既有模式，相当于继承人直接从被继承人手上接过了遗产的实际控制权，这从本质上和概括继承后再来处理遗产相关债权债务并无二致。唯一区别恐怕只剩下名义上的差异而已，即继承人担任遗产管理人期间对遗产享有的是"实际控制权"而非"所有权"。

此种情况需要额外考虑的是，继承人中有未成年或其他限制民事行为能力人的，其权利如何行使的问题。依《民法典》关于自然人之规定，理应由其法定代理人代为行使相应权利。现实中比较常见的情形是，这些法定代理人本身也是继承人，当两部分以上的继承份额叠加达到一定比例时，极有可能出现"一言堂"的情况，从而致使"共同的遗产管理人"形同虚设。多数情况下，我们可以寄希望于法定代理人依法、尽职、妥善地管理遗产。但我们不能完全排除，法定代理人借"实质遗产管理人"的优势地位损害部分继承人，尤其是成年的限制民事行为能力人权益的情况出现。虽然从规则层面，我们有第 1146 条法院指定遗产管理人作为最后的保障，但限制民事行为能力人很难实现以利害关系人的身份去申请法院指定。因此，当我们处理这一层逻辑关系下的遗产管理争议案件时(例如，

---

① 参见〔2021〕闽民终 1616 号民事裁定书。

遗产债权人主张权利)，有必要事无巨细地对待案件中的每一个细节。

第四层："没有继承人或者继承人均放弃继承的，由被继承人生前住所地的民政部门或者村民委员会担任遗产管理人"，指的是出现无人继承遗产时，由被继承人生前住所地的民政部门将遗产收归国库并用于公益事业或由村民委员会依法将遗产收归集体所有。依照《最高人民法院关于适用〈中华人民共和国民法典〉继承编的解释(一)》(以下简称《继承编解释一》)第33条之规定，继承人放弃继承，需要以书面形式向遗产管理人或者其他继承人表示，并且应当在继承开始后、遗产分割前作出。① 此外，因无人继承又无人受遗赠归国家或者集体所有时，还需要考虑继承人以外的依靠被继承人扶养的人以及对被继承人扶养较多的人的"遗产酌给请求权"，适当分配部分相应的遗产。② 也就是说，对于"没有继承人"或"继承人均放弃"，其实都有特定要求需要留意并遵守。

此外，还需要考虑的是有继承人但无法通知，能否直接作为没有继承人处理。答案现实是否定的。依照《继承编解释一》第30条之规定：人民法院在审理继承案件时，如果知道有继承人而无法通知的，分割遗产时，要保留其应继承的遗产，并确定该遗产的保管人或者保管单位。③ 此种情形不得直接收归国家或集体所有，而应当保留相应份额并确定遗产保管人。民政部门或村民委员会在处理"无人继承遗产"过程中，若新发现了"无法联系到的继承人"，可以考虑由其转变身份，直接担任该项遗产的遗产保管人。作为最后一层逻辑的无人继承遗产的处理，其实也可能因新情况的出现而发生转化，可见这四层逻辑之间并非完全割裂的状态，仍然存在着互相转化的可能性。

### (二)功能定位

结合前文所述规范意旨、条文架构、构成要件和法律效果来看，本条的功能

---

① 法释〔2020〕23号。参见《最高人民法院关于适用〈中华人民共和国民法典〉继承编的解释(一)》第33、35条。

② 法释〔2020〕23号。参见《最高人民法院关于适用〈中华人民共和国民法典〉继承编的解释(一)》第41条。

③ 法释〔2020〕23号。参见《最高人民法院关于适用〈中华人民共和国民法典〉继承编的解释(一)》第30条。

定位可以从以下 4 个方面来解读：

1. 统领遗产管理相关规则

《民法典》中遗产管理相关规则主要集中在第 1133 条、第 1145～1151 条共 8 个条文。第 1133 条主要明确了自然人可以指定遗嘱执行人、也可以设立遗嘱信托。第 1145 条规定了不同情形下遗产管理人的主要产生方式。第 1146 条规定法院对争议遗产管理人的指定。第 1147 条列举了遗产管理人应该履行的 5 类职责。第 1148 条强调了遗产管理人造成继承人、受遗赠人、债权人损害的，应当承担民事责任。第 1149 条主要提及了遗产管理人有权获得报酬。

这 8 条规则中并没有传统意义上非常宏观的概括性条款，给遗产管理一个明确的定义或范畴。唯有第 1145 条能让人了解我国遗产管理制度的大致内容，并衔接前面第 1133 条遗嘱执行和遗产信托与后面第 1146～1151 条遗产管理人的指定、职责、权利义务等内容。该条内容安排上设置的四个逻辑层次能够在不同层面分别与其他遗产管理条文的内容产生关联，起到了非常关键的串联作用，让法典中的遗产管理制度有了一定的体系性。

2. 标志着遗产处理的开始

第 1145 条被安排在《民法典·继承编》第四章“遗产的处理”开篇第 1 条，意味着选任遗产管理人是遗产处理中至关重要的一环，也标志着遗产处理的开始。遗产管理人一旦确定，就要全面接管被继承人的遗产，开展遗产管理各项工作，积极履行相关职责。遗产管理人的选任作为遗产处理的开始，实质上是要求遗产管理人就职后应该第一时间进入遗产实际控制人的状态。

从这种安排中，我们还可以解读出另一层含义：遗产管理制度的核心功能在于妥善地处理遗产。从《民法典·继承编》的内容来看，遗产管理人有权独立决定与遗产处理相关事宜，对遗产受益人(包括继承人、受遗赠人、债权人)负责，并且《民法典》并未吸收《民通意见》第 177 条关于遗产视为共同共有的规定(该条已被废止)，而是将被继承人死亡后、遗产分割前这段时间的遗产所有权归属问题留白，为后期解释这段期间遗产所有权的归属留有余地。[①] 因此，遗产管理人

① 参见郭峰编著：《中华人民共和国民法典条文精释与实务指南·婚姻家庭编、继承编》，中国法制出版社 2021 年版，第 362 页。

在不享有所有权的情况下，要妥善地处理遗产，至少应保留其对遗产的实际支配、控制权；否则依其行为做出的对遗产的处理都将在法律层面处于效力待定状态，不利于遗产妥善、有效地处理。

3. 搭建遗产管理制度的基本框架

第1145条的内容划分四个层次分别明确了遗产管理开展的四种不同情境，涵盖了遗嘱继承、法定继承、无人继承遗产三个维度的遗产管理问题，但并未就遗嘱信托做统一安排。首先，关于遗嘱信托受托人的选任，《信托法》第13条已经做了明确规定："设立遗嘱信托，应当遵守继承法关于遗嘱的规定。遗嘱指定的人拒绝或者无能力担任受托人的，由受益人另行选任受托人；受益人为无民事行为能力人或者限制民事行为能力人的，依法由其监护人代行选任。遗嘱对选任受托人另有规定的，从其规定。"其次，在现有规定已经较明确具体的情况下，通过一个转介条款衔接现有规定即可，另起炉灶制定一套全新的规则显得不那么必要。最后，我国遗嘱信托实践起步较晚、发展相对较慢，面对一个尚待深度挖掘的领域，很有可能出现制定法跟不上实践发展的现实需求的情况，在现阶段继续沿用《信托法》的规定是更合适的选择，待遗嘱信托发展到一个全新的阶段，可以通过修订《信托法》的方式更新相关法律规定，还能更好地保持《民法典》相关规则在一个较长的时期内具有更高的稳定性。将遗嘱信托另行规定，并不代表着我国遗产管理体系中不存在遗嘱信托，只是在适用法律时需关注单行法中的规定而已。

此外，第1145条并未将遗产保管与遗嘱执行、遗产管理并列处理，整个条文都没有提及遗产保管的问题，而是在第1151条另行规定遗产保管的内容。这种设置安排进一步明确了遗产保管是存有遗产的人应该履行的临时性管理义务这种功能定位。遗产保管人只有财产保管权，即临时占有或保存遗产，并不能对遗产作出其他实体性权利方面的处分。① 遗产保管人可以涵盖所有存有遗产的人，自然包括遗嘱执行人、遗产管理人以及遗嘱信托受托人；后三者的职责范围包含了遗产保管人的职责，但主体范围确明显小于遗产保管人，遗产管理人相关制度

① 参见付翠英：《遗产管理制度的设立基础和体系架构》，载《法学》2012年第8期，第31~37页。

并不能完全涵盖对遗产保管人的相应规定。[1] 换言之，遗产保管人、遗嘱执行人、遗产管理人、遗嘱信托受托人这四类主体都是我国遗产管理制度体系中不可或缺的组成部分，即便有时出现身份重叠甚至转化的情况，各自之间也不能互相替代。

第1145条没有采用大包大揽的做法将四种身份的管理人都纳入一个条款中规定，一方面是由于这四类主体确实在现行法律框架下具有各自独特的功能，另一方面也与理论层面对于各类遗产管理人的法律地位存在较多争议有关。借鉴《信托法》中的遗嘱信托并将遗产保管人的职责单列一条，应该算是最能适应我国当前司法实践的选择。

4. 预留两种继承模式的适用空间

我国《继承法》废除了无限继承制度，而改采取限定继承，理由在于：(1)无限继承不符合现代法治精释；(2)无限继承不符合继承权的权利性质；(3)无限继承可能导致对继承人的不利影响；(4)无限继承不符合“从身份到契约”的社会发展趋势；进而建议《民法典》继续这一立场，它不仅是民法的个人主义原理的具体化，而且是继承法现代化的标志。[2]《民法典》第1161条规定：“(第1款)继承人以所得遗产实际价值为限清偿被继承人依法应当缴纳的税款和债务。超过遗产实际价值部分，继承人自愿偿还的不在此限。(第2款)继承人放弃继承的，对被继承人依法应当缴纳的税款和债务可以不负清偿责任。”[3]第1161条第1款第1句确实明确地传达了限定继承的意思，以遗产价值为限清偿债务；第2句的“不在此限”似乎又改变了这一立场。要解释这一问题，需要认真梳理继承模式的不同情形。

继承模式总体上可分为两大类：其一，概括继承，主要为大陆法系国家所采纳，此种模式又进一步细分为完全概括继承(又称无限继承)和限定概括继承；其二，间接继承，又称限定继承，主要为英美法系国家所采纳。限定概括继承和

① 参见中国审判理论研究会民事审判理论专业委员会编著：《民法典继承编条文理解与司法适用》，法律出版社2020年版，第165页。

② 参见王利民著：《我国民法典体系问题研究》，经济科学出版社2009年版，第316~317页。

③ 参见《民法典》第1161条。

间接继承在两大法系仍占主流地位，且最终财产分配的结果有着异曲同工之处，即承担有限的责任；二者最主要的区别在于遗产是否包含消极财产，即债务、税务等负担，限定概括继承是先概括继受债权债务，在偿还债务时以遗产价值为限，间接继承则是先偿还债权债务，以剩余“积极财产”作为遗产来分配。

《民法典》设立的遗产管理人的职责之一是“处理被继承人债权债务”，处理完之后，再分配剩余遗产给继承人，总体上更契合限定继承。“继承人自愿偿还”似乎又回到了无限继承。要解释这一现象，又要结合我国遗产管理人的不同情形来考量。依第 1145 条由被继承人指定的遗嘱执行人和继承人选任的遗产管理人，以及依 1146 条法院指定的遗产管理人，都是非常典型的类似于英美法系国家法律规定的遗产管理人，自然能非常好地契合限定继承模式。但依第 1145 条全体继承人担任遗产管理人这种情况，本质上就是继承人直接概括继受被继承人遗产，然后再来考虑遗产债务的偿还问题，此种情况应属于大陆法系国家常用的限定概括继承模式。若此时再加上“继承人自愿偿还”这一相当于无限继承的特定情况作为补充，显然我国目前是采取了“以限定继承为主，以概括继承为辅”的继承模式。第 1145 条将遗产管理人分成不同的适用情形这一安排，给我国遗产管理制度预留了限定继承和概括继承都能适用的空间。

# 第二章 遗产的范围

遗产是遗产管理过程的核心，其范围的划定直接关涉利害关系人的实际利益。比较各国关于遗产范围的立法，有助于我们更全面、更清晰地认识如何界定遗产的范围。比照继承客体和继承模式来界定遗产的范围是一种更科学的方式，具有更好的理论基础。不完全遗产应被纳入遗产的范围，以确保遗产在各继承人之间更公平地分配。一些特殊的物和权利是否属于遗产范围值得探讨。

占有的继承虽然只有德国等少数国家立法中有明文规定，但其继承能够解决一些实际问题，其可继承性值得深入分析。网络虚拟财产作为一种新型的财产类型，其法律属性虽存在争议，但并未因此而否定其财产属性。可继承的网络虚拟财产的具体类型亦需归纳总结。网络虚拟财产在现实生活中的继承面临一些问题，也急需寻求解决方案。

## 第一节 遗产范围的立法比较

### 一、立法体例实质趋同

在理论上，遗产范围制度的立法体例可以分为两类，一类是集中式规定，即把遗产范围制度的内容全部集中于一处，作为继承法的一章或一节加以规定；另一类是分散式规定，即遗产范围制度的内容分散于继承法的许多相关章节，甚至分散于民法典的其他部分或者相关的民事单行法中。① 这两种体例各有所长，相

① 陈苇主编：《外国继承法比较与中国民法典继承编制定研究》，北京大学出版社 2011 年版，第 230 页。

对而言，前者要求立法者对遗产范围有全面清晰的把握，且掌握了较为成熟的立法技术，否则可能会出现许多缺漏；而后者则由于其更具有灵活性，更适合于对法律的局部改进，但其缺陷是不容易把握遗产范围的全貌。① 这是从规定遗产范围的条文安排的一种分类方式，较为直观地展现了遗产范围在继承法体例中的地位。

集中式和分散式的立法体例划分，不仅仅是遗产范围的立法体例采用的划分方式，对于其他法律问题的立法体例安排也同样适用。所不同的是，这种划分方式在遗产的范围这一问题上接近于伪命题。关于这个问题，我们需要从遗产的本质属性出发进行探讨。

遗产作为一个继承法上的概念，无论如何界定，归根结底依然是一种特定化的财产。遗产的法律特征包含四个要素：财产性、特定的时间性、内容上的限定性以及范围上的专属性。② 从这四要素来看，最能体现其本质属性的依然是财产性。至于其他三个要素，不过是对财产性的修饰和限定而已。

人类社会在同一历史时期，从总体上来看，人们拥有的财产基本相同，即便存在不同，也只限于对极个别事物认定的差异。在这种情形下，我们讨论遗产的范围，不过是从固有的财产种类中遴选出其中几类，构成符合各国法律规定的遗产。这是从整个人类社会的角度来看遗产的本质。它的价值在于帮助我们从整体上把握遗产的本质之后，再对遗产的范围进行具体界定，减少我们对于遗产认识的片面性和狭隘性。

然而这种总体上的抽象认识并不能作为各国继承实践中的直接参照标准，毕竟它针对具体继承个案的指导作用十分有限。要实现对个案的指导，则需要将遗产通过法律条文具体化。而在同一历史时期的不同阶段，财产的类型也是不断变化的。一些新兴的财产，如网络财产中的虚拟货币等，已经现实地存在于人们的日常生活之中。但对于这类新兴财产的法律规定势必难以在短期之内被纳入传统的遗产范围法律条文之中。这也是集中立法体例容易出现缺漏的特性导致的无可

---

① 陈苇主编：《外国继承法比较与中国民法典继承编制定研究》，北京大学出版社 2011 年版，第 230 页。

② 参见杜江涌：《比较法视野下的遗产范围制度研究》，载《河北法学》2010 年第 4 期，第 80 页。

避免的问题。因此，要真正清楚界定遗产的范围，仅依靠某一部法典中集中规定的几个条文难以展现遗产范围的全貌。集中立法体例在司法实践中仍然需要借助于规定新兴财产的法律法规和司法解释的支持。在这一阶段，从全面界定遗产范围的角度来看，集中立法体例是不存在的。

新兴的财产类型终究会失去其“新”的特性，被纳入传统的遗产范围。这是法律发展更新的必然结果。但遗憾的是，法律更新速度往往赶不上社会生活中新问题、新现象的变更速度。可能新的遗产类型刚刚成为传统法条的内容之一，更新的遗产类型又出现了。集中立法体例在短期内可能完成全面覆盖遗产范围的任务，但此期间必然难以覆盖某一社会历史时期，往往只能是一个较短的时间段。从这个角度来看，集中立法体例的比重较小。

从立法层面展现遗产范围的全貌，集中立法体例难以较好地胜任，在大多数情况下依然需要以分散立法体例来实现。这种划分标准是从纯理论的角度进行的界定，从目前的实际立法情况来看，其接近于伪命题。而真正能够现实解决遗产的范围这一问题，还是主要依赖分散式立法体例。因此，我们认为遗产范围的立法体例实质趋同。

## 二、立法模式大同小异

对于遗产范围的立法模式，学者们往往从遗产范围界定的特性出发作出分类。有学者提出，遗产范围的立法模式主要包括排除式、列举式和例示式。① 其中，例示式以我国继承法中的相关规定为例佐证。也有人提出包含概括式、列举式、排除式、结合式的立法模式。② 但在世界各国的立法中，纯粹的概括式或列举式立法模式均不多见，多为结合式立法模式。③ 而结合式立法模式根据其列举的方式不同，又可分为排除性的结合与直陈式的结合两种。④ 无论立法体例的分

① 参见王歌雅：《论继承法的修正》，载《中国法学》2013 年第 6 期，第 92 页。

② 参见高淑珍：《我国遗产范围之探讨》，载《产业与科技论坛》2013 年第 16 期，第 64 页。

③ 参见麻昌华：《遗产范围的界定及其立法模式选择》，载《法学》2012 年第 8 期，第 28 页。

④ 麻昌华：《遗产范围的界定及其立法模式选择》，载《法学》2012 年第 8 期，第 28 页。

类方式如何多样化，它不过是为了展现遗产的范围而进行的一种形式上的划分。为了更好地体现遗产范围，我们既需要从宏观上把握，也需要就具体问题进行分析。

### （一）总括性规定

虽然无法穷尽所有大陆法系国家关于遗产的范围的规定，但就部分大陆法系国家的立法来看，其对于遗产的范围的规定采用的方式大同小异。从宏观上来看，基本上是整体概括加具体调节的模式。不同之处主要体现在具体调节方式和立法技术上。

1. 财产转移描述式规定

财产转移描述式是界定遗产范围的一种立法模式，强调遗产转移的过程。遗产的范围通常包括积极财产和消极财产，代表国家有德国、法国和瑞士。

《德国民法典》第1922条是继承法上总括的权利继受，其第1款规定："被继承人死亡（继承开始）时，其财产（遗产）作为总体转移给一个或一个以上的他人（继承人）。"[①]德国民法上财产权的种类主要包括债权、物权和知识产权。该法典第857条还规定："占有转移给继承人。"[②]这说明占有物也可以继承。

《法国民法典》第724条第1款规定："法律指定的诸继承人当然占有死者的财产、权利和诉权。"[③]这是从继承人的角度出发界定遗产的范围，与其他国家直接从被继承人的角度出发作出界定有所不同。这与《法国民法典》的整体安排有关。该法典第3卷是关于"取得财产的各种方法"的规定，而"取得财产"均是从财产获得者的角度作出的界定，而继承又只是取得财产的诸多方法之一。为了法典体例安排上的统一性，故而从继承人的角度出发来界定遗产的范围。遗产的范围包含财产和权利，在该法典第2卷中也对此做了明确的规定。财产主要包括动产和不动产。权利则包含所有权、用益权、使用和居住权、役权和地役权。而遗产范围中的诉权则是附随财产和权利而存在的。

---

① 陈卫佐译：《德国民法典》（第3版），法律出版社2010年版，第551页。

② 陈卫佐译：《德国民法典》（第3版），法律出版社2010年版，第315页。

③ 罗结珍译：《法国民法典》，北京大学出版社2010年版，第205页。

《瑞士民法典》第 560 条规定：(1)继承人因被继承人死亡取得全部遗产。(2)除法律另有规定外，被继承人的债权、所有权、其他物权及占有物，无例外地移交给继承人。被继承的债务，即为继承人的债务。(3)指定继承人的遗产取得，追溯至继承开始之时。法定继承人应根据占有规定移交遗产。[①] 瑞士继承法采取了概括继承原则，遗产既包括积极财产，也包括债务。

2. 概括式规定

概括式规定是对遗产的范围作出笼统的描述，遗产的范围通常以财产、权利和债务三个词语进行描述，进行此种规定的代表国家有西班牙、俄罗斯和菲律宾。

《西班牙民法典》第 659 条规定："继承的标的为被继承人死亡时尚未消灭的所有财产、权利和债务。"[②]《俄罗斯联邦民法典》第 1112 条第 1 款规定："遗产包括继承开始之日属于被继承人的物和其他财产，包括财产权利和义务。"[③]《菲律宾民法典》第 776 条规定："遗产包括一个人的全部财产、不因其死亡而消灭的权利和债务。"[④]

3. 概括加排除式规定

概括加排除式规定是在概括式规定的基础上排除专属于个人性质的财产，代表国家有日本、奥地利和泰国。

《日本民法典》第 896 条规定："继承人自继承开始时起，承继属于被继承人财产的一切权利义务。但被继承人的人身专属性权利义务，不在此限。"[⑤]《奥地利普通民法典》第 531 条规定："除了纯粹以个人关系为基础而产生的权利义务以外，死者的权利和义务的总体，称为其遗产或继承财产。"[⑥]《泰王国民商法典》第

① 殷生根、王燕译：《瑞士民法典》，中国政法大学出版社 1999 年版，第 153 页。

② 潘灯、马琴译：《西班牙民法典》，中国政法大学出版社 2013 年版，第 199 页。《西班牙民法典》相关条文均引自此译著，除非原文引用，不一一注明页码。

③ 黄道秀译：《俄罗斯联邦民法典》，北京大学出版社 2007 年版，第 383 页。《俄罗斯民法典》相关条文均引自此译著，除非原文引用，不一一注明页码。

④ 蒋军洲译：《菲律宾民法典》，厦门大学出版社 2011 年版，第 111 页。《菲律宾民法典》相关条文均引自此译著，除非原文引用，不一一注明页码。

⑤ 渠涛译：《最新日本民法》，法律出版社 2006 年版，第 194 页。

⑥ 周友军、杨垠红译：《奥地利普通民法典》，清华大学出版社 2013 年版，第 89 页。《奥地利民法典》相关条文均引自此译著，除非原文引用，不一一注明页码。

1600 条规定："在本法典规定的规制下，死者的遗产包括死者的每一件财产及权利义务和各种责任，除非按照法律或按性质是死者纯粹个人性质的除外。"①

4. 列举式规定

列举式规定是对遗产的范围举例说明的一种立法模式。代表国家是葡萄牙和中国。葡萄牙属于纯粹描述性列举。中国属于概括描述并辅以具体类型列举。

《葡萄牙民法典》第 2069 条规定，遗产包括：(1)以直接交换方式取代遗产中某些财产之财产；(2)转让遗产中之财产所得之价金；(3)以遗产中之金钱或有价物取得之财产，且相关金钱或有价物在取得文件中有所提及者；(4)分割遗产前所收到之孳息。② 我国《继承法》第 3 条规定，遗产是公民死亡时遗留的个人合法财产，包括：公民的收入；公民的房屋、储蓄和生活用品；公民的林木、牲畜和家禽；公民的文物、图书资料；法律允许公民所有的生产资料；公民的著作权、专利权中的财产权利；公民的其他合法财产。③

此外，虽然意大利、希腊、阿尔及利亚、埃塞俄比亚等国家的民法典中没有关于遗产范围的总体概括性规定，但这些国家大抵是已将"遗产即死者之财产"当作一种内化的默认规定。

### (二)具体范围调节方式

对遗产范围的具体调节主要依赖于财产的归扣和扣减制度。所谓归扣，是指如果共同继承人的一部分或全部在继承开始以前，已经从被继承人那里获得某些特定的赠与财产，则在遗产分配时，要将其生前受赠财产加上现有遗产组成应继承财产的总额，再依此应继承财产总额计算各继承人的应继份，然后在应继份中将已经从被继承人那里获得的赠与财产扣除，最后所得财产数额即为该继承人的应继财产。④ 所谓扣减是指如被继承人生前赠与或遗赠处分的财产侵害了特留

---

① 周喜梅译：《泰王国民商法典》，中国法制出版社 2013 年版，第 292 页。《泰王国民商法典》相关条文均引自此译著，除非原文引用，不一一注明页码。

② 唐晓晴等译：《葡萄牙民法典》，北京大学出版社 2009 年版，第 376 页。《葡萄牙民法典》相关条文均引自此译著，除非原文引用，不一一注明页码。

③ 参见《继承法》第 3 条。

④ 陈苇主编：《外国继承法比较与中国民法典继承编制定研究》，北京大学出版社 2011 年版，第 233 页。

份，则特留份权利人有权请求从该被生前赠与或遗赠处分的财产中返还(即扣减)部分财产，以满足其特留份。[①] 归扣会在扩大遗产的范围，而扣减会缩小遗产的范围。扣减主要是针对特留份为之，各国立法对特留份的规定也都类似，故不赘述。但对于归扣的财产，各国立法规定则略有不同。

1. 列举型归扣

《德国民法典》中针对遗产范围的调节主要通过财产均衡来实现，主要集中在第2050~2057a条。均衡义务包括四种情形：一是作为法定继承人的晚辈直系血亲之间的均衡义务；二是晚辈直系血亲出缺时的均衡义务；三是意定继承人的晚辈直系血亲的均衡义务；四是在晚辈直系血亲之一的特别给付的情形下的均衡义务。两种给予的调整是对较远亲等或被收养的晚辈直系血亲的给予和从共同财产中作出的给予的调整。无论是均衡义务还是对给予的调整，其设立目的均为实现遗产的公平分配。然而这种调整会使得遗产不限于死者死亡当时所拥有的财产而扩大遗产的范围。因为被继承人死亡前从自己名下转到个别继承人名下的财产有可能划分到遗产范围内而进行重新分配。转到个别继承人名下的财产将从该继承人的应继份中扣除，剩余部分为该继承人的实际继承财产。《德国民法典》中规定需要均衡(财产归扣)的情形有6种：(1)婚嫁立业资财的均衡；(2)超出被继承人财产状况能力而支出的，作为继承人收入的补贴和继承人职业培训的费用的均衡；(3)被继承人指出需要均衡的生前赠与；(4)代位继承人对被代位人收到的给予财产的均衡；(5)对意定继承人继承份额有疑义的，也可能需要均衡；(6)对被继承人有特殊照料、特别帮助、特别给付的继承人，可要求其他继承人予以均衡。[②] 无须均衡的财产有5类：(1)被继承人明确指出无须均衡的婚嫁立业资财；(2)作为继承人收入的补贴和为继承人职业培训支出的费用；(3)排除在继承之外或作为替补继承人的较远亲等晚辈直系血亲，在较近亲等继承人出缺或替补继承之前获得的给予；(4)取得晚辈直系血亲的法律地位之前，被收养人从被继承人处获得的给予；(5)继承人因获得给予的财产超出其应继份的，不必

---

① 陈苇主编：《外国继承法比较与中国民法典继承编制定研究》，北京大学出版社2011年版，第233页。

② 参见《德国民法典》第2050~2053、2057a条。

返还，但也不参与其他遗产的分配。①

《法国民法典》中的调整方式集中体现在该法典第3卷第1编第8章第2节规定的无偿处分的财产的返还。这类返还主要针对部分生前赠与、遗赠、相关孳息、偶然灭失财产赔偿金等进行的规范和调整。《法国民法典》中规定需要返还财产(财产归扣)的情形有6种：(1)生前赠与通常需要返还；(2)被继承人明确提出需要返还的；(3)作为应继份之外的特殊利益和遗赠，超出被继承人处分权限的需要返还；(4)用于继承人建立家业或清偿债务而赠与的财产需要返还；(5)受赠财产灭失取得的赔偿金，若用于重组财产则以重组财产之价值返还，若未用于重组财产则全部返还；(6)应返还的孳息自继承开始之日起算，应返还的利息自返还财产数额确定之日起算。② 无须返还的情形包括7种：(1)作为应继份之外的特殊利益和遗赠，原则上无须返还；(2)放弃继承的继承人接受的生前赠与无须返还；(3)取得继承人资格之前接受的赠与无须返还；(4)向继承人之子女或配偶进行的赠与和遗赠无须返还；(5)继承人因与被继承人合伙而取得的利益(不包括间接利益)无须返还；(6)继承人与被继承人有公证文书的合伙，合伙财产无须返还；(7)因偶然事变而灭失的受赠财产无须返还。③

《瑞士民法典》中的调整方式分散于第3编第14章第6节、第16章第2节和第17章第3节中。第14章第6节中主要涉及影响遗产范围的扣减之诉中存在的需要从遗产中扣除部分财产的情形。第16章第2节涉及关于遗赠的部分返还问题。第17章第3节主要对于赠与、结婚费用、教育费用是否属于遗产的范围作了专门规定。该法典在具体遗产范围的调节中的规定比较分散，但也相对较为全面。《瑞士民法典》中规定需要财产结算(财产归扣)的情形有5种：(1)遗赠从遗产中扣除后，其他继承人又偿还了之前未知的被继承人债务，其他继承人可要求受遗赠人以现存遗赠价值为限返还其应承担的前述债务的相应份额；(2)以继承份额、嫁妆、结婚费用、财产转让、债务免除名义的给予，应当结算；(3)代位继承人和替补继承人对于被代位人应结算之财产，负有同样的结算义务；(4)生

① 参见《德国民法典》第2050、2053、2056条。

② 参见《法国民法典》第843、844、852、855、856条。

③ 参见《法国民法典》第844~849、852~855条。

前赠与及其作价和孳息应予结算；(5)为继承人教育或职业培训支出的费用，超过普通程度的部分应当结算。① 无须结算的情形有5种：(1)被继承人明确表示不用结算的；(2)继承人得到的作为特别赠与的财产超过应继份的通常不予结算；(3)普通程度的结婚费用(被视为特别赠与)不予结算；(4)为继承人教育或职业培训支出的费用通常不予结算；(5)属于惯例的赠与不予结算。②

《日本民法典》中对遗产范围的调节主要包含在第5编第3章第1、2节和第8章中。第896条将人身专属性权利排除在遗产范围之外。第897条第1款还明确规定了祭祀身份的继承，并将宗谱、祭祀用具及坟墓的所有权也纳入遗产的范围。③ 该法典对于遗产范围的调节分散在其应继份和特留份制度相关规定之中，也是其遗产范围调整方式的独特之处。《奥地利普通民法典》中的调整集中于第2编第14章。该法典设定的归扣制度与日本有类似之处，分为对特留份的归扣和对法定继承份额的归扣。归扣的内容主要是一般赠与、先取遗赠④、子女的妆奁、立业给予。对特留份的归扣在特留份的分配和计算之后，在特留份的范围内进行。这种方式只是换了一种计算方法，在对遗产的范围的实际影响上与其他归扣并无二致。《西班牙民法典》中的调整集中于第3卷第3集第6章第1节，主要依赖于其遗产的合算制度。合算的内容涉及赠与、养育、教育、医疗、结婚物资等不同方面。《菲律宾民法典》中关于遗产范围的调节主要集中于第3编第4章第5节中规定的财产合算制度。应归扣的财产主要包括部分赠与财产、孳息以及父母为子女偿付的债务、选举费用、罚款等。西班牙和菲律宾的民法典中都规定：婚礼的赠与超出遗产总额1/10的部分应予以归扣。⑤ 这种规定在其他几个国家

---

① 参见《瑞士民法典》第565、626~628、630~631条。

② 参见《瑞士民法典》第626、629~631条。

③ 第897条第1款规定："宗谱、祭祀用具及坟墓的所有权，不拘前条的规定，依照习惯由应为主宰祖先祭祀的人承继。但按被继承人的指定已有可主宰祭祀祖先的人存在时，由该人承继。"此处不拘前条规定，应指第896条中对于人身专属性权利义务不在遗产范围内之规定。参见渠涛译：《最新日本民法》，法律出版社2006年版，第194页。

④ 第758条规定："只要配偶没有依法剥夺继承权，其有权在婚姻住所中继续居住，并且在与此前的生活环境相适应的家务的继续所需要的范围内，有权继续使用家务所需的动产，这是法定的先取遗赠。"周友军、杨垠红译：《奥地利普通民法典》，清华大学出版社2013年版，第119页。

⑤ 参见《西班牙民法典》第1044条、《菲律宾民法典》第1070条。

的法典中均未出现。《意大利民法典》中的调整集中于第 2 编第 4 章第 2 节规定的返还制度。需要返还的财产主要包括各种给予、不动产、动产、金钱。① 这种归扣模式只是将财产类型作为划分标准而进行分类，但实质上仍然是一种列举型的返还制度。《马耳他民法典》中的调整集中于第 2 编第 2 分编第 3 分题第 3 节。第 922 条对应受合算之物进行了概括规定："对于死者为其任何女性直系卑血亲提供嫁资、结婚时进行任何赠与、为任何直系卑血亲提供宗教财团、为直系卑血亲谋取有俸圣职、资助直系卑血亲从事任何工作或事业、清偿直系卑血亲的债务支出，或基金收益、信托收益，应当合算。"②虽然这是一条关于遗产范围的具体调节的较为全面集中的规定，但该法典对于抚养费、与死者的协议中获得的收益、特别合伙、孳息、补助金等事项的归扣规定亦属于平行列举。《魁北克民法典》中的调整集中于第 3 编第 3 章第 1、2 节中规定的返还制度。第 1 节是关于赠与物和遗赠物的返还，主要是共同继承情形的赠与返还。在代位继承中，代位继承人不仅需要返还自己应返还的份额，还需要返还被代位人应返还的份额。③ 第 2 节是关于债务的返还，主要是指继承人对被继承人的债务。④ 这种债务直接从应继份中扣除，减少了追索被继承人债权的过程，可以在一定程度上减少继承消耗的时间。

德国、法国、瑞士、日本、奥地利、西班牙、菲律宾、意大利、马耳他、魁北克这些国家和地区均属于列举型归扣。这些国家关于归扣制度的规定往往针对某一类具体事件作出专门规定，同时又设定例外，构成一个条文。不同类型的事件各自独立，分别规定在不同的条文之中。归扣制度就由这些列举出的条文组成，由可能被归扣的财产与这些条文比照，再决定是否需要归扣。

2. 原则加例外型归扣

《葡萄牙民法典》中的调整主要集中于第 5 卷第 1 编第 10 章第 3 节。调整的主要内容是针对各种赠与及其孳息的归扣。需要归扣的情形有 3 种：(1) 为继承人所

---

① 参见《意大利民法典》第 741、746、750、751 条。

② 李飞译：《马耳他民法典》，厦门大学出版社 2012 年版，第 200 页。《马耳他民法典》相关条文均引自此译著，除非原文引用，不一一注明页码。

③ 参见《魁北克民法典》第 868 条。

④ 参见《魁北克民法典》第 879~883 条。

作之一切无偿性之开支均须归扣；(2)须归扣财产所生孳息应予归扣；(3)被代位人应予归扣的财产对代位继承人而言亦应归扣。① 无须归扣情形有3种：(1)被继承人表示免除的，不予归扣；(2)意外灭失的赠与财产不予归扣；(3)为子女结婚、扶养、安家立业而作之开支在符合习俗及被继承人经济状况限度内不予归扣。②

《葡萄牙民法典》通过确立一个归扣的基本方针来奠定归扣制度的基调，再围绕这一基本的归扣思路来设立其他情形，易于从整体上把握。这种归扣制度由于设定了一个归扣的基本原则，一切无偿性开支都予归扣，整体而言显得井然有序且简洁明了，例外情形也较少。这种体系构建方法可以避免归扣制度内部具体规定之间产生矛盾和冲突。

3. 无归扣制度

《俄罗斯联邦民法典》第1112条第2款规定："遗产不包括与被继承人的人身不可分割地联系在一起的权利和义务，其中包括领取赡养金的权利、因公民生命或健康受到损害而取得赔偿的权利，以及本法典或其他法律不允许通过继承转移的权利和义务。"③该条第3款规定："遗产不包括人身非财产权和其他非物质利益。"④这两款是对遗产范围的排除式规定，再加上第1款的概括式规定，第1112条就构成了该法典对于遗产范围的一般规定。而俄罗斯继承法又没有关于不完全遗产的规定。⑤ 但这并不意味着俄罗斯的遗产范围就属于集中立法体例。因为该法典第5编第65章(第1176~1185条)对一些有特殊性的财产的继承专门作出了规定，而这些规定也会对遗产的范围产生影响。例如，由俄罗斯授予被继承人的国家奖励则不属于遗产，但其他国家授予俄罗斯公民的国家奖励、荣誉奖章等则又属于遗产。⑥ 虽然该法典中没有设立财产归扣制度，但依然规定了特留份制

① 参见《葡萄牙民法典》第2106、2110、2111条。

② 参见《葡萄牙民法典》第2110、2112、2113条。

③ 黄道秀译：《俄罗斯联邦民法典》，北京大学出版社2007年版，第383页。

④ 黄道秀译：《俄罗斯联邦民法典》，北京大学出版社2007年版，第383页。

⑤ 任江：《论我国〈继承法〉遗产范围的重构》，载《河南财经政法大学学报》2013年第5期，第168页。

⑥ 《俄罗斯联邦民法典》第1185条规定："1. 授予被继承人的、适用俄罗斯联邦国家奖励立法的国家奖励，不属于遗产。在获奖人员死后，这些奖励依照关于俄罗斯联邦国家奖励的立法规定饿程序转交给他人。2. 属于被继承人的而不适用俄罗斯联邦国家奖励立法的国家奖励、荣誉奖章和其他纪念章，包括所收藏的奖励和奖章，属于遗产并按本法典规定的一般根据进行继承。"黄道秀译：《俄罗斯联邦民法典》，北京大学出版社2007年版，第410页。

度。第 1149 条第 1 款划定了特留份权利人的范围，包括被继承人的未成年子女、无劳动能力的配偶、父母、子女、受供养人，并规定他们继承至少每一法定继承人应得份额的一半。①《俄罗斯联邦民法典》被认为是总括排除性立法的典型代表，但其本质依然是总括规定加具体调节的立法模式。

大陆法系国家和地区遗产范围制度在立法技术上尽管存在一定差异，但总体立法模式基本相似，均可概括为总括性规定加具体调解的模式。但在具体调解的方式上则略有不同。具体调节包含财产的归扣和扣减两方面。由于财产扣减主要针对特留份，而各国特留份制度的相关规定又大同小异，难以在这一方面体现出调解方式的不同。因而调节方式的主要不同体现在财产归扣制度上。在前述讨论的国家和地区的立法中，大多数是列举型归扣，但列举的方式和分类标准也有所不同。葡萄牙的归扣制度属于原则加例外的归扣模式。俄罗斯则没有规定归扣制度。

综上所述，各国关于遗产范围的立法体例本质上都属于分散式立法体例；立法模式主要是概括规定加具体调节。总体性规定又包含四种不同的呈现方式：财产转移描述式规定、概括式规定、概括加排除式规定和列举式规定。一些没有总括性规定的立法大抵也是认为遗产即被继承人死亡时的财产，而没有必要再通过立法重申。遗产范围的具体调节方式，最主要的部分是财产归扣。财产归扣又分三种情形：列举式归扣、原则加例外型归扣和不归扣；目前采用列举式归扣的国家较多。

## 第二节　界定遗产范围的考量因素

虽然在各国立法中用不同方式对遗产范围作出了规定，但对其进行界定的过程中仍有几个需要特别留意的考量因素：一是遗产与继承客体之间的关系；二是不完全遗产是否属于遗产；三是个别特殊物权是否属于遗产；四是几种特殊类型的财产能否纳入遗产的范围。

① 黄道秀译：《俄罗斯联邦民法典》，北京大学出版社 2007 年版，第 397 页。

## 一、与继承权客体的关系

继承权客体概念最早可追溯至罗马法时期，在这一时期，作为继承标的之遗产等同于死因概况继承。① 然而古罗马时期的继承是一种身份继承，继承的主要目的并不在于遗产的转移，而在于取得被继承人的身份和地位。② 这是由奴隶制社会的现实状况所决定的，身份和地位在当时比财产本身重要得多。况且，没有继承的身份和资格，继承也无从谈起。

随着社会的进步和发展，遗产继承已经从身份继承逐渐转变为财产继承。身份继承的内涵也大大缩减，仅限于与遗产紧密相关的部分，也被称为对被继承人法律地位的继承。而对于法律地位的继承也并不能成为学界普遍性的观点。即便如此，承认对法律地位继承，也只是将其作为继承客体从理论上予以确认，并不能对继承本身产生直接的影响。对被继承人法律地位的继承只能附随财产转移而存在，为遗产的传承服务。

继承权客体这一概念存在的前提是承认继承权的概念。而继承权存在的前提又在于接受继承权向所有权转化过渡说。该说认为，继承是一个过程，继承人在被继承人死亡时尚不能取得遗产的所有权；只有在遗产分割后，遗产继承权才能转化为对遗产的所有权。③继承权和所有权是两种不同的民事权利，继承权是继承人取得被继承人遗产的权利，是获得所有权的权利。④ 若采取瞬间转化说，则继承权就没有太大的存在价值，因为继承人已取得了遗产的所有权。继承权客体概念的提出是为了表明继承权利义务关系所指向的对象。若因不同的理论而否定这一概念又不恰当。我们认为，可将“继承权客体”称为“继承客体”，无论在哪种学说中都可以被承认。

① 任江：《论我国〈继承法〉遗产范围的重构》，载《河南财经政法大学学报》2013 年第 5 期，第 170 页。

② ［意］彼得罗·彭梵得著：《罗马法教科书》，黄风译，中国政法大学出版社 1992 年版，第 324~327 页。

③ 杨震、王歌雅：《继承权向所有权转化探究》，载《学习与探索》2002 年第 6 期，第 42 页。

④ 李校利、王孔雀：《论遗产所有权转移的时间》，载《当代法学》1993 年第 2 期，第 41 页。

目前学者们对继承客体的界定可以分为5类。第一种观点认为，继承客体就是指遗产。[①] 这类观点将遗产作为死者财产权利和义务的统一体来看待。从字面意思来看，这是对继承客体最狭义的一种解释。但由于其对遗产的解释较为宽泛，其实质内容和范围并不狭窄。第二种观点认为，继承客体是被继承人财产法上的法律地位。[②] 这种观点认为遗产只是这种财产关系中的积极财产，并且不限于个人合法财产，还包括特定情形下死者生前尚未取得合法权利的财产。这种观点是在对罗马法上的继承理论的接纳和演化上发展而形成的，与古罗马时期的身份继承有着本质的区别。第三种观点认为，继承客体包含积极财产、消极财产和某种必须履行的行为。[③] 第四种观点认为，继承客体包含积极财产、消极财产、法律地位，但不包括某种必须履行的行为。[④] 办理丧事(必须履行的行为)，应作为近亲属自身的债务，否则会得出“如被继承人未留有积极财产则其近亲属可不为其办理丧事”的错误结论。第五种观点认为，继承客体包含积极财产、消极财产和法律地位。史尚宽先生认为，继承之客体，只需于继承开始时为被继承人之权利义务，不以其效力确定为必要，只需属于财产上之权利义务，其种类在所不问，虽非具体的权利义务，仅为法律之地位，亦不妨继承，但属于身份之权利义务，不在其内。[⑤]

继承客体，是指继承法律关系中权利义务所指向的对象。它应当是一个较为宽泛的概念，否则难以与继承中复杂的权利义务关系相对应。将继承客体作最广义之解释更有利于比较遗产的范围与继承客体之间的关系。故而本书中对遗产客体的界定采用第五类观点，认为继承客体包含积极财产、消极财产和法律地位。

要准确区分遗产与继承客体之间的关系，还需要进一步明确继承客体中法律

---

① 参见[意]彼得罗·彭梵得著：《罗马法教科书》，黄风译，中国政法大学出版社1992年版，第124页。参见王歌雅主编：《婚姻家庭继承法学》，中国人民大学出版社2009年版，第228页；郭明瑞、房绍坤、关涛著：《继承法研究》，中国人民大学出版社2003年版，第8页。

② 参见张玉敏著：《继承法律制度研究》，法律出版社1999年版，第40页。

③ 参见梁慧星著：《民法总论》，法律出版社1996年版，第95页；刘春茂主编：《中国民法学·财产继承》，法律出版社1999年版，第40页。

④ 参见马俊驹、余延满著：《民法原论》(第三版)，法律出版社2007年版，第899~903页。

⑤ 史尚宽著：《继承法论》，中国政法大学出版社2000年版，第153页。

地位的内涵。第一种解释可概括为：法律地位是一种身份关系，独立于财产而存在。在这种解释之下，遗产的范围与继承客体则可能出现四种关系：(1)遗产只包含积极财产；(2)遗产包含积极财产和法律地位；(3)遗产包含积极财产和消极财产；(4)遗产包含积极财产、消极财产和法律地位。第二种解释可概括为：法律地位是一种附随财产并为保障财产的顺利转移而存在的权利义务，如排除妨害请求权、诉讼参与权、继续履行合同义务、返还原物的义务等。这种解释更接近于法律地位在当今继承制度中的现实状况。在这种解释之下，遗产的范围与继承客体则只有两种关系：(1)遗产包含积极财产和法律地位；(2)遗产包含积极财产、消极财产和法律地位。第一种正好反映的是英美法系对遗产范围的界定，第二种则对应的是大陆法系对遗产范围的界定。

## 二、继承模式

在我国法学传统语境下，遗产指死者遗留下来的(积极)财产，与债务相对立。[①] 在几个典型的大陆法系国家,[②] 遗产往往都包含消极财产，这与其概括继承模式有关。而英美法系国家和地区对于遗产的界定往往限定于积极财产，这与其间接继承制度有关。他们可以通过遗产信托的受托人或者遗产管理人在偿还债务之后再将剩余的积极财产分配给继承人。遗产的范围在不同国家和不同继承模式下存在明显差异。

概括继承模式又可分为完全概括继承和限定概括继承。完全概括继承是指继承人继承被继承人的一切财产和权利义务关系，继承人对遗产相关的权利义务关系负无限责任。限定概括继承则是指继承人仅继承遗产清算后的财产，并以遗产为限承担责任。

完全概括继承(又称无限继承、单纯承认、无条件接受继承)，是指继承人

① 陈苇、宋豫主编：《中国大陆与港、澳、台继承法比较研究》，群众出版社2007年版，第193页。

② 例如德国、法国、瑞士、西班牙、奥地利、日本、俄罗斯等国在其民法典中关于遗产的一般规定部分都对遗产的范围进行了总括性的规定，并承认消极财产(部分译为“债务”或“财产义务”)属于遗产。

确定而无保留地继承被继承人财产的单方面意思表示。[①] 完全概括继承在现实中多由法律推定成立，主要原因是继承人未于法定期间内实现限定继承之要求而又无抛弃继承之意思表示。[②] 法国和日本都有关于完全限定继承的立法，但这些立法都没有抛弃限定概括继承模式。《法国民法典》赋予继承人选择继承方式的权利，并给予4个月的自由选择期限(选择期限还可向法官申请延长)，期间届满会有2个月的催告期，催告期届满仍未作出决定的，则被推定为无条件接受继承。[③] 无条件接受继承的全部概括继承人或部分概括继承人，对遗产的债务与负担负无限责任。[④] 此外，继承人转让被继承人的遗产，为其他继承人或后顺位继承人之利益而放弃继承，均视为无条件接受继承。[⑤] 日本将完全概括继承的适用情形分为3类：(1)继承人全部或部分处分了继承财产(保存行为和短期租赁除外)；(2)继承人未在限定期间内作出限定承认或放弃继承；(3)将继承财产全部或部分隐匿或私自消费，抑或以恶意不将其记载于财产目录(放弃继承后其他继承人承认的除外)。[⑥] 由于完全概括继承需要继承人承担无限责任，不利于保护继承人的合法利益。而这种无条件接受继承和放弃继承的规定也多为法律所推定，是作为对限定继承的补充而存在。

限定概括继承(又称限定承认、有限责任继承)，是指继承人以遗产为限承担被继承人债务或负担的前提下，概括继受遗产相关权利义务的单方意思表示。限定概括继承主要是大陆法系国家为限制继承人的无限责任、保护继承人利益的一种措施。通常会要求继承人编制遗产清单。遗产清单中记载的是被继承人死亡时拥有的财产，但这些财产可能还包含对被继承人的债务。继承人以遗产清单的内容为限，享有继承权并承担被继承人的债务或负担。德国和意大利是这种继承模式的典型代表，而前述采纳完全概括继承模式的法国和日本也对此种继承方式作出了规定。《德国民法典》规定了继承人对被继承人总括的权利继受，并规定

① 戴炎辉、戴东熊：《中国继承法》，台北三民书局1998年版，第171页。
② 参见郭明瑞著：《继承法研究》，中国人民大学出版社2003年版，第37~38页。
③ 参见《法国民法典》第768、771、772条。
④ 参见《法国民法典》第785条第1款。
⑤ 参见《法国民法典》第783条。
⑥ 参见《日本民法典》第921条。

了详细的遗产清单制度，但又明确指出，在遗产管理开始或遗产支付不能程序开始时，继承人对于遗产债务的责任限于遗产。① 而继承人的无限责任仅限于遗产清单不正确的情形，而且还要求造成这种不正确的主观因素是故意。② 可见德国是以限定概括继承为主来构建其继承体系的。《意大利民法典》第484条也对限定承认作出了明确的规定。有学者指出，限定继承是现代继承法的基本原则。③ 设置限定继承的目的在于寻找保护遗产债权人利益和保护继承人利益的平衡点。所以，这种继承模式也逐渐被各国继承立法采纳。

英美法系的间接继承制度，是指遗产在继承开始后并不直接归继承人所有，而将其视为独立的财产由遗产管理人管理，在完成遗产分割后再转归继承人所有，其本质亦属于一种限定继承。间接继承与限定概括继承的区别在于，间接继承只继承遗产清偿债务之后余下的积极财产(即继承的是被继承人的净资产)，而不负担债务。被继承人的债务在遗产信托、遗嘱执行和遗产管理的过程中偿还。英美法系国家和地区大多采用间接继承制度，并通过遗产管理的方式解决遗产债权债务纠纷。在英美法系立法中几乎找不到无限责任继承的立法例，也并没有关于限定继承的明文规定，但其通过间接继承制度同样实现了限定继承的效果。

完全概括继承、限定概括继承和间接继承是目前各国继承体系中较为常见的三种继承模式。但由于完全概括继承模式下的继承人对遗产负有无限责任，会损害继承人的利益，故而常被作为限定概括继承的补充。主要的继承模式是限定继承，主要指限定概括继承和间接继承，分别对应的是大陆法系和英美法系的继承模式。

遗产的范围在这两种继承模式下，最主要的区别在于遗产是否包含消极财产，即债务和负担。限定概括继承模式下的遗产包含积极财产和消极财产，这是概括继承的题中之意。若只继承积极财产，则不能称之为概括继承。而间接继承中，在继承开始后、实际交付继承人之前的遗产具有独立的财产属性，由遗产管

① 参见《德国民法典》第1922、1975、1993~2013条。

② 参见《德国民法典》第2005条。

③ 张玉敏：《论限定继承制度》，载《中外法学》1993年第2期，第32页。

理人管理。而遗产管理的一个重要的功能在于偿还遗产债务，保障遗产债权人之利益。在这种模式下，若将遗产的范围界定为包含积极遗产和消极遗产，则继承人仍然需要偿还债务，遗产管理的意义则大打折扣。因此，我们在界定遗产范围之时，需要结合采取的继承模式予以考量。单从理论上探讨遗产的范围是否包含消极财产没有太多的现实意义。

## 三、不完全遗产

不完全遗产是从大陆法系立法中提炼出的概念，是指受限制的某些遗产，此类遗产只具有遗产的部分属性，但不具有全部属性，主要包括归扣中的不完全遗产和扣减中的不完全遗产。[①] 不完全遗产所涉及的问题主要是财产的归扣制度(又称均衡义务、财产返还、财产结算、财产合算)和扣减制度。

财产扣减制度主要是指特留份需要从被继承人死亡时遗留的财产中扣除。

财产归扣制度设立之目的是在多数继承人(两人及以上)之间公平的分配遗产。这本应是涉及财产分割的问题，但由于归扣的财产需要与被继承人死亡时拥有的财产相累加，再分配给各个继承人，这就在无形之中扩大了遗产的范围。这种待归扣的财产是否构成遗产值得仔细分析。

在各国的归扣制度中，这种待归扣的财产无一例外是被继承人生前财产，否则无法构成有效的赠与。只是在被继承人死亡的当时，待归扣的财产不由被继承人实际控制。既然这种财产需要归扣与遗产累加计算，那么它本身对于各共同继承人而言，也是一种可期待的财产性利益。而理论上所提到的对遗产的继承权，作为一种可取得所有权的权利，本质上也属于可期待的财产性利益。二者作为特定化的财产对继承权的实现并无实质差别。

财产归扣的前提是两人以上共同继承，而且归扣只针对继承人为之。归扣财产从遗产分割后的应继份中扣除，扣除后应得的遗产直接从被继承人死亡时遗留的遗产中分配。归扣财产的所有权，在财产归扣的过程中没有变动，一直在某一继承人名下。从被继承人的角度来看，这种赠与和对有继承资格者的遗赠最本质

① 参见陈苇主编：《外国继承法比较与中国民法典继承编制定研究》，北京大学出版社2011年版，第233页。

的区别仅在于赠与生效的时间不同，一个在生前赠与的当时即生效，一个则需待遗嘱生效时方可生效。其实二者都是死者生前作出的赠与决定，都是生前对个人财产的处分。而且待归扣财产的赠与也在各国立法中有严格的时间、条件的限制，其受到的制约因素并不比遗赠少。也就是说，待归扣财产的赠与与遗赠一样，都是被继承人生前对将来遗产的一种预先安排。在这种预先安排下的两种财产的性质也并无实质差别。

各国立法中对应予归扣的财产的规定各不相同，这与各国的风俗习惯和继承观念紧密相关。这些应予归扣的财产也集中表现为以下几类。

第一类是被继承人明确表示需要归扣的财产。这是被继承人处分自己财产的权利，应当得到法律的保护。

第二类是对于一般赠与的归扣。这种赠与通常是被继承人对某一继承人的特别给予。这种给予不应是因节日、生日等日常生活中的礼仪而作出的给予。但因前述事由而作出的明显超出生活水平的大额给予也应予以归扣。奥地利还明确规定履行道德义务而作出的赠与也应免于归扣。① 例如，因子女患病而其父母支付了巨额医疗费用，该子女无力偿还，不能对这种赠与予以归扣从而实际剥夺了该子女对其父母财产的继承。这种赠与可以概括为无特别事由而作出的明显超出日常生活之必要的赠与。

第三类是为继承人额外教育支出的费用。额外教育费用可分为两类：一类是超过普通高等教育的部分；另一类则是对子女某一方面特长的培养的支出。结合当今社会发展的现实状况，通常父母为子女的普通高等教育可谓之必要。超出普通高等教育的部分之所以需要归扣，也是出于对其他共同继承人公平的考虑。而对特长培养的支出，在被继承人能力范围内且不影响维持正常生活水平的，不应予以归扣。但对于超出被继承人能力的情形，应予归扣。

第四类因子女的婚姻而作出的赠与，超出普通程度的部分应予归扣。这种情形主要是指因子女结婚而产生的费用明显超出了与平时生活水准相当的婚礼形式所需的费用，造成了一定的负担。因为结婚的子女都已成年，父母对其已无抚养之义务。父母对其因结婚而产生费用的负担，是一种法定义务之外的帮助行为。

① 参见《奥地利普通民法典》第 785 条第 3 款。

这种帮助行为与父母偿还子女债务而提供的帮助，从法律的角度来看并无不同，均可归结为子女对父母的自然债务。而对普通程度的婚礼费用作出的赠与，则可被认为是正常社交礼仪之需要，或被视为特别赠与而免予归扣。但超出普通水平的部分则实无必要。

第五类是帮助继承人的工作而为的支出。这些支出包括为继承人求职、创业的支出，为继承人竞选的支出，为救济继承人事业的支出等。因为这些支出都属于无偿帮助行为。这些支出并不属于继承人应得之财产。

第六类是为偿还继承人债务的支出。继承人之债务，本应由自己偿还。被继承人出于帮助的考虑而偿还其债务。对于继承人而言，应被看作法定之债的消除同时伴随一个新的自然之债的产生。继承人应当偿还该债务。

第七类是被代位人所有的应予归扣之财产对于代位继承人而言，同样应予归扣。代位继承人取得的是被代位人的继承资格，他所享有的继承权利和份额不应超过被代位人的权利和份额。

第八类是孳息和利息的归扣。孳息以待归扣财产所生之孳息为限，并从继承开始之日起算。而利息则需要从待归扣财产价值确定之日起算。

虽然待归扣之财产存在以上情形，但也存在例外，在被继承人有明显相反意思表示时除外。

在设立财产归扣制度时，应该明确一个归扣的基本思路，有两种模式可以选择：一是以归扣为主导，以免予归扣作为例外；二是以不归扣作为主导，仅规定需要归扣的几种情形。这两种设计思路是为了避免归扣的具体条文之间产生冲突而设立的基本框架。第一种模式与葡萄牙的归扣制度设计类似；第二种则比较接近列举式归扣制度。从立法条文来看，第一种设计思路显得更简洁明了。我国若设立财产归扣制度，可以考虑这种设计思路。

## 四、几种特殊的物和权利

### （一）遗体

遗体是人死亡后的身体。遗体的法律属性存在众多理论上的分歧，故其是否属于遗产也不能妄下定论。关于遗体的法律属性，学者们众说纷纭、莫衷一是。

但遗体的本质属性，只有两种可能：物或非物、财产或非财产。这是从对事物客观认知判断的不同角度作出的一种分类。对于一个现实存在的实体，我们只能从这两个方向探寻其本质属性。例如对纸币的认识，抛开其财产属性，它是一张纸，是物；但在我们的日常观念中，它又是财产，其物的属性则退居其次。如果既不是物，又不是财产，非物非财产，就客观认知而言无法构成一个现实存在的实体。如果说遗体介于这两种判断的中间地带，那其至少包含了物和财产的部分属性。

对遗体从这两个角度出发探讨其本质有两种理论。第一种理论认为遗体是物。日本昭和二年大判中提到，“遗骨为物，为所有权之目的，归继承人所有，然其所有权限于埋葬及祭祀之权能，不许放弃”。① 但这种继承取得的所有权是受到严格限制的，并没有普通所有权的权能。而这种继承也与一般继承有着明显的差别。只能称之为一种特定化的继承，继承人取得的也是有特定含义的所有权。第二种理论认为遗体是财产。这种学说的出现来自美国宾夕法尼亚州的两次判例，这两次判例的法官分别阐述了自然人拥有一具遗体的权利并首次提出了死者遗体应当被视为财产由其活着的亲属来继承。在 Larson v. Chase 一案的判决中，法官阐述了一个人拥有一具尸体的权利，这是他在最广义上的财产权，也是财产权的最普通意义。在 Bogert v. City of Indianapolis 案中，判决阐述，提出建议死者的尸体属于其活着的亲属，作为财产继承。从这两种观点来看，遗体在不同程度上是包含着物和财产双重性质的。

梅迪库斯认为，身体是自然人这一权利主体的物质载体，它不能成为他人权利的客体，亦即不能成为权利客体。② 无论如何，有关物的一般规则不适用于遗体，除非遗体已经变成“非人格化”的木乃伊或骨骼。③ 因此，死者家属对尸体不享有所有权，而只具有一项不同于所有权的死者照管权利（及义务），这一法律

---

① 史尚宽著：《民法总论》，中国政法大学出版社 2000 年版，第 289 页。

② 参见［德］迪特尔·梅迪库斯著：《德国民法总论》，郝建东译，法律出版社 2000 年版，第 876 页。

③ 参见孙宪忠著：《德国当代物权法》，法律出版社，法律出版社 1997 年版，第 5 页；［德］迪特尔·梅迪库斯著：《德国民法总论》，郝建东译，法律出版社 2000 年版，第 876 页。

地位以涉及死者安葬为限。① 史尚宽先生认为，人的遗体是死者生前人格的延续，以物来界定遗体是对人格尊严的藐视，既非物，则不受物权法调整，更不会产生所有权，只有依照习惯法予以管理及葬仪之权利义务。② 这些观点强调的是人格权的延续，侧重于对遗体的保护，但并不能反映出遗体的本质属性。

对于遗体的认识之所以众说纷纭、各执一词，无外乎遗体牵涉了太多的道德、伦理、心理以及法律关系等因素。我们在各种外在因素的压力下去认识这个实体，自然会受到影响因素的不同而得出不同的结论。抛开物在法律上的特殊含义以及道德观念和善良风俗等因素的束缚，遗体就是客观存在的物。若要从法律的角度做一个界定，遗体是关涉伦理道德承载人格权延续具有特殊价值的物。

那么遗体是否能纳入遗产的范围而参与继承呢？我们认为，这是没有必要的。因为遗体牵涉了过多的价值判断，不可能像其他财产一样正常参与继承。即便纳入了遗产并参与了继承，其受到的严苛限制也使这种继承失去了继承本身的意义。对于遗体的第一时间处理，我们保持足够的尊重并妥善安葬即可。

### （二）遗体捐赠补偿金

死者生前关于其遗骸处分的合同或遗嘱如不违反公共秩序或善良风俗，则应为有效。③ 故而遗体捐赠，在法律上是可行的。遗体捐赠之后，受赠单位通常会给予一定的补偿金，这种补偿能否作为遗产继承，也成为一个值得考虑的问题。有学者提出应对这种补偿金作区分：一种是死者生前知道或应当知道的补偿金，由法律④所规定或由合同约定产生，应当属于遗产；另一种是超出死者生前合理预期的补偿金，在捐献之后才提出，应视为赠与，不属于遗产。⑤ 我们赞同这种

① 参见[德]迪特尔·梅迪库斯著：《德国民法总论》，郝建东译，法律出版社2000年版，第876页。

② 史尚宽著：《民法总论》，中国政法大学出版社2000年版，第876页。

③ 郭明瑞、房绍坤、关涛著：《继承法研究》，中国人民大学出版社2003年版，第14页。

④ 虽然我国没有制定关于遗体捐献的统一立法，但一些地方已经出台了一些条例来规制这种行为。山东省、江西省、上海市、重庆市、武汉市等地区都有相关的《遗体捐献条例》。

⑤ 参见陈苇主编：《外国继承法比较与中国民法典继承编制定研究》，北京大学出版社2011年版，第235~236页。

观点。被继承人知道或应当知道的补偿金对其而言属于一种可期待的财产性利益，其性质接近于可期待之债权，故而应当纳入遗产的范围。超出死者生前预期的补偿金，无法给予已故被继承人，只能给予在世之人。这种事实上的给予附上法律意义，则应当被认定为赠与。

### (三)死亡赔偿金和抚恤金

死亡赔偿金和抚恤金都是在被继承人死亡后作出的金钱给予。这两种金钱给予的权利人应该是死者的近亲属。《最高人民法院关于空难死亡赔偿金能否作为遗产处理的复函》指出："空难死亡赔偿金是基于死者死亡对死者近亲属所支付的赔偿。获得空难死亡赔偿金的权利人是死者近亲属，而非死者。故空难死亡赔偿金不宜认定为遗产。"①抚恤金则属于专门针对死者近亲属给予的精神抚慰金。《军人抚恤优待条例》中规定的抚恤金发放对象均为已故军人的近亲属：一次性抚恤金发给对象为死者的父母、配偶、子女；定期抚恤金的发放对象为死者的父母、配偶、子女、未成年或受供养的兄弟姐妹。②《人民警察抚恤优待办法》第18条对抚恤金发放对象也限于近亲属。可见死亡赔偿金和抚恤金都不应纳入遗产的范围。

### (四)知识产权

著作权，是公民对其创作的作品依法享有的权利，包括著作人身权和著作财产权。著作人身权包括发表权、署名权、修改权、保护作品完整权等，这些权利只能归著作权人本人所有，不能由他人行使，因此不能列入遗产，不能继承。著作财产权，如复制权、作品的稿酬，出版、改编、上演作品所得报酬等，则可列入遗产进行继承。但法人或其他组织为著作权人时，其财产权利不归属公民个人，这些权利不能作为遗产被继承。

专利权，是专利权人对其所取得专利的某项发明或设计所享有的专有使用和

---

① 最高人民法院于2005年3月22日公布，http：//china.findlaw.cn/info/hy/jichengfa/jifafagui/61966.html，最后访问于2022年9月10日。

② 参见《军人抚恤优待条例》第14~16条。

处分的权利，包括发明专利权、实用新型专利权及外观设计专利权。专利权也包括专利人身权和专利财产权，其中的财产权利部分，如许可他人使用权、收取专利使用费的权利等，可以依法由专利权人的继承人继承。但是人身权利部分，如专利署名权等，则不在继承范围内。同理，法人或其他组织为专利权人时，其财产权利不归属公民个人，这些权利也不能作为遗产被继承。

商标权，指商标注册人在一定期限内就指定商标享有的独占、排他使用权。商标申请人依照《中华人民共和国商标法》及《中华人民共和国商标法实施条例》的有关规定，商标局申请注册，经过商标局的审查、核准后，商标申请人即获得所申请注册商标的专用权，这里的申请人可以是自然人、法人和其他组织。由此，商标权的使用主体可以分为两类：一类是自然人；另一类是法人或者其他组织，例如有限责任公司、股份有限公司、国有独资企业等。自然人享有的商标权是一项财产权利，并且是归其个人享有的，所以可以继承。法人或者其他组织享有的商标权，因不属于个人财产，所以不能作为遗产被继承。

## 第三节　占有的可继承性

在民法诸制度中，占有制度最直观也最全面地体现了民法的诚信、公平、禁止权利滥用和维护公序良俗的价值诉求。① 各国学者对于占有制度的研究也比较成熟。但对于占有的可继承性问题的研究则相对较少，在我国几乎属于空白。

### 一、占有继承的立法考察

对占有的继承，在典型的大陆法系国家立法中，目前明文规定加以确认的有德国和瑞士。两国规定的内容大致相同，现以德国为例展开讨论。《德国民法典》第 857 条规定："占有转移给继承人。"②

然而这一条款也受到质疑。有学者认为该规定体现出德国民法对于占有的性质的认识是模糊和摇摆不定的，一方面规定其为事实，另一方面认为其可以继

① 杨佳红：《民法占有制度研究》，西南政法大学 2006 年博士学位论文，第 173 页。

② 陈卫佐译：《德国民法典》(第 3 版)，法律出版社 2010 年版，第 315 页。

承，甚至明确提出占有权的概念。[①] 在这种矛盾的认识下，对占有的规定就出现了《德国民法典》中少有的逻辑混乱和相互冲突，占有的性质到底是权利还是事实，《德国民法典》并没有给出肯定的结论。[②] 我们认为，这并非一种逻辑错误，恰恰是德国立法的可取之处。这需要结合立法者对占有的认识以及立法意图来考察。

根据《德国民法典》的具体规定，占有是物权产生的法律前提，因此占有位于物权编的开端。[③] 占有是一项基础性和特殊性兼备的物权。在德国民法体系中，占有是事实而非权利，但它拥有一种类似暂时性权利的法律地位。占有建立和发挥作用的基础是立法者对当代社会的经济生活现实有所疑虑的认可，既不能肯定占有就是权利，又不能否定这种暂时性权利的客观存在。[④] 立法者的认识是，外在的即通过空间联系的事实上支配的可能性(einwirkungsmöglichkeit)以及支配意愿(einwirkungswillen)应当是人对物的得到承认的支配力、是“真实的”权利状态的表达和象征。[⑤] 占有制度的建立，只是为实现立法者保护实体权利的设想。[⑥] 立法者并未因占有的复杂性和特殊性而拒绝承认占有拥有暂时性权利的法律地位，着眼于社会现实的需要而极力保护占有这一事实所衍生出的权利。这是法律为社会现实服务的一个典型例证。也许从法律条文的字面意思来看相关的几个法律条文，的确有自相矛盾之嫌，然而法律条文的理解并不等同于文义解释，它需要从立法的体系性以及立法者的立法意图等角度进行综合分析、全面解释。

我国学者对这一条款作了如下评注：

有意识设置之第 854 条的例外，[⑦] 即规定无任何物之支配而占有。基于

① 参见杨佳红：《民法占有制度研究》，西南政法大学 2006 年博士学位论文，第 92 页。

② 参见杨佳红：《民法占有制度研究》，西南政法大学 2006 年博士学位论文，第 92 页。

③ 具体条文包括《德国民法典》第 929、937、958、1205 条，该观点来源于《论占有》一书译者前言。参见[德]弗里德里希·卡尔·冯·萨维尼著：《论占有》，朱虎、刘智慧译，法律出版社 2007 年版，译者前言第 20 页。

④ 参见孙宪忠著：《德国当代物权法》，法律出版社 1995 年版，第 100 页。

⑤ 孙宪忠著：《德国当代物权法》，法律出版社 1995 年版，第 101 页。

⑥ Deutsche Rechtslexikon, Band 1, 2. Auflage, Verlag C. H. Beck, 1992, Seite 653. 转引自孙宪忠著：《德国当代物权法》，法律出版社 1995 年版，第 101 页。

⑦ 该法典第 854 条是关于占有取得的规定，此处意为继承是占有取得的一种特殊形式。

下述立法考量：不能够让遗产中的物陷入丧失占有的状态，以此保护继承人，以及保护受到特别危害的遗产。这表明，占有的移转不意味着物之管领的转移，而是对以被继承人之物之管领为连结点的占有地位的继受，此谓无物之管领的占有(Besitz ohne Sachherrschaft)。①

《德国民法典》中这一条关于占有继承的规定，无非是为了确保遗产中由被继承人占有的物陷入一种无人控制的状态。这种做法提高了占有这一事实状态的衍生权利的稳定性，并未损害占有本身的权利义务关系。占有物若陷入无人控制状态，不仅可能存在毁损和灭失的风险，还有可能对占有本身的权利义务关系产生影响。对于占有物的控制状态和占有地位，需要有人来继受，以维护被继承人死亡前与该占有物相关的法律关系不因一方当事人的缺位而名存实亡。那么，是否可以寻求中立第三方来暂时管领占有物呢？我们认为是不太可行的。首先，中立第三方的管领是暂时性的，占有物还将额外面临一次以上的转移，这不利于原有法律关系的稳定性。其次，遗产的管理和分配，不是瞬间完成的，甚至可能存在较长的期间，而占有本应享有的使用和收益所带来的利益会随时间的消失而相应缩减，造成社会资源的浪费。② 再次，现实中存在大量的占有，一旦原占有人死亡，就寻求中立第三方接管，恐怕也无法找到如此之多的接管人。最后，占有直接转移给继承人，不仅能发挥占有的效益，而且也不会对占有本权造成实质性危害，是占有转移的较优选择。

目前，在大陆法系学界通常都承认占有是一种事实。事实无法继承，因此占有作为一种事实就不存在继承的可能性。因为一旦被继承人对占有物的占有变成继承人对占有物的占有，形成的是一个新的事实，两个事实之间不存在继承关系。那么《德国民法典》这个规定是哗众取宠吗？显然不是。

从立法者的意图来看，设立这一条款的目的在于保护基于占有事实所生之法律关系。立法者并没有过多关注占有这一事实在法律体系中的角色，不然也会有条款单独对“什么是占有”作出规定。一旦法律条文中明确规定占有是事实，那

① 杜景林、卢谌著：《德国民法典评注》，法律出版社2011年版，第857页。

② 不考虑中立第三方私自享有占有物的使用和收益所产生之利益。

就会产生真正的法律条文之间的逻辑冲突。而相关规定是回避了这一纯理论上的探讨，将法律的作用落脚于社会生活中现实存在的基于占有事实而生之法律关系。

再从法律条文的整体安排来看，第857条作为第854条的一种例外，① 都出现在第三编物权法的第一章占有中。第854条第1款规定："物的占有，因取得对该物的事实上的支配力而取得。"②而对于第857条的注解则是："继承开始时，继承人取得对所有属于被继承人的遗产的物的占有，即使继承人并未取得对这些物的事实上的支配力亦同。"③也就是说，占有转移给继承人是作为占有取得的一种特殊方式而单独规定的。虽然取得的条件存在差别，本质上都属于占有的取得。此时，继承人的占有取得是一个新的占有事实，与被继承人的占有事实有联系，但并不属于继承关系。此处存在的继承，则是基于占有事实而产生的法律关系。

最后，从法律条文的具体内容来看，"占有转移给继承人"这一规定中并未出现"继承"二字，而是用的"转移"。这个措辞的精妙之处在于：对于占有事实的变更，它表达的是占有状态的更替，只是对事实的陈述；对于占有所生之法律关系，它表达的则是权利义务的继受，即继承的本质。

《德国民法典》对"占有的可继承性"的规定，避开了理论上的争论，着眼于保护占有事实所生之法律关系。通过巧妙的立法和措辞，并没有出现法律条文之间的直接冲突，也没有形成逻辑上的混乱。

## 二、占有的本质属性

萨维尼指出，德国学界对占有的实质概念的最一般的表述是：占有是与占有意图结合在一起的持有，而占有意图必须根据论述的是原初占有还是传来占有进行不同的解释：对于前者而言，它指的是支配意图；对于后者而言，它指的是享

---

① 杜景林、卢谌著：《德国民法典评注》，法律出版社2011年版，第857页。
② 陈卫佐译：《德国民法典》(第三版)，法律出版社2010年版，第315页。
③ 陈卫佐译：《德国民法典》(第三版)，法律出版社2010年版，第315页脚注。

有之前属于其他人的占有权利的这种意图。[①] 德国学者非常注重探讨占有的功能。占有的一些异质性功能，例如保护功能、维持功能和公示功能，都发端于同一根源：基于“占有在任何时候都是一定权利或利益的外在体现”这一认识。[②] 无论是从占有的实质概念还是占有的功能角度，德国学界对占有的理解都没有排除占有的衍生权利。萨维尼也认为，根据占有的原初含义，占有在本质上只是一个事实，但与之相联系的法律后果也确凿无疑，它既是一项权利又是一种事实，根据其本质是事实，就其产生的后果而言则等同于一项权利，这种双重关系(zweisache verhältnis)非常重要。[③]

萨维尼认为对占有的保护应仅限于具有对占有物有明确的“为自己所有的意思”(即明确的“心素”)的占有人，因而也被称为主观主义。耶林则认为：虽然物为某人实际掌握仅仅是一种客观事实，本身不产生法律效力或后果，但一旦这一事实是由某人的一定意愿所造成，就成为占有，而这个所谓的“一定意愿”只需以持有某物为足，不必是据为已有。[④] 耶林的观点被称为客观主义。这两种观点最主要的区别是对“心素”的要求程度不同，客观主义降低了心素的要求，而扩大了占有的范围，间接增强了对占有的保护力度。这与占有在德国民法体系中的地位紧密相关。如前所述，占有是作为德国物权法的基础而存在的，若不给予足够的保护，无异于松动物权体系之根基，甚至影响到整个体系中的所有物权。基于此，即便面临被人诟病其法律体系存在逻辑冲突的风险，也毅然作出对占有进行全面保护的决定，并规定占有可以继承，甚至直接对占有权作出界定。学者们对占有的认识和解释也是随着社会需求和法律发展的步伐而逐渐演化的。

法国学者卡尔波尼埃将财产上设定的关系分为“设定于财产之上的法律关系”和“设定于财产之上的事实关系”，前者为所有权，后者为占有；对于财产在

---

① 参见[德]弗里德里希·卡尔·冯·萨维尼著：《论占有》，朱虎、刘智慧译，法律出版社2007年版，第87~88页。

② 参见[德]鲍尔·施蒂尔纳著：《德国物权法》(上册)，张双根译，法律出版社2004年版，第105页。

③ [德]弗里德里希·卡尔·冯·萨维尼著：《论占有》，朱虎、刘智慧译，法律出版社2007年版，第22页。

④ 孟勤国：《占有概念的历史发展与中国占有制度》，载《中国社会科学》1993年第4期，第77页。

事实上的支配(它有可能与权利相分离)即为占有：当事实能说明问题时，权力屈从于事实。[①] 马洛里指出，在绝大多数情况下，占有与所有权是相混同的，除涉及第三人利益的情形外，权利与事实之间的差别并非永远存在。[②] 马洛里和埃勒斯进一步认为，占有即是对权利事实上的行使，而且法国大多数学者还是认为占有为事实而非权利。[③] 即便如此，法国学者也无法否认基于占有而产生的权利的存在。法国的占有是作为取得财产的一种方法而规定于第3卷第21编。依据《法国民法典》第2265条的规定，占有的取得时效可以将原占有人和其让与的占有人的时间合并，[④] 以促进占有转化为个人财产。对于债权，占有几乎没有任何意义。[⑤] 因此，占有纯粹作为一种事实状态而无继承之必要。

对于占有是事实还是权利的问题，我妻荣认为这一命题对于作为使用“占有权”词语的日本民法的解释而言，实际利益甚少。[⑥] 松冈义正认为，占有是对权利的行使而非权利本身，它是一种法律关系，且并不一定以具体权利或利益的形式表现出来。[⑦] 虽然《日本民法典》是以占有权为基础建立的占有制度，但民法理论和司法实践依然明确地区分了占有和占有权，日本学界通说认为，占有本身仍然是一种事实，占有权才是以占有这一事实作为法律要件而产生的一种物权。[⑧] 而占有的转移主要依赖于其民法典第187条之规定，占有的承继人可以选择主张自己占有或与前占有合并，但合并时需一并承继前占有的瑕疵。[⑨] 占有转移给继承人，本质也是占有的转移，只不过因为身份关系而略有不同。《日本民法典》没有规定占有的继承，只是没有规定占有转移的一种特殊形式而已。

---

① 参见尹田著：《法国物权法》，法律出版社2009年版，第166页。

② 参见尹田著：《法国物权法》，法律出版社2009年版，第166页。

③ 参见杨佳红：《民法占有制度研究》，西南政法大学2006年博士学位论文，第85页。

④ 参见罗结珍译：《法国民法典》，北京大学出版社2010年版，第497页。

⑤ 参见尹田著：《法国物权法》，法律出版社2009年版，第158~159页。

⑥ [日]我妻荣著，有泉亨补订：《我妻荣民法讲义II新订物权法》，罗丽译，中国法制出版社2008年版，第473页。

⑦ 参见[日]松冈义正口述，熊元楷编：《民法物权》，上海人民出版社2013年版，第40页。

⑧ 杨佳红著：《民法占有制度研究》，西南政法大学2006年博士学位论文，第111~112页。

⑨ 参见渠涛编译：《日本最新民法》，法律出版社2006年版，第44页。

英国学者波洛克指出，占有是事实还是权利无法简单作出回答，因为这一问题的所有词语错综复杂，而且每一项法律关系均(或可能)同时涉及事实问题和权利问题，并不存在两个单独的相互隔绝的领域。① 波洛克援引了边沁对于占有本质的探讨，最终认为占有是一种“混有法律和事实要素的问题”。② 由于普通法上的占有和所有的区分并不彻底，又受到早期诉讼导向思维的影响，再加上有关占有的资料分散，难以形成一套体系性的认识和规定。占有大多共生于其他的具体权利之中而未被单独列出加以规定。不可否认的是，普通法也并未忽略基于占有事实而产生的法律关系的存在，也与具体的其他共生权利一起予以规制。

我国台湾学者认为，不论占有为事实或权利，实践中并无太大区别，占有在法律上的地位并无不同，因为二者均系赋予某种事实以一定的法律效果并加以保护，使占有人可以享受因占有所产生的利益。③ 这一主张回避了占有本质的讨论，着重强调了对占有引起的法律关系的保护。

我国大陆学者在阐述物之占有的基础上，分析了物之纯粹占有的扬弃，结合占有在物之物权支配中的地位，得出结论：从占有到物权的过程，本质上是从纯粹的物之事实利用形态向抽象的、以权利观念为核心的物之法律利用形态的演进过程。④ 从这个角度上看，物权法不过是在纯粹的物之占有基础上，以权利观念为工具，对后者进行的理性化、逻辑化的整合。⑤

结合目前学者们对占有本质的论述并兼顾社会生活的需求，我们认为，占有的本质包含两个因素：一是占有的状态属于事实，二是基于占有事实而生之权利义务关系则属于法律上占有的必要内容。

无论占有的本质是否仅仅包含事实，主流观点都没有否定基于占有的权利的

① 参见[英]弗雷德里克·波洛克著：《普通法上的占有》，于子亮译，中国政法大学出版社2012年版，第12页。

② 参见[英]弗雷德里克·波洛克著：《普通法上的占有》，于子亮译，中国政法大学出版社2012年版，第8~13页。

③ 李湘如著：《台湾物权法》，中国广播电视出版社1993年版，第172页。

④ 参见张翔：《从占有到物权——论占有在物权法中的基础地位》，载《法律科学》2001年第4期，第30~38页。

⑤ 张翔：《从占有到物权——论占有在物权法中的基础地位》，载《法律科学》2001年第4期，第38页。

存在，也都强调对其进行保护。法国由于立法体系、继承方式和占有的特殊性，才造成了其较为强调占有只是事实的论调。从学者们的观点以及立法上的态度来看，较为一致的观念是：占有是事实，但基于占有之权利也应予以保护。那么，基于占有而生之权利，则有可能成为继承之客体。

## 三、占有继承的社会需求

在租赁关系中，承租人虽占有租赁物，但无所有权。承租人若在租赁合同期间死亡，租赁物则会暂时处于无人持有的状态。在这种状态下，租赁物无人管控，容易毁损灭失，租赁合同也无法继续履行。若允许租赁物转移给已死亡的承租人的继承人，不仅可以使租赁物回到被占有状态而不致毁损灭失，还可以使得租赁合同有继续履行的可能性。倘若出租人或者继承人有一方不愿使租赁合同继续履行，也使得该租赁关系有当事人而存在继续商讨之余地。此外，租赁物的使用权虽为承租人基于合同和占有的事实而享有的权利，但仍可用财产衡量，具有一定财产属性。这种财产性权利应当作为已死亡承租人继承客体被继承。虽然租赁合同的效力原则上只及于原始租赁合同的双方当事人。若仅因承租人的死亡导致租赁合同无法继续履行而终止租赁合同，对承租人一方会产生潜在的不利影响。因为现实中存在这样的情形，虽然承租人只有一个，但实际对租赁物的使用者包括多人。例如房屋租赁中，承租人为家庭成员中的一人，实际居住的则是一家人。对出租人而言，维持租赁合同对其产生的不利影响则相对较小。因为出租人将租赁物转移给承租人在其预期规划之内，而且由其他人继续履行租赁合同不会影响出租人收取租金这一核心利益。

虽然借用合同在我国合同法中没有作出明确规定，属于无名合同。早年立法之时的社会活动无须专门针对借用关系明确规定。受经济发展水平所限，当时的借用多数是针对日常生活用品等价值较小的物，产生纠纷的可能性较小，即便有纠纷也不至于对簿公堂。当今社会的借用物范围越来越广，借用物的价值也越来越大，借用物的纠纷也日益复杂。对借用物的保护措施也需要慎重考虑。在借用关系中，借用人占有出借物而享有使用权，但这种权利是受到严格限制的，因为出借人可以随时取回其出借物。若在借用期间，借用人死亡，出借人又不知情，则会出现出借物暂时失去占有的状态。由于出借人不知情，则其对出借物既无

“体素”、又无“心素”，不应视为占有。出借人虽对出借物拥有所有权，但由于没有实际上的控制，难以实现对出借物的及时保护。为了及时保护出借物，需要有人替代借用人及时占有出借物。最有可能及时行使这一职责的人是已故借用人的继承人。因为继承人与已故借用人通常都有较紧密的关系，最可能在第一时间行使对出借物的占有。此外，借用人的继承人也往往是出借人认识的人，相对而言更值得信任，也便于及时取得联系。

拾得遗失物在现实生活中经常发生，依照我国《民法典》第 314 条之规定，[①] 拾得人持有遗失物后有两种选择：一是自行保管，二是上交公安等相关部门。若依据“客观占有说”，拾得人和有关部门均构成对于遗失物的占有。我国《民法典》第 317 条第 1 款还赋予了拾得人和有关部门向遗失物所有权人请求支付保管遗失物等支出的必要费用。[②] 第 317 条第 2 款规定拾得人和有关部门还可取得悬赏金。[③] 遗失物的归还有可能需要一段时间，在尚未归还之前，若拾得人死亡或有关部门更替，同样需要有人维持对遗失物的占有。无论是保管支付的必要费用还是悬赏金，都算是可期待之财产利益，也应属于继承客体之范围。继承人要取得这些财产性权利，需要有对遗失物之占有作为条件，否则很难对遗失物所有人主张权利。而继承人的占有并不会对遗失物所有人造成不利影响。因为我国《物权法》第 112 条第 3 款对于遗失物所有人作出了保护性规定，[④] 虽然该规定在条文中用到的是“拾得人”，但该条款应做扩大解释同样适用于拾得人的继承人。因此，在前述特定情形下，出于对遗失物相关各方当事人的权利义务的综合考

① 我国《物权法》第 314 条规定：“拾得遗失物，应当返还权利人。拾得人应当及时通知权利人领取，或者送交公安等有关部门。”参见国务院法制办公室编：《中华人民共和国物权法典》，中国法制出版社 2014 年版，第 17~18 页。

② 我国《物权法》第 317 条第 1 款规定：“权利人领取遗失物时，应当向拾得人或者有关部门支付保管遗失物等支出的必要费用。”参见国务院法制办公室编：《中华人民共和国物权法典》，中国法制出版社 2014 年版，第 18 页。

③ 我国《物权法》第 317 条第 2 款规定：“权利人悬赏寻找遗失物的，领取遗失物时应当按照承诺履行义务。”参见国务院法制办公室编：《中华人民共和国物权法典》，中国法制出版社 2014 年版，第 18 页。

④ 我国《物权法》第 317 条第 3 款规定：“拾得人侵占遗失物的，无权请求保管遗失物等支出的费用，也无权请求权利人按照承诺履行义务。”参见国务院法制办公室编：《中华人民共和国物权法典》，中国法制出版社 2014 年版，第 18 页。

量，将遗失物的占有转移给拾得人的继承人是一个较优选择。

农村房屋由于没有国家发放的产权证，只有乡产权，原则上只允许在集体组织成员内部流转。但现实生活中，农村房屋出售给集体组织成员以外的人的情况屡见不鲜，也产生了大量纠纷。这类买卖行为的效力如何认定，一时难以回答，故而成为司法实践中的难题。① 学界对于此种买卖是否有效也存在完全对立的认识，两种论点都有各自的法律依据和理论支撑，至今未能形成统一的解决方案。继承的客观现实情况无法等待立法和理论的成熟。这类房屋的买受人对该房屋的所有权是存在争议的。法院判决合同无效的情形下，买受人甚至是无法取得所有权的。但买受人对该房屋的占有则是无法否认的。买受人死亡，该房屋该如何处理成为一个需要及时解决的问题。首先可以肯定的是，该房屋不应该收归集体所有。若收归集体所有，不仅是一种公权对私权的侵犯，也违背了宪法保护公民财产的基本精神，在法规上和法理上都找不到充分的依据。其次，该房屋不应成为出售人的财产。因为在房屋交易过程中，出卖人已取得购房款或其他与房屋价值相当的财产。即使房屋买卖合同不成立，基于最基本的公平正义考量，出售人也不应取得该房产。在现有法律制度框架下，最合适的房屋继受人应该是买受人的继承人。但这种继承，除了作为一种普遍性的共识和惯例，难以找到法理上的有力支撑。若法律规定占有可以转移给继承人，则可以有效地解决这一问题。

## 四、占有继承的可行性探讨

我国《民法典·物权编》关于占有的规定集中在第5分编第20章，共5条。从该法的体例安排上来看，占有与所有权、用益物权、担保物权各为一分编，这几种权利应该属于平等的地位，不存在从属关系。但该法第114条第2款规定："本法所称物权，是指权利人依法对特定的物享有直接支配和排他的权利，包括所有权、用益物权和担保物权。"②从该款规定的内容来看，占有并未被直接纳入物权的范畴。那么占有是否因此属于物权的辅助性规定呢？我们认为，此款规定

① 参见李旭：《农村房屋买卖存在的问题及法律对策》，载《时代法学》2007年第4期，第90页。

② 参见《民法典》第114条。

虽未提及占有，但并不能表明占有在物权法体系中处于辅助地位。若将此规定与占有联系起来，也只能表明立法者将占有的性质认定为事实。因此，不能因为一般规定中对物权的界定就否定占有在物权法体系中的平等地位。此外，我国物权法体系中的占有制度也有别于德国物权法中占有的基础性地位。因为我国《物权法》第一编总则中的基本原则，物权的设立、变更、转让和消灭，物权的保护明显是对物权法的基础性规定。而对于占有的规定没有出现在这一部分，而是单独作为一编与其他几种物权相并列而至于总则之后。因此，占有从体例上来看，应当与其他几类物权处于平等的地位。

我国《民法典》第458条规定："基于合同关系等产生的占有，有关不动产或者动产的使用、收益、违约责任等，按照合同约定；合同没有约定或者约定不明确的，依照有关法律规定。"[①]这就是说：首先，基于合同关系等产生的占有，在我国法律上也被认为是占有；显然，我国法律并未区分占有和持有；这种立法模式比较接近于德国法的客观占有模式。[②] 客观占有模式的兴起，本旨在于通过降低"心素"要求而易于认定占有，进而便于保护占有所衍生之法律关系。这也间接体现了占有在我国物权法体系下地位的重要性。此外，这条规定还明确了占有与本权之间的关系，首先依本权的约定处理，本权约定不明才有可能依据占有的其他规定处理。因此，占有的继承给本权造成的影响微乎其微。虽然关于占有的规定只有5条，但这些规定明确了占有物、占有人和权利人的核心权利义务关系，构建出了占有制度的基本框架。具体的规定，可在今后的立法中逐步完善。目前法条所体现出的客观占有模式，为占有制度的发展和完善预留了足够的空间。关于占有的取得、移转和消灭均未作出明确规定，存在较大的完善空间。而占有的可继承性建立在占有转移的基础上，只不过接受转移的一方为继承人。

我国《民法典》第460条规定："不动产或者动产被占有人占有的，权利人可以请求返还原物及其孳息；但是，应当支付善意占有人因维护该不动产或者动产

① 参见《民法典》第458条。

② 石佳友：《〈物权法〉占有制度的理解与适用》，载《政治与法律》2008年第10期，第31页。

支出的必要费用。"[①]有学者指出，我国物权法实际上比大陆法系其他国家采取了更为严格的返还责任，即使是善意占有人，也必须返还占有期间所收取的孳息；这也就是说，善意占有人不能享有收益权。[②] 此外，第 461 条还明确规定了占有物因毁损、灭失取得的保险金、赔偿金、补偿金等的返还。[③] 可见，我国的占有制度在返还责任方面的规定充分考量了对权利人利益的保护。虽然具体规定只有这两条，但孳息的返还的规定比大陆法系其他国家作出了更严格的限制。这也能在一定程度上反映立法者对权利人利益保护的重视。

关于占有人的权利义务的规定是第 459 条和第 462 条。第 462 条规定了针对侵占享有的 4 种请求权：返还原物、排除妨害、消除危险以及损害赔偿。[④] 但并未就基于占有而享有的权利作出正面规定。结合占有的基本理论和其他条款的规定，占有人直接享有的权利则只有使用权。该法第 459 条就占有人使用占有物致损的赔偿责任也仅适用于恶意占有人。[⑤] 也只有如此规定才能更接近权责对等。我国的占有制度对占有人的权利作出了严格限制，因此基于占有而产生的法律关系也更加简单明了。在这样的制度安排下，占有的继承对占有的本权的影响反而更小。占有转移给继承人带来的正面效应多于负面效应，故而可成为一项有现实意义的制度而被纳入物权法体系之中。

我国《民法典》规定占有的条文仍较少，目前只能规定了占有相关的核心权利义务关系。但现有的立法为占有的继承创造了较好的条件并预留了足够的空间，使占有继承在今后的立法进程中有被纳入的可能性。虽然目前的规定没有提到占有权的概念，但基于占有而享有权利如同占有本身，是客观存在的事实。若

---

① 参见《民法典》第 460 条。

② 王利明著：《物权法研究》，中国人民大学出版社 2007 年版，第 724 页。

③ 参见《民法典》第 461 条："占有的不动产或者动产毁损、灭失，该不动产或者动产的权利人请求赔偿的，占有人应当将因毁损、灭失取得的保险金、赔偿金或者补偿金等返还给权利人；权利人的损害未得到足够弥补的，恶意占有人还应当赔偿损失。"

④ 参见《民法典》第 462 条第 1 款规定："占有的不动产或者动产被侵占的，占有人有权请求返还原物；对妨害占有的行为，占有人有权请求排除妨害或者消除危险；因侵占或者妨害造成损害的，占有人有权请求损害赔偿。"

⑤ 参见《民法典》第 419 条："占有人因使用占有的不动产或者动产，致使该不动产或者动产受到损害的，恶意占有人应当承担赔偿责任。"

要充分保护占有，保护基于占有的权利也应是题中之意。占有本身作为一种事实状态的确无法继承，但基于占有的权利义务关系，则能够成为继承客体。

占有的继承已在德国物权法中有明文规定，并已结合占有权的规定对占有实行了较为全面的保护。我国立法的“客观占有”态度与德国相同，并且严格限制了占有人的权利，对于权利人的保护也有充分考量，拥有占有继承的更有利条件。前文已从占有的本质属性、社会现实需求以及占有在我国立法框架下的现状三个方面初步证成了占有的可继承性。占有既包含占有之事实又包含事实衍生之权利的特性是占有可以继承的理论基础。现实生活中的租赁、借用、拾得遗失物等情形也可通过占有的继承来解决相关问题。我国目前与占有相关的规则也为占有继承创造了条件并预留了空间。虽然占有的继承没有明文规定在现有立法中，但随着占有立法的不断完善，并顺应社会现实的需求，占有的继承仍有可能实现。

## 第四节 网络虚拟财产的可继承性

### 一、网络虚拟财产的法律属性

联合国教科文组织2003年10月15日公布的《保护数字遗产宪章》(*Charter on the Preservation of the Digital Heritage*)中，对“数字遗产”进行了如下界定：

> 数字遗产由人类的知识和表达方式的独特资源组成，它包括以数字方式生成的或从现有的模拟资源转换成数字形式的有关文化、教育、科学和行政管理的资源及有关技术、法律、医学及其他领域的信息，而那些“原生数字”只是其表现形式。①

① UNESO：Charter on the Preservation of the Digital Heritage，http：//portal. unesco. org/en/ev. php-URL_ID = 17721&URL _DO = DO _TOPIC&URL _SECTION = 201. html，last visited at 10 September 2022.

这是一个泛化的描述性概念，难以从中直接归纳出网络虚拟财产的法律属性。因为这是一个国际组织在一个数字化背景下作出的解释，其涵盖面和适用面较广，难以对这样的新兴概念做一个具体的解释。

有学者认为，“数字资产”包括但不限于一系列与网络和虚拟世界相关的无形商品信息：社交网络文件资料(如Facebook、Twitter、Google+、LinkedIn等社交软件资料)；电子邮件、微博、数据库等；游戏中的虚拟资产(例如，已经购买或创建在第二生命、魔兽世界、天堂等游戏中的物品)；电子文本、图像、音乐或视频(如电影和电子书等)；无论买家、用户抑或商家的，与数字产品和服务相关的各种账户密码(例如eBay、Amazon、Facebook、YouTube上的账号密码)；域名；二维或三维的个性图像或图标(如LiveJournal、Second Life用户头像图标)；以及各种能够被赋予商品价值的数字资产(如“没有实际使用”或“因软件缺陷而被他人利用”的数字资产)。① 这是一个列举式的概念，能够表达出一些常见的网络虚拟财产类型，也不能展现网络虚拟财产的法律属性。

我们需要从对这种财产的理论探讨中寻求答案。关于网络虚拟财产的法律属性，总体上可分为肯定说和否定说。

否定说又称虚无说，其依据包含四个方面：一是其表现形式为计算机代码，无现实之财产和使用价值；二是承认其法律属性会给网络运营商造成无法预料的责任；三是网络虚拟财产来源于娱乐而非劳动，无财产之对价；四是其未得到法律确认。②

我们认为，这种观点对于网络虚拟财产的认识是不恰当的。首先，计算机代码也是人的劳动成果，应当予以尊重，而且在网络时代，这些代码的确可以转化为有形财产，不能说其没有财产和使用价值。其次，网络运营商在谋求利益的同时本应有责任与之对应，即权利义务对应。目前由于立法缺失，其责任未能明确，我们应考虑如何明确其责任，而不是以此作为理由否定另一事物的法律属

① Lilian Edwards, Edina Harbinja, *Protecting Post-Mortem Privacy: Reconsidering the Privacy Interests of the Deceased in a Digital World*, Cardozo Arts and Entertainment Law Journal, Vol. 32, 2013, pp. 86-87.

② 参见余俊生：《网络虚拟财产法律问题研究》，中国政法大学博士学位论文，第23页。

性。再次，娱乐和劳动都是由人的行为构成，只是人的观念将其作出了形式上的划分。例如，娱乐明星唱歌、跳舞等活动，对我们而言是娱乐，但对明星们而言则是劳动。现实中这些活动创造的财富远远高于大多数人的收入。我们站在不同的立场和出发点对同一事物有不同看法，但不能因此否定这些活动没有财产之对价。最后，法律往往滞后于社会现实，不可能苛求法律能囊括一切新兴事物，更不能因法律未确认就否定某一新兴事物的价值。

肯定说则百家争鸣，可以概括为商品说、无形物说、债权说、知识产权说和新型财产权说。

商品说强调了网络虚拟财产的与现实社会的联系，并具有财产属性和使用价值，而具有一般商品的属性。商品说只能反映出网络虚拟财产中的一部分的性质，而包含个人隐私的网络资料等则不能构成商品。

物权说被我国台湾地区采纳，将网络虚拟财产统称为“电磁记录”，属于无形物，以准文书论。其“刑法”第220条规定：“在纸上或物品上之文字、符号、图画、照像，依习惯或特约，足以表示其用意之证明者，关于本章及本章以外各罪，以文书论。录音、录影或电磁记录，借机器或电脑之处理所显示之声音、影像或符号，足以为表示其用意者，亦同。”①该条是关于准文书的认定，文书以有形之纸张为载体而呈现，其性质为物，电磁记录为无形之载体，故而将其承载的网络虚拟财产认定为无形物。虽然该规定出现在台湾地区“刑法”中，没有相关的民事立法予以规制，但这并不影响对网络虚拟财产性质的认定。但虚拟货币的财产属性较之物权属性则更明显。

债权说从网络服务商和网络用户之间是一种服务(消费)合同的关系出发，认为虚拟财产的本质是一种债权性权利，是应该受到法律保护的。② 虚拟财产的重点不在于虚拟物品本身，而在于它所反映的服务合同关系，每一个虚拟物品都是一个合同的载体，由网络用户占有并转化为虚拟财产，而网络用户的财产权利

---

① 参见“中华民国刑法”第220条。该法修正日期为2014年5月30日。http://www.6law.idv.tw/6law/law/%E5%88%91%E6%B3%95.htm，最后访问于2022年9月10日。

② 参见石杰、吴双全：《论网络虚拟财产的法律属性》，载《政法论丛》2005年第4期，第37页。

建立就建立在这样的合同关系之上。①

知识产权说有两种观点，一种认为虚拟财产属于网络游戏开发商的智力成果，应列入知识产权范畴；另一种认为虚拟财产是玩家的智力成果，具有新颖性、创造性、可复制性并需要一定的载体，故而可视为玩家的知识产权。② 但账号密码、信用等级这些虚拟财产则无法囊括在这一理论之中。

新型财产说认为，网络虚拟财产和现实中的货币可以互相联系，从某种程度上就与现实产生了一定的社会关系，既有财产属性又有使用价值，应作为新型财产受到法律的保护。③ 韩国法律明确规定，网络游戏中的虚拟角色和虚拟物品独立于服务商而具有财产价值，网络财物的性质与银行账号中的钱财并无本质的区别。④

虽然对于网络虚拟财产的法律属性学说众多，但有两个因素是它们共同主张的：一是网络虚拟财产的财产价值得到肯定；二是承认网络用户对其享有权利。网络虚拟财产有了财产价值，而且网络用户可以对这种财产主张权利，是其被纳入遗产的范围并得以继承的前提。如果没有实际的财产价值，就没有被继承之必要。若无法主张权利，则无法被纳入遗产之范围，亦不能被继承。

## 二、可纳入遗产范围的网络虚拟财产

网络虚拟财产的财产属性得到承认，我们需要进一步考虑哪些具体的网络虚拟财产类型可以纳入遗产的范围。网络虚拟财产是个内涵丰富的概念，涉及的财产类型多样，而我们对不同的财产所能主张的权利亦有所不同，不能一概而论。因此，我们有必要划分网络虚拟财产的具体类型。

广义上的网络虚拟财产范围广、种类多、形式多样，基于其在某些方面所具

---

① 参见邓张伟、戴斌、谢美山：《网络游戏中虚拟财产的法律属性及各方关系问题之分析》，http：//www. docin. com/p-590379223. html，最后访问于 2022 年 9 月 10 日。

② 参见石杰、吴双全：《论网络虚拟财产的法律属性》，载《政法论丛》2005 年第 4 期，第 36~37 页。

③ 参见刘惠荣著：《虚拟财产法律保护体系的构建》，法律出版社 2008 年版，第 89 页。

④ 杨立新、王中合：《论网络虚拟财产的物权属性及其基本规则》，载《国家检察官学院学报》2004 年第 6 期，第 5 页。

有的共性可以将其分为两大类型：一种是虚拟网络本身；另一种是存在于网络上的虚拟财产。①

虚拟网络本身是各种网络虚拟财产的载体，而其自身也是一种重要的虚拟财产。但其更重要的意义在于作为媒介来帮助人们完成网络社交活动，它为这种活动提供了现实社会之外的另一个空间。也许人们将更多的注意力放在网络作为媒介的这一特质上，而忽略了其自身作为一种意义重大的虚拟财产。但这一虚拟财产关涉全世界网络用户的利益，没有人可以对其主张所有权。即便有所有权，也不可能实现一般所有权的全部权能。因此，虚拟网络本身是不可能作为某一个人的遗产而被继承的。但只要有网络用户，有运营商支持，虚拟网络就可以在理论上永续常存。从人类社会的角度来看，虚拟网络本身就是全人类的共同遗产，在一代代人之间传承。但这不属于我们法律上讨论的继承范畴。因此，虚拟网络本身的可继承性不予考虑。

就存在于网络上的虚拟财产而言，其在现实生活中又主要分为以下几种类型：(1)账号密码型，如QQ号、游戏账号、微信账号等；(2)信息资料型，如网络通讯录电子邮件聊天记录等；(3)信誉型，如淘宝网店等级、个人网上积分下载权限等；(4)虚拟货币型，如游戏金币、QQ农场的虚拟货币等；(5)游戏装备型，如网络玩家获得的武器装备设施等。②

网络上的账号密码属于个人使用的具有一定隐秘性的资料。但我们对其拥有的法律上的权利是值得探讨的。这要从账号密码的获取谈起。网络用户的账号密码通常是针对某一项网络服务。而网络服务则有网络运营商中的某一家网络服务公司提供。而在用户申请该账号密码之时，网络服务商通常会要求用户阅读并同意相关服务规则(又称“服务协议”“用户协议”等)。而这些协议中大多已明确用户对该账号的法律权限。《QQ号码规则》第8条第2款规定：“QQ号码使用权属于初始申请注册人。”③《腾讯微信软件许可及服务协议》第7条第1款第2项规定：“微信账号的所有权归腾讯公司所有，用户完成申请注册手续后，仅获得微

① 马一德：《网络虚拟财产继承问题探析》，载《法商研究》2013年第5期，第77页。

② 马一德：《网络虚拟财产继承问题探析》，载《法商研究》2013年第5期，第77页。

③ 参见《QQ号码规则》，http：//zc. qq. com/chs/agreement1_chs. html，最后访问于2022年9月10日。

信账号的使用权，且该使用权仅属于初始申请注册人。”[①]新浪《微博服务使用协议》第1条的特别提示中也表明用户只是使用微博服务，而用户账号和密码由用户负责保管。[②] 从这些协议的表述来看，网络用户对于申请注册的账号密码享有的只是使用权，而并不拥有所有权。虽然新浪的协议中指出账号密码由用户保管，但并不是指归用户所有，因为新浪在用户90天不实际使用时可收回用户昵称并终止服务。这也就意味着用户保管的账号密码无法对应相关服务而失去使用价值，变成单纯的字母数字组合。这些协议往往还将这种使用权限制为初次申请人，一旦发现非初次申请人使用，服务提供商有权收回使用权，即禁止账号的转让。由此观之，账号密码是无法被纳入遗产范围被继承的。

信息资料类则相对较为复杂。信息资料对于个人而言通常具有较强的人身专属性。而具有人身专属性的财产或权利在一些国家的立法中往往明确被排除在遗产的范围之外，如俄罗斯、日本。美国学者则持相反观点，在充分阐述数字遗产与存储通信法案的关系后，明确表示数字遗产继承应当被允许。[③] 也有学者认为社交媒体资产的继承需要综合考虑个人意图、私密性、保存状态等因素，并强调其继承应该遵从诉讼最小程度干预原则。[④] 网络虚拟财产中的信息资料本身与现实生活中的财产有较大差别，同时虚拟财产的专属性与一般财产的人身专属性亦有所不同，因而不可一概而论。我们需要对信息资料予以分类，分情况讨论。通讯和聊天记录涉及个人隐私，通常会受到保护而不可能被继承。但个人照片等具有纪念价值的图文资料，若不涉及隐私，则应该被继承。虽然个人照片等图文资料对于被继承人而言，具有人身专属性。但对于继承人而言，则包含其对被继承人的重大情感(又被称为“人格利益”)。照片图文等虚拟财产因被继承人的死亡

---

① 参见《腾讯微信软件许可及服务协议》，http：//weixin. qq. com/agreement? lang = zh_CN，最后访问于2022年9月10日。

② 参见《微博服务使用协议》，http：//weibo. com/signup/v5/protocol，最后访问于2022年9月10日。

③ Matt Borden，“Covering Your Digital Assets：Why the Stored Communications Act Stands in the Way of Digital Inheritance”，*Ohio State Law Journal*，Vol. 75，2014，pp. 405-445.

④ Kristina Sherry，“What Happens to Our Facebook Accounts When We Die?：Probate Versus Policy and the Fate of Social-Media Assets Postmortem”，*Pepperdine Law Review*，Vol. 40，2012，pp. 185-249.

而无法被其使用，但对于继承人而言则有无法估量的纪念意义。一般财产专属性的内容是这种财产或权利只能由被继承人主张。而对于作为虚拟财产的图文资料的人身专属性内容则是这些图片为被继承人所有，且与被继承人紧密相关。这两种专属性的内容是有明显差别的。而继承人对于这些图文资料的权利主张则是一种原生权利，基于其对被继承人的重大情感和对于自身的重要纪念意义。因此，我们认为这种图文资料是可以被继承的。此外，还有一些可以作为证据或重要证明的资料，若关系到继承的人利益，也应当可以继承。例如，被继承人为继承人之利益而从事的一些活动，通过电子邮件的方式与他人联系。其中能证明继承人利益的文件附在电子邮件的附件中。这些邮件及附件，对于被继承人而言是其网络虚拟财产，但同时对继承人而言则是重要的证明文件。为了保障继承人的合法权益，这些邮件及附件应当被继承。

信誉型的网络虚拟财产能否继承也是一个较为复杂的问题。一方面因为这种信誉对被继承人具有较强的人身专属性，另一方面这种信誉又往往可以产生潜在财富，即可期待利益。从人身专属性的角度来看，信誉作为一个抽象化的概念本应只属于某一个人而无法继承。信誉单纯作为一种对私人的评价，是无法继承的。但网络虚拟财产中的信誉，对于个体而言，则并不只是一个单纯评价。例如淘宝网店的信誉等级，是该店赚取利润的一个极为重要的因素，是可以现实地转化为财产的要素。在这种情况下，还将其视为一个单纯评价，则不太合适。因为信誉等级已经具有了较强的财产属性，而且这种财产属性与现实社会联系紧密，能被普遍性地理解为可转化为现实财富。但有一些信誉则与现实社会联系较小，或者说不能普遍性的被认为具有财产属性或者能转化为现实财富。例如一些积分或下载权限，可能只对一小部分使用这类服务的人才认为具有财产属性，而不能被其他人认可。又如，网络游戏中的虚拟人物角色，在虚拟世界中被其他玩家认可，但这种信誉脱离了网络则无法存在，也不能转化为现实中的财富。信誉型网络虚拟财产能够被纳入遗产而继承，需要一些条件。首先这种信誉要具有一定的财产属性，如果只是一个单纯评价，则不可能被继承。其次，这种财产属性能够与现实社会紧密联系，能够转化成现实社会中的财产，只存在于网络之中的信誉无法被继承。最后，这种信誉转化为财产是能被大众观念接受的，只能被个别人或极少数人认可的，难以纳入遗产的范围。

虚拟货币，是在网络中存在的价值换算工具，具有一定的流通性，与现实货币的功能类似，人身专属性较弱。网络用户对虚拟货币拥有所有权，包含处分权能。而虚拟货币又能直接与现实货币转化和换算。因此，虚拟货币是可以纳入遗产范围并继承的。

游戏装备是玩家通过网络活动获取的虚拟物品，拥有的也是所有权。与虚拟货币相比有两个明显差别：一是流通性相对较差，二是具有较强的专属性。流通性差并不影响其基本的财产属性，也需要作为一种财产得到保护。但其较强的专属性则决定其难以纳入遗产的范围。因为游戏装备往往隶属于由玩家控制的游戏角色，其价值也主要体现在游戏中，离开了游戏环境，游戏装备就失去了价值和意义。除了作为玩家的精神寄托，游戏装备与现实社会之间几乎没有具有现实意义的联系。但这种精神寄托本身没有财产属性可言，而且也只与该玩家相关。因此我们认为，游戏装备不能纳入遗产的范围。

通过对以上网络虚拟财产的分析，我们认为可以纳入遗产范围的网络虚拟财产主要包括虚拟货币以及一些符合特定条件的信息资料型和信誉型网络虚拟财产。

## 三、现实困境与出路

虽然网络虚拟财产按照前述分类判断可以得出是否能纳入遗产范围的初步结论，但这种判断建立在虚拟财产的某一方面的特质之上。而现实中涉及的网络虚拟财产类型复杂多样，而且可能兼顾前述分类中的不同特质，因此需要结合具体情形再做判断。网络虚拟财产性质的复杂性决定了这种财产在继承过程中必然会面临着众多的阻力。

目前关于网络虚拟财产的相关立法缺失，也使得其在继承中面临着没有法律依据而无法继承的窘境。在我国已有现实案例，“淘宝店主过劳死，皇冠店被关闭”曾在网上引起了广泛的关注和讨论。[①] 这种网店除了没有实体店面之外，其他运作方式和程序与实体店并没有太大差异。然而由于店主的死亡，网店不得不

① 晏耀斌：《淘宝皇冠店女店主过劳死——店铺被关被指霸王家规》，http://tech.ifeng.com/internet/detail_2012_08/19/16916841_0.shtml，最后访问于2022年9月10日。

被关闭。我国目前网购居民的数量正在与日俱增，网络渠道的销售额也连年递增。淘宝、天猫、京东等网站在一些节日甚至创造了日销售额数百亿的记录。[①]这些销售额均来源于一个个的网络店铺，这些店铺却都随时面临着店主死亡则被关闭的可能。有些店铺还有多名工作人员，一旦关闭，这些人都面临着失业的风险。因此，这些网店的继承问题的确值得引起关注和重视。在没有法律依据的情况下，网店的继承是难以实现的。

网络虚拟财产继承的案例在国外也有先例。2004 年美国密歇根州就发生过被媒体誉为虚拟财产继承第一案的"雅虎邮箱案"。[②] 该案中死者的父母为了获得儿子存储在邮箱中的电子照片与文字留作纪念，向雅虎公司提出了希望得到儿子的雅虎邮箱密码的要求，但是雅虎以保护用户隐私权为由对该请求进行了拒绝，死者父母于是向法院起诉，但是法官认为雅虎拒绝的理由有一定的合理性，因此没有完全地支持死者父母的请求，最终采取了折中的办法，判决雅虎将死者邮箱中的相关电子数据刻录成光盘用以继承，而邮箱的密码则不予透露。这种灵活变通的处理较好地解决了网络虚拟财产的继承问题，是一个值得肯定和借鉴的判例。

面对网络虚拟财产可继承性的争议，我们可以从三个角度分析。其一，将网络虚拟财产归入具体的类型，只有当其属于以下三种财产时才具有可继承性：(1)具有纪念意义或能作为证据的信息资料型虚拟财产；(2)与现实紧密相关、能转化为现实财产且能被广泛接受的信誉型虚拟财产；(3)虚拟货币。其二，只有死者对于该网络虚拟财产拥有所有权时才能继承，若只有使用权则无法继承。其三，继承人主张继承该财产应有合理依据，否则无法继承。

网络虚拟财产的法律属性众说纷纭，但都承认其具有财产属性。一般而言，有三种类型网络虚拟财产具有可继承性：一是具有纪念意义或证据功能的信息资

---

① 天猫 2014 年"双十一"交易额高达 571 亿元人民币。参见《天猫双十一销售额 571 亿无线化全球化特点显著》，http：//news. xinhuanet. com/info/2014-11/12/c_133783037. htm，最后访问于 2022 年 9 月 10 日。

② Jonathan J. Darrow，Gerald R. Ferrera，"Who Owns a Decedent's Emails：Inheritable Probate Assets or Property of the Networks?"，*NYU Journal of Legislation and Public Policy*，Vol. 10，2006，pp. 281-320.

料型；二是能转化为现实财产且能被大众认可的信誉型；三是虚拟货币。在现实中继承网络虚拟财产，我们需要区分虚拟财产的类型，确定被继承人的权利状态，并提供继承的合理理由。面对网络虚拟财产的继承无依据的现状。法官可参考网络虚拟财产的理论研究对具体案件进行分析并作出判决。从长远来看，网络虚拟财产相关立法文件的制定不可或缺。

## 第五节 《民法典》中遗产的范围

《民法典》第1122条规定："(第1款)遗产是自然人死亡时遗留的个人合法财产。(第2款)依照法律规定或者根据其性质不得继承的遗产，不得继承。"

### 一、规范意旨

《民法典》第1122条是关于自然人遗产范围的概括性规定，主要涉及特定性、时间性、合法性、财产性、可排除性五个层面的问题。关于特定性，需要关注遗产原权利人的类型，既要留意自然人与个体工商户、个人独资企业等之间的关系，又不得忽视"胎儿"能否成为遗产的原权利人等问题。关于时间性，需要考虑认定遗产的时间节点，至少需要关注自然死亡和宣告死亡两种不同情形。可认定为遗产的财产范围，原则上应该只包括可以继承的财产性权利。关于合法性，主要是对可继承财产范围的正面直接约束，只有合法的财产才能作为遗产继承的标的；虽然该限制可作出排除非法财产的解读，但与第2款的排除规则也不处于同一层面，这种反向解读值得研究，但不值得推广。关于财产性，主要是指可继承的遗产主要是指财产性权益，具有较强人身属性的权利，如署名权等，不宜作为可继承的遗产。新增的可排除性，主要是指第2款的排除规则，将遗产中不应继承的部分剥离出来；不得继承遗产的具体范围则需要结合其他相关立法条文和新类型财产当前应该适用的相关理论来分析讨论。

从立法模式的角度来看，第1122条仍属概括规定加具体调节的模式：第1款属于概括性划定自然人遗产的宏观范围；第2款是具体调节的方式，明确"依照法律规定或者根据其性质不得继承"作为例外情形，应当排除在遗产范围之外。值得注意的是第2款仍然属于转介条款，把不得继承的情形予以适当留白，需结合其他相关法律和理论来综合通盘考量。

从立法体例的角度来看，我国关于遗产范围的立法体例本质上仍属于分散式立法体例，遗产范围的具体划定，不可能只由第1122条一个条文来处理决定，仍然需要结合《民法典》人格权编和物权编的相关规定及《农村土地承包法》《公司法》《保险法》等立法中关于遗产范围确立的具体相关条文来作出体系化的融贯解释。关于占有的可继承性、网络财产的可继承性等其他与遗产范围相关的新问题，仍需结合当前的司法实践现状和理论学说的新发展来共同商榷。

## 二、立法历史沿革

《民法典》第1122条的立法历史沿革，经历了35年的变迁，寥寥数笔自难阐释得面面俱到，故而此处主要围绕《继承法》的修订和《民法典·继承编》的编纂来简要梳理。

制定原《继承法》(1985)时，我国尚处于计划经济时期，社会财富大多由国家、集体控制，个人私有财产极为有限，虽然相关规定在现在看来稍显原则化、简单化，但其在特定历史时期向全社会充分传达了遗产范围的特定性、时间性、合法性和财产性。虽然有学者认为《继承法》第3条①用“遗产是公民死亡时遗留的个人合法财产”这样宽泛的表述来定义“遗产”，虽有具体列举，但带有强烈的时代特征，在21世纪的今天已没有多少指示意义了。② 但在该法生效的35年间，大量司法实践证明，列举式的做法仍然充分体现了立法明确性与司法适用性的有机统一；在传播保护公民私有财产继承权理念的同时，明确了遗产继承的范围，便于被继承人生前处分财产、继承人依法继承遗产。③

梁慧星教授建议，应明确规定土地承包经营权、建设用地使用权、抵押权、

① 参见《继承法》第3条规定：“遗产是公民死亡时遗留的个人合法财产，包括：1. 公民的收入；2. 公民的房屋、储蓄和生活用品；3. 公民的林木、牲畜和家禽；4. 公民的文物、图书资料；5. 法律允许公民所有的生产资料；6. 公民的著作权、专利权中的财产权利；7. 公民的其他合法财产。”

② 参见何俊萍、郑小川、陈汉著：《亲属法与继承法》，高等教育出版社2013年版，第339页。

③ 参见王歌雅：《〈民法典·继承编〉：制度补益与规范精进》，载《求是学刊》2020年第1期，第100页。

质权、占有、股权、知识产权、债权等属于可以继承的遗产范围。[①] 还有人从公证的实务角度来看遗产的范围，将遗产归纳为7种基本类型：(1)公民的合法收入、储蓄；(2)公民的私有房屋、生活用品；(3)公民自己所有的林木、牲畜和家禽；(4)公民自己所有的文物、图书资料；(5)公民供自己劳动所必需的生产资料，其中包括国家法律和政策允许公民个人所有的某些大型的生产工具资料；(6)公民基于著作权、发明权、发现权、技术革新、合理化建议等所获得的财产权利；(7)债权。[②]

王利民教授主持的民法典修正案建议稿对遗产范围的界定是通过概括规定、概括排除和列举的方式。

> 遗产是被继承人死亡时遗留的个人合法财产，包括：(1)被继承人享有的财产所有权；(2)被继承人享有的用益物权和占有；(3)被继承人享有的债权、担保物权和债务；(4)被继承人享有的知识产权中的财产权益；(5)被继承人享有的股权和合伙权益中的财产权益；(6)因自然人死亡而获得的保险赔偿金、补偿金、赔偿金等，法律另有规定的除外；(7)被继承人的其他合法财产。
>
> 专属于被继承人的权利、义务不属于遗产。[③]

杨立新和杨震教授主持的继承法修正草案建议稿中对遗产范围的界定通过概括规定、概括排除和列举的方式。

> 遗产是被继承人死亡时遗留的个人财产，包括：(1)房屋、林木、牲畜、储蓄等不动产或动产的所有权；(2)个人享有的土地承包经营权和承包收益；(3)建设用地使用权；(4)可继承的财产债权及其担保；(5)有价证券载

① 梁慧星：《简陋的〈继承法〉已不适应当今社会》，载《经济参考报》2010年4月7日，第8版。

② 参见张庆利：《对遗产范围的探究》，载《理论观察》2008年第1期，第86~87页。

③ 王利民主编：《中国民法典学者建议稿及立法理由·人格权编、婚姻家庭编、继承编》，法律出版社2005年版，第469~470页。

有的财产权利；(6)股权或合伙中的财产权益；(7)知识产权中的财产权益；(8)被继承人享有的人格权衍生的财产利益；(9)互联网络中的虚拟财产；(10)被继承人的其他财产权益。

被继承人的专属性权利和法律规定不得继承的权利不属于遗产。

涉及被继承人个人信息权、隐私权的互联网络虚拟财产不属于遗产。①

梁慧星教授主持的《民法典》(草案建议稿)中对遗产范围的界定则通过概括规定、概括排除和特定财产规定相结合的方式。

遗产是自然人死亡时遗留的个人合法财产。

前款规定的遗产包括自然人因其死亡而获得的未指定受益人的保险金、补偿金、赔偿金以及其他基于该自然人生前行为而应获得的财产利益。

下列权利义务不得作为继承标的：(1)与被继承人人身不可分割的人身权利；(2)与被继承人人身有关的专属性债权债务；(3)法律规定不得继承的其他财产。②

针对继承法提出修改意见的一定时期内，学界的建议曾经或多或少都夹杂了一定的列举的因素在内。但这类列举式的建议和探讨始终不可能穷尽目前复杂多样的个人财产形式。而且财产类型还会随着时间的推移而不断发生变化，例如新的财产类型不断涌现。列举的财产类型是固定的，其指示意义难以长久维持。因此，列举式立法模式难以适应现代社会瞬息万变的财产类型。

也有学者曾建议《民法典·继承编》应该抛弃列举式的规定，考虑维护继承人身后财产秩序的稳定；如果一定要采用列举式规定遗产的范围，则应该学习台湾地区“民法典”的做法列举规定遗产的消极范围，即不属于遗产的权利义务，

① 杨立新、杨震主编：《〈中华人民共和国继承法〉修正案建议稿》，载《河南财经政法大学学报》2012年第5期，第15页。

② 梁慧星主编：《中国民法典草案建议稿附理由：继承篇》，法律出版社2013年版，第21页。

而消极范围外的权利义务都属于遗产。① 台湾地区对"民法典"中遗产的范围的规定采用的是概括式规定加概括式排除的方式，排除了具有人身专属性的权利义务。② 这种概括的排除方法没有列举具体的类型，可在不同时期作出不同解读，可以保持该具体规定在一段较长时期内的稳定性。

有鉴于此，关于遗产的范围，可规定为：遗产是被继承人死亡时遗留的个人财产，但被继承人具有人身专属性的权利义务和法律规定不得继承的财产除外。至于具有特殊性的权利义务，可通过司法解释予以说明，没有必要在总括性规定中一一列举。因此，在前期的两版审议稿和最后一版《民法典·继承编(草案)》中都采用了概括式规定加例外排除的立法模式；其第 901 条规定："遗产是自然人死亡时遗留的个人合法财产，但法律规定或者依其性质不得继承的除外。"③此版条文与最终民法典表述大体一致，只在但书最后的措辞上略有差别，《民法典》将"不得继承的除外"改成"不得继承的遗产，不得继承"。措辞上的差别却传达出了不同的另一层内涵：即便是不得继承的那部分财产，我们也不得因其不得继承而否定其本身具有的作为遗产的法律属性，既避免了将不得继承的那部分财产排除了遗产的属性，也同时避免了与遗产的"四性"④等相关理论和制度产生不必要的冲突。例如归扣制度，也与遗产的范围的划定紧密相关，这些理论在长期的发展中已经取得了初步成效，没必要因为新规则细微措辞的变化而引致过度解读。

《民法典》第 1122 条规定属于对《继承法》第 3 条的承继与革新；第 1 款"遗产是自然人死亡时遗留的个人合法财产"基本保持了与继承法条文内容的一致性；第 2 款作出了较大改动，将《继承法》第 3 条的列举式规定改为了概括式排除的方式。这一革新纠正了对遗产列举无论达到何等详细程度，在财产类型日益增加和

① 参见郭明瑞、张平华：《海峡两岸继承法比较研究》，载《当代法学》2004 年第 5 期，第 10 页。

② 参见台湾地区"民法典"第 1148 条第 1 款。该款规定："继承人自继承开始时，除本法另有规定外，承受被继承人财产上之一切权利、义务。但权利、义务专属于被继承人本身者不在此限。"

③ 2018 年 9 月 5 日发布的一审稿、2019 年 7 月 5 日发布的二审稿、2019 年 12 月 16 日发布的《民法典·继承编(草案)》均采用了此种表述。

④ 此处"四性"主要指特定性、时间性、合法性、财产性。

财产形式不断丰富的情形下，也无法涵盖遗产的全部范围，甚至可能发生法律属性争议的弊病。① 这种总括加排除式的立法设计，增强了遗产范围条款的开放性和灵活性，可以随着时代的发展演变不断赋予"遗产范围"顺应新时期新要求的具体内涵，同时作为《民法典》的具体条款也能在较长一段时间内保持条文的稳定性。

## 三、构成要件和法律效果

要准确清晰地划定遗产的范围，在具体规则层面，我们需要重点分析遗产自身的五大特性，并在此基础上把握其在实际运用中的法律效果。

### （一）构成要件

依据《民法典》第 1122 条之规定，遗产范围的划定需要关注遗产自身的特定性、时间性、合法性、财产性和可排除性。

1. 特定性

遗产范围的特定性，主要是指遗产的原权利人身份具有一定的特定性，明确与遗产范围划定相关的"自然人"的特定内涵。

首先，结合《民法典》第 2 条之规定，② 此处所指"自然人"应是与"法人"和"非法人组织"的对位概念。也有学者明确指出《民法典》第 13 条中所称之"自然人"应该是"任何个人"，即"自然状态之人"；而"自然人""法人"则当属于"法律状态之人"。③ 关于对位概念这一表述，主要是为了更明确地划定其与法人和非法人组织的界限，强调第 1122 条所处理的遗产主要涵盖地是"个人财产"而非"公司财产"。个人在法人中的份额，虽有可能成为遗产，但也可能面临一些特

---

① 杨立新：《民法典继承编草案修改要点》，载《中国法律评论》2019 年第 1 期，第 121 页。

② 《民法典》第 2 条规定："民法调整平等主体的自然人、法人和非法人组织之间的人身关系和财产关系。"

③ 参见陈庆：《民法史上的人与人格——兼论〈民法典〉自然人民事权利能力条款修改方向》，载《河南大学学报（社会科学版）》2021 年第 1 期，第 38~39 页。

定限制，例如《公司法》第75条之规定①就有可能因公司章程限制公司股份的继承，又如《合伙企业法》第50条②也受合伙协议或全体合伙人一致同意的限制。即便这些财产可以继承，也都强调了这些份额作为遗产的前提条件是财产原权利人是“自然人股东”“合伙人”，这样的特定身份无疑又再一次强调了原权利人的自然人属性。

其次，此处“自然人”不应受到民事行为能力的制约，未成年人(甚至胎儿的部分权利)也应包含在内。结合《民法典》总则部分关于自然人的条款表述来看，并未以民事行为能力来限制自然人的内涵，反而从第17条③的表述来看，成年人和未成年人的界定落脚点都是自然人。在未成年人权利保护日益完善的当下，未成年人成为被继承人的现实性也不再仅仅停留于纸面。《民法典》第16条④和第1155条⑤已经明确了胎儿的继承权，但能否成为被继承人单从条文字面意思解读仍有歧义。随后发布的司法解释作出了回应：“为胎儿保留的遗产份额，如胎儿出生后死亡的，由其继承人继承；如胎儿娩出时是死体的，由被继承人的继

---

① 《公司法》第75条规定：“自然人股东死亡后，其合法继承人可以继承股东资格；但是，公司章程另有规定的除外。”

② 《合伙企业法》第50条规定：“合伙人死亡或者被依法宣告死亡的，对该合伙人在合伙企业中的财产份额享有合法继承权的继承人，按照合伙协议的约定或者经全体合伙人一致同意，从继承开始之日起，取得该合伙企业的合伙人资格。有下列情形之一的，合伙企业应当向合伙人的继承人退还被继承合伙人的财产份额：

(一)继承人不愿意成为合伙人；

(二)法律规定或者合伙协议约定合伙人必须具有相关资格，而该继承人未取得该资格；

(三)合伙协议约定不能成为合伙人的其他情形。合伙人的继承人为无民事行为能力人或者限制民事行为能力人的，经全体合伙人一致同意，可以依法成为有限合伙人，普通合伙企业依法转为有限合伙企业。全体合伙人未能一致同意的，合伙企业应当将被继承合伙人的财产份额退还该继承人。”

③ 《民法典》第17条规定：“十八周岁以上的自然人为成年人。不满十八周岁的自然人为未成年人。”

④ 《民法典》第16条规定：“涉及遗产继承、接受赠与等胎儿利益保护的，胎儿视为具有民事权利能力。但是，胎儿娩出时为死体的，其民事权利能力自始不存在。”

⑤ 《民法典》第1155条规定：“遗产分割时，应当保留胎儿的继承份额。胎儿娩出时是死体的，保留的份额按照法定继承办理。”

承人继承。"[1]胎儿特留份能够成为遗产，或者说胎儿能成为遗产的原权利人，前提条件是胎儿出生时为活体、出生后才死亡。胎儿出生为活体，就已经属于自然人范畴，其财产被继承也转变成自然人财产被继承。这一司法解释相当于否定了胎儿作为遗产原权利人的可能性。但最高人民法院又明确表示："涉及遗产继承、接受赠与等胎儿利益保护，父母在胎儿娩出前作为法定代理人主张相应权利的，人民法院依法予以支持。"[2]这是否意味着，即便胎儿不能作为遗产的原权利人，但只要其父母以法定代理人身份介入，就可以暂时取得该部分财产；即便胎儿出生为死体，鉴于该部分财产已由法院裁判归属于胎儿父母，不宜随意撤销；最终结果仍然是本应属于胎儿的部分财产实际上由其父母"继承"。

最后，此处"自然人"应当与"个体工商户""一人独资公司"等区分开来，独立对待；或者说，"自然人"与"商自然人"不能混同。商自然人又称为商个人，是商事主体之一种；它是指依商事法规从事商事活动，享有权利并承担义务的自然人；可以表现为一个"自然人"或一"户"，也可以表现为自然人投资设立的独资企业，又被称作一人公司或个体企业。[3] 关于"自然人"与"商自然人"的关系，我们从诉讼主体的角度可以发现一些端倪。1992 年《民诉意见》规定："在诉讼中，个体工商户以营业执照上登记的业主为当事人。有字号的，应在法律文书中注明登记的字号。"[4]2015 年《民诉解释》规定："在诉讼中，个体工商户以营业执照上登记的经营者为当事人。有字号的，以营业执照上登记的字号为当事人，但应同时注明该字号经营者的基本信息。"[5]这种当事人从"业主"到"字号"的转变，已经折射出这 20 多年相关商事配套规则的发展促使"个体工商户"回归到商事主

---

① 法释〔2020〕23 号。参见《最高人民法院关于适用〈中华人民共和国民法典〉继承编的解释(一)》第 31 条第 2 款。

② 法释〔2022〕6 号。参见《最高人民法院关于适用〈中华人民共和国民法典〉总则编若干问题的解释》第 4 条。

③ 参见江平、江帆：《论商自然人的破产能力》，载《现代法学》1997 年第 4 期，第 25 页。

④ 法发〔1992〕22 号。参见《最高人民法院关于适用〈中华人民共和国民事诉讼法〉若干问题的意见》第 46 条第 1 款。

⑤ 法释〔2015〕5 号。参见《最高人民法院关于适用〈中华人民共和国民事诉讼法〉的解释》第 59 条第 1 款。

体的本位。企业组织体化的个体工商户，应归入非法人组织，而"没有固定经营场所或只从事季节性经营的行商游贩"则仍应归入自然人。[①] 对于当下火热的地摊经济这类临时性的经营行为，其本质仍属自然人的偶发性民事活动，对商业市场不会造成有影响力的冲击，不太有必要纳入商事主体监管的范畴。在商事规则日益完善的情况下，"自然人"和"商自然人"都将回归其原本的法律状态，二者之间的区分会越来越明晰，各自涵盖的范围将逐渐分离。

2. 时间性

遗产范围的时间性，主要是指遗产仅存于特定时间段：被继承人死亡之后至遗产分割之前。[②] 被继承人财产转化为遗产具有特定时间节点转化的特性。自然人"死亡时"遗留的财产，才能转化为遗产。自然人的死亡，在当前的法律规则下，主要涉及自然死亡和宣告死亡两大类。

关于自然死亡的时间节点，依《民法典》第 15 条之规定，应当以死亡证明记载的时间为准；无死亡证明则需以户籍或其他有效身份登记记载的时间为准；但有其他充分证据能证明具体死亡时间的，优先依证据来确定。[③]关于死亡证明的出具，以湖北省为例，正常死亡由县以上卫生行政部门注册的医疗机构出具，非正常死亡则由公安机关出具。[④] 从证明力的角度来说，死亡证明是高于户籍或其他有效身份登记记载内容的。但是这两类文件，仍都属于可反驳的证据。

关于宣告死亡的时间节点，需要重点关注三个方面：一是宣告死亡需要满足的条件；二是谁能申请宣告死亡；三是具体时间的确定。

依《民法典》第 46 条之规定，宣告死亡需要满足的条件是"下落不明满四年"或"因意外事件，下落不明满二年（被有关机关证明不可能生还则不受 2 年限

---

① 参见杨震：《民法总则"自然人"立法研究》，载《法学家》2016 年第 5 期，第 30~31 页。

② 参见石宏主编：《〈中华人民共和国民法典〉解释与适用 · 婚姻家庭继承编》，人民法院出版社 2020 年版，第 174 页。

③ 参见《民法典》第 15 条规定："自然人的出生时间和死亡时间，以出生证明、死亡证明记载的时间为准；没有出生证明、死亡证明的，以户籍登记或者其他有效身份登记记载的时间为准。有其他证据足以推翻以上记载时间的，以该证据证明的时间为准。"

④ 参见《湖北省殡葬管理办法》第 25 条（湖北省人民政府令第 204 号）。

制)”。[①] 值得注意的是，“在战争期间下落不明”不属于“因意外事件”，而应适用四年的标准。[②]

关于谁能申请宣告死亡，申请人的身份也存在一定的限定性要求。申请宣告死亡的“利害关系人”，原则上是指配偶、父母、子女、尽力主要赡养义务的丧偶儿媳或女婿；其他近亲属在前述人员已死亡或者下落不明时才能成为申请人；此外，不申请宣告死亡不能保护其相应合法权益时，其他近亲属、债权人、债务人、合伙人等民事主体也可能成为申请人。[③]

关于具体时间的确定，《民法典》沿袭了《民法总则》第 48 条类型化处理的做法：非意外事件导致的下落不明，以法院判决作出之日确定为死亡日期；意外事件导致的下落不明，则以意外发生之日为死亡日期。[④] 有学者指出，“以判决作出之日确定死亡日期”这一规范模式自《民法通则》时期确立以来，已经导致了司法实务上非常不合理的结果，例如短期意外伤害保险中，被保险人死亡日期在保险责任期间内，但宣告死亡日期却在期间外，保险人会主张保险合同过期而拒绝赔付；这种不合理性已经被最高人民法院明确认识到，并试图通过司法解释曲折地规避这一规范模式导致的负面影响。[⑤] 2015 年《保险法解释三》第 24 条第 2 款明确规定，宣告死亡之日在保险责任期间外，但能证明下落不明之日在保险责任期间内的，仍应赔付保险金。[⑥] 即便存在个别需要例外规定的情形，也不宜一概否认现有一以贯之的做法，只要在确定具体时间节点认定上不存在诸多障碍，仍有必要保证司法前后一致性，除非以后出现大量与现行规则相矛盾的情况。

---

① 参见《民法典》第 46 条。

② 法释〔2022〕6 号。参见《最高人民法院关于适用〈中华人民共和国民法典〉总则编若干问题的解释》第 17 条。

③ 法释〔2022〕6 号。参见《最高人民法院关于适用〈中华人民共和国民法典〉总则编若干问题的解释》第 16 条。

④ 参见《民法典》第 48 条。

⑤ 参见薛军：《被宣告死亡者死亡日期的确定——以中国民法典编纂为背景的论述》，载《政治与法律》2016 年第 6 期，第 3~5 页。

⑥ 法释〔2015〕21 号。参见《最高人民法院关于适用〈中华人民共和国保险法〉若干问题的解释(三)》第 24 条第 2 款。

3. 合法性

遗产的合法性要求，主要是指被继承人的财产能划入遗产范围的前提条件是这些财产来源于合法途径。关于“合法性”要求，“肯定说”和“否定说”的分歧长期存在且各执己见。

“肯定说”从充分稳定社会经济关系的角度出发，认为在法律规定范畴之内的合法财产才适宜于继承，而由被继承人通过违法犯罪活动如抢劫、盗窃、诈骗等不法手段所取得的财产，不得作为遗产继承。① 我国《继承法》之中，也一直包含着合法性要求，原因在于：一是受当初继承法制定时社会背景的影响，在当时人们的法律观念还很淡薄时规定“合法性”有助于人们对遗产的正确认识；二是符合我国民众的思维习惯，即法律保护的应该是合法的财产，将非法财产划为遗产会误导人们追求非法财产。② 在先前的立法中明确合法性要求，是在当时的特定历史背景下作出的符合时代特色的一种选择，自然是无可厚非。

“否定说”认为遗产范围的划定主要是要解决遗产处理的问题，合法性问题应由物权法、债权法、刑法等法律规定来解决并处理，且在司法实践中逐一审查是否“合法”根本不具有可操作性。③ 被继承人侵占他人财产，可以通过返还原物、损害赔偿、权利瑕疵担保责任等方式救济；若真正的权利人不主张救济，在私法领域应遵循“不告不理原则”而不主动干涉。④ 从专业的视角分析合法性要求的存废为相关理论的发展贡献了不可忽视的力量，却对法律管领的百姓提出了更高的要求，即需要准确理解学者们提出的这些理论，并且愿意积极消化吸收并遵守。

最终落地的《民法典》既然仍然保留了合法性要求，说明在当前这一历史阶段，合法性要求对于人们仍然具有更多的正面导向性。这不是简单地延续传统做

① 参见梁慧星主编：《中国民法典草案建议稿附理由：继承篇》，法律出版社 2013 年版，第 21~23 页。

② 参见麻昌华：《遗产范围的界定及其立法模式选择》，载《法学》2012 年第 8 期，第 27 页。

③ 参见陈苇、魏小军：《论我国遗产范围立法的完善》，载《河南财经政法大学学报》2013 年第 6 期，第 132~133 页。

④ 参见麻昌华：《遗产范围的界定及其立法模式选择》，载《法学》2012 年第 8 期，第 27 页。

法，而是利弊权衡后再一次作出的选择。两害相权取其轻，在人们追逐非法财产和学者们费心解释之间选择，当前只能选择继续保留合法性要求。我们进一步需要考虑的是，应该由其他法律规则来调整和处理的“合法性”，在与遗产范围划定相关时如何操作，程序上应该有哪些要求，处理结果对遗产继承会有什么样的具体影响等。

4. 财产性

遗产的财产性要求，主要是指被继承人能划入遗产范围的，应是遗留的财产或财产性权利。所谓财产性权利，主要是指以财产利益为目标，能够以财产价值量化、能够转让或变现的权利类型。关于遗产的财产性要求，我们需要关注两个议题：一是财产性义务是否属于遗产，二是身份性权利是否完全不能继承。

大概是受《继承法》对遗产范围界定的影响，我国理论上通说认为遗产中应当仅包括财产权利而非财产义务，大多数著作对完善我国遗产范围的立法建议也主要是将现实中新出现的各种财产权利纳入可以继承的遗产范围。① 将遗产仅限定于积极财产(债权)，已经成为我国法制传统的一部分，具有历史的和现实的社会基础，无论出于民众对遗产内涵的理解和认识需要，还是出于司法实务的统一理解和执法的需要，都应尊重这一历史传统。② 再结合《民法典》第 1159 条规定的“分割遗产应当清偿债务”、第 1161 条规定的“以所得遗产实际价值为限清偿；放弃继承不负清偿责任”的内容来看，遗产债务显然还是被排除在遗产范围之外。至于清偿顺序，在支付遗产管理费后，按照民事诉讼法的规定清偿即可。③ 从体系解释的角度来看，《民法典》依然采用了通说遗产不包含债务的做法，将遗产债务单列出来放到遗产的处理部分，保持了立法上的前后一致性。

要更准确地回答财产性义务是否属于遗产，我们还应当其前置条件——继承模式。在概括继承模式下，继承人概括继受被继承人财产，理应包含债权债务，

① 参见黎乃忠：《遗产范围界定的误区与修正》，载《法学论坛》2016 年第 1 期，第 82 页。

② 参见陈苇、魏小军：《论我国遗产范围立法的完善》，载《河南财经政法大学学报》2013 年第 6 期，第 131 页。

③ 参见房绍坤：《继承制度的立法完善——以〈民法典继承编草案〉为分析对象》，载《东方法学》2019 年第 6 期，第 16 页。

否则会损抑遗产债权人的利益；在限定继承模式下，则可以将遗产债权债务关系清偿之后，结余部分财产再分配给继承人。在现有规范体系下，限定继承论的发现与揭示具有重要的时代意义，既准确地回应现代家庭夫妻关系和代际关系中的文化共识，又能合理地解决父母继承顺位等难题，还能有效实现家事法的教育功能，矫正改革大潮冲击下扭曲的金钱观、荣辱观。①《民法典·继承编》的现有规则布局，更明显地倾向与往限定继承模式的方向发展，这无疑会对在我国长期存在的概括继承的理念产生冲击，但这也是在大量实践案例中总结出来的符合当前时代特色的必然选择，也必将在今后的司法实践中得到更全面的验证。

若对遗产财产性做严格、限定解释，原则上身份性权利是不得继承的。那么居于中间灰色地带的具有身份属性的财产性权利该如何处理，则需要进一步讨论。简言之，以特定身份为基础的财产请求权和以特别信任关系为前提的财产权请求权是不得作为遗产的，但以特定身份为基础的财产支配权如无法律特别规定或合同特别约定可以考虑作为遗产进行继承，例如拍卖或摇号取得的机动车牌照所有权。② 我国目前严格实行机动车登记制度，车管所对机动车进行审查并发放机动车登记证书、号牌和行驶证，用以明确机动车的合法状态。从行政法角度来看，发放机动车号牌是一种行政许可，而摇号本身则只能是该行政许可的前置程序。结合各地限购政策来看，以深圳为例，车辆上牌手续只能用摇号中签人的身份办理，即指标证明文件只限指标所有人使用，任何盗用、冒用、伪造行为都将被取消资格。③ 可见，为了更公平地分配稀缺资源，更充分地利用有限的增量车牌号，这类行政许可前置程序对于牌照颁发对象的特定性要求是非常高的，具有十分明确的身份绑定意味。鉴于摇号指标具有非常明确的身份特定性，故而其不宜作为遗产继承。

也有学者指出，土地承包经营权应当作为遗产继承，理由有三：一是在继承法制度预留空间内完全符合了遗产的特征；二是避免了土地承包法体系的内部矛

---

① 参见马新彦：《遗产限定继承论》，载《中国法学》2021年第1期，第93~97页。

② 参见马海蓉：《具有身份性财产权继承问题探究》，载《人民论坛》2015年第26期，第115~117页。

③ 参见《深圳市小汽车增量调控管理实施细则》第47条。

盾；三是顺应了遗产范围发展的历史潮流。[①] 早期的否定说认为承包权不得继承，理由有三：一是农村土地属集体所有、不是承包人的私有财产；二是承包合同关系是不能继承的；三是，土地承包经营权是基于承包合同关系所产生的经营管理权，而非财产权，不属于遗产范围。[②] 土地承包经营权能否继承，必须区分不同的承包方式来讨论：家庭承包方式取得的土地承包权的身份性是绝对的，不得继承；招标、拍卖等方式取得的土地承包经营权的身份性是相对的，可以继承。[③] 承包人是本集体经济的农户的要求并不能表明家庭土地承包经营权是为特定人设立的人役权，而且土地承包经营权的社会保障功能和从事农业生产活动的特定目的也都不影响其可继承性。[④] 在"三权分置"的情况下，土地经营权已经变成了一个没有身份属性的财产权利，对其可继承性问题学界几无异议；对于承包权是否可以继承虽存在争议，但在承包权不能流转的当下还是应当考虑不得继承。[⑤]

在《民法典》全面施行的新历史阶段，能否继承存在争议的财产类型，需要结合法典及其相关配套规则适用的具体情况，充分考量当前社会发展的新变化、新动向，借鉴司法实践中具有代表性的案例中蕴含的经验来逐一综合判断。

5. 可排除性

遗产的可排除性，主要指的是在第 1122 条的"概括+排除"立法模式中新增的排除性规则否定了一部分遗产的可继承性。该条第 2 款虽强调"依照法律规定或者根据其性质不得继承"，但并未否认这部分财产的遗产属性，只是基于其他更重要的考量因素暂时将其排除在"可继承遗产"之外。

---

① 参见刘凯湘：《论农村土地承包经营权的可继承性》，载《北方法学》2014 年第 2 期，第 23~24 页。

② 参见刘保玉、李运杨：《农村土地承包经营权的继承问题探析》，载《北方法学》2014 年第 2 期，第 7~8 页。

③ 参见刘保玉、李运杨：《农村土地承包经营权的继承问题探析》，载《北方法学》2014 年第 2 期，第 8~10 页。

④ 参见郭明瑞：《也谈农村土地承包经营权的继承问题——兼与刘保玉教授商榷》，载《北方法学》2014 年第 2 期，第 16~17 页。

⑤ 参见管洪彦、房绍坤：《土地承包经营权继承的法理解构与制度重构》，载《学习与实践》2018 年第 11 期，第 81 页。

依照法律规定不得继承的财产，如国有资源的使用权，自然人可以依法取得和享有，却不得作为遗产继承；根据其性质不得继承的财产，如与自然人人身不可分离的具有抚恤、救济性质的财产权利(例如定期金赔偿请求权)，不能作为遗产由其继承人继承。① 这是结合第2款排除性规则的文义作出的解释。

在《民法典》其他编章的规则中，也有明确规定不得继承的情形。例如，《民法典·物权编》第369条规定："居住权不得转让、继承……"又如，《民法典·人格权编》第992条规定："人格权不得放弃、转让或者继承。"居住权和人格权不得继承，这属于典型的依照法律规定不得继承的情形。

在配偶的相互继承关系中，婚后劳动所得以外的财产，包括婚前财产以及继承或受赠的财产，可称之为先逝配偶的自有财产，生存配偶不得继承，而且有很多国家都对先逝配偶的自有财产规定了各种不同的限制。② 在限定继承的大前提下，先逝配偶的自有财产生存配偶不得继承，这种情况属于典型的根据该部分遗产的自身性质不宜继承。除法律因素外，这背后还潜藏着对于家庭伦理关系甚至社会道德风险等因素的考量。

在商事关系中，也存在一些基于商事规则而不得继承的情形。例如，在公司章程中明确规定公司份额不得继承③，合伙人不同意继承人继承相应合伙份额④等。这些特定情形下的不得继承，属于没有达成可以继承的共识，或者说属于"约定不得继承"。

在农村土地承包关系中，虽然承包收益可以继承，但是林地承包权和土地承包权原则上仍应是不得继承的。⑤ 虽然这一问题仍存在争议，但从相关条文的表述和形成过程、理论学说的争鸣、农村社会发展进程等因素综合来看，当前承包权认定为不得继承较为适宜。

在农村宅基地相关问题中，有两种情形不得继承：一是不具备某一农村集体

---

① 参见杨立新：《我国继承制度的完善与规则适用》，载《中国法学》2020年第4期，第90页。

② 马新彦：《遗产限定继承论》，载《中国法学》2021年第1期，第91页。

③ 参见《公司法》第75条。

④ 参见《合伙企业法》第50条。

⑤ 参见《农村土地承包法》第32条、第54条；《最高人民法院关于审理涉及农村土地承包纠纷案件适用法律问题的解释》(2020年12月23日修正版)第23条。

经济组织成员资格的人员，不得继承该集体的宅基地使用权①；非农业户口当事人作为宅基地原权利人的继承人，也不得因继承房屋而直接继承宅基地使用权②。在宅基地政策变革的当下，相关权利的继承目前还只能从个案中去寻求相对合理的解决方案。

### （二）法律效果

本条简明扼要地规定了遗产的范围，改变了原《继承法》“概括+列举”的立法模式，新采用了“概括+排除”的立法模式，直接改变了在司法实践中适用本条的思路。

在“概括+列举”的立法模式下，一提及遗产的范围，人们往往很容易陷入将被继承人的财产一一“对号入座”来判别是否属于遗产的范围，一旦未明确列举，或没有相关司法解释给出明确结论，就不敢将其纳入遗产范围。新的“概括+排除”的立法模式，在具有更强的统领性、稳定性和可延展性的情况下提出了新的适用思路，没必要再一一比对，只需分两步走去判断即可：第一步，判断被继承人的财产是否具有遗产的特征，只要符合了基本特征的财产，都可暂列为遗产；第二步，审查列为遗产的这些财产，是否属于依法律规定或自身性质不得继承的遗产。这里的第一步判断在长期的实践中早已达成基本共识，即便在措辞方面有细微差别，也都不影响遗产基本特性的判断。第二步也许会成为相对“麻烦”的部分，如前文所述，不得继承的情形在当下其实也是非常有限的。新立法模式，对我们提出了新的要求，在判断是否属于遗产的范围时，不得再一味追求简单、明确、省事，而需要在遵照法典设定的两步走思路的同时结合当下时代发展的具体情况去完成自主判断，以期达到“授人以鱼不如授人以渔”的效果。

相对有一定难度的是新出现的财产类型或是能否继承存在争议的小部分财产该如何处理。首先，在继承法律制度已经发展较为成熟的当下，存在争议或新出现的财产类型在所有可继承遗产中所占比重是非常小的，往往不是继承纠纷的争议焦点，比如被继承人的网络虚拟财产等；其次，即便承包权、宅基地使用权等

---

① 参见〔2017〕最高法行申6780号。

② 参见〔2018〕最高法行申232号。

价值较高的财产继承成为争议焦点，也针对解决这些问题出台了大量司法解释可供参考，即便不能找到百分百对应的明确结论，也可借助这些司法解释灵活变通地处理相关纠纷；再次，倘若对灵活变通处理把握不好尺度，我们还有大量的示范性案例、公报案例可供参考查询；最后，若出现了本案即第一案这种情况，在穷尽了前面几步仍无法解决时，可以考虑层报至最高人民法院，等待答复。

遗产范围的确定，预示着遗产处理的开端，决定着可供继承人分配的财产体量，直接影响了全体继承人的实体性权利。遗产范围的确定还直接影响着遗产管理人的职责：一方面需要结合遗产的范围制作详细的遗产清单；另一方面意味着遗产实际控制权的转移，其中自然蕴含着对遗产处置的权利和妥善管理的义务等要素。此外，遗产范围的确定还是遗产分割和财产归扣的基础，遗产范围确定存在模棱两可、含混不清的情况则势必成倍增加后面遗产分割和财产归扣的处理难度。

## 四、相关国际私法规则

与遗产的范围相关的国际私法规则主要涉及关于继承和信托的冲突规则。无论是法定继承、遗嘱继承、遗产信托抑或是遗产管理等事项，都在不同程度上需要酌情考虑遗产的范围，确保采取的对应措施在现有法律框架范围内。

遗产的范围作为国内实体法规则，与冲突规则产生关联的最常见方式是成为准据法中的一部分。当部分遗产在境外时，在考虑遗产的范围时可能就不能局限于仅考虑我国对于遗产范围的规定。例如，依《俄罗斯民法典》之规定，私人所有的土地和遗产债务等都应该纳入遗产的范围。① 依我国《民法典》之规定，这两项均不属于遗产的范围，当我国公民需要继承其血亲在俄罗斯境内的遗产时，我们就不得不考虑俄罗斯关于遗产范围的规定。在我国《法律适用法》现有的框架体系下，相对适宜于用来解决这一问题的冲突规则也只有第 34 条："遗产管理等事项，适用遗产所在地法律。"遗产范围的确定，虽并不只与遗产管理相关，但《法律适用法》第四章继承包含的 5 条冲突规则中，只有第 34 条的范围具有延展

① 参见王蜀黔：《中俄继承法若干问题比较》，载《时代法学》2004 年第 2 期，第 67~71 页。

性，属于可以通过适当解释能够合理适用的状态。那么这种法律适用思路就相当于把“遗产的范围”纳入“遗产管理等事项”这一范围之中，其优势在于统一且明确，具有较好的可预见性，在司法实践中解决这个特定问题时容易实现同案同判的效果。

另一法律适用思路，则是把遗产范围的划定，与在境外的具体财产类型直接挂钩，对应适用物权、债权、知识产权等不同的冲突规则先确定遗产范围的准据法。这一思路则相当于把“遗产的范围”作为先决问题来处理，人为割裂了遗产的范围和遗产的处理之间的关系，强行赋予“遗产的范围”一定的独立性。同时，按照财产类型“预处理”这种做法其实增加了法律适用的难度和不确定性，既要考虑这些财产在我国实体法中应归属于哪一类，还需要顾及我们这种划分与该财产所在国实体法是否存在直接冲突，这些冲突可能导致该财产后续处置需要办理的手续和流程频频受阻。

此外，在确定准据法的过程中，可能还会涉及国际公约的适用，例如海牙《遗产国际管理公约》(1973)和《死者遗产继承法律适用公约》(1988)。《遗产国际管理公约》试图通过建立一套规范化的格式许可证来简化跨国的遗产管理问题，但由于直到1993年捷克、葡萄牙、斯洛伐克三个国家签署才生效，至今其在国际上产生的实际效果微乎其微。《死者遗产继承法律适用公约》采用同一制的继承模式和有限的意思自治理念等方案，与当下遗产继承的复杂化难以完全匹配，导致其实际影响力也较为有限。截至目前，我国仍未加入这两项公约，因此通常不会涉及两公约的适用问题。

# 第三章　遗产管理人

遗产管理人是遗产管理活动的重要参与者。不同类型的遗产管理人的角色定位因管理遗产的方式不同而存在差异。各类遗产管理人的法律地位因采用不同管理方式或处于不同法系也不尽相同。狭义遗产管理人通常需要选任，选任时机、任职资格和选任方式都值得探讨。遗产信托受托人和遗嘱执行人由于通常在信托和遗嘱中指定，一般无须选任。在一些特定情形下，这两类管理人若需选任也可参照狭义遗产管理人的选任方式为之。三类主要遗产管理人的解职则较为类似。各类遗产管理人的权利义务总体上来看相差无几。

## 第一节　遗产管理人的类型

广义的遗产管理人包含遗产信托受托人、遗嘱执行人、遗产管理人和遗产保管人。前三类遗产管理人相互之间属于平行关系，是不同遗产管理类型对应的管理人。遗产保管人主要临时保管遗产，可能出现在前述三种不同类型的遗产管理之中。

### 一、遗产管理人的特性

遗产信托受托人包括生前信托受托人和遗嘱信托受托人。他们之间存在明显区别。遗嘱信托受托人需要遗嘱认证法院确认，法院还需查明指定受托人是否有成为受托人之资格；而生前信托受托人由委托人指定，无须法院确认。[①] 在遗嘱

① Bradley E. S. Fogel, "What have You Done for Me Lately? Constitutional Limitations on State Taxation of Trusts", *University of Richmond Law Review*, Vol. 32, 1998, p. 211.

信托中，即便委托人在遗嘱中指定了受托人，还需要经过遗嘱认证法院的认定。例如，在Boston Safe Deposit & Trust Co. v. Commissioner of Internal Revenue案中，委托人在遗嘱中仅注明了“Boston Safe Deposit & Trust Co. , Trustee”字样，被认定为没有指定受托人的明确意图，险些被视为未指定受托人。① 可见法院对于遗嘱信托受托人的审查是较为严格的，这与遗嘱信托不可撤销的特性相关。遗嘱信托是常见的不可撤销的信托之一。② 因为遗嘱信托通过遗嘱设立，委托人在死后是不可能再作出任何意思表示的。这就意味着，遗嘱信托的执行只有一次机会，需要格外慎重，故而对遗嘱信托的受托人有着较为严格之要求。而生前信托大多可撤销，而且委托人可以基于客观情况作出变更和调整。因此，生前信托受托人受到的限制相对较少。从受托人的履职条件来看，生前信托受托人自信托成立并生效时开始履职，往往在委托人在世时就开始履职；而遗嘱信托受托人则在委托人死亡后才开始履职。从他们的设立目的来看，设立生前信托受托人的目的主要在于管理和运用个人的某项财产，受益人可以是他人也可以是自己；设立遗嘱信托受托人的目的主要是有效执行遗嘱并管理遗产，受益人只能是他人。从委托人的范围来看，生前信托受托人的委托人通常是财产所有人，也就是将来的遗产的原所有人；而遗嘱信托受托人除了死者通过遗嘱指定外，也可由近亲属和法院指定。

遗产信托受托人的特性可从受托人的范围和设立目的两个方面考察。自1792年美国第一家信托公司成立以来，信托公司如同雨后春笋般成长壮大起来。③ 信托公司对财产的管理更加专业化、体系化，在其发展壮大之后，占据了信托关系中受托人的重要位置。在名目繁多的信托中，遗产信托是最具有普适性的一种。④ 这种现象并不只在美国出现，信托公司在普通法系国家和地区都大量存

① Sean Kendall Murphy, “Pouring Nonprobate Assets into a Testamentary Trust: A Half-protected Activity in Alaska”, *Alaska Law Review*, Vol. 12, 1995, p. 403.

② Brian A. Chard, “A Practical Look at Estate Planning with Family Limited Partnerships”, *Thomas M. Cooley Journal of Practical and Clinical Law*, Vol. 1, 1997, p. 85.

③ 马新彦、黄海洲：《英美法遗产信托制度研究——兼论我国遗产继承制度的完善》，载《求是学刊》2014年第1期，第78页。

④ 马新彦、黄海洲：《英美法遗产信托制度研究——兼论我国遗产继承制度的完善》，载《求是学刊》2014年第1期，第78页。

在，能够较好地开展遗产信托业务。大陆法系略有不同，虽然不少大陆法系国家都有信托公司，但开展遗产信托业务的寥寥无几，日本关于生前代用遗嘱信托的业务是少数例证之一。遗产信托受托人大多是信托公司，这是其和遗嘱执行人以及遗产管理人最明显的区别。遗嘱执行人和遗产管理人多为个人，只在较少情况下才是法人或其他组织。设立遗产信托受托人的主要目的在于避税，这是其与另外两类遗产管理人设立目的最显著的不同之处，因为遗嘱执行和遗产管理均无法规避遗产税。另一目的则是出于保护隐私的考虑，因为信托文件属于私人文件，具有较高的隐秘性。

遗嘱执行人和遗产管理人的作用和功能并无本质上的差别，相互之间的差别仅体现在具体操作中的细微之处。之所以出现两种不同的称谓，主要是由于遗嘱的存在。简而言之，遗嘱执行人就是由遗嘱指定的遗产管理人。遗嘱执行人在两大法系中的内涵差别较大。在英美法系，遗嘱执行人仅指由遗嘱指定的管理人。而在大陆法系国家，遗嘱执行人指有遗嘱存在情况下选任的管理人，可能并不一定由遗嘱指定。例如，德国、日本、韩国、泰国都规定，遗嘱执行人的产生除了可以由立遗嘱人指定外，还可以委托第三人代为指定。我国《信托法》没有明确规定是否可以委托他人代为指定遗嘱执行人。虽然没有禁止性规定，并不意味着默示认可，但从推动信托业发展的角度看，应该保持开放的态度予以认可。遗嘱执行人与遗产管理人最本质的差别在于，遗嘱执行人的管理以尊重遗嘱为要，同时兼顾法律对遗产分配的强制性规定，如特留份；而遗产管理人的管理行为只要遵照法律的规定即可，无须考虑被继承人对遗产的分配。英国《高等法院法》对于遗嘱执行人的规定有一条显得与众不同。第 118 条规定："若委托人通过遗嘱指定未成年人为遗嘱执行人，该指定不得授权该未成年人管理委托人的全部或部分财产，亦不得出于任何目的授予该未成年人权利使其成为人格代表（personal representative），除非该未成年人符合遗嘱认证规则并获得遗产嘱证授权。"①这就意味着委托人可以指定未成年人为遗嘱执行人，但需等到该未成年人成年并取得遗嘱认证授权后，方可生效。德国和意大利民法均规定，遗嘱执行人需要正确执

① Article118, Supreme Court Act 1981, www.legislation.gov.uk/ukpga/1981/54/pdfs/ukpga_19810054_en.pdf, last visited at 10 September 2022.

行、实施被继承人的终意处分。① 这种规定较好地体现了遗嘱执行人的特性。至于遗嘱执行人和遗产管理人其他方面的差别，主要体现在两种管理人的范围、选任方式、任职条件、管理的放弃和终止等具体细节之中，并且在不同国家的立法中也有所差异。但这些差异并没有对这两种管理人的行为产生本质上的影响。

值得注意的是，在一些国家，遗产管理人这一概念包含特殊的含义，与前文所述无遗嘱继承时的遗产管理有较大差别。例如，《法国民法典》中的"遗产管理人"指的是对无人继承的遗产实施管理的人。② 又如《意大利民法典》规定的"继承财产管理人"，仅限于对"继承人不存在的继承财产"进行管理。③ 继承人不存在包含无继承人和继承人放弃继承两种情形。这种管理人与通常意义的遗产管理人存在较大差异，虽同为对遗产的管理，但其适用情形极为有限。

遗产保管人主要是填补遗产继承开始后至遗产管理人选定之前这段时间的空白，防止遗产受损或意外灭失，与前述三种遗产管理人有着本质区别。遗产保管人并没有实质的管理遗产的权限，只是因为其现实的占有遗产而负有一定的保管义务。在美国，这种保管被称为"临时遗产管理人"(temporary administrator)。④ 英国也有类似的"自封的遗嘱执行人"(executor de son tort)。⑤ 自封的遗嘱执行人通常是继承人，他们在未获得遗嘱认证和遗产管理授权的情况下做出的收集遗产、偿还债务等管理行为，大多需要被追认。这些类型的遗产管理人的管理行为都受到严格限制，与遗产信托受托人、遗嘱执行人和无遗嘱继承的遗产管理人的管理行为有着较大差别，无法构成实质性的遗产管理。

---

① 参见《德国民法典》第2203条、《意大利民法典》第703条第1款。

② 参见《法国民法典》第809~810(12)条。

③ 参见《意大利民法典》第528~532条。

④ Andrew G. Middleton, "Power Failure: How the Texas Probate Code Leaves a Gap in the Ability to Preserve Estates After Death", *Texas A&M Law Review*, Vol. 1, 2013, pp. 229-2300.

⑤ David M. Richards, "The Death of A Party in Arbitration Proceedings", 61(1) *Arbitration* 43, 44(1995); Sharland v. Mildon, 67 Eng. Rep. 997 (1846). Thomson v. Harding, 118 E. R. 904 (1853).

## 二、不同遗产管理人的联系与区别

### （一）管理目标

无论哪一种类型的遗产管理人，其管理目标都是为了实现对遗产的权利从被继承人向继承人、受遗赠人过渡。只是不同类型的管理人承担的权利义务略有不同。遗产保管人的管理目标在于保存而非管理，仅需保证其控制的遗产在保管期间内不出现毁损灭失，无须收集和分配遗产、亦无须偿还债务。遗产保管人应承担的责任仅限于故意或重大过失而造成遗产毁损灭失。生前信托受托人亦无须收集和分配遗产，其管理目标在于实现信托文件中为受益人谋求利益之承诺，只需按信托文件之要求管理和处分信托财产。受托人的责任除保存信托财产外，还需要保持信托财产的保值增值，以便实现其承诺。遗嘱信托受托人、遗嘱执行人和遗产管理人的管理目标主要是实现遗产的转移。这三种管理人都需要收集遗产、偿还债务并将剩余遗产分配给各个继承人。这三种管理人需要对自身的管理行为负责，在不同的管理事项中因管理不善而造成的损失，都应承担责任。

### （二）管理程序

在美国，“遗嘱认证(probate)”原本是指证明遗嘱有效性以及谁将在无遗嘱的情况下继承遗产的过程。[①] “管理(Administration)”是指在法院监督下证明、收集、管理、分配死者财产的过程；死者的财产，既包括经遗嘱处分的财产，也包括未经遗嘱处分的财产。[②] 这一过程在今天通常被人们称为“遗嘱认证(probate)”“遗嘱认证管理(probate administration)”或“遗产管理(estate administration)”。[③] 英国同样存在遗嘱认证程序，遗产税需要在遗产管理人申请遗嘱认证或遗产管理证明书时缴纳，否则无法取得遗产管理的资格。遗嘱认证程序既包含遗嘱的认证

① Kent D. Schenkel, “The Trust-as-will Portmanteau: Will or Spork?”, *Quinnipiac Probate Law Journal*, Vol. 27, 2013, pp. 51-52.

② Kent D. Schenkel, “The Trust-as-will Portmanteau: Will or Spork?”, *Quinnipiac Probate Law Journal*, Vol. 27, 2013, p. 52.

③ Kent D. Schenkel, “The Trust-as-will Portmanteau: Will or Spork?”, *Quinnipiac Probate Law Journal*, Vol. 27, 2013, p. 52.

和遗嘱继承的方式，又包含无遗嘱继承时财产的归属，是遗嘱执行人和遗产管理人都必须遵守的程序。大陆法系的遗嘱执行和遗产管理没有专门设置类似英美法系的严格而完整的遗产管理程序。通常只要遗嘱执行人和遗产管理人的管理行为符合法律规定即可。即便涉及程序问题，也主要是遗嘱执行人和遗产管理人的选任过程中的一些形式审查事项。

遗产信托受托人的资格需取得遗嘱认证法院的确认，但限于遗嘱信托这一形式，不包括生前信托。遗嘱信托受托人需在法院的监管下完成信托财产的转移，但并非整个遗产信托的过程都需要经过一整套的遗嘱认证程序，必经程序只有受托人资格的确认。遗产信托人对于信托财产的分配，与遗嘱执行类似，需要正确执行遗嘱之意愿。遗产信托受托人承担的责任与遗嘱执行人和遗产管理人类似。

一些特殊含义的遗产管理，通常只是设定了一些附加条件，例如不存在继承人的情形。这种遗产管理往往只需要清点遗产、偿还债务即可，无须分配遗产，通常由国家作为继承人继承。

### (三)管理人的选任

遗产保管人基于占有的事实而控制部分遗产，无须选任，是由客观事实状态决定的。生前信托受托人由委托人通过信托文件直接指定。遗嘱信托受托人原则由信托人通过遗嘱指定，但也存在例外。指定受托人拒绝、无法胜任或遗嘱认证法院认为不合格，则需另行指定受托人。重新指定应先遵照遗嘱中载明的选任替补受托人或指定新受托人的方法。若遗嘱没有规定，英美法系通常由法院来指定，大陆法系多由信托关系的当事人指定，我国法律规定由受益人指定。英美法系的遗嘱执行人由遗嘱指定。遗产管理人通常由遗嘱认证法院指定。在大陆法系国家，遗嘱执行人和遗产管理人的指定在很大程度上是相同的，因为一些大陆法系国家把遗嘱中委托第三人指定的遗产管理人也称为遗嘱执行人，另一些国家未加区分统称为遗产管理人，如法国的“委托代理人”、泰国的“遗产管理人”，还有一些国家强调遗嘱执行人需要管理遗产，如德国、瑞士。[①] 不同国家对这两种管理人的含义和相互关系作出了不同的解读。总体而言，这两种管理人的任命无

① 参见《法国民法典》第812~814条、《泰王国民商法典》第1711~1712条、《德国民法典》第2205条、《瑞士民法典》第554条第2款。

外乎4种情形：(1)遗嘱指定；(2)继承人推选；(3)其他人申请法院指定；(4)法院或主管机关指定。

### (四)管理的终止

遗产保管人的保管行为是为了填补空白，理应终止于正式管理人被任命之时，但事实并非如此。例如，某继承人占有被继承的房屋，并一直居住于此。若因选出了遗产管理人而要求其搬离，是不合理的，既损害了继承人的居住权，又不利于对遗产的合理利用。若不搬离，该继承人对该房屋还是处于事实上的占有，只是其权利被严格限制为使用权。遗产管理人享有名义上的管理权，但并不能现实地控制该房屋，也无法行使保管行为。此种保管依然需要该继承人继续行使，直至该房屋被处分或作为遗产完成分配。生前信托受托人的终止有所不同，委托人在生前可以随时撤销信托而使受托人的管理终止，其他终止原因并没有特别之处。遗嘱信托受托人、遗嘱执行人、遗产管理人的终止原因在两大法系则大同小异，主要包括不能胜任、辞职、被免职、职务执行完毕等情形。

## 第二节　遗产管理人的法律地位

卡尔·拉伦茨将法律关系中的法律地位描述为："法律关系的整体的法律结构，即参与某种法律关系的人所拥有的权利，预期取得的权利、义务，其他的拘束，负担性义务和权限等一起构成了他在这种法律关系中的法律地位。"①《牛津法律词典》将法律地位的定义为法律人格的一种属性，特别是指自然人即有生命之人的人格。法律地位是特定之人在法律上的地位，它决定该人在特定情况下的权利和义务及其在某一法律结构中所处的位置。广义的遗产管理人包括遗产保管人、遗产信托受托人、遗嘱执行人和遗产管理人。由于不同类型的管理人所处的法律关系不同，其法律地位亦存在差别，故需分类探讨。

### 一、遗产保管人的法律地位

遗产保管人主要是填补遗产继承开始后至遗产管理人选定之前这段时间的空

① ［德］卡尔·拉伦茨著：《德国民法通论》，王晓晔等译，法律出版社2013年版，第261页。

白，防止遗产受损或意外灭失，与其他三类遗产管理人有着本质区别。遗产保管人并没有实质的管理遗产的权限，只是因为其与遗产之间存在某种法律关系而负有一定的保管义务。

### （一）占有人

大陆法系遗产保管人的法律地位，需要结合其与被保管遗产之间的关系来分析。遗产保管人与被保管遗产之间的关系源于占有之事实。法律上的占有，则包含“体素”和“心素”两个方面。占有之事实符合体素标准。我们需要着重考虑的是遗产保管人是否符合心素标准，即是否有“为自己所有的意思”。这需要对遗产保管人分不同情况讨论。

遗产保管人不是继承人而事实占有部分遗产，大多是由于该保管人与被继承人生前存在某种法律关系。例如，被继承人将房屋出租给承租人，承租人的租赁期间尚未届满，而事实上占有该房屋。此时的承租人对于该房屋负有保管义务，亦属于遗产保管人之范畴。而这种事实占有，符合客观心素标准而通常被认为构成法律上的占有。这种占有往往是占有人行使其权利的重要依据之一。其他的借用、委托保管等关系与租赁关系大体类似，无须一一讨论。

若遗产保管人同时具有继承人身份，是否符合心素要件则相对复杂。继承人对遗产通常是有“为自己所有的意思”，否则构成放弃继承。而且这种“为自己所有的意思”是对遗产的整体作出的意思表示，及于遗产中的每一项具体财产。由继承人暂时保管的财产是遗产中的一项或几项，当然包括在继承人概括的“为自己所有的意思”范围内，符合主观心素标准。法律上的占有人对占有物享有实际的控制权，而存在遗产管理人时的继承人往往只有使用权，实际控制权属于遗产管理人。这只是由于管理遗产的需要而暂时限制了其权利的内容，并不影响认定继承人法律上的占有。

准占有，又称对权利的占有，是以财产性权利为客体的占有。[①] 在遗产管理人选任之前，继承人对于遗产中的财产性权利属于准占有。继承人正是基于这种

① 参见王泽鉴著：《民法物权》，中国政法大学出版社 2001 年版，第 383 页；陈华彬著：《物权法原理》，国家行政学院出版社 1998 年版，第 821~822 页。

准占有，才有保管这类遗产之义务。在遗产管理人选任之后，这种准占有转移给遗产管理人，以便其有效管理遗产。财产性权利在被继承人死后为继承人以外的人准占有的情况极为鲜见，即便存在，也往往是基于被继承人之委托。

遗产保管人对其保管的遗产属于法律上的占有或准占有，即遗产保管人的法律地位是占有人。

### (二)委托代理人

在美国，有一种类似的遗产保管人，被称为“临时遗产管理人”(temporary administrator)。德州高等法院认为，这种临时管理的主要目的在于保存和收集遗产，直至可以转交给获得完全授权的正式遗产管理人。① 不同的是，临时遗产管理人只能在法院授权之下遵照有关临时遗产管理人的职权职责的详细清单来实施其保管行为，任何超过该清单规定的行为均视为无效。② 有人认为这种临时管理与保存某物的临时禁令有相似之处。③ 但临时管理人为被告方管理遗产时，能够成为被起诉的对象，其应当及时通知保险人并与之合作，尽力保护遗产。④ 临时遗产管理人有可能实施一定的管理行为，而临时禁令则没有，二者主要是在保存效果上的相似。

临时遗产管理人通常由法院指定，并有固定的授权执行事项，这与委托代理较为相似。主要的区别在于，委托代理人的代理行为超越代理事项范围的并不当然无效，而临时遗产管理中超出清单范围的行为当然无效。虽然这一点差异能够直接区分两种法律行为本质上的不同，但对受托方而言，其权利义务范围以及在这两种法律架构中的位置极为相似。因此，不妨将临时遗产管理人的法律地位类比解释为委托代理人。

---

① Andrew G. Middleton, “Power Failure: How the Texas Probate Code Leaves a Gap in the Ability to Preserve Estates After Death”, *Texas A&M Law Review*, Vol. 1, 2013, p. 236.

② Andrew G. Middleton, “Power Failure: How the Texas Probate Code Leaves a Gap in the Ability to Preserve Estates After Death”, *Texas A&M Law Review*, Vol. 1, 2013, p. 236.

③ Joshua J. White, “The Foreclosure Process in the Probate Context”, *The Advocates (Texas)*, Vol. 48, 2009, p. 101.

④ Jerry Frank Jones & Laurie Ratliff, “Statute of Limitations Issues in the Probate, Guardianship & Trust Context”, *The Advocates (Texas)*, Vol. 48, 2009, p. 85.

## 二、遗产信托受托人的法律地位

遗产信托的设立方式包括两种，一种是通过信托合同设立的生前信托，另一种是通过遗嘱设立的遗嘱信托。① 虽然设立方式主要为这两种，但不同国家对于信托关系和信托财产的认识存在差异，并能直接影响到对信托受托人法律地位的界定。

### （一）信义义务人

遗产信托受托人能否界定为委托代理人，需要结合英美法系对代理的认定来考量。英美法系是从关系的角度来界定代理，认为代理是一个两相情愿的关系，在委托人的制约下，代理人受托持有影响委托人的因素，强调的是代理人有能力影响委托人的法律关系。② 将信托合同设立的生前信托对比这一界定，整体上类似但有两点瑕疵。一是委托人的制约只限于生前，二是受托人影响的法律关系需要明确。民法上的代理是以被代理人的人格存在为基本前提。在代理关系中，委托人死亡会导致代理关系消灭，因为无人承担代理所生之法律后果。而在遗嘱信托中，委托人的死亡才是信托成立的条件，这与代理明显不同。而生前信托往往会从委托人生前一直持续到委托人死后，信托关系于信托事项完成时方可终止。与此同时，委托人与受益人之间往往存在继承法律关系。生前信托的受托人并不能对委托人与受益人之间的继承法律关系产生实质影响，因为生前信托在继承开始前就已经成立并生效。总体来看，将遗产信托受托人类比为委托代理人可行，但并非最佳选择。

在英美法系国家，遗嘱信托受托人通常被称为人格代表（personal representative）。③ 生前信托受托人在一些判例中也被称为人格代表。④ 而人格代表反

---

① 参见黄海洲：《我国遗产信托法律制度构建》，吉林大学 2014 年博士学位论文，第 75~77 页。

② 参见何美欢著：《香港代理法》（上），中国政法大学出版社 1996 年版，第 2~6 页。

③ TRUSTEE ACT §68(17), 69 (1925). See also Andrew Arden QC & Amy Knight, "Minor tenants: Part 1-status and succession", *Journal of Housing Law*, Vol. 17, 2014, p. 41.

④ Olson v. Toy, 54 Cal. Rptr. 2d 29, 32-33 (Ct. App. 1996). See also Matter of Estate of Kirk, 127 Idaho 817, 907 P. 2d 794, 794-98 (1995). In re Hertsberg Inter Vivos Trust, 457 Mich. 430, 578 N. W. 2d 289, 289-96 (1998).

映的只是受托人和委托人之间的关系。但在被继承人死后，真正影响到实质性利益的则是受托人和受益人之间的法律关系。这需要结合英美法系遗产信托的结构进行分析。

英美法系的信托最具区分性的特点在于所有权的分离，委托人对于信托财产享有普通法上的所有权，受益人享有衡平法上的所有权，又称信托财产的“双重所有权”。在遗产信托中，即便被继承人死亡，受益人依然对信托财产享有衡平法上的所有权。这种所有权的本质是一种救济权，如梅特兰所言：“无论在历史上还是归根结底，信托受益人的权利都不是真实的、对物的，而是约定的、对人的：它们只能有效地对抗那些由于某种特定原因而不得妨害它们的人。”①这种权利得以实现很大程度上依赖于受托人的义务，一种因其与受益人之间的信义关系而产生的信义义务。② 信义义务的实现与基于合同等法律关系而产生的积极法律义务同等重要。③ 信义义务的核心是忠实，对受托人而言更严格，还要以是否最大谨慎作为判断其行为的标准。④信义义务是遗产信托受托人在信托关系中最主要的义务，因为它直接关系到受益人的实质利益。对受益人而言，其利益受损时主张受托人违反信义义务也是最直接有效的途径。

因此，英美法系的信托受托人应当界定为信义义务人。这种界定能够最直观、最贴切地反映遗产信托受托人在信托关系中的地位，同时能反映受益人和受托人的权利义务关系。

**(二)原生权利人**

大陆法系国家和地区的信托明显不同。因为大陆法系不存在双重所有权，英

① 参见[英]F. W. 梅特兰等编：《国家、信托与法人》，樊安译，北京大学出版社 2008 年版，第 119 页；转引自赵磊：《信托受托人的角色定位及其制度实现》，载《中国法学》2013 年第 4 期，第 75 页。

② 参见赵磊：《信托受托人的角色定位及其制度实现》，载《中国法学》2013 年第 4 期，第 82~83 页。

③ Thilla Rajaretnam & Angus Young, “In the Best Interest of Clients? A Reappraisal of the Recent Reforms in the Regulation of Financial Advisors in Australia”, *International Company and Commercial Law Review*, Vol. 26, 2015, p. 42.

④ 参见赵磊：《信托受托人的角色定位及其制度实现》，载《中国法学》2013 年第 4 期，第 83 页。

美法上的信托不可能直接适用于大陆法系。若要适用信托制度，需重新定位信托关系。以德国为例，信托(treuhand)一般被理解为：某人受委托为他人利益或客观目的而处分物或权利，受托之物或权利构成信托财产(treugut / treuhand vermoegen)，委托人(treugeber)和受托人(treuhänder)既可以是自然人也可以是法人，第三人为受益人的，称为受益第三人(drittbeguenstigter)。[①] 这一基本信托架构与普通法上的信托并无区别，但具体的信托关系却存在较大差别。最本质的区别在于受托人和受益人之间的权利义务关系不同。物权债权的二元区分在这一信托关系中得到了比较严格的执行，受托人对信托财产享有完全的并不受限制的权利，受益人仅仅是作为合同一方当事人而享有普通债权。[②]

遗产信托中受托人对信托财产的"完全的不受限制的"权利属于何种性质，德国学界也未达成一致意见。主张物权说的学者基于判例对取回权和第三人异议之诉的认可推导出，判例在事实上承认了受托人享有所有权，委托人享有物权性质的信托权(Treuhandrecht)。[③] 德国信托理论由罗马法信托法律行为理论和日耳曼信托理论(又称"德国法信托理论")为基础发展而来。[④] 若依据罗马信托法理论，这种物权则是完全物权；若依据日耳曼信托理论，这种物权又是限制物权。对应这两种物权理论，遗产信托受托人的法律地位可以概括为所有权人或限制物权人。虽然物权说也没有被广泛接受且存在较大争议，但基于信托而享有的"完全的不受限制的"权利并没有被否定。只是对于这种权利的性质的认定存在争议。苏格兰学者也有类似观点，甚至认为不用考虑普通法或衡平法上的权限划分，受托人对于遗产直接享有所有权，而继承人基于遗产管理关系而享有债权。[⑤] 遗产信托受托人的权利直接源于"完全的不受限制的"权利。因此，我们认为，遗产信托受托人可以被界定为"信托财产原生权利人"。但这种法律地位仅建立在德国、苏格兰这种特殊的信托关系之上。

---

① 参见孙静：《德国信托法探析》，载《比较法研究》2004年第1期，第86页。

② 参见于海涌：《论英美信托财产双重所有权在中国的本土化?》，载《现代法学》2010年第3期，第161页。

③ 参见孙静：《德国信托法探析》，载《比较法研究》2004年第1期，第94页。

④ 参见孙静：《德国信托法探析》，载《比较法研究》2004年第1期，第87页。

⑤ Lionel Smith, "Scottish Trusts in the Common Law", *Edinburgh Law Review*, Vol. 17, 2013, p. 291.

### (三)专项财产代理人

信托和代理存在极为重要的相似性，都是在委托关系之上产生，都由受托人代为执行委托人之事物。撇开法律因素的认定，从事实关系的角度出发，信托和代理几乎是同一类行为。二者之所以不同，只是因为法律赋予了这两种关系特定的含义。

在法国信托法领域，“专项财产理论”是克服英美信托双重所有权理论之缺陷和大陆法系绝对所有权理论之弊端的有效手段。①《法国民法典》第2011条解释财产托管，就是类似于英美法信托的一种制度设计。该条规定：“财产托管是指一名或数名托管人将某些现有的或将来的财产、权利或担保的整体转移给受托人，受托人将这些财产与其本人的财产分开持有，并按照确定的目的为一个或数个受益人的利益实施管理行为的活动。”②据此，“专项财产”理论被正式写入法国信托法，因其不属于委托人、受托人或受益人而构成“专项财产”，成为解决信托财产权归属问题的理论基础，这种设计体现了法律对委托人将其财产用于特定目的之意愿的尊重。③ 这种“专项财产理论”与四宫和夫的广义信托财产独立性理论④在本质上是相同的。此外，“专项财产”还具有独立人格倾向，尤其是待继承遗产的归属，该遗产本身就代表着一种准人格。⑤ 在这种理论框架下的遗产信托财产就是一种为特定目的设立的具有准人格属性的专项财产。这种财产的性质与英美法系中遗产信托财产的性质也没有本质区别，只是强调了其准人格属性。而所谓准人格属性，只不过是用以否定受托人对其享有所有权。并且以一般概括性的语言成立的委托，仅包括管理行为。⑥ 遗嘱信托往往就是一种概括性的委托他

---

① 参见吕富强：《论法国式信托——一种对本土资源加以改造的途径》，载《比较法研究》2010年第2期，第76页。

② 罗结珍译：《法国民法典》，北京大学出版社2010年版，第472页。

③ 参见吕富强：《论法国式信托——一种对本土资源加以改造的途径》，载《比较法研究》2010年第2期，第72页。

④ 参见张淳：《信托财产独立性的法理》，载《社会科学》2011年第3期，第105页。

⑤ 参见吕富强：《论法国式信托——一种对本土资源加以改造的途径》，载《比较法研究》2010年第2期，第73页。

⑥ 参见《法国民法典》第1988条第1款。

人代为管理遗产的委托。受托人的权利来源的解释，依然需要依赖代理理论。大陆法系对于代理的界定是从行为角度出发，认为代理是一种法律行为。在《法国民法典》中，代理和委托是同义词，都是指一人授权另一人以委托人的名义，为委托人完成某种事物的行为。① 因此，遗产信托本质上也属于一种代理。

法国的专项财产理论与日本学者四宫和夫的广义信托财产独立性理论有异曲同工之妙。广义信托财产独立性的内容包含 3 个方面：(1)信托财产相对于受托人的固有财产具有独立性；(2)信托财产相对于委托人未设立信托的其他财产具有独立性；(3)信托财产相对于受益人的财产具有独立性。② 而且，信托财产在实际操作中经常以信托基金的方式存在，作为独立的财团法人也是其独立性的表现。此外，虽然两大法系的信托有较大差别，但其遗产信托财产的特殊性都是毋庸置疑的。而遗产信托受托人的法律地位往往与这种财产的特殊性相关。基于不同国家对这种财产特殊性的认识不同，受托人的法律地位也有所差别。我们认为，“专项财产理论”下遗产受托人的法律地位，应当被界定为专项财产的代理人。

## 三、遗嘱执行人和遗产管理人的法律地位

两大法系遗嘱执行人和遗产管理人在遗产管理过程中的权利义务以及主要职能基本相同。最主要的区别在于遗嘱执行人可能由遗嘱直接指定，但其补选规则与遗产管理人的选任有相同之处。整体来看，遗嘱执行人和遗产管理人的法律地位主要包含人格代表和代理人两大类，其中代理人又分为被继承人代理人、继承人代理人和财产代理人三种。

### (一)人格代表

《布莱克法律词典》对人格代表(personal representative)的解释是“因他人死亡或无行为能力而管理其法律事务的人，例如遗嘱执行人”。③ 而人格代表本身就

---

① 参见《法国民法典》第 1984 条。

② 参见张淳：《信托财产独立性的法理》，载《社会科学》2011 年第 3 期，第 105 页。

③ *Black's Law Dictionary* 1416 (9th ed. 2009).

是一种法律地位。① 英美法上的人格代表，是一个抽象的概念，指代的是一类人，被广泛地运用在立法文件和司法判例之中。例如，美国《统一遗嘱检验法》用人格代表指代管理遗产并使遗产完成遗嘱检验程序的人，包含遗嘱执行人和遗产管理人。② 又如，弗吉尼亚州法关于人格代表的规定表明遗嘱执行人和遗产管理人都被称为人格代表。③ 人格代表最普通、最常规的含义就是指代遗嘱执行人、遗产管理人和其他由法院指定的能代表死者遗产的个人。④ 英美法将遗嘱执行人和遗产管理人的法律地位都统称为人格代表。在英国还有一种"自封的遗嘱执行人"(executor de son tort)，通常是继承人，他们在未获得遗嘱认证和遗产管理授权的情况下做出收集遗产、偿还债务等管理行为，其行为大多需要追认。⑤ 自封的遗产管理人通常也被认为是人格代表。⑥ 在这些情形中，人格代表更像是一种概括性的法律概念(遗嘱执行人、遗产管理人甚至遗产信托受托人都属于其下位概念)，而不是一种法律地位。

由于英美法系采用间接继承制度，在遗嘱检验程序中，遗嘱执行人和遗产管理人在遗产转移给继承人之前都对遗产享有实际控制权，因此能够处理遗产债务，偿还遗产债权人的债权。因此，可以参考信托财产独立性理论，将遗嘱执行人和遗产管理人类比遗产的代理人。

---

① Tamela J. White & Charlotte A. Hoffman, "The Privacy Stadards under the Health Insurance Portability and Accountability Act: Apractical Guide to Promote Order and Avoid Potential Chaos", *West Virginia Law Review*, Vol. 106, 2004, p. 738. (The authors mentioned "sb. has the legal status of personal representative"). William F. Harvey, "Attorney-client Privilege, Rule 34, Other Holdings", *OCT Res Gestae*, Vol. 43, 1999, p. 44 (The author submits that the personal representative is a kind of legal status).

② *UNIF. PROBATE CODE* § 2 (amended 2010).

③ VA. CODE ANN. tit. 64. 2, § ch. 5 (Cum. Supp. 2014).

④ Dustin Joseph Richards, "Tort Law—Overruled! Wyoming's Novel Interpretation of The Wronful Death Act's Personal Representative", *Wyoming Law Review*, Vol. 11, 2011, p. 257.

⑤ David M. Richards, "The Death of A Party in Arbitration Proceedings", *Arbitration*, Vol. 61 (1), 1995, p. 44; Sharland v. Mildon, 67 Eng. Rep. 997 (1846); Thomson v. Harding, 118 E. R. 904 (1853).

⑥ John Davison, *Incapacitated Entities and VAT*, VAT Digest, Vol. 69, 2008, p. 14.

### (二)被继承人代理人

遗嘱执行制度起源于日耳曼法的中介受托人(saltmann)制度，即财产所有权人可指定受托人(非继承人)以本人的名义管理和处分遗产，该受托人即中介受托人。① 由于这种中介委托人与近代的所有权概念冲突，逐渐演变为现今意义的遗嘱执行人。② 而今两大法系的遗嘱执行人的范围略有不同，但其性质依然相似。对于遗嘱执行人的法律地位，理论上包含了固有权说和代理权说两类主张，但从现有立法来看，主要还是代理权说。③ 代理权说又分为被继承人的代理人和继承人的代理人两类。

瑞士法明确规定遗嘱执行人是被继承人的代理人。《瑞士民法典》第518条第2款规定："遗嘱执行人代表被继承人的意思，并作为受托人负责管理遗产……"④《奥地利普通民法典》第816条规定："如果遗嘱人指定了遗嘱执行人，则是否接受这一职务，取决于被指定者的任意。如果被指定者接受，则应当以代理人的身份自己执行遗嘱，……"⑤被继承人代理人说最重要的不足在于其与法定代理关系结构不同。在代理关系中，被代理人需要承担代理人的行为所产生的法律后果。但在遗嘱执行过程中，被继承人已死亡，无法承担遗嘱执行人的管理行为所产生之法律后果。遗嘱执行人与被继承人之间的关系，是一种事实上的委托，与法律上的代理有着本质的区别。而且这里讨论的只是遗嘱执行人由遗嘱直接指定的情形，也就是英美法系对遗嘱执行人的界定。而大陆法系的遗嘱执行人，还可能并不由被继承人指定。在这种情形下，遗嘱执行人被界定为被继承人的代理人显得更加牵强。于是，人们开始从代理的另一个角度去寻求解答，提出继承人代理人理论。

---

① 参见张泽传：《两大法系遗嘱执行人制度比较》，载《贵州师范大学学报》2002年第2期，第9页。

② 参见陈乃高：《试析遗嘱执行人的法律地位》，载《探索与争鸣》2008年第5期，第91页。

③ 参见吴国平：《我国遗嘱执行人制度的立法完善探析》，载《海峡法学》2012年第3期，第39页。

④ 殷生根、王燕译：《瑞士民法典》，中国政法大学出版社1999年版，第141页。

⑤ 周友军、杨垠红译：《奥地利普通民法典》，清华大学出版社2013年版，第129页。

**（三）继承人代理人**

《日本民法典》第1015条专门就遗嘱执行人的法律地位作出规定："遗嘱执行人，视为继承人的代理人。"①我国台湾地区"民法典"也有相同规定。② 台湾桃园地方法院在2004年的判决中也采纳了此类观点。大陆法系并没有采用间接继承制度，因而普遍认为遗产应当直接归属于继承人。至于继承人对遗产在继承开始后、分割完毕之前拥有的权利属性，虽有所有权、共同共有权、继承权等不同理论支持，无疑都认可遗产自继承开始应当归属于继承人。因此，遗嘱执行人的管理行为，名受被继承人之托，实为继承人之利而行。遗嘱执行人应视为继承人之代理人。而且，继承人也可能受被继承人之委托而指定遗嘱执行人。在这种情形下，将遗嘱执行人解释为继承人的代理人有其合理性。若以相同的方式去解释由被继承人直接指定或者由非继承人指定的遗嘱执行人的法律地位，则不太合理。只能说遗嘱执行人与继承人之间的关系可以类比代理人和被代理人之间的关系。然而，在间接继承制度下，继承开始后，遗产并不直接归属于继承人，必须先经过遗嘱认证程序。在遗嘱认证程序期间，遗产并不直接为继承人所有。继承人在此期间对于遗产没有直接的权利来源，当然谈不上对遗嘱执行人的行为承担法律后果。继承人也无法完全对遗嘱执行人的行为负责，其承担的只是遗产管理事项结束后的最终结果。遗产管理期间，遗嘱执行人需要对自己的管理行为负责。日本学者中川善之助甚至认为，继承人代理人说，于世界学界中早受批判，几近消失。③ 继承人代理说，虽然在特定条件下能够解释遗嘱执行人的法律地位，但适用范围有限。

**（四）财团法人代理人**

财团法人代理人主要用于解释遗产管理人的法律地位。因为在没有财团法人

① 渠涛编译：《日本最新民法》，法律出版社2006年版，第220页。

② 参见台湾地区"民法典"第1215条第2款。来胜法学研究中心：《民法及其相关法规》，来胜文化事业有限公司2014年版，第380页。台湾地区"民法典"相关条文均引自此书，除非原文引用，不一一注明页码。

③ 参见［日］中川善之助：《注释相续法》（下），有斐阁1955年版，第325页；转引自刘耀东：《遗嘱执行的比较法研究》，载《东方法学》2013年第2期，第68页。

概念的国家，自然也无法使用此理论。而且遗嘱执行人或多或少会与被继承人或者继承人产生联系，更容易被解释为此二者的代理人。

德国的遗产管理人与英美法系的遗产管理人类似。之所以说类似而不是相同，是因为德国采取的是概括继承而不是间接继承。在概括继承模式下，遗产管理并不一定是必经程序。在完全概括继承(无限责任继承)中就没有遗产管理之必要，因为继承人需向遗产债权人承担责任。在限定概括继承中，只要不存在危及遗产债权人利益之情形，没有人申请就不会出现遗产管理。德国赋予继承人和遗产债权人申请命令遗产管理的权利，明确了遗产管理人的义务和责任，规定遗产管理人可以取得报酬，并列举了遗产管理的终止和废止的具体情况。① 遗产管理人主要适用于无遗嘱继承的情形。由于德国还有遗产信托和遗嘱执行的专门规定，这些规定应该是对遗产管理的专门规定。也就意味着，德国的遗产管理人的范围与英美法系遗产管理人的范围一致。所不同的是德国的遗产管理只在法院认为有必要时才会依申请而发布遗产管理命令。

日本的遗产管理人与德国大体相同，虽然具体规则存在差别，但不会影响遗产管理人的范围。同时，《日本民法典》第 956 条第 1 款规定："继承财产管理人的代理权，自继承人承认继承时消灭。"②该条款明确了遗产管理人的法律地位为代理人。日本又将有无继承人不明时的遗产视为财团法人。③ 遗产管理人是否财团法人的代理人需要结合《日本民法典》的其他规定来判断。遗产管理人与遗嘱执行人在英美法系的功能几乎一致。在大陆法系，虽然因管理的财产有无继承人不确定可能导致两种管理人管理事项上略有差异，但遗产管理人的权限和职责与遗嘱执行人并无不同。因此，遗产管理人的法律地位也应当与遗嘱执行人相似。虽然《日本民法典》第 1015 条已规定遗嘱执行人是继承人的代理人，但由于继承人尚未出现且可能不存在，不宜将遗产管理人认定为继承人的代理人。由于《日本民法典》又明确规定了被代理人死亡则代理关系消灭，④ 也不宜将遗产管理人认定为被继承人的代理人。因此，根据《日本民法典》的规定，遗产管理人应是

① 参见《德国民法典》第 1981、1985、1987、1988 条。

② 渠涛编译：《日本最新民法》，法律出版社 2006 年版，第 208 页。

③ 参见《日本民法典》第 951 条。

④ 参见《日本民法典》第 653 条。

财团法人的代理人。

虽然德国没有明确遗产管理人的法律地位为代理人，但其存在财团法人制度，而且继承模式和遗产管理人的范围与日本大体相同，也可将遗产管理人类比界定为财团法人代理人。

## 四、我国遗产管理人的法律地位

关于遗产管理人的法律地位，学界曾有“二元论”与“三元论”之争。

“二元论”认为遗产管理人的地位总体上可分为“代理权说”和“固有权说”。代理权说认为遗产管理人的地位相当于代理人，可细分三种具体观点：(1)遗产管理人是遗嘱人的代理人；(2)遗产管理人是继承人的代理人；(3)遗产管理人是作为独立的特别财产的代表人或代理人。① 固有权说认为遗嘱执行人执行遗嘱是一种固有权利，并不代表继承人或遗嘱受益人的利益，可分三种观点：(1)机关说认为遗产管理人是实现遗嘱人意思的机关；(2)限制物权说认为遗产管理人是遗嘱人所委托的执行遗嘱的人，因而在遗产上享有限制的物权；(3)任务说认为遗产管理人与破产管理人相似，具有独立的法律地位，在遗嘱范围内，为他人的利益，有独立处理他人事务的权利。② “代理权”和“固有权”并非一对对立概念，以此为大的分类基础，难免有不周延之处。

“三元论”认为遗产管理人的法律地位从法理的角度去考察，可以分为“财团法人的代理人说”“被继承人的人格代表说”“继承人的法定代理人说”；对前两种理论的论述是在分析财团法人和人格代表的基础上对“财团法人的代理人”和“被继承人的人格代表”进行界定，并分析了各自存在的不足；对于第三种理论的论述则是通过分别探讨自然继承人和国家继承人的法定代理人来展开的，并归纳概括了大陆和台湾学者对此问题的主要观点。③

① 参见杜江涌：《遗产管理人制度研究》，载陈苇主编：《中国继承法修改热点难点问题研究》，群众出版社 2013 年版，第 439~440 页。

② 参见杜江涌：《遗产管理人制度研究》，载陈苇主编：《中国继承法修改热点难点问题研究》，群众出版社 2013 年版，第 440~441 页。

③ 参见连光宗：《遗产管理人的法律地位研究》，湖南师范大学 2011 年硕士学位论文，第 19~28 页。

此外，还有学者认为遗产管理人的地位应取决于遗产的主体，并在此基础上归纳出无人继承遗产时遗产管理人的三种法律地位：(1)在没有继承人和受遗赠人接受遗产且国库为最后顺序的遗产继承人时，遗产管理人毫无疑问是继承人的代理人；(2)将无人继承的遗产视为特别的法人，遗产管理人为法人的代表；(3)直接规定无人继承又无人受遗赠时归国家或集体所有制组织所有时，遗产管理人是国家或集体组织的代理人。①

这些不同的学说观点都对遗产管理人的法律地位作出了有益的探讨，并进行了较为详细的论述，建言献策功不可没。

为了更准确地界定遗产管理人的法律地位，我们还是有必要做一些横向对比。英美法系将人格代表广泛用于解释各类遗产管理人的法律地位，更多的是一种符号意义，并不能很好地展现各类遗产管理人的真实法律地位。大陆法系对于不同类型遗产管理人的界定有所不同，都是围绕代理人来界定，主要包括被继承人的代理人、继承人的代理人以及遗产的代理人。总体来看，无论采用哪一种方式来类比解释遗产管理人的法律地位，都只能解决其中的部分理论问题，所以存在众多学理之争。究其原因，无非是遗产管理人与其他概念的内涵和外延或多或少存在不同。这种类比性的学理解释的作用在于帮助我们认识和理解遗产管理人的角色定位，并不能因此将其认定为遗产管理人实质上的法律地位。

在遗产管理过程中，各类遗产管理人都在不同程度上享有管理和处分遗产之权利。没有处分权，遗产管理活动就没有实质内容，可能仅限于编制遗产清单，无法偿还债务，更无法分割遗产。而编制遗产清单对遗产管理人的依赖性并不强，继承人亦可为之。这就意味着，没有处分权，就没有遗产管理人存在之必要。与此同时，待分割遗产涉及诉讼时，管理人必须享有诉讼参与权，否则无法有效地保护和管理遗产。这两种权利都与遗产管理的具体内容密切相关，又是遗产管理人的职责所在，还是有效管理遗产之必要。从这三个角度考量，处分权和

① 参见刘春茂主编：《中国民法学·财产继承》，人民法院出版社 2008 年版，第 411～412 页。

诉讼参与权最直接的、联系最密切的就是遗产管理本身。因此，我们不妨将遗产管理人的权利来源直接总结为遗产管理权。

遗产管理人最原始、最本质的法律地位就是"遗产管理人"这一概念自身。代理人之所以被界定为一种法律地位，是由于人们对这一传统概念十分熟悉，不存在理解障碍。在代理制度形成之初，代理人也难以用"代理人"这一概念本身来解释其法律地位。而法律地位无非是法律关系中某一特定概念所指向的对象在该法律关系的体系结构中所处的位置和状态。最能反映该对象的这种位置和状态的，当然是与其直接对应的那个特定概念。因此，遗产管理人的法律地位应该就是遗产管理人。只是目前阶段，为了便于理解，学者们偏向于将其解释为人民相对熟悉的法律概念。待到遗产管理制度为人所熟知、无须就遗产管理人作出过多解释之时，遗产管理人自然能被人们理解为一种法律地位。

在目前阶段，鉴于我国遗产管理制度尚未发展成熟，亦可就不同类型遗产管理人的法律地位作出类比性解释。由于遗产信托的财产具有较强的独立性，可将遗产信托受托人的法律地位解释为信托财产的代理人。鉴于我国代理制度中存在代理人死亡则代理关系消灭的基本规则，被继承人的代理人一说难以自圆其说。而我国现行立法体系又不存在财团法人的概念，故而遗嘱执行人和遗产管理人的法律地位只能类比解释为继承人的代理人。

## 第三节　遗产管理人的选任和职务终止

由于遗产信托受托人和遗嘱执行人主要由被继承人指定，只有少数选任的规定与遗产管理人相类似，故在此不就其选任展开详细论述。而这两类管理人的职务终止也与遗产管理人相同，亦不赘述。下面主要就遗产管理人的选任和职务终止进行分析。

### 一、选任

#### （一）选任时间

何种情况下需要选任遗产管理人，可以从三个角度予以考量：一是继承人的客观现状需要，二是有人提出申请，三是法院或专门机构依职权指定。①

继承人的客观现状需要，包括4种情形：(1)继承人有无尚不能确定；②(2)未能知悉全部继承人；③(3)继承人的继承资格尚未确定；④(4)无继承人。⑤被继承人死后，若未出现继承人，遗产会暂时处于没有权利归属的状态，容易被侵害。若不及时采取保护措施而毁损灭失，可能损害潜在继承人的合法权益，因此需要指定遗产管理人予以保护。在未知悉全部继承人的情况下，现有继承人若将遗产自行分配完毕，待其他继承人出现时就遗产可继承，需要有遗产管理人进行有效管理，保护暂未出现的继承人之权益。继承人的资格不能确定时，需等待继承人资格确认，在此期间，遗产也需要管理。在无继承人的情况下，被继承人生前的债权债务关系需要终了，还需要经过特定程序之后方可确定这些财产的最终归属(例如收归国库)，也需要遗产管理人帮助实施。

依申请而需要选任遗产管理人，分三种情况：(1)由继承人申请；⑥(2)由其他利害关系人申请；⑦(3)由检察机关及其工作人员申请。⑧有人向法院申请遗产管理之命令，通常是基于客观现实需要，例如，继承人为了更好地保护并合理分配遗产、债权人为了避免其债权无法主张、检察机关及其工作人员因工作事由而提出，法院因此有必要作出遗产管理命令，选任遗产管理人。

法院依职权指定遗产管理人，这分为三种情形：(1)遗产管理人推辞；⑨

① 参见《意大利民法典》第508、528条。专门机构指定主要是指由继承裁判官指定。

② 参见《瑞士民法典》第554条，《日本民法典》第951、952条，《意大利民法典》第528条，台湾地区"民法典"第1178条。

③ 参见《瑞士民法典》第554条。

④ 参见《瑞士民法典》第554条。

⑤ 参见《法国民法典》第809~1、809~2条。

⑥ 参见《德国民法典》第1981条、《意大利民法典》第508条、《泰王国民商法典》1713条、台湾地区"民法典"第1152条。

⑦ 参见《德国民法典》第1981条、《日本民法典》第918条、《葡萄牙民法典》第2083条、《马耳他民法典》第903条、《泰王国民商法典》第1713条、台湾地区"民法典"第1178条。

⑧ 参见《日本民法典》第918条，《葡萄牙民法典》第2083条，《泰王国民商法典》第1713条，澳门地区《民法典》第1921、1922条，台湾地区"民法典"第1178条。

⑨ 参见《葡萄牙民法典》第2083条。

(2)现任管理人无法胜任;① (3)利益冲突较大或遗产状况复杂。② 在推选的遗产管理人均推辞的情形下，若不加限制继续推选，会浪费太多时间。因而需要法院依据实际情况酌情考量，在无法顺利推选时直接指定遗产管理人。若现任遗产管理人明显怠于管理、存在重大过错或没有能力完成遗产管理工作，继续由现任管理人管理会影响继承人之利益，可由法院直接指定新的遗产管理人。在继承人利益冲突较大或者遗产状况复杂的情况下，由继承人推选管理人，一方面难以达成一致意见，另一方面可能选任的遗产管理人会偏袒某一方或无法胜任，直接由法院指定更合适。然而，法院指定最明显的问题在于前述情况也可能出现。解决这一问题只能依靠遗产管理制度的逐步完善，出现专业遗产管理人或团队时才可能得到有效解决。但这些专业性的管理人和团队必然会收取管理费用，立法不能一刀切地规定遗产管理人不得收取管理费用。

### (二)任职资格

遗产管理人的任职资格主要包括：(1)遗产管理人需为完全民事行为能力人;③ (2)不得是精神病人或准禁治产人;④ (3)不得是被法院裁定为破产的人;⑤ (4)没有受到禁止管理某类财产的处分;⑥ (5)不得是被剥夺公权者。⑦ 前两项要求通常情况下难以出现，因为未成年人和精神病人等是无法完成遗产管理任务的，也不会被推选或指定为遗产管理人。但英国允许指定未成年人继承人为遗嘱执行人，只是需要符合特定条件才可以执行遗嘱。指定未成年继承人为遗产管理人的可能性并不能完全排除，但有些国家的立法明确规定必须指定成年人为遗产管理人。被裁定为破产的人不能成为遗产管理人，主要是防止破产的人侵吞、隐匿遗产。没有受到禁止管理某类财产的处分是一种特别情况。例如，遗产中的部

---

① 参见《法国民法典》第813~1条。

② 参见《法国民法典》第813~1条。

③ 参见《法国民法典》第812条、《魁北克民法典》第783条、台湾地区“非讼事件法”第147条。

④ 参见《泰王国民商法典》第1718条、台湾地区“非讼事件法”第147条。

⑤ 参见《泰王国民商法典》第1718条、台湾地区“非讼事件法”第147条。

⑥ 参见《法国民法典》第812条。

⑦ 参见台湾地区“非讼事件法”第147条。

分财产用于某一行业投资，某人因其行为违反行业规则而受到不得管理该行业财产的处罚，则受处罚的人不得被指定为前述遗产的管理人。这也是出于保护继承人利益而作出的特别规定。被剥夺公权者，是指被剥夺了成为公务员或者公职候选人资格的人。以上几种任职资格，在仔细选任遗产管理人的情况下通常不会出现，所以有很多国家和地区的立法并没有设立这类规则。这种规定虽然实际使用的情形并不多，也能从侧面反映这些国家和地区保护其民众继承利益的审慎态度。

### (三)选任方式

遗产管理人的选任方式主要包括协商推选和法院指定两类。协商推选又包含三种情形：(1)继承人协商推选;① (2)亲属会议协商推选;② (3)所有利害关系人共同协商推选。法院指定包含两种情形：(1)依申请指定；(2)依职权指定。依申请指定和依职权指定又各包含三种情形，已在前文阐述。

继承人协商推选可适用于遗产债务较少或遗产债权人对继承人推选出的遗产管理人无异议的情形。亲属会议协商推选主要用于继承人尚未确定之情形。继承人有无不明或暂时尚未出现继承人，无法由继承人推选遗产管理人，而遗产又有管理之客观需求，此时最佳推选方法是亲属会议。为了及时管理遗产，亲属会议推选管理人也应该设置推选的期限。我国台湾地区设置的期限为 1 个月。所有利害关系人共同推选适用于继承人明确且债权人也及时主张债权的情形。在这种情况下，利害关系人都积极主张自己的权益，通常在继承开始后的较短时间内都会出现。利害关系人也不会放弃推选遗产管理人的权利，因此具备在继承开始后共同商讨的前提，不会造成遗产管理人选任的迟延。

协商推选应该优先于法院指定。各国法律规定的推选人，基本上都是与遗产有密切联系之人。遗产的管理可能影响到推选人的利益，故而应首先尊重推选人的决定。法院指定应作为协商推选的补充方式，在推选不出、无法达成一致意见，或推选的遗产管理人无法胜任等情况下及时补救，以便选任出合格的遗产管

① 参见《法国民法典》第 813 条。

② 参见台湾地区“民法典”第 1177 条。

理人。

### (四)任职顺位

《葡萄牙民法典》专门规定了遗产管理人的任职顺位。该法典第2080条规定："一、待分割财产管理人一职由下列之人按顺序担任：(1)未司法裁判分居及分产之生存配偶，只要其为继承人或占夫妻财产之一般者；(2)遗嘱执行人，但遗嘱人有相反意思表示者除外；(3)死者之血亲，但须为法定继承人；(4)遗嘱继承人。二、在依法继承人之血亲中，亲等近者优先。三、在同一血亲亲等之依法继承人中或在死者死亡时与其共同生活至少1年之人优先。四、情况相同时，以较年长之继承人优先。"①我国澳门地区由于法律继承等原因，也存在类似的规定。但此项规定并非强制性规定，② 主要起指引和参照作用。

从上述任职顺位的排列来看，在世配偶的权利得到了足够的重视。在英美法系国家，在世配偶也同样受到了高度重视，尤其是在对无遗嘱继承份额、选择性份额、遗嘱后夫妻份额的处置权限等方面。③ 法官在遗嘱认证的程序中往往会充分考虑到这些因素。这与一国国民对于婚姻亲属关系的认识联系紧密。虽然直系血亲与被继承人亲等关系也较近，但并不是与被继承人共同生活时间最长的人。在世配偶往往是最了解被继承人遗产分配意图的人。被继承人的部分遗产与在世配偶的部分财产构成夫妻共同财产。处理属于夫妻共同财产一部分的遗产对在世配偶的权利的影响最大，也最直接。因此，将在世配偶优先选任为遗产管理人必要且合理。

将遗嘱执行人安排在第二顺位，主要是对被继承人遗愿的尊重。其他的考量因素，如血缘、共同生活时间、年龄等，则是基于继承的世俗观念而进行的制度化设计。这些考量因素可能在不同地域有着不同的优先顺位，不宜一概而论。

---

① 唐晓晴等译：《葡萄牙民法典》，北京大学出版社2009年版，第378页。

② 《葡萄牙民法典》第2084条明确指出第2079~2083条均为非强制性规范。参见唐晓晴等译：《葡萄牙民法典》，北京大学出版社2009年版，第379页。

③ Amy K. Rosenberg, *The Common Law Spouse in Colorado Estate Administration*, Colorado Lawyer, Vol. 35, 2006, pp. 85-92.

## 二、职务终止

遗产管理人的职务终止有四种情形：辞职、被撤职、遗产破产、完成管理事务。

### （一）辞职

辞职是遗产管理人主动终止其职务的方式，通常有一些限定条件。例如，《葡萄牙民法典》第2085条规定："1. 在下列任一情况下，待分割财产管理人得随时推辞其职务：(1)年满70岁；(2)因患病而不能适当履行职务；(3)其居住在对财产清册程序有管辖权之法院所在地以外之区域；(4)履行待分割财产管理人之职务与其担任之公职有抵触。2. 本条之规定，不影响当事人接受遗嘱执行人一职并因而担任待分割财产管理人之职务之自由。"①前三项事由是遗产管理人因客观原因不能很好实施管理行为。最后一项则是因身份限制不宜从事管理事务。由于遗嘱执行人为被继承人指定，从尊重被继承人意愿的角度考虑，不宜随意更换，故免于身份之限制。

遗产管理人辞职，只要是基于合理之请求，均应考虑。若基于客观原因而不方便或不能较好地执行遗产管理事项，拒绝其辞职请求不是一个合理的选择。强行要求遗产管理人继续履职，有可能造成管理不当或不能尽到妥善管理之义务而损害继承人和遗产债权人之利益。虽然不少国家的立法没有明文规定，但这种现象客观存在，应当予以考虑。在没有明文规定的情况下，应该准许法官基于自由裁量权作出允许辞职许可。

### （二）被撤职

被撤职是遗产管理人被迫终止职务的方式，通常因其管理不当或不能胜任而发生。《葡萄牙民法典》第2086条规定："1. 在下列任一情况下，得将待分割财产管理人撤职，且不影响按有关情况可能适用之其他制裁：(1)故意隐瞒遗产中之财产或死者所作赠与之存在，又或故意指出不存在赠与或负担；(2)未以谨慎

① 唐晓晴等译：《葡萄牙民法典》，北京大学出版社2009年版，第379页。

及认真之态度管理遗产中之财产；(3)在财产清册程序中，不履行诉讼法对其规定之义务；(4)表现出不能胜任该职务。2. 任何利害关系人，又或主参与之检察院，均有正当性请求将待分割财产管理人撤职。"①第 1 款中前 3 项属于管理不当，第 4 项是不能胜任，都属于遗产管理人不能履行妥善管理义务，法院可依职权直接撤职。管理不当是遗产管理人的失职，不仅需要撤职，对于其不当管理而造成之损失亦应承担赔偿责任。第 2 款是利害关系人和检察院向法院申请撤职。撤职之决定，应经过法院审查后以裁定形式作出。除前述法条规定之情形外，遗产管理人的其他行为严重影响到遗产管理的都应撤职。法律条文难以穷尽所有不当管理情形。我国若设立此类条文，可以作出概括性规定：遗产管理人管理不当或不能胜任的，法院应当依申请或依职权撤销遗产管理人职务。

### (三)遗产破产

《德国民法典》第 1988 条规定："(1)在遗产支付不能程序开始时，遗产管理终止。(2)显见不存在与费用相当的财产的，遗产管理可以予以废止。"在德国破产法体系中，"支付不能"②和"资不抵债"都构成遗产破产之原因，支付不能成为破产原因则需由继承人、遗产保管人、遗嘱执行人或遗产管理人提出申请。③ 继承人和其他管理人不及时申请遗产支付不能造成财产损失的，需向遗产债权人承担责任。④ 通常情况下，各国都有独立的破产法体系，遗产破产也可纳入其中。遗产总额不大且已资不抵债的情况下若还执行严格的破产程序，遗产除开破产费用之后将所剩无几，剩余遗产根本无法有效偿还遗产债权人之债，进入严格的破产程序可能损害遗产债权人的利益。德国通过其《支付不能法》来解决这一问题。在没有类似法律制度的国家，该如何解决这一问题，值得研究。我们认为，既然设立遗产管理制度，就可以依靠遗产管理人来解决问题。通过简化破产程序，直

---

① 唐晓晴等译：《葡萄牙民法典》，北京大学出版社 2009 年版，第 379~380 页。

② 所谓"支付不能"，是指当资产、信用、劳务的任何一种方式都不能清偿债务的，才能认定为无清偿能力。参见《德意志联邦共和国民事诉讼法》第 243、782 条。参见李永军著：《破产法律制度》，中国法制出版社 2000 年版，第 3~6 页。

③ 参见杜景林、卢谌译：《德国支付不能法》，法律出版社 2000 年版，第 156 页。《德国支付不能法》相关条文均引自此译著，除非原文引用，不一一注明页码。

④ 参见《德国民法典》第 1978~1980、1985 条。

接由遗产管理人协助法院来完成破产遗产的债务清偿。由法院参照破产财产的分配规则直接分配破产遗产。破产遗产分配过程中的其他事务则由遗产管理人负责。此时的遗产管理人相当于破产管理人。

#### (四)完成管理事务

完成管理事务是遗产管理人自然终止职务的事由。《意大利民法典》第 532 条:"财产管理人,于继承已承认时,其任务终止。"①该法典第 459 条又规定:"继承财产因承认而取得。继承的效果溯及继承开始的瞬间。"②这表明财产管理人的任务止于被继承人取得遗产。遗产完成分配,标志着遗产管理的全部事项结束,遗产管理人职务自然解除。

综上所述,大陆法系狭义遗产管理人通常在继承人的客观现状需要、有人提出申请、法院或专门机关依职权指定时才会产生,选任方式主要是推选或指定。狭义遗产管理人的任职资格最基本的要求是成年人,管理者的职责还要求有能胜任的能力。狭义遗产管理人的选任与遗产信托受托人和遗嘱执行人的选任相比显得较为复杂,但后两者的补选规则也可以部分借鉴前者。各类遗产管理人的职务终止通常包括辞职、被撤职和完成管理职务三种情形。

## 第四节　广义遗产管理人的权利义务

广义遗产管理人的权利义务,是对遗产信托受托人、遗嘱执行人和遗产管理人的权利义务的统称。由于遗产保管人基于占有而实施的保存行为与其他类型遗产管理人的管理存在明显区别,故被排除在外。

### 一、广义遗产管理人的权利

广义遗产管理人的权利总体包含 4 类:表决权、处分权、请求权、诉讼参与权。

---

① 陈国柱译:《意大利民法典》,中国人民大学出版社 2010 年版,第 108 页。

② 陈国柱译:《意大利民法典》,中国人民大学出版社 2010 年版,第 96 页。

### （一）表决权

广义遗产管理人的表决权包括接受任命时的表决权、辞职时的表决权和投票中的表决权三种。

接受任命时的表决权，是指候选管理人[①]在接受遗产管理的任命时可以表示接受或拒绝。遗产管理活动通常会持续一段时间，而且任务繁杂，需要花费大量的时间和精力才能达到妥善管理之要求。对于各种类型的管理人而言都是一项费时费力的任务。若强迫管理人为之，不仅对该管理人不公平，也极有可能对被管理之遗产产生不利影响。故而需要赋予候选管理人接受或拒绝遗产管理之任命的权利。只有候选管理人自愿接受遗产管理之任命，才能基于该项任命使其承担遗产管理的各种义务。

辞职时的表决权，是指已经在履行遗产管理职务的管理人享有的基于客观原因向法院提出辞去职务的权利。虽然遗产管理人在接受管理任命时可能具备妥善管理遗产的条件和能力，但这种情况并不一定能维持到遗产管理事项全部完成。例如，管理人突然生病或受伤住院等特定情形，都会导致遗产管理人无法现实地管理遗产。出现遗产管理人无法履职的情况时，只能允许其辞去职务。而在其他一些情形，如管理人年事已高、身体状况欠佳不适宜从事遗产管理人一职，也应酌情考虑，允许其辞去职务。在前述情况下，遗产管理人都应享有提出辞职请求的权利，至于是否允许，需要法院酌情判断。遗产信托受托人和遗嘱执行人，若由被继承人指定，则应适当提高其辞职的条件，除非确有必要，否则不应准许。

投票中的表决权，是指遗产管理人在遗产管理过程中，有针对特定事项作出表决的权利。例如，如果多个管理人共同管理遗产，对于具体的遗产管理事项的决定，需要遵从多数管理人的意见，需要由各个管理人投票表决。

### （二）处分权

遗产管理人的处分权源于遗产管理之必要。在遗产管理期间，被继承人已死

① 所谓“候选管理人”，是指已被推选或指定，但未表示是否接受该项遗产管理任命的人。由于该管理人尚未被任命，暂未取得遗产管理人的资格，称为遗产管理人不恰当，属于遗产管理人的候选人，简称为候选管理人。

亡，而继承人尚未取得完整所有权。遗产要完成清算和分割，必须有人实施处分行为。遗产管理人就是帮助实现这一过程的人，是拥有处分权的最佳人选。

总体来说，遗产管理人的处分行为可分为收入型处分行为、支出型处分行为和为特定目的的变卖行为。

收入型处分行为包括：(1)收取应属于被继承的可期待债权；(2)收回出借物；(3)取回原属于被继承人的到期租赁物；(4)取回质权到期的质押物；(5)收取基于遗产的投资收益；(6)收取遗产所生孳息等。

支出型处分行为包括：(1)偿还遗产债权人债务；(2)返还借用物；(3)返还属于他人的到期租赁物；(4)返还被继承人占有的到期质押物；(5)支付员工工资；(6)缴纳待缴扣税款；(7)缴纳与遗产相关的诉讼费用；(8)缴纳遗产相关赋税等。

为特定目的的变卖行为包括：(1)为保存遗产价值而作出的变卖行为，例如变卖易腐烂变质的瓜果蔬菜等；(2)因分割遗产之必要而作出的折价变卖行为。

遗产管理人的处分行为，当以有效管理遗产为限，不得随意作出改变遗产原有属性的处分行为。

### (三)请求权

遗产管理人的物权请求权，是基于保护遗产之需要而享有的返还原物、恢复原状、排除妨碍、消除危险的请求权。这几种权利与一般物权请求权并无实质差别，只是这种物权请求权并非基于所有权。对于遗产保管人而言，是基于占有；对于其他类型遗产管理人而言，是基于其实际控制。遗产保管人作为占有人可以直接行使类似于所有权人的物权请求权。而其他类型的遗产管理人，可能是继承人、被继承人、财产的代理人或者被继承人的人格代表，但这些法律地位的共同之处在于遗产管理人对于待继承财产的实际控制。正由于此种实际控制，可能导致其他利害关系人暂时无法直接就该项财产主张权利。因此，在这个阶段，可能只能由遗产管理人(实际控制人)来行使相应的物权请求权。

遗产管理人的债权请求权主要包括：合同之债请求权、损害赔偿请求权、报酬请求权。这三项请求权中的前两项，与一般债权请求权也极为类似。对于合同之债请求权，遗产管理人只是作为被继承人(合同一方当事人)的替补者来帮助履行有必要继续履行之合同。这样处理的目的在于保护合同当事人的合法利益，维护交易安全。损害赔偿是指遗产被他人损毁，无法返还原物或恢复原状时，造成损害者应当赔偿相应价值的财物。与此种情形对应的损害赔偿请求权，本质上是请求他人给予一定的财产，只是由于被继承人死亡而无法主张，由遗产管理人代为主张。由于待继承财产终将属于遗产利害关系人，不是无主物，对于将来属于他人的财产造成的损害，损害者应当赔偿。

遗产管理人的报酬请求权相对独立。遗产管理人完全可以无偿进行遗产管理活动，但也应赋予其请求支付合理报酬的权利。德国、瑞士、日本等国家赋予了遗产管理人报酬请求权。① 遗产管理人在行使权利或承担义务的过程中，付出了劳动，理应得到一定的物质补偿。当继承人担任遗产管理人时，因其本身将取得遗产利益，无须赋予其请求报酬的权利。但继承人作为遗产管理人，也付出了额外的劳动，即便主张合理报酬，也在情理之中。具体如何规定，应视各国继承风俗和待继承财产类型和数额来衡量。我国在设定此类规则时，应留有一定余地，因为我国幅员辽阔，不同地区的继承风俗迥异，待继承财产类型和数额也存在较大差别，不宜采用一刀切的方式予以规定。

### （四）诉讼参与权

在遗产管理过程中，遗产管理人对遗产享有实际控制权，其他人在遗产分割完成前的权利都将受到不同程度的限制，因此，遗产管理人是管理期间主张遗产权利的最佳人选。

诉讼参与权，既是遗产管理人的权利，也是妥善管理遗产之要求。当遗产涉及诉讼纠纷时，遗产管理人作为实际控制人应当及时行使其权利，尽可能地保护遗产不受他人侵害。若不赋予遗产管理人参与诉讼的权利，当遗产进入诉讼程序后，可能会出现遗产管理人空有权利而无法行使的窘境。

遗产管理人的诉讼参与权因继承模式不同可能存在明显差别。在遗产管理期间，若是概括限定继承或间接继承，继承人并不当然取得遗产的所有权，因此可能出现遗产所有权的真空期，而此时遗产管理人作为实际控制人代替的是所有权

① 参见《德国民法典》第2221条、《瑞士民法典》第517条、《日本民法典》第1018条。

人的角色。为了能使遗产管理人对遗产的保护效果达到被继承人生前保护自己财产的水平，必须赋予其行使保护遗产主张的相应权利，其中与诉讼相关的部分即为全面的诉讼参与权。总体而言，这种全面的诉讼参与权应等同于被继承人生前对于待继承财产的享有的相关诉讼权利。若是完全概括继承，继承人直接取得所有权，可以由继承人直接主张权利。但在多数人共同继承的情形下，依然可能存在遗产管理人帮助实施遗产分割。此时的遗产管理人属于继承人的代理人，亦即所有权人的代理人，其诉讼参与权可能受到较多限制，这取决于所有权人的授权范围。

## 二、广义遗产管理人的义务

### (一)妥善管理义务

关于妥善管理义务，应该达到何种程度，学者们提出了不同的观点。有学者提出，受有报酬者，应尽善良管理人之注意义务；无偿任职者，则只需尽与处理自己事务相同之注意义务。① 虽然此观点提到了两种不同的注意义务，但这两种注意义务最主要的区别恐怕只限于名称。无论是善良管理人的注意义务，还是处理自己事物相同的注意义务，都是标准较高的注意义务，至少都包含了“妥善管理”的意思。善良管理人的注意义务前提是有偿，而有偿管理人通常是继承人以外的人；处理自己事物相同的注意义务前提是无偿，而无偿管理人通常就是继承人。由外人管理遗产，恰当的表达当然只能是“善良管理人”；由自己人管理遗产，最恰当的表达莫过于“如同管理自己的事物”。正是因为这两种名称所要指代的注意义务并无本质上的差别，史尚宽先生提出，凡遗产管理人一律应以善良管理人之义务执行职务，其注意程度应与宣告失踪人之财产管理人之注意义务相同。② 无论用什么样的表达方式，达到什么样的注意标准，都是为了强调能够妥善保管遗产。妥善保管的言外之意就是尽量不要有过失。

大陆法国家的现代民法几乎完全继受了罗马法依据利益原则设立的过失判断

① 参见戴炎辉、戴东雄：《中国继承法》，台湾三民书局1998年版，第224页。

② 参见史尚宽著：《继承法论》，中国政法大学出版社2000年版，第374页。

制度，几乎都把“善良家父的勤谨注意”作为确定当事人有无过失的客观判断标准。[①] “善良家父”就是能以公正善良之心待人处事的、具有独立行为能力的人，他应该劳作勤谨、与人为善，处他人之事如处自己之事、待人如待己，实际上是一个标准、正常和模范的道德人形象。[②] 将这一标准适用于遗产管理人，无非是要求遗产管理人要积极、勤勉、谨慎，尽量少犯错误，合理且高效地实现遗产利害关系人之利益。

### (二)损害赔偿义务

遗产管理人若不能妥善管理遗产，并因此给利害关系人造成了损失，就应当承担损害赔偿责任。需要承担损害赔偿责任的主观因素应当为故意或重大过失。

主观因素为故意的情形，包括：(1)在编制遗产清单的过程中，故意隐藏部分可期待利益侵犯继承人利益，抑或故意隐藏应偿还的债务侵犯遗产债权人利益；(2)在通知公告时，故意隐瞒或不通知继承人、受遗赠人、遗产债权人，致其无法主张相关权利；(3)在遗产分配中，明知有特留份权利人而故意不预留特留份等。

主观因素为重大过失的情形，包括：(1)在遗产保管的过程中，未及时变卖易腐烂变质的遗产标的，致其财产价值严重受损；(2)在遗产债务清偿过程中，没有按照法定清偿顺序清偿债务，致使有优先顺位的受偿人无法得到足额补偿；(3)在遗产破产程序中，优先全额支付个别受偿人而损害其他债权人利益的；(4)其他一些明显违背遗产管理中程序事项的情形。

### (三)管理情况报告义务

遗产管理人需要就自己管理的事项向继承人报告，有时还需要向其他利害关系人和法院提交管理报告。因为在遗产管理的过程中，遗产管理人被赋予了处分遗产的权利，这种权利相对独立，通常不会受到继承人和法院的过多干预。而这

① 参见陈志红：《罗马法“善良家父的勤谨注意”研究》，载《西南民族大学学报》2005 年第 8 期，第 58 页。

② 炎白：《“善良家父”与“诚实信用”》，载《比较法研究》2001 年第 1 期，第 105 页。

种不受干预的权利若没有适当的监督防范措施，难免会出现权力滥用的情况。继承人对于本应属于自己且即将取得的财产，理应享有知情权。

法国体现遗产管理人的报告义务的两条规定都是于2006年通过第2006~728号法律新增加入其民法典的内容，包括对无人继承的管理以及身后遗产管理委托两部分。法国的遗产管理人是针对无人继承的遗产进行的管理。这类管理人管理活动的报告，对法院属于强制性报告，对其他利害关系人而言，则需提出要求。① 法国身后遗产的管理委托类似于英美法系遗产管理人的管理，它排除了遗产管理人中对于无人继承遗产管理的部分。身后遗产管理委托的受托人统称为委托代理人，其报告义务存在两种情况：(1)出现客观原因而终止时的报告；(2)任务完结时的报告。前者属于强制性报告，需要向有利害关系人的继承人或其代理人主动提交报告；② 后者对于法院属于强制性报告，对于其他人而言，需要提出要求。③ 前述遗产管理人每年至少需要报告一次。

日本仅就无人继承财产的管理人的报告义务作了规定。《日本民法典》第954条规定："继承财产管理人，在继承债权人或受遗赠人有请求时，须向提出请求的人报告继承财产的状况。"④西班牙仅就遗嘱执行人的报告义务作了规定。《西班牙民法典》第907条第1款规定："遗嘱执行人应当向继承人汇报工作情形。如果遗嘱人任命遗嘱执行人不是为了让执行人将财产交给特定的继承人，而是让其按遗嘱人的规定依法将财产投资或分配，则遗嘱执行人应向法院报送各项账目。"⑤

从这些立法条文来看，报告的次数、报告的对象和报告的条件均有不同，但这些不同只是与该国的继承习惯以及司法制度有一定程度的联系，而报告的本质功能都是为了监督遗产管理活动进而确保利害关系人的利益。

---

① 参见《法国民法典》第810-7条。
② 参见《法国民法典》第812-7条。
③ 参见《法国民法典》第813-8条第2款。
④ 渠涛编译：《日本最新民法》，法律出版社2006年版，第207页。
⑤ 潘灯、马琴译：《西班牙民法典》，中国政法大学出版社2013年版，第255页。

### （四）共同管理协助义务

共同管理可分为多数继承人的共同管理、[1]继承人与遗产管理人的共同管理[2]以及多名遗产管理人之间的共同管理[3]三种基本类型。

多数继承人的共同管理，是指在没有选任或指定遗产管理人的情况下，由全体继承人共同管理遗产。在这种管理模式下，各继承人应妥善管理自己占有的遗产，并共同管理未被继承人占有的遗产。未被占有的遗产的处理应共同作出决定。各继承人之间应相互协助，完成遗产的管理和分配。若存在遗产管理人，则应该以遗产管理人为主管理遗产，各个继承人均有辅助管理之义务。

在遗产结构复杂的情况下，遗产管理人可能为数人。若遗产管理人不止一人，则应视具体事务的管理分配而定。若以地域或财产类型划分而分别实施管理行为，则各遗产管理人应就其管理权限内之事物单独实施管理行为，其他管理人就该管理事务的需要为限予以协助。若数个遗产管理人并没有权限划分，对遗产共同实施管理行为，则应采纳多数人之管理决定。

如果遗产信托或遗嘱执行人且信托财产或者遗嘱执行人需要执行的财产只是遗产中的一部分，还可能需要额外选任遗产管理人。在遗产信托受托人、遗嘱执行人和遗产管理人同时存在的情况下，由受托人和执行人就其管理的遗产为限进行管理，剩余的遗产则由遗产管理人管理。但遗产之间可能存在牵连，难以完全分割，这时就需要各类型管理人在自己管理的权限内主持管理，其他类型的管理人应给予必要的帮助，以便实现对遗产的有效管理。

综上所述，遗产管理人的权利主要包括表决权、处分权、请求权和诉讼参与权。表决权包括接受任命时的表决权、辞职时的表决权和投票中的表决权。处分权体现为收入型处分行为、支出型处分行为和为特定目的的变卖行为。请求权和诉讼参与权没有特殊之处，但也有细节之处需要考虑。遗产管理人的义务则主要包括妥善管理义务、损害赔偿义务、管理情况报告义务和共同管理协助义务。妥

---

① 参见《德国民法典》第 2038 条。

② 参见《德国民法典》第 2062 条、《法国民法典》第 813 条、《日本民法典》第 936 条。

③ 参见《泰王国民商法典》第 1726 条、《魁北克民法典》第 786 条。

善管理义务要求遗产管理人要积极、勤勉、谨慎，尽量少犯错误。损害赔偿义务是指遗产管理人给利害关系人造成了损失，就应当承担损害赔偿责任。管理情况报告义务在不同国家有不同要求，但报告的本质功能都是为了监督遗产管理活动。共同管理协助义务主要是指存在多个管理人时，他们相互之间应该分工明确，互相合作，共同妥善完成遗产管理之职。

## 第五节　民法典中遗产管理人的指定

随着遗产管理制度在《民法典》中的初步确立，遗产管理人的指定自然也成了该制度得以有效实施的重要一环。尤其是在遗产管理人确定有争议时的处理，成为亟须得到妥善解决的核心议题。自《民法典》实施以来，遗产管理人指定案件时有发生，① 目前据以援引的唯一条款急需作出进一步的全方位解读，以便更准确地理解与适用。《民法典》第1146条规定："对遗产管理人的确定有争议的，利害关系人可以向人民法院申请指定遗产管理人。"无论是从条文的学理解读，抑或是司法实践的实际运用角度来看，该条款都需要做进一步解释。结合《民法典》中遗产管理相关条文的解读，我们认为遗产管理人的指定需要从程序法、实体法和冲突法三个层面综合考量。首先，遗产管理人的指定程序应从申请程序、举证责任两方面作出规定。其次，在遗产管理人指定过程中必须要考量的实体法因素应该包含争议范围、利害关系人范围、遗产管理人的范围、本条款的实体法效力。最后，在遗产管理具有涉外因素时，遗产管理人的指定还需要考虑与我国遗产管理冲突规则的衔接问题。

### 一、规范意旨：被动与兜底结合

要准确解读《民法典》第1146条，必先探求其规范意旨，既要结合遗产管理其他相关条款的内容找准其功能定位，又需结合立法进程中的相关参考文本和外法域相关立法文本作为参考比照，以避偏颇之嫌。

---

① 目前裁判文书网公布的与"申请指定遗产管理人"相关的民事案件共计27件，其中中院审理4件，基层法院审理23件，数据统计日期截至2022年1月15日。

### (一)规则的功能定位

《民法典》第 1146 条是法院指定遗产管理人的法律依据，该条款是我国遗产管理人制度能否有效落实的关键条款，但其对法院指定遗产管理人一言概之，并未细化。由于《继承法》未规定遗产管理人制度，本条作为新增条文与《民法典》第 1145 条[①]共同组成遗产管理人确定这一遗产管理环节的重要内容。本条规定了在按照《民法典》第 1145 条的内容不能直接选出遗产管理人，或其他确定遗产管理人存在争议情形下的解决方案，即由利害关系人(申请对象)提出申请并由法院来指定遗产管理人(指定对象)。

《民法典》中确立的遗产管理人制度采用遗嘱指定、继承人担任或推选、法院指定的产生方式。遗嘱指定作为特殊的产生方式，只有被继承人在遗嘱中指定才可以被适用；继承人担任或推选作为最常用的产生方式，也是最为便捷的方式，在有一个继承人的情况下由继承人担任，继承人为多人时，可以共同担任也可以在继承人或第三人中选任。由于遗产最终还是归继承人所有，所以继承人担任或推选遗产管理人实质上就是自己管理自己的财产，这也使得继承人为了自己的利益而尽心尽责。第 1146 条所涉法院指定作为兜底性的产生方式，是为了给前两种都不能解决问题时提供另外一种解决路径，让继承权益都能得以实现。法院指定不是主动职权，需要利害关系人申请才能启动。本条文当属遗产管理人确定的终局性手段，一旦由法院指定，遗产管理人的确定当尘埃落定。

从现有司法实践的情况来分析，也可得出相似结论。在刘志金、王某等被继承人债务清偿纠纷一案中，利害关系人曾分别向高城镇和平村村委会和高青县民政局提出申请，要求其担任遗产管理人，二者都明确拒绝。[②] 该案并非孤例，在徐某明与杨某生、杨某林等申请指定遗产管理人一案中，徐某华在审理过程中明

① 《民法典》第 1145 条规定："继承开始后，遗嘱执行人为遗产管理人；没有遗嘱执行人的，继承人应当及时推选遗产管理人；继承人未推选的，由继承人共同担任遗产管理人；没有继承人或者继承人均放弃继承的，由被继承人生前住所地的民政部门或者村民委员会担任遗产管理人。"

② 参见〔2021〕鲁 03 民终 2609 号。

确表示不愿意担任遗产管理人。① 从相关实践所涉问题来看，第 1145 条和第 1146 条不宜作为简单的并行罗列，至少要保证其中一条能作为能最终确定遗产管理人的途径。若人民法院指定遗产管理人不能作为终局的兜底手段，一旦相关继承案件当事人之间关系略微复杂，有资格成为遗产管理人的主体都还有可能拒绝。这将导致该案遗产管理人处于悬而不决的状态，进而导致遗产管理无法正常推进。既然需要人民法院依《民法典》第 1146 条来指定，那就意味着按照第 1145 条的方式已无法顺利推选遗产管理人，故而在“指定”这一环节就有必要一锤定音地迅速解决问题，杜绝推诿、反复的局面。

### （二）比较法例参照

由于本条为新创设条款，《继承法》等其他关联性法律及司法解释当中并没有直接相关的表述。从立法历史沿革的角度来看，当属《民法典》立法进程中相关意见稿最为接近。与本条立法意旨较为接近的有两条：一是“遗嘱未指定遗产执行人，继承人对遗产管理人的选任有争议时，没有继承人或者继承人下落不明，而遗嘱中又未指定遗嘱执行人时，遗产债权人有证据证明继承人的行为已经或将要损害其利益时，经利害关系人的申请，人民法院可以指定遗产管理人”。② 二是“有下列情形之一的，可以由法院指定产生遗产管理人：当无人接受继承或继承人下落不明或无继承人情况不明，已知的继承人为无行为能力人或限制行为能力人且无法定代理人，遗产债权人有证据证明继承人的行为或财产状况已经或将要损害其债权”。③ 这两条立法意见稿的描述较本条相对细致，但立法意旨几乎如出一辙：都强调本条的兜底性作用，法院指定的被动性，以及法院指定应有的效力性。

从比较法的角度来看，本条规定与其他国家对应条款也有相同的功能定位。德国和法国的法院指定产生遗产管理人的方式也被视为被动性、兜底性的规定。在《德国民法典》第 1961 条规定管理人需要权利人申请，法院没有主动

① 参见〔2021〕沪 0114 民特 171 号。

② 参见梁慧星主编：《中国民法典草案意见稿附理由：侵权行为编》，法律出版社 2005 年版，第 229 页。

③ 参见张玉敏著：《中国继承法立法建议稿及立法理由》，人民出版社 2006 年版，第 74 页。

指定的权利。[①]《法国民法典》也同样规定法院任命一名遗产管理人需要利害关系人请求或应王国初级检察官的请求。[②] 此外，法国还对申请作出了限制，只有当继承人对推选出的管理人有异议，或者继承人消极履职，或者在管理过程中有过错，或者出现无人继承的财产时，才能行使权利。

无论是曾经的法典草案建议稿还是可横向比较的立法例，遗产管理人指定条款都呈现出一定程度的被动性和兜底性。《民法典》第1146条的被动性既是基于本条款"利害关系人申请"定下的基调，同时也是该条款作为第1145条补充的体系化安排。第1146条的兜底性既是基于该条款在遗产管理制度体系下的功能定位而决定的，同时也是符合当前司法实践需要的题中之义。

概言之，《民法典》第1146条"指定遗产管理人"应是人民法院的一种被动型职权，且该条款的功能定位当属确定遗产管理人的兜底性条款。被动与兜底结合是该条款规范意旨中最为关键的两项特质的融合体现。

## 二、程序要求：非讼与证明互补

从程序法角度考察《民法典》第1146条，非讼程序专门案由和两个层次的证明责任是最值得关注且不容忽视的问题，此二者事关程序公正的关键要点。非讼程序专门案由已由最新版《民事案件案由规定》[③]明确界定，当界定为非讼案由项下"申请指定遗产管理人"。

### （一）非讼程序专门案由

《民法典》第1146条赋予了利害关系人申请法院指定遗产管理人的权利。这

---

① 《德国民法典》第1961条规定："遗产保佐人的选任系由权利人在裁判上主张针对遗产的请求权为目的而申请的，在第1960条第1款的情形下，遗产法院必须选任遗产保佐人。"参见陈卫佐译：《德国民法典》，法律出版社2010年版，第599页。

② 《法国民法典》第812条规定："继承开始地在其管辖区内的大审法院，应利害关系人的请求，或者应王国初级检察官（共和国检察官）的请求，任命一名财产管理人。"参见罗结珍译：《法国民法典》，北京大学出版社2010年版，第152页。

③ 法〔2020〕346号。最高人民法院于2020年12月29日印发《关于修改〈民事案件案由规定〉的决定》的通知，对2011年《民事案件案由规定》作出了修改，形成了最新版的，也已于2021年1月1日开始施行。

一新的权利需要法院确立一个新的民事案由并对程序作出规定。根据遗产管理的时效性和特殊性，该类案件应归入"适用特殊程序案件案由"项下，增列案由"申请指定遗产管理人"，并适用《民事诉讼法》[①]第十五章关于"特别程序"的规定。另，基于继承纠纷中可能存在的继承人或其他遗产权利人不确定的情况，在"申请指定遗产管理人"程序后，可以由被指定的遗产管理人向法院申请启动公示催告程序，发布遗产继承公告，要求不确定的遗产继承人、受遗赠人或遗产债权人申报权利。在公示催告期内，遗产管理人不接受任何遗产权利人的支付请求。

最高人民法院于2020年12月29日印发《关于修改〈民事案件案由规定〉的决定》的通知，[②] 对2011年《民事案件案由规定》作出了修改。其中与遗产管理相关的案由出现在两个地方，一是"第二部分 婚姻家庭继承纠纷——三、继承纠纷——34. 遗产管理纠纷"；二是"第十部分 非讼程序案件案由——三十五、指定遗产管理人案件——406. 申请指定遗产管理人"。从最新版《民事案件案由规定》的体例编排来看，"申请指定遗产管理人"显然是作为非讼程序案由独立于"遗产管理纠纷"存在。这两个案由均属于三级案由，并不存在适用优先性的顾虑，因此法院在受理相关案件时应将其作为非讼程序下的"申请指定遗产管理人"专门案由处理。

裁判文书网目前公布的"申请指定遗产管理人"相关案件，较常采用的案由是"继承纠纷"，[③] 这一案由确定方式，属实与最新《民事案件案由规定》的体例安排相去甚远。若相关案件除指定遗产管理人外，更多涉及继承实体权利义务纠纷，也不为过；但当其核心争议本身即为"指定遗产管理人"时，的确不宜再将其案由概括为"继承纠纷"，而应采用专门设置的非讼程序案由"申请指定遗产管理人"。

### (二)两层次的证明责任

关于家事诉讼的程序法理方面，有学者提出家事诉讼应采纳限制的辩论主义

---

① 我国现行有效版本《民事诉讼法》根据2021年12月24日第十三届全国人民代表大会常务委员会第三十二次会议《关于修改〈中华人民共和国民事诉讼法〉的决定》第四次修正。

② 法〔2020〕346号。

③ 如〔2021〕沪0114民特171号、〔2021〕川1623民特28号、〔2021〕鲁1325民特25号、〔2021〕桂0205民特119号等。

审理原则，应确立职权干预和职权探知的基本原则。[①] 这些理念契合了当下家事法审判程序法部分问题非讼化发展的现状及趋势。尤其是在“申请指定遗产管理人”已明确划分为非讼案由时，相关问题的证明责任也应体现非讼程序证明的特点。《民法典》第1146条所涉证明责任主要关系到两个方面：一是证明遗产管理人的确定确实存在事实层面的争议；二是证明与遗产清单中所涉财产确实存在法律关系。

关于遗产管理人确定存在事实层面的争议，需要从两种类型来考量。对于积极争议，只需要证明确定遗产管理人的方案存在两种以上，且无法形成统一意见即可。不宜在解释“导致遗产管理活动无法正常推进”时过分强调沟通次数或是一定要求指定遗产管理人陷入全面僵局且难以调和。对于消极争议，则需有证据证明存在候选人都表示不愿担任遗产管理人的事实，或经询问是否愿意担任遗产管理人后不表态的情形。鉴于遗产管理人的指定是非讼程序案由，此处的事实层面的证明，应该酌情考虑自由证明。

证明与遗产清单中所涉财产有法律关系，则要求提交的证据能证明该法律关系是具有法律效力的事实。例如，利害关系人主张对遗产中的部分财产享有债权，则需要证明利害关系人与被继承人之间存在合法的债权债务关系。鉴于这部分内容直接影响到当事人的实体权利义务关系，即便是其出现在非讼程序中，也还是应该优先考虑采用严格证明。

鉴于在遗产管理人的指定这一非讼程序自带的“非讼事件”与“诉讼事件”杂糅的属性，[②] 前述两种证明责任在证明程度的要求层面略有不同。遗产管理人确定存在事实层面的争议采用自由证明，主要是考虑到证明不充分的后果仅是法院可能提前介入遗产管理人的指定环节，这从某种程度上来说有助于尽快填补被继承人死亡后遗产管理人就职前的“空窗期”。利害关系人证明与遗产清单中所涉财产确实存在法律关系采用严格证明，主要是考虑证明不充分有可能出现利害关系人实体权利真实性这一“诉讼事件”逆向纳入“非讼程序”中而导致该程序存在

---

① 参见孙永军：《中国非讼程序年度观察报告（2018）》，载《金陵法律评论》2020年第1期，第251页。

② 参见杨璐嘉、廖惠敏、叶鑫欣：《遗产管理人制度建构的“非讼法理”——以〈民法典〉继承编为视角》，载《法治论坛》2020年第2期，第322页。

民事权益争议而不得已终结。这两种处理思路是酌情考虑证明效果对当事人权利产生的潜在影响而作出的折中选择。

在非讼程序专门案由既定的情况下，事实问题和法律关系两个层面分别采用自由证明和严格证明的基本思路是与非讼程序的有效互补，这需要法官在限制的辩论主义原则下灵活把握职权干预和职权探知的辩证关系，把握好自由裁量的尺度，在优势证据标准和合理怀疑标准之间探求合理平衡点，[①] 以期公正而高效地完成“指定遗产管理人”这一任务。

## 三、实体法标准：要件与效果并重

指定遗产管理人在实体法层面需要把握的要点包含两个方面：一是准确把握条款的实体法构成要件，并准确解释构成要件中所涉及的基本概念；二是重点关注条款运用之后所产生的法律效果，并概括出遗产管理人理论层面的法律地位。

### （一）构成要件

依据第 1146 条之规定，利害关系人对于遗产管理人的确定有争议的，可以向法院申请予以指定，人民法院依法享有裁判权。本条款的构成要件主要包含申请对象、争议范围、指定对象这三个实体法层面的问题。

1. 申请对象：有权向法院申请指定遗产管理人的“利害关系人”

法律既保护继承人的继承权，同样也保护受遗赠人的受遗赠权及债权人的合法债权。因此，除了继承人外，其他遗产权利人包括受遗赠人、遗产债权人同样属于可以向法院申请指定遗产管理人的“利害关系人”之列，应是《民法典》第 1146 条的题中应有之义。

而至于何为“利害关系人”，《民法典·继承编》并未给出明确的范围，而目前其他相关法律中亦无补充规定。鉴于本条作为遗产管理人指定的终局性手段，利害关系人应与遗产管理的最终结果存在直接法律关系。按照这一标准来判断，遗产的全体继承人（包括受遗赠人）都应该认定为利害关系人，即便是放弃继承

① 参见张海燕：《家事诉讼证据规则的反思与重构》，载《政治与法律》2018 年第 11 期，第 10 页。

权的人，也应包含在内。因为放弃继承权的人作为被继承人的亲属，很有可能被遗产债权人追索债务，如果遗产管理人未妥善处理该笔债权债务关系，而放弃继承权的继承人又丧失利害关系人身份则会陷入不应承担的债务僵局。保留放弃继承权的继承人的利害关系人身份，可以让其多一种解决遗产相关债权债务关系的途径。其他的利害关系人判断的一个重要依据，应该从《民法典》体系解释的角度去综合考量。鉴于第 1147 条第 1 款已明确遗产管理人的职责包含“清理遗产并制作遗产清单”，那么这份遗产清单当属于遗产处理的重要依据，对遗产的最终分配有法律效力。那么在认定其他利害关系人时，应当考虑其他利害关系人应当与遗产清单中所列财产有法律关系。这两点应作为认定利害关系人的最核心考量因素。诚然，鉴于目前司法实践当中对于利害关系人的认定在不同领域仍存在细微差别的现实情况，在处理具体案例时，法官应该仍然享有一定的司法能动空间，可以结合具体案情和当下我国司法实践中对于利害关系的认定理念享有一定的自由裁量权。

2. 争议范围：导致遗产管理活动无法正常推进之事实争议

“对遗产管理人的确定有争议”是一个很宽泛的概念，从法律适用角度来讲，法院需对争议的范围进行考量，单以“对遗产管理人的确定有争议”来作为受案标准而没有进一步的司法解释对“争议”进行释明的话，将给基层法院受理此类案件带来困惑。

首先，对此争议之所以需要优先考虑在事实层面提要求，是为了减少法律层面过多要件等客观标准对争议本身带来不必要的限制。一旦这种限制存在，势必会造成客观事实争议已明显存在，但因无法满足法律规则的标准而导致遗产管理人的确定长期悬而不决。这显然不利于遗产管理程序的顺利推进。只保留事实争议的另一优势在于可以周延划分争议的基础类型：“积极争议”和“消极争议”。积极争议是指相关权利人争做遗产管理人，消极争议是指相关权利人相互推诿都不愿做遗产管理人或不表态。在此基础上，我们可以分类列举常见的争议类型，从而避免争议范围的无限扩张。

其次，对事实争议做“导致遗产管理活动无法正常推进”的限定，主要目的是防止相关当事人在遇到任何意见分歧时都往“对遗产管理人的确定有争议”这一条文表达上去联想，给基层法院受案造成额外负担。何为“导致遗产管理活动无法正常推进”？我们可以从“积极争议”“消极争议”“再次指定”三个角度来具体分析。对于积极争议，在争做遗产管理人的情形下，需要有权推选遗产管理人的当事各方经商议仍无法达成有效意见，可能出现久拖不决的情况。对于消极争议，则需有证据证明遗产管理人候选人之间存在相互推诿的事实，或经询问是否愿意担任遗产管理人后仍不表态的情形。对于一定期限内(例如两周内)仍无法确定的积极争议和消极争议，可考虑直接认定为“遗产管理活动无法正常推进”。因为被继承人死亡后遗产管理人应该尽快就位，最好是能实现无缝衔接，才能更妥善地管理和保护相关遗产。关于“再次指定”则主要针对现有遗产管理人主动辞职或无法胜任职责、损害继承人或遗产债权人利益等情形。

我们建议应以列举加兜底的方式列出“对遗产管理人的确定有争议”的范围。如，没有有效的遗嘱执行人且多位继承人无法推选出遗产管理人也不同意共同担任遗产管理人的；受遗赠人、遗产债权人认为其权益受到继承人的损害或有损害危险的；遗产管理人怠于或不履行遗产管理职责，或者在履行过程中存在过错造成利害关系人权利受损，需要重新指定遗产管理人的；其他法院认为确需指定遗产管理人的情况。

3. 指定对象：“法定顺位优先+指定兜底补充”的复合型遗产管理候选人制

法院指定遗产管理人是在继承人中指定还是指定继承人以外的第三方专业机构担任遗产管理人？这可以是一个复合型答案，通过建立“法定顺位优先+指定兜底补充”的复合型遗产管理候选人制来实现。

首先，我们需要明确的是，法院指定遗产管理人不应局限于《民法典》第1145条列举的情形，该条规定：“继承开始后，遗嘱执行人为遗产管理人；没有遗嘱执行人的，继承人应当及时推选遗产管理人；继承人未推选的，由继承人共同担任遗产管理人；没有继承人或者继承人均放弃继承的，由被继承人生前住所地的民政部门或者村民委员会担任遗产管理人。”这是由法律直接确定的具有先后顺位关系的遗产管理人产生方式。即便按照这种方式产生了遗产管理人，但其仍有可能因主动辞职或无法胜任职责、损害继承人或遗产债权人利益等情形而需要重新指定遗产管理人。而法院指定遗产管理人的前提是“对遗产管理人的确定有争议”，此类案件大多表现为继承人间矛盾较深且难以调和，通常已经达到了无法继续顺利推进遗产管理程序的状态。若将法院指定局限在

第1145条所列举的几种情形，很可能使法院指定之后的结果再次陷入“遗产管理活动无法正常推进”的危机，从而使得法院指定被迫成为一种流于形式地对第1145条适用的再次重复而已。故而，法院指定必然不能仅局限在第1145条列举的几种特定情形。

其次，法院指定也不宜完全绕开第1145条列举的法定顺位。在目前的司法实践中，存在着大量继承人或受遗赠人不愿担任遗产管理人的情形。这背后有一个很关键的信念支撑在于“我不当总有人来当”，当他们第一次面临着法定顺位的四层顺位设置的时候，下意识的反应很可能是“后面还有人可以做”，甚至“反正民政部门/村委会兜底”。这种现象若得不到矫正，最后民政部门和村委会将会为大量遗产管理事务所累。但是，当这些人发现后顺位的人可能无法胜任遗产管理人一职甚至可能损害其切身利益时，往往又想由自己来完成遗产管理相关事务。目前已有法院指定法定顺位中的候选遗产管理人的现实案例发生，天津河北区人民法院就指定了被继承人生前住所地的民政部门河北区民政局作为其遗产管理人处理了相关纠纷。① 法院指定遗产管理人时优先考虑法定顺位当中的候选遗产管理人，一方面是不能剥夺前述这类人作为与遗产关系最密切的当事人担任遗产管理人的法定权利；另一方面法院的介入、引导也有利于让遗产管理活动回归到现有法律框架设立的良性发展轨道上来；此外，法院不考虑法定顺位而直接指定其他专业管理团队也可能面临将具有人身属性的法律事务过于商业化而违背遗产管理人设立的初衷。

再次，法院指定遗产管理人的前提是“对遗产管理人的确定有争议”，此类案件大多表现为继承人间矛盾较深、难以调和。在法定顺位中确实没有合适的候选遗产管理人时，法院可以参照企业破产法指定破产管理人的模式由专业的第三方机构供法院指定提供遗产管理服务，建立“公共遗产管理人名册”。建立公共遗产管理人名册这一做法已经有例可循。杭州互联网公证处家事中心引入专业机构和专业人士，评选出30家机构建立“机构遗产管理人名录”，供当事人根据自己的意愿选择遗产管理人，以达到让专业人员依法妥善管理遗产、分

---

① 李倩：《天津首起指定遗产管理人案审结》，载新华网：http：//www.tj.xinhuanet.com/news/2021-02/06/c_1127071907.htm，最后访问于2022年9月10日。

割遗产的目的。[①] 根据《关于组建深圳市“遗产管理人”律师库的工作方案》，深圳市律协完成了深圳市“遗产管理人”律师库相关工作，共357名律师成为深圳市“遗产管理人”律师库成员。[②] 民政部门就担任遗产管理人一职也在不断尝试、探索。[③] 在此，我们建议法院可以建立“公共遗产管理人名册”，采取轮候、抽签、摇号等随机方式公开指定遗产管理人。无正当理由，经法院指定的遗产管理人不得拒绝法院的指定；若有违反，则可酌情考虑将其移除名册。

最后，基于前述分析，我们应当制定以“法定顺位优先+指定兜底补充”的复合型遗产管理候选人制，以实现“调动继承人管理积极性、发挥在册团队管理专业性、增强法院指定权威性”一石三鸟的良性发展局面。

### （二）法律效果

指定遗产管理人产生的法律效果应包含两个层面：一是本条规则适用所产生的直接实体法效力，二是对遗产管理人法律地位的明确。

第1146条应为强制性规范，若参照类比合同当中强制性规范效力层级的划分，当类比效力性强制性规范为宜。主要原因在于遗产管理人的选任会直接影响到遗产管理的最后效果，是与利害关系人实体性权利义务密不可分的重要核心环节。若本条只作为任意性规范或管理型强制性规定，势必会对法院指定的效力产生一定减损性效果，从而为遗产管理随后环节增加不必要的额外争议，如对遗产管理人身份及相应权能的质疑等。同时，法院指定的强制性效力也是实现“法定顺位优先+指定兜底补充”的复合型遗产管理候选人制最关键的保证。

关于实体法效力，本条作为一条具有效力性强制性规范效力的被动性、兜底性规定，最直观的法律效果应该是：一旦法院指定遗产管理人，该决定具有终局效力，被法院指定的遗产管理人即为最终人选，任何利害关系人不得再对最终人

---

① 《杭州首批机构遗产管理人推荐名单产生》，载浙江日报，来源于 https：//baijiahao.baidu.com/s? id=1685218574790903292&wfr=spider&for=pc，最后访问于2022年9月10日。

② 深圳律协：《深圳市“遗产管理人”律师库名单公布》，载腾讯网：https：//new.qq.com/rain/a/20210209A0CVND00，最后访问于2022年9月10日。

③ 参见富大鹏、刘剑波、袁波：《创立民政部门担任遗产管理人实施机制 促进民法典新规定有效实施》，载《中国民政》2021年第18期，第44页。

选提出产生法律效力的异议。若被法院指定的遗产管理人无法继续履行职责，则法院应当重新指定新的遗产管理人。若法院指定的法定顺位中的遗产管理人无法履职，应该果断考虑从本院制定的“公共遗产管理人名册”中尽快选定新的遗产管理人，不宜在遗产管理人的指定环节浪费过多时间。

目前对于遗产管理人法律地位的界定主要包含人格代表和代理人两大类，其中代理人又分为被继承人代理人、继承人代理人和财产代理人三种。例如美国认定为人格代表，其《统一遗嘱检验法》用人格代表指代管理遗产并使遗产完成遗嘱检验程序的人，包含遗嘱执行人和遗产管理人。① 瑞士和奥地利则认定为被继承人代理人。② 日本认定为继承人的代理人。③ 德国和日本无人继承遗产的遗产管理人法律地位更趋近于财产代理人。

遗产管理人最原始、最本质的法律地位就是“遗产管理人”这一概念自身。代理人之所以被界定为一种法律地位，是由于人们对这一传统概念十分熟悉，不存在理解障碍。在代理制度形成之初，代理人也难以用“代理人”这一概念本身来解释其法律地位。而法律地位无非是法律关系中某一特定概念所指向的对象在该法律关系的体系结构中所处的位置和状态。最能反映该对象的这种位置和状态的，当然是与其直接对应的那个特定概念。因此，遗产管理人的法律地位应该就是遗产管理人。只是目前阶段，为了便于理解，学者们偏向于将其解释为人们相对熟悉的法律概念。待到遗产管理制度为人所熟知、无须就遗产管理人作出过多解释之时，遗产管理人自然能被人们理解为一种法律地位。

在目前阶段，鉴于我国遗产管理制度尚未发展成熟，亦可就不同类型遗产管理人的法律地位作出类比性解释。由于遗产信托的财产具有较强的独立性，可将

---

① UNIF. PROBATE CODE §2 (amended 2010).

② 参见《瑞士民法典》第518条第2款规定：“遗嘱执行人代表被继承人的意思，并作为受托人负责管理遗产……”殷生根、王燕译：《瑞士民法典》，中国政法大学出版社1999年版，第141页。参见《奥地利普通民法典》第816条规定：“如果遗嘱人指定了遗嘱执行人，则是否接受这一职务，取决于被指定者的任意。如果被指定者接受，则应当以代理人的身份自己执行遗嘱……”周友军、杨垠红译：《奥地利普通民法典》，清华大学出版社2013年版，第129页。

③ 参见《日本民法典》第1015条规定：“遗嘱执行人，视为继承人的代理人。”渠涛编译：《日本最新民法》，法律出版社2006年版，第220页。

遗产信托受托人的法律地位解释为信托财产的代理人。鉴于我国代理制度中存在代理人死亡则代理关系消灭的基本规则，被继承人的代理人一说难以自圆其说。而我国现行立法体系又不存在财团法人的概念，故而遗嘱执行人和遗产管理人的法律地位只宜类比解释为继承人的代理人。

## 四、冲突法视角：边界与指引对弈

从冲突法视角分析“指定遗产管理人”时，在国际法层面需要借助于“涉外”的跨法域、跨国别视角，在国内法层面则需要正确处理其与遗产管理纠纷之间的界限问题。然而，无论从“涉外”的角度、抑或是国内法的边界角度，又都对遗产管理人的指定有一定的间接指引作用。

### （一）国内法层面的边界

“指定遗产管理人”在国内法层面上的边界，就是要准确区分其与“遗产管理纠纷”之间的界限问题。换言之，应将“指定遗产管理人”和“遗产管理纠纷”定性为不同问题，这在最新修订的《民事案件案由规定》中已有所体现：前者属于“非讼程序案件案由”，后者属于“婚姻家庭、继承纠纷”。案由作为人民法院对相关案件法律关系性质概括而形成的案件名称，应该足以反应该法律关系在审判实践中的性质。从这种分类中，我们可以推断“指定遗产管理人”更适合被界定为程序类事项，而“遗产管理纠纷”更适合被界定为实体法问题。“指定遗产管理人”并不是处理“遗产管理纠纷”的必要条件，因为除第1146条的指定外，按第1145条的规定也可能直接选出遗产管理人。“指定遗产管理人”并不一定是处理“遗产管理纠纷”不可或缺的一环，“指定”过程本身也有一定独立性，完全可以单独予以考量，不必与遗产管理实体争议混为一谈。

从冲突法视角再看“指定遗产管理人”和“遗产管理纠纷”的边界问题，也可以将其作为“指定遗产管理人”的范围问题来处理。要准确划定其范围，又需要再结合第1146条的规则意旨、程序要求和构成要件去综合分析。从被动性、兜底性的规则意旨来看，此处的“指定遗产管理人”应仅指非讼程序中人民法院通过裁判文书的方式作出的指定，还需满足实体法标准中的申请对象、争议范围和指定对象的相关要求。

无论从实体法的边界角度，还是从冲突法的范围角度来处理“指定遗产管理人”和“遗产管理纠纷”之间的关系，其判断过程都有利于我们更深入系统的理解和适用《民法典》第 1146 条，具有一定程度的间接指引作用。值得注意的是，这种指引不宜越界而直接替代从规则自身出发作出的解释，否则就会将条文的适用带入歧途。

**(二)遗产管理人相关冲突规则**

我国《法律适用法》仅概括规定遗产管理事项的冲突规则,[①] 并未就指定遗产管理人的法律适用作出单独规定，但这依然是一个无法回避的问题，需要结合相近的冲突规则来综合判断分析。

考察其他国家国际私法的相关立法可以发现，一般少有专门对法院指定遗产管理人的法律适用作出单独规定。没有专门规定遗产管理的法律适用的国家通常参照继承的法律适用，典型代表有德国、法国。遗产管理与继承联系紧密，继承的法律适用是较好的参照标准。澳大利亚遗产管理适用法院地法，已在 In re Lorillard; Griffith v. Catforth 案和 Government of India v. Taylor 案中所确立为一般适用规则。[②] 法院地法适用的范围包括收集死者的财产、清偿债务、支付死亡和继承税以及管理结束前遗产管理人的义务、权限和作用。[③] 当立嘱人的惯常居所地在荷兰时，遗产的清算和清算人的职能与权限适用荷兰法。[④] 此冲突规则规定了遗嘱执行人实施管理遗产的法律适用，采用了属人法的立场，以惯常居所地作为连结点。加拿大遗产管理适用遗产聚集地法。具体而言，死者遗产的管理适用授权遗产代理人聚集遗产的省或区的法律。因此，无论遗产的管理是主要的还是附属的，省内遗产代理人对遗产的管理也必须遵从指定该遗产代理人的某省的法律，外国遗产代理人对遗产的管理必须遵从指定该遗产代理人的某省的法律。在

① 《中华人民共和国涉外民事关系法律适用法》第 34 条规定：“遗产管理等事项，适用遗产所在地法律。”

② (1968) 122 CLR 338, para. 6. http://www8.austlii.edu.au/cgi-bin/viewdoc/au/cases/cth/HCA/1968/85.html, latest visit at 15 January 2022.

③ 参见董丽萍著：《澳大利亚国际私法研究》，法律出版社 1999 年版，第 223 页。

④ 参见《荷兰民法典》(第 10 卷)第 149、150 条。参见黄进、肖永平、刘仁山主编：《中国国际私法与比较法年刊(第 14 卷)》，北京大学出版社 2012 年版，第 466~467 页。

比利时，遗产的管理与转移原则上适用继承的准据法，但遗产所在地法规定该地政府有权干预遗产的管理或转移，则适用遗产所在地法。

在涉外遗产管理的遗产管理人指定环节中，需要尤其关注指定本身的准据法以及被指定的遗产管理人的履职能力两个问题。

当“指定遗产管理人”这一事项本身具有“涉外”属性时，就可能涉及确定其准据法的问题。参照前文所述以及我国的冲突规则，无非适用遗产所在地法和法院地法两种可能性。鉴于我国目前法律适用偏爱适用本国法的现状，对于境外财产情况复杂需要专门指定一位遗产管理人的情形，很难妥善解决。按中国法指定的境外遗产管理人，该管理人在境外处分对应部分遗产时按遗产所在地法极有可能被认定为无权处分。也就是境外遗产管理人的产生未遵循遗产所在地法而得不到认可。即便我国法院或其他权力机关颁发了遗产管理人证书，该证书拿到境外去做验证也会面临烦琐的程序，除非我们有大量的双边司法协助协定作为支撑来帮忙解决快速认证问题。然而这个条件是我们目前所不具备的。以遗产所在地法作为遗产管理人指定的准据法，虽然在法律适用上相对复杂一点点，但在高效地推进遗产管理活动方面具有明显优势，至少在境外遗产管理人的身份认定上更容易得到境外遗产所在地法的认可。

关于遗产管理人的履职能力，主要考虑到若指定了法定顺位中列举的候选人作为遗产管理人，这些非专业人士在处理境外遗产时必然会面临一系列的阻力，例如对境外法律的熟悉程度、境外财产处分时需要遵循的规则甚至语言沟通这类基本要求都成问题。因此，在指定境外遗产管理人时，仍然需要优先考虑使用专业团队来专门处理。这也再一次验证了法院指定遗产管理人不能只局限在第1145条列举的法定候选人之中。遗产管理人的履职能力在涉外遗产管理中将成为决定遗产管理成败的关键。

随着《民法典》的进一步全面实施，遗产管理案件数量也会与日俱增，第1146条遗产管理人指定条款的理解与适用也会日臻成熟完善。在目前《民法典》规定的遗产管理体系下，该条款的准确理解和适用仍然需要结合相关案件的具体情况，从规则意旨、程序要求、实体法标准、冲突法视角四个维度综合考量。该条款展现出的被动与兜底的结合规则意旨、非讼与证明互补的程序要求、要件与效果并重的实体法标准、边界与指引对弈的冲突法视角，这些特质都在具体争议处理过程中具有一定的参考价值。

在今后遗产管理制度不断发展演进的背景下，随着各类遗产管理人经验的逐渐丰富，司法裁判人员对相关问题侧重点的解读和运用必然也会发生潜移默化的变化。针对这一包含不同维度问题的特别条款的解读，我们仍需从规则本旨出发，尊重配套程序规则，从实体法和冲突法的不同视角认真审视每一个独特的案件事实，通过规范化、体系化、灵活化的全面解释，让这一冲突规则充分发挥其潜在价值。

# 第四章　遗产管理主要环节

遗产管理是一项繁杂的任务，涉及众多具体事项，但编制遗产清单、通知和公告、遗产破产和遗产分配则是贯穿遗产管理进程的主要环节。遗产清单的编制涉及编制时机、编制主体、编制期间、遗产清单的内容、效力和查阅等方面。通知和公告则因管理方式不同而存在差别。通知的主要目的在于敦促相关人员及时参与、配合遗产管理。公告的内容和要求则因不同国家的法律规定和具体标准不同而存在差别。虽然遗产破产不是必然出现，但应得到重视，因为其直接关涉各利害关系人的实际利益。遗产破产的主体、核心功能、破产标准和破产程序都值得分析。遗产分割作为遗产管理事项中的核心环节，主要包括遗产债权债务处理、遗产归扣、应继份和特留份的考量、遗产的分配等具体事务。

## 第一节　编制遗产清单

编制遗产清单是遗产管理的重要环节，应当在继承开始后尽快完成，是其他遗产管理事项的重要依据。编制遗产清单本质属于一种遗产登记制度，它既是现有遗产处理程序革新的需要、又能弥补传统方法的不足、还有助于迅速有效地完成遗产的分配。①《民法典》第 1147 条关于遗产管理人的职责第 1 项就是“清理遗产并制作遗产清单”。因此，我们有必要就遗产清单编制过程中涉及的不同层面的问题进行全面分析。

---

① John H. Martin, “Non-Judicial Estate Settlement”, *University of Michigan Journal of Law Reform*, Vol. 45, 2012, pp. 965-992.

## 一、编制时机

编制遗产清单，是限定继承的一道重要程序。只有在了结被继承人生前的债权债务关系之后，继承人才无须承担被继承人的债权债务关系。编制遗产清单，列明被继承人的所有遗产以及相关债权债务，是对于被继承人生前的财产关系的系统总结。遗产清单是了结被继承人生前债权债务关系的最佳依据，又是继承人限定继承的重要参照。但并不是所有的限定继承都必须经过这样一道程序，它取决于每个国家的相关法律规定。

在德国，编制遗产清单是限定继承的一道必经程序。在有遗嘱执行人时，由遗嘱执行人编制；在没有遗嘱执行人时可能出现3种情况：(1)由继承人编制；(2)由遗产法院自行编制；(3)遗产法院委托给有管辖权的机关或主管公务员或公证人编制。① 在法国，不同类型遗产管理人编制遗产清单的要求不同。对于遗嘱执行人和无人继承遗产管理人属于强制性要求，必须编制；对于身后遗产委托管理人，法院可批准其主动编制请求，也可依职权要求其编制。② 日本、意大利主要是要求遗嘱执行人编制遗产清单，并均为强制性要求。③ 在瑞士、西班牙，编制遗产清单则需要一些特殊条件。《瑞士民法典》第553条第1款规定："在下列情况下，命令制作财产清单：(1)当继承人应受监护或已受监护时；(2)当继承人不在并且无人代理时；(3)当继承人中一人请求时。"④西班牙则需要继承人提出要求才会编制遗产清单。⑤ 这些国家对于何种情况需要编制遗产清单作出了不同的规定，都意识到了编制遗产清单的重要性。

但就限定继承理论而言，编制遗产清单应该作为限定继承的一道必经程序。继承人以财产清册中载明的财产为限，享有继承权；也仅以载明的财产为限，承担被继承人生前所负债务。

---

① 参见《德国民法典》第1993、2002、2003、2215条。

② 参见《法国民法典》第809-2、813-4、1029条。

③ 参见《日本民法典》第1011条、《西班牙民法典》第1014条。

④ 殷生根、王燕译：《瑞士民法典》，中国政法大学出版社1999年版，第151页。

⑤ 参见《西班牙民法典》第1014条第2款。

## 二、编制主体

遗产清单的编制主体可分为 4 类：继承人①、各类遗产管理人②、主管法院③、专门机关。④

在德国，继承人编制的遗产清单原则上并不直接产生法律效力，需经过法院确认，除非其编制活动在法院或专门机关及其公务员或公证人的指导下进行。⑤继承人若想以有限责任的方式继承财产，必须编制遗产清单。在无遗嘱执行人的情况下，不是由遗产管理人编制遗产清单，而是由继承人编制或由继承人提出并由官方编制。这一方面是由于继承人对于被继承人财产相对熟悉；另一个重要原因是，继承人在自行或协助官方编制遗产清单的过程中，若故意隐瞒或拖延以至于影响遗产清单实质内容，继承人将被取消限定继承资格，并对遗产债务负无限责任。⑥继承人需就编制遗产清单承担责任，故而由其自行编制或者委托官方编制，使得法律行为与法律结果直接对应。

对于遗嘱执行人，前述各国法律大多要求其编制遗产清单。这是由于遗嘱执行人是由被继承人指定的专门处理遗产相关事务的人，并且遗嘱执行人也接受了这项指定，故需对遗嘱执行中的各项事务负责。一般所称遗嘱执行人是概括处理被继承人遗产之人。这类遗嘱执行人不仅需要遵照被继承人之意图处理遗产，还需要处理遗产债务。而遗产清单能够直观地反映被继承人的财务状况，是遗嘱执行需要参考的重要依据。还有另一类只就个别遗产进行处理的专项遗嘱执行人。这类执行人编制遗产清单意义并不大，他们仅需报告遗嘱执行的具体实施情况即可。因此，也有些国家没有一刀切地规定遗嘱执行人都必须编制遗产清单。

遗产信托受托人与遗嘱执行人正好相反，通常情况下，受托人只需就某一项

① 参见《德国民法典》第 2002 条。

② 参见《德国民法典》第 2215 条，《法国民法典》第 809-2、813-4、1029 条，《日本民法典》第 1011 条，《西班牙民法典》第 1014 条，我国台湾地区“民法典”第 1179、1214 条。

③ 参见《德国民法典》第 2003 条。

④ 参见《德国民法典》第 2003 条、《法国民法典》第 811-1 条、《瑞士民法典》第 581 条、《日本民法典》第 1011 条。

⑤ 参见《德国民法典》第 1993、2002、2004 条。

⑥ 参见《德国民法典》第 2005 条。

财产进行信托管理，也有少数将遗产整体设立信托的情形。若是将遗产整体设立信托，受托人也应当及时编制遗产清单。

有无继承人不明时的遗产管理人，应该及时编制遗产清单。此时继承人尚未出现，而遗产管理人作为对遗产享有处分权的民事主体，是此时编制遗产清单的最佳人选。法院和专门机构作为公权部门行使职权有一定的被动性，在无人提出申请的情况下，不宜干涉他人财产。

由于遗产清单的编制会对继承人的利益产生重大影响，原则上应由继承人编制，各类遗产管理人参与编制主要是提供帮助，起辅助作用。即便实际编制人是各类遗产管理人，也应得到继承人之授权并充分咨询继承人之意见。

## 三、编制期间

### （一）一般期间

编制遗产清单的一般期间是指，在一次性完成并且无额外期间变化情况下，遗产清单的编制所需的法定时间期限。关于一般期间的规定，有两种立法例：一种是弹性期间，如德国规定编制遗产清单的一般期间为1~3个月；① 另一种是固定期间，如瑞士规定编制遗产清单的期间由各州法确定，通常为2个月；② 我国台湾地区则规定为3个月。③

弹性期间的优势在于可依据遗产构成复杂程度的不同而指定不同期限。对于遗产结构简单、总量较小的遗产可以指定较短的期限从而缩短司法程序时间，提高遗产管理的效率。但这种立法模式需要遗产法院针对不同的遗产状况来指定不同的期间。德国能采取这种立法模式的一个重要原因在于继承人也是遗产清单的编制主体，并需要向遗产法院提交遗产清单。德国法院指定遗产清单期间由法院应债权人之申请向继承人指定编制遗产清单的期间。④ 即便遗产清单由官方编

---

① 参见《德国民法典》第1995条。

② 参见《瑞士民法典》第553条第2款。

③ 参见台湾地区“民法典”第1179条第2款。

④ 参见《德国民法典》第1994条。

制，继承人也有义务答复编制遗产清单的人对编制遗产清单相关的询问。① 法官可以通过继承人对遗产构成有一个大致的了解，再能针对不同的遗产结构指定不同的遗产清单编制期间。若继承人尚未明确，法院指定遗产清单期间就缺少了重要的参考依据。随之而来的问题是，要么指定具有一定的随意性，要么都统一指定为某一固定期间。若没有参考依据而随意指定，对于不同的编制主体而言会有失公平；但指定固定期间就失去了弹性期间的优势。而且由法院指定遗产清单期间的参照依据也无统一之标准，也并非万全之策。这种立法模式有一定可取之处，也有其局限性。

固定期间的优势在于划定统一标准，不依赖于继承人对遗产状况的了解程度，没有过多的人为干扰因素。但其不足之处在于忽略了不同遗产构成对于编制遗产清单的难度不同。遗产构成复杂会增加编制遗产清单的难度，但可以通过增加编制遗产清单人的数量(如指定数个遗产管理人)来弥补，也可以通过规定编制遗产清单期间的延长来弥补。这种立法模式也有较强的可行性。

尺有所短，寸有所长。无论是采用弹性期间还是固定期间，都不能仅依赖一般期间解决编制遗产清单所需时间的全部问题，都需要有一定调节空间。因此，有必要设定遗产清单期间变化的专门规定。

### (二)编制期间的变化

遗产清单编制期间的变化，是对一般期间的补充和调节，主要包含期间的延长、新期间的指定和期间暂不届满三种情形。

1. 期间的延长

德国规定遗产清单编制期间的延长需由继承人提出。② 之所以只赋予继承人该项权力，是因为继承人未在指定的期间内编制完成遗产清单，将对遗产负无限责任，即被剥夺限定继承的权利。③ 由于法院不得对遗产管理人、遗产保佐人和作为继承人的国库指定遗产清单期间，④ 故而也不存在遗产管理人等申请延长遗

① 参见《德国民法典》第2003条。
② 参见《德国民法典》第1995条第3款。
③ 参见《德国民法典》第1994条第1款。
④ 参见《德国民法典》第2011、2012条。

产清单期间。遗产清单期间的延长是继承人能够合理享有限定继承权的一种保障措施。

若遗产清单期间并不只是针对继承人而设定，则对于其他遗产清单编制主体亦应给予申请提出延长期间的权利。前提是未在期间内完成遗产清单的编制会对继承人产生不利影响。若未在期间内完成编制不会造成实质性的不利影响，则没有设定遗产编制期限之必要。如果不利影响是直接剥夺继承人的限定继承权(德国立法采用)，遗产清单的编制则应由继承人亲自为之较为妥当，因为其他遗产管理人无法承担此种不利后果。

遗产清单期间是否只针对继承人设定与对继承人产生的不利影响紧密相关。若该种不利影响的后果只能由继承人承担、具有不可替代性，则遗产清单期间的设定应当只针对继承人，相应的期间延长的规定亦只对继承人有效。若该种不利影响的后果可由其他遗产清单编制主体承担(如财产性惩罚)，则其他编制主体亦应享有申请延长遗产编制期限的权利，因为此时的编制主体可以承担相应的责任，能够实现权责对应。

2. 新期间的指定

德国规定需要指定新期间的情形有两种：(1)是继承人在无过错的前提下，无法按期完成编制遗产清单又无正当理由申请遗产清单期间的延长时，可以申请重新指定；(2)出现了阻碍编制遗产清单的事由，继承人可在阻碍消除后的两星期内(至迟在最初指定的期间终了后一年以内)提出重新指定。① 这种新期间的指定，与民事诉讼法中的时效中断有相似之处。而阻碍消除后的两星期与最初指定的期间终了后一年之间的关系又类似于诉讼时效和除斥期间之间的关系。

3. 期间暂不届满

《德国民法典》关于遗产清单期间暂不届满的规定，主要是为了保护无行为能力人和限制行为能力人的权益，仅适用于遗产清单期间和指定新期间时消除阻碍后的两个星期。② 例如继承人均为未成年人时，即便指定了遗产编制期间，该

① 参见《德国民法典》第 1996 条。

② 参见《德国民法典》第 210、1997 条。

期间因未成年人尚未被指定法定代理人而中止，直到产生法定代理人为止才开始计算遗产编制期间。这一情况同样适用于两个星期的期间。期间暂不届满的规定与民诉法中时效中止有相似之处。

## 四、遗产清单的内容

遗产清单的核心内容是划定遗产的范围并记录遗产债权债务。

此处遗产的范围与第 2 章中阐述的遗产的实际范围有所不同，仅指被继承人死亡时所有的财产标的，无须考虑财产的归扣等因素。这些财产标的应包含被继承人名下的动产和不动产、有形财产和无形财产。被继承人死亡时所有的财产标的原则上均应是被继承人生前享有所有权的财产。但被继承人已支付对价但尚未完成交付的动产和尚未办理登记的不动产，应属于被继承人遗产。被继承人原始占有的物，在不违背法律强制性规定的情形下，亦当属于其遗产。

遗产债权债务的客体并不一定都是被继承人死亡时享有所有权的财产标的，又与遗产的范围紧密相关，故需单独记载。

动产应当载明其权利状态，即为个人所有还是与他人共有，是否存有其他物上权利。载明权利状态是对于该项财产与被继承人之间法律关系更明确的客观阐释，也是遗产分割的重要法律依据。由于动产数量较多，全部列举将耗费过多的时间精力。对于财产价值不大，具有一定附随属性的动产可以与其他财产合并记载。例如，某处房屋中的普通生活用品可以在记载该房产时一并说明，无须一一列举。这种方式可适用于遗产构成复杂的情况。对于遗产构成单一，总量非常少，以至于普通生活用品都需要一一分割的情形则无法适用。

不动产应载明不动产所在地以及权利状态。所在地应明确到不动产的具体位置，具体到能与该不动产唯一对应。以商品房为例，应注明其所在国家、城市、街道、小区、楼栋、楼层、房间号。不动产的权利状态需载明为个人所有或与他人共有，并注明不动产是否设立了担保和抵押等物上权利。不动产通常属于遗产中价值较大的财产，容易产生争议。故应记载不动产的登记状况。在被继承人死亡之前较短期间内若发生过不动产变更登记的，亦应作出说明。

有形财产可分为动产和不动产，其记载依据动产和不动产的记载方式处理。

无形财产是指有形物所有权之外的一切权利。[①] 被继承人的股权、股票、债券、知识产权中的财产性权利、可以继承的虚拟财产等也需要载于遗产清单。股权应载明其来源、性质、数量及其受到的限制。股票和债券应载明发行人、数额以及是否存有负担性权利。知识产权中财产性权利应记载知识产权的类型，并载明财产性权利的来源和数额。由于虚拟财产的继承尚存争议，故而在记载时，除记载虚拟财产的具体内容外，还应简要说明继承之理由。

遗产债权多为被继承人生前的可期待财产性利益，例如，对方尚未支付的合同款。由于该财产性利益并未到期或并未实际取得，未能由被继承人实际控制，不属于被继承人死亡时所有的财产标的。此类财产性利益属于被继承人的遗产，应当予以记载。遗产债权应载明债务人、债权债务关系以及债权数额。

遗产债务应单独记载，与被继承人死亡时所有的财产标的加以区分。一方面是便于遗产分割时债务的偿还，另一方面是便于遗产清单效力的实现。遗产债务的记载应注明债权人、债权债务关系以及债务数额。

## 五、遗产清单的效力

遗产清单的效力可以从继承人和遗产债权人两个角度予以分析。

遗产清单的效力对于继承人而言，可分为积极效力和消极效力。积极效力使继承人享有限定继承权，即以记载的遗产为限承担被继承人生前债务。即便遗产无法偿还全部债务，继承人也无须以个人财产偿还未还清之遗产债务。消极效力主要是指继承人的无限责任。《德国民法典》中规定继承人需承担无限责任的情形有 4 种：(1)未按期完成遗产清单编制；(2)故意隐瞒遗产标的；(3)为损害遗产债权人利益而记载不存在的遗产债权；(4)在官方编制过程中拒绝或故意拖延答复询问。[②] 继承人若需承担无限责任则失去申请命令遗产管理之权利。[③] 因为继承人需要对被继承人的生前所有债务都承担偿还义务，故无遗产管理之必要。

遗产清单的效力对于遗产债权人而言则分两种情况。当遗产清单适时合理编

① 参见马俊驹、梅夏英：《无形财产的理论和立法问题》，载《中国法学》2001 年第 2 期，第 103~104 页。

② 参见《德国民法典》第 1994、2005 条。

③ 参见《德国民法典》第 2013 条。

制时，产生对遗产债权人向继承人追偿债务的阻断效力，同时保障了遗产债权人以记载遗产为限受偿的权利。当遗产清单未能适时合理编制时，遗产债权人可向继承人追偿，但失去以遗产清单记载的遗产受偿的权利保障。

遗产清单的效力对于继承人和遗产债权人呈反对应关系，若适时合理编制似乎对继承人更有利，若未能适时合理编制似乎对遗产债权人更有利。然而继承人和遗产债权人对遗产的归属原本就存在矛盾和冲突，二者都希望分得更多的财产。这种冲突不可能从根本上完全消除。编制遗产清单只是在双方的利益之间寻求一个相对合理的平衡点。遗产清单的效力必然围绕这一平衡点来建构。

## 六、遗产清单的查阅

《德国民法典》规定查阅遗产清单需要具备 3 个条件：(1)查阅人需与遗产有利害关系；(2)利害关系需证明；(3)得到法院许可。① 可见遗产清单并不是任何人都可以随意查阅，而且存在条件限制。

遗产清单直接反映了被继承人遗产状况，属于被继承人甚至关涉其整个家族的重要私人信息。而平衡知情权和隐私权是一个棘手的问题，它折射出了隐私权与知悉个人信息的知情权之间的内在冲突。② 美国学者威斯汀(Alan F. Westin)在《隐私权与自由》中指出：“所谓隐私权，指个人、集团或组织拥有决定在何时、以何种方式、在何种程度上将自己的信息传达给他人的权利。”③德国学者梅迪库斯还将联邦宪法法院在“人口普查案”中提及的相关权利概括为“个人信息自决权”。④ 正是出于对个人信息保护的考虑，才有必要对查阅遗产清单的人予以限制。因此，将查阅人限定为与遗产有利害关系的人，也是对利害关系人知情权的一种保护。可见，遗产清单的查阅也是在兼顾利害关系人知情权的前提下，尽可能保护遗产信息关联人的隐私权。

---

① 参见《德国民法典》第 2010 条。

② Howard Johnson, “Access to EU Documents — the Data Protection Exception”, *Communications Law*, Vol. 13, 2008, p. 17.

③ 赵双阁等：《中国隐私权制度的财产权能研究》，载《学术论坛》2006 年第 10 期，第 128 页。

④ 参见［德］迪特尔·梅迪库斯著：《德国民法总论》，邵建东译，法律出版社 2000 年版，第 810 页。

利害关系是一个较为模糊的概念。若只因有人主张而认定其具有查阅遗产清单的权利，则难以排除没有实际利害关系之人的查阅权，故需要证明。但证明是否成立，需要判断，最适合的判断者非中立的法院莫属。法院在认定申请查阅之人的确与遗产有实质性的利害关系，并且有查阅之必要时，方能许可其申请查阅。为了保护遗产信息实际关联人的隐私权，查阅了遗产清单的人，应当保密，不得泄露遗产相关信息。对于故意泄露遗产信息的行为应当给予处罚。

综上所述，编制遗产清册涉及的问题主要包括编制时间、编制主体、编制期间、遗产清册的内容和效力。遗产清册在限定继承时由继承人、遗产管理人、法院或专门机关编制。编制期间有固定期间和弹性期间两种。固定期间的优势在于划定统一标准，不依赖于继承人对遗产状况的了解程度，没有过多的人为干扰因素。弹性期间的优势在于可依据遗产构成复杂程度的不同而指定不同期限。编制期间应当有一定的延展性，可以设立延长规则和中断规则。遗产清册主要记载遗产的现状，可供利害关系人查询。查询应有合理理由，并向法院提出申请，查阅后应当对清册的内容保密。

## 第二节　通知和公告

通知和公告是遗产管理过程中的重要环节，对于遗产利害关系人的实质性权利有着重大影响。但在不同的遗产管理模式中，通知和公告的内容有所不同。

### 一、通知

遗产处置过程中的通知事项主要包括遗嘱信托中的通知、遗嘱执行中的必要通知以及狭义遗产管理中的通知。① 这三类不同的通知之间存在细微差别，以下分而述之。

#### （一）遗产信托中的通知

遗产信托中的生前信托和遗嘱信托的通知和公告存在较大差别。这与两种信

① Larry S. Dushkes, "The Special Provisions Applicable to Probate Proceedings", *Los Angeles Lawyer*, Vol. 37, 2014, pp. 11-13.

托设立的目的以及运作方式联系紧密。

生前信托，基本上都是针对某一项具体财产设立的信托，存在较强的契约性，因而具有较强的隐秘性。在设立生前信托时，委托人、受托人和受益人的身份都明确且无争议。而且信托财产从委托人的财产中独立划分出来，具有较强的独立性，与其他财产联系较少。在这种关系模式下，基本上不存在通知和公告事由。即便存在一般意义上的通知，也大抵是三方关系人之间的互相联系，与法定程序上要求的通知相去甚远。

遗嘱信托的通知和公告则相对复杂。通知和公告的对象和内容因设立信托财产的范围的差异而有所不同。

遗嘱信托可能仅就某一项财产设立信托。在除信托财产以外的遗产足以偿还遗产债务时，就某一项财产设立的信托与生前信托没有本质差别，故也不存在通知和公告事由。若剩余财产不足以偿还遗产债务，遗嘱信托中涉及的信托财产则有可能成为偿还遗产债务的标的。此时会出现通知和公告事由。由于信托财产具有独立性，其实际控制人(受托人)与遗产债权人之间没有直接的法律关系，遗产债权人无法直接向信托财产受托人主张取得该项财产。遗产债权人若想取得该信托财产以完成遗产债务清偿，需要借助司法程序。法院在接受该项申请时，遗嘱信托受托人可能并不知情。所以，在进入司法程序之后，遗嘱信托受托人和受益人都需要被通知，因为对于信托财产的处理，直接与其相关。而对于遗产债权人的通知，则可由受托人和受益人共同完成。

遗嘱信托也可能就被继承人的遗产作为一个整体设立信托。这类信托往往是管理遗产信托，即受托人在被继承人死亡后代为管理其遗产，直至遗嘱中指示分配遗产的条件达成时才进行遗产分割。例如，有继承人尚未出现时，暂不分割遗产。这类遗嘱信托与遗嘱执行有很多相似之处，主要区别在于，分割遗产条件达成之前，可就信托财产设立受益人，定期分配收益。此类遗嘱信托中，对于继承人的通知显得尤为重要。受托人是与遗产关系最为密切之人，应成为主要通知人。受托人的主要通知对象是继承人、受遗赠人和遗产债权债务人。

在无法通知的情况下，可以通过公告的方式予以通知。但不得违背被继承人的意愿。例如，被继承人在遗嘱中表明，在继承人未全部出现的情形下不得分割遗产。对于无法通知的继承人，不能因公告期已过，视为完成通知。但若一直无法取得联系，则永远无法完成遗产分割，也会损害其他继承人的合法权益。故而被继承人的这种意愿也应受到限制，可以考虑借用宣告死亡。即在通知公告期过后，可以对无法通知的继承人向法院提出宣告死亡。死亡宣告成立，则无继续通知之必要，方可进行遗产分割。

### （二）遗嘱执行中的通知

遗嘱执行中的通知包括对遗嘱执行人的通知、对继承人和受遗赠人的通知、对遗产债权债务人的通知和对特定事由的通知。

对遗嘱执行人的通知，因遗嘱的保密程度不同而有所差别。若是秘密遗嘱，在遗嘱开示之前，无从知晓遗嘱执行人。故而对遗嘱执行人的通知需在遗嘱开示之后方可实行。对于部分内容公开的遗嘱，尤其是遗嘱见证人或遗嘱保管人已经知晓遗嘱执行人的情形，见证人和保管人应当在知悉被继承人死亡时立即联系和通知遗嘱执行人。在大陆法系国家还可能存在遗嘱并未直接指定遗嘱执行人而委托他人指定遗嘱执行人的情形，此时，遗嘱见证人和保管人应及时通知被委托人。

对继承人的通知，主要是通知尚未出现的继承人。只有当继承人全部出现并表明接受或放弃继承之后，才能进行有效的遗产分割。对继承人的通知并不是遗嘱执行人的专属任务，因为遗嘱见证人和保管人、已经出现的继承人都可以成为通知人。但遗嘱执行人应当在其他人未通知时，及时行使该项职权。对受遗赠人的通知与对继承人的通知基本相同。

对遗产债权人的通知，应主要由遗嘱执行人来实施，其他人应予以协助。因为遗嘱执行人就职后，成为遗产的实际管理控制人，拥有处分遗产的权利。对于遗产债务人的通知，需要由遗嘱执行人和继承人共同为之。这与不同国家的继承观念和传统有一定关系。遗嘱执行人向被继承人的债务人催还债务，可能难以被遗产债务人认可，因此需要继承人帮助共同完成。

对于具体事项的通知，一些国家和地区的立法往往有专门规定，并不通用。《法国民法典》规定，遗嘱执行人在变卖不动产之前必须通知各个继承人，否则不动产的买卖不能产生对抗效力。[①] 由于不动产价值较大，更重要的是对于继承

① 参见《法国民法典》第1030-1条第2款。

人而言具有纪念意义，因此对于不动产处理应征得各继承人的同意。台湾地区“民法典”还对遗嘱的通知作了规定：“遗嘱保管人在知悉继承开始之事实时，应即将遗嘱交付遗嘱执行人，并以适当方法通知已知之继承人；无遗嘱执行人者，应通知已知之继承人、债权人受遗赠人及其他利害关系人。无保管人而由继承人发现遗嘱者，亦同。”①此条规定将通知人限定为遗嘱保管人和继承人，未对遗嘱执行人科以通知义务，对于尚未出现的继承人的通知亦未作出规定。

我们认为，对于遗嘱执行中的通知，没有必要限定由谁通知，重要的是能及时告知与遗产相关的利害关系人，并主张其对遗产享有的权利，抑或作出放弃取得相关财产的意思表示。遗嘱见证人和保管人、继承人、遗嘱执行人都可以通知。但需要有一个主体能够完成兜底式的通知任务，在存在遗漏通知时及时补充。由于遗嘱执行人是行使遗产管理职权之人，相对于其他人而言，更适合担任此角色。对于无法通知之人，同样可采取公告通知，亦不得违背被继承人之意愿。

### （三）狭义遗产管理中的通知

狭义遗产管理中的通知因继承人是否存在而略有不同。

若有继承人存在，继承人将成为主要通知人。由于无遗嘱存在，不可能指定遗嘱执行人，而被继承人死亡时又不能立即推选出遗产管理人。此时，继承人应及时通知其他尚未出现的继承人以及受遗赠人。随后，由各个继承人共同推选出遗产管理人，或向法院申请指定遗产管理人。若由法院指定遗产管理人，法院需将指定结果通知各继承人和受遗赠人。遗产管理人指定后，对遗产债权人的通知可由继承人和遗产管理人共同完成，但遗产管理人应对未及时通知的情形予以补充。

若遗产无人继承，被继承人的亲属或所在单位应及时通知被继承人生前惯常居所地的基层法院，由法院指定遗产管理人。在这类遗产管理中，遗产管理人将成为主要通知人，通知的对象主要是遗产债权人。

狭义遗产管理中的通知，由于遗产管理人的选任往往出现在通知事由之后，

① 参见台湾地区“民法典”第1212条。

由遗产管理人承担的通知任务相对较少，主要针对遗产债权债务人而为之。

值得注意的是，在国外的一些遗产管理实践中已经出现了通知欺诈的现象，虽然最终也能追究欺诈者的责任，但这无疑严重影响了遗产管理的进程和可信度，有必要在立法中进一步细化明确。① 遗产管理的通知目的都是敦促相关利害关系人及时主张权利，但在不同的遗产管理方式中略有不同，通知人和被通知人都存在细微差别，极易出现各方信息不对称的情况。故而，及时依法履行通知义务，才是解决这一类问题目前最行之有效的方法。

## 二、公告

### (一) 对遗产债权人的公告

对遗产债权人的公告，其设立的目的在于告知遗产债权人及时申报债权，以便在遗产管理过程中及时偿还遗产债务，之后能顺利分割遗产。

对遗产债权人的公告，德国民法称之为"对遗产债权人的公示催告"。此种公示催告需在承认继承后，由不承担无限责任的继承人、遗嘱执行人或遗产管理人提出申请；已申请开始遗产破产时，不得再申请公示催告；遗产破产开始后，公示催告程序即行终止。② 公示催告的期间为6个月，需在《联邦公报》和为遗产法院发布公告而指定的报纸上予以公布。③ 遗产债权人未在公示催告期间内申报其债权的，并不因此丧失债权，其债权需在已经申报的债权受清偿后才能被清偿，但仍然优先于特留份权利、遗赠和负担而生之债权。④ 公示催告并非对所有债权人都能产生影响，质权人、在支付不能程序中与质权人顺位相同的债权人和享有财产别除权的债权人、在强制执行不动产时享有从中受清偿的债权人、请求权被预告登记保全的债权人的债权不受公示催告的影响；此外，特留份权利、遗

① Catherine S. Curtis, "Notice Requirements: Adding to the Burden or Preventing Fraud for the Texas Probate System", *Texas Wesleyan Law Review*, Vol. 16, 2010, pp. 437-455.

② 参见杨永红：《德国民事诉讼中的公示催告程序》，http://bjgy.chinacourt.org/article/detail/2012/09/id/887545.shtml，最后访问于2022年9月10日。

③ 参见《德国民法典》第2061条。

④ 参见《德国民法典》第1973条第1款。

赠和负担亦不受公示催告之影响。[①]《德国民法典》对遗产债权人的公告，提出申请的人范围较广、公告期限也较长，但其效力仅限于降低了未及时申报债权的债权人受清偿的顺位，即在已申报债权清偿后才能被清偿。即便在遗产分割完毕后，继承人也还需要以其继承财产为限对遗产债权人承担清偿责任。[②] 这种立法设定并未阻断遗产债权人和继承人之间的债权债务关系。

对遗产债权人的公告，美国《统一遗嘱检验法》也有明确规定。除非已经完成通知，被继承人的人格代表需向遗产债权人发布公告，该公告需在当地报纸上每周发布1次并连续循环公告3周，以催告遗产债权人在公告第一次发布的4个月内主张其债权，否则永远不得再主张该债权。[③] 无论是否成功通知，被继承人的人格代表均无须向遗产债权人或继承人承担责任。[④] 美国对遗产债权人的公告提出了更高的要求，但也会对遗产债权人的债权产生更严重的后果，即剥夺遗产债权人在公告期后主张债权的权利。这种立法设定的目的在于通过遗嘱检验程序一次性中断被继承人的债务关系，避免遗产债权人和继承人之间再发生财产纠纷。

德国和美国关于对遗产债权人的公告的立法规定，从侧面反映出两大法系立法价值取向上的些微不同。大陆法系更偏重于对实体权利的保护，即便经过了公示催告程序，依然强调遗产债权人的实体权利需要得到充分的保护。但这种设定在很大程度上抑制了公告这一程序性事项的功能，违背公告程序产生的法律后果轻微，并未对实体性权利造成本质上的损害。相比之下，英美法系对程序性事项的效力显得更为重视，公告程序可直接排除未及时申报的债权人继续主张其权利的可能性。

对遗产债权人的公告不仅会对遗产债权人的权利产生直接影响，还可能影响到遗产分割，是所有公告中最重要的事项。

### (二)对遗产债务人的公告

对遗产债务人的公告，其设立目的在于催告遗产债务人按期履行其债务，并

① 参见《德国民法典》第1971、1972条。

② 参见《德国民法典》第2060条。

③ *UNIF. PROBATE CODE* §3-801(a) (amended 2010).

④ *UNIF. PROBATE CODE* §3-801(c) (amended 2010).

告知其债权人可能发生变更。《瑞士民法典》规定，在制作财产清单的同时，主管官厅应采取适当的公告方法，催告被继承人的债权人、债务人在规定的期限内提出其债权和债务。① 这一条将对遗产债权人和债务人的公告一并作了概括性规定，但并未提出具体的公告方式和要求。

从立法层面来看，对于遗产债务人的公告是否有必要已经出现了两种不同的态度。德国和美国没有此类规定，可视为持否定态度；瑞士有明文规定，可视为持肯定态度；此外，还有很多国家并未就此类公告事项作出规定。

从理论角度予以分析，遗产债权并不具有很强的人身专属性，是一种可期待利益，当然可以继承。只是由于该项债权可能尚未到期，暂时无法取得而已。但这并不影响遗产分割，只需要在遗产清单中予以记载，注明其价值，可以直接分配给继承人。对遗产债权的公告，其效力无非是对该项债权的重申，并告知遗产债务人其债权人可能发生变更。但这种法律效果的实现并不一定要依赖于公告的形式，只需向遗产债务人作出通知即可。

对遗产债务人的公告，由于其既不会影响遗产债务人和继承人的实际利益，也不会影响到遗产的分割，这种公告更多的是一种形式上的要求，其重要性不及对遗产债权人的公告。

### (三)遗产管理相关公告

德国遗产法院需将遗产管理命令在专门为其公告而指定的报纸上刊登公布。② 遗产管理命令的公告，是对被继承人的遗产进入遗产管理程序的一种宣告。公告的效果，对遗产管理人而言，是其开始实际管理和控制遗产的宣告和证明；对于继承人而言，其对于遗产的权利将暂时受到限制；对于遗产债权债务人而言，需要承认遗产管理人的法律地位，并可主动申报其债权债务。这些宣告效果本已蕴含在民法典的具体条文之中，公告只是对于这些效果的再一次集中重申。所以，许多国家的民法典中没有规定对遗产管理命令予以公告。

---

① 参见《瑞士民法典》第582条第1款。

② 参见《德国民法典》第1983条。

美国《统一遗嘱检验法》也有类似的规定，但不是针对遗产管理命令，而是专门强调人格代表被任命，由人格代表在对遗产债权人的公告中一并公告，并需记载人格代表的联系地址。[①] 由于人格代表在选任时，就已经为继承人所知悉，没有必要再次对继承人重申。对遗产债权人而言，该项任命则可能难以知悉，故需要以特定方式告知。而对遗产债权人的公告是遗产管理中的重要程序，在该项公告中一并公告，有一石二鸟之效果。关于人格代表联系地址的公告要求，是为了便于遗产债权人取得联系并申报债权，完全是从实务角度出发作出的安排，体现出了英美法系规则的实用主义倾向。

**(四)遗产债务分配方案公告**

《法国民法典》规定，遗产管理人应制定债务清偿方案并予以公示，没有获得全数清偿的债权人可以在清偿方案公示起一个月内对该方案向法官提出异议。[②]这种公示没有要求在特定的报纸上予以公告，只要能由遗产债权人知悉即可，属于小范围的公告。由于没有形式上的要求，可以采取任何方便的形式实施，具有较强的灵活性。此种公告的目的，在于让债权人了解遗产债权的分配，以确保其债权没有被恶意侵害。该规定还赋予没有获得全数清偿的债权人向法院提出分配方案异议的权利。法院可应异议债权人之申请审查遗产债权分配情况，成为遗产债权人的债权未公平获得清偿时的最后救济机关。遗产债务分配方案的公示，有助于提高遗产债务分配的透明度。

综上所述，遗产管理中的公告主要包括对遗产债权债务人、遗产管理相关事项以及遗产债务分配方案的公告。通知在不同的遗产管理方式中略有不同，通知人和被通知人都存在差别。通知的目的都是敦促相关利害关系人及时主张权利。遗产管理中的公告主要包含对遗产债务人的公告、对遗产债权人的公告、遗产管理事务公告和遗产债务分配公告。具体的公告类型需由各国法律来确定。公告应尽合理公告之义务，需适当考量境外公告对象当地的公告要求。

---

① *UNIF. PROBATE CODE* § 3-801(a) (amended 2010).

② 参见《法国民法典》第 810-5 条第 1 款、第 3 款。

# 第三节 遗产破产

## 一、遗产破产主体和功能

遗产破产是指被继承人死亡后，若其遗产不足以清偿所欠债务，也无继承人继承遗产，或者虽有继承人，但继承人仅为限定继承或全体抛弃继承，或者未抛弃继承的继承人全体均有破产原因，经债权人、继承人、遗产管理人及对遗产有管理权的遗嘱执行人的申请，由法院针对遗产所宣告的破产。[①] 遗产破产与一般破产本质上相同，也存在一些特殊性。

### (一)破产主体

破产能力(ronrwrsfuhigkeit)的概念来源于德国的破产法理论，是指有破产原因的债务人具有的法律上为破产程序之进行的资格。[②] 遗产破产则是在自然人和法人破产的基础上演化而来的一种特殊破产类型。由于遗产破产中的债务人及被继承人已经死亡，无破产能力，难以成为破产主体。被继承人无破产能力是被继承人作为遗产破产主体的最致命缺陷。

遗产最终将归属于继承人，也与继承人的实际利益联系最为紧密。即便如此，继承人也不能成为破产主体。首先，遗产破产本质上是对被继承人财产状况的清算，而不是对继承人财产状况的清算。继承人作为破产主体，则可能导致对不存在破产原因的继承人承担被宣告破产的后果，因为宣告遗产破产的同时也宣告了破产主体的破产。但事实上，继承人作为破产主体，其个人财产可能并不存在破产情形。从自然人破产的角度出发，遗产破产和继承人破产应是两个相对独立的概念。其次，在破产程序中，遗产应该与继承人的财产加以区分。继承人若放弃继承或只承认限定继承，遗产不得与继承人的财产混同。在继承人放弃继承或只承认限定继承时，破产财产是遗产本身，继承人破产的财

① 汤维建著：《破产程序与破产立法研究》，人民法院出版社 2001 年版，第 109 页。

② 王晓鑫：《遗产破产能力刍议》，载《经济问题》2006 年第 6 期，第 21 页。

产则是继承人的个人财产，继承人作为破产主体应该只能代表其个人财产而不包括遗产。只有在完全概括继承，即继承人可能需要以个人财产偿还被继承人生前债务的情况下，遗产才能与继承人的财产产生实质联系。若不区分遗产和继承人的个人财产，可能出现遗产存在破产原因，但由于继承人作为破产主体被宣告破产后，破产原因又不成立的情形。即继承人的个人财产和遗产混同后不存在资不抵债的情况。在完全概括继承的情况下，继承人继承遗产并承担无限责任，此时不应该单就遗产宣告破产，因为遗产已经成为继承人财产的一部分。即便要申请破产，也只能申请继承人破产。最后，遗产破产发生时间点出现在继承人对遗产享有完全所有权之前。一旦出现遗产破产，则无法进行遗产分割，而继承人在遗产分割之前是没有完全所有权的。继承人也不应跨越这个时间节点，提前成为遗产破产的主体。

遗产管理人更不能成为破产主体。原因与继承人不能成为遗产破产主体大体相同。与继承人相比，遗产管理人与遗产之间还缺乏实质性的利益联系。遗产管理人的主要任务是管理遗产，不能成为遗产的最终归属，其对于遗产的实际控制和处分权只限于管理遗产之必要。可以说，遗产管理人称为破产主体，名不正、言不顺。而遗产管理人最合适的角色是遗产破产管理人。因为遗产管理人参与了一段时间的遗产管理活动，对于遗产的构成和相关利害关系人更为了解，可以更高效地实施遗产破产管理活动。

排除与遗产相关性最强的三种具有民事权利能力的主体之后，遗产破产最适合的主体只有遗产本身。遗产可以被认为具有拟制的法律人格，具有一定的民事权利能力，且具有形式上的法律地位。① 在遗产被分割之前，遗产对于继承人和遗产管理人的财产而言，都具有较强的独立性。可将遗产类比于独立的财团法人，推定其为破产主体。虽然财团法人的概念并没有被所有国家采纳，但并不影响这种推定。因为这是遗产作为一种特殊的破产财产，难以寻找到合适的破产主体而作出的不得已选择。这种推定的重点在于强调遗产在破产过程中的独立性，与相关利害关系人的财产加以区分。否则遗产破产制度的设立根基会被动摇，遗产若可以与其他财产混同则会失去遗产破产原因，也没有必要专门就遗产设立破

① 王晓鑫：《遗产破产能力刍议》，载《经济问题》2006 年第 6 期，第 21 页。

产制度。遗产破产作为一项特殊的破产制度，与普通破产相比难免会存在不同之处，这种破产主体的推定即是其特殊性之一。

### (二)核心功能

遗产破产的核心功能包括三个方面：(1)偿还遗产债权人的债务；(2)维护继承人的个人财产利益；(3)帮助实现限定继承。这三个方面是从不同的角度对遗产破产制度的解读，互相联系、相辅相成。

遗产破产中最实质性的环节即偿还债务。由于受限定继承制度的限制，遗产债权人的债权可能并不能得到足额偿还。遗产破产的主要目标则是以有限的遗产在数名遗产债权人之间公平分配。若只存在一名债权人，则不存在分配问题，但其受偿范围依然仅以遗产为限。因为遗产破产程序保护的不仅仅只是遗产债权人的利益，同样需要考虑到继承人的利益。

遗产破产对于继承人的保护是中断了遗产债权人与继承人之间的债权债务关系。通过遗产破产程序，遗产债权人的债务得到了偿还，其与被继承人之间的债权债务法律关系终结。即便遗产债权人再向继承人主张继承偿还被继承人的债务，也不会得到法律上的支持。继承人的个人财产间接地受到遗产破产程序的保护。

限定继承制度的核心在于有限责任，即继承人享有权利或承担义务都以遗产为限。限定包括两种情形：(1)偿清遗产债务之后，继承人继承剩余财产；(2)遗产不足以偿还全部债务，继承人无财产继承亦无须以个人财产偿还遗产债务。遗产破产程序则是对于实现后者而专门设立的制度。

遗产破产作为实现限定继承的方式之一，需要兼顾遗产债权人和继承人双方的利益，它对二者都有一定程度的保护作用，同时都有一定的限制：对于遗产债权人而言，其受偿范围受限，以遗产为限；对于继承人而言，其继承权受限，需排在遗产债务偿还之后。

## 二、遗产破产原因

破产原因(ronkurigrund)，源于德国破产法理论，是指就债务人存在的、能够对债务人宣告破产的原因和根据，因为它是衡量债务人是否陷入破产的界限，故又称之为破产界限。①在英美法系，通常称之为“破产行为”，可追溯至英国1914年《破产法》，有学者专门就其中包含的破产行为作了系统的论述。②

遗产破产的原因，有两个因素需着重考量：遗产破产的财产范围和遗产破产的标准。遗产破产财产的范围会影响到遗产债权人的实质利益，而遗产破产的标准则是界定遗产破产的重要依据。

### (一)遗产破产的财产范围

遗产破产的财产范围，概括而言即遗产，此处遗产则应指第二章中所提及之遗产的范围。总体上可分为三类：(1)被继承人所有的无债权债务关系的财产；(2)由继承人持有的、遗产债务所指向的财产；(3)虽未被继承人持有，但应归属于他/她的、遗产债权所指向的财产。

前两类财产毫无疑问应当纳入破产财产的范畴，因为这些财产在被继承人死亡时由其持有，遗产债务指向的财产当然应归还债权人，而无债权债务关系的财产亦应当用于偿还未足额偿还之债务。

遗产债权所指向的财产略有不同。因为这类财产在被继承人死亡时，严格来说，尚不属于被继承人的财产，只能算是被继承人的可期待利益。这类财产是否应当纳入破产财产的范畴，从本质上考虑，即这类财产是否应当用于偿还遗产债权人的债务。这类财产若不用于偿还遗产债权人的债务，则会由继承人取得。这就间接地承认了继承人就该项财产对于遗产债权人享有优先权。这显然违背了遗产破产制度的核心功能。因为遗产破产保护继承人的限定继承权的前提条件是遗产债权人的债务得到清偿。因此，遗产债权所指向的财产亦应当纳入破产财产的范畴。

### (二)遗产破产的标准

大陆法系和英美法系关于遗产破产的起因在名称上有所不同，在遗产破产的标准认定方式上亦存在差别。

---

① 参见韩长印：《破产原因立法比较研究》，载《现代法学》1998年第3期，第101页。

② Kenneth Smith & Denis Keenan, *Mercantile Law*, Pitman 1982, pp. 338-341.

德国《支付不能法》规定，遗产破产的实质标准是支付不能和资不抵债。[①] 所谓支付不能，其包含的清偿能力是一个综合概念，并非仅针对被继承人的财产而言，还包括信用、劳务等，只有以资产、信用、劳务的任何一种方式都不能清偿债务的，才能认定为无清偿能力，有学者称之为“现金流量标准”。[②] 也有学者指出，支付不能的关键在于“一种不能清偿的客观经济状态”，须是对债务人已提及的到期债务持续性、一般性的不能清偿，且不限于金钱债务。[③] 而所谓资不抵债（又称“债务超过”），则是以资产总额和负债总额的对比为判断，债务人的财产不足以偿还到期债务即可，不考虑信用、劳务因素，又称为“资产负债标准”。[④] 简言之，支付不能是一种对偿还能力的描述，而资不抵债则是一种对资产状况的评估。由于被继承人已经死亡，故不存在偿还能力之说，信用、劳务因素亦无法计算。遗产破产的可行性标准实质上只有资不抵债。

1986 年英国破产法和 1978 年美国破产法对破产原因的概括性规定形异而神同，对其列举主义体例下的破产行为作一概括提炼，大致反映出债务人存在以下事实：债务人财产状况恶化的事实（包括消极的和积极的）、债务人信用动摇的事实、债务人转移财产的事实。[⑤]但这些事实只适用于衡量一般破产。而在遗产破产中，被继承人不可能出现上述事实。但债权人可因债务人不能清偿到期债务或不具有清偿债务的合理可能而申请破产。[⑥] 在遗产破产中，是否具有清偿债务的可能性，在被继承人死亡时已确定，不会再产生变动。而债务人死亡，自然也不能主动清偿到期债务。遗产债权人可因此提出破产申请，但是否进入破产程序，依然需要依据被继承人的资产状况决定。

虽然两大法系在破产起因的认定标准上有所不同，但对于遗产破产，唯一的

---

① 参见《德国支付不能法》第 320 条。

② 参见王春梅：《议遗产破产》，载《哈尔滨工业大学学报（社会科学版）》2005 年第 5 期，第 105 页。

③ 参见韩长印：《破产原因立法比较研究》，载《现代法学》1998 年第 3 期，第 102 页。

④ 参见王春梅：《议遗产破产》，载《哈尔滨工业大学学报（社会科学版）》2005 年第 5 期，第 106 页。

⑤ 参见韩长印：《破产原因立法比较研究》，载《现代法学》1998 年第 3 期，第 102 页。

⑥ 参见汤维建著：《优胜劣汰的法律机制：破产法要义》，贵州人民出版社 1995 年版，第 74 页。

认定标准只有被继承人的资产状况。只需要分析其遗留的财产是否出现资不抵债的情形，由此判断遗产破产是否开始。也就是说，资不抵债是两大法系遗产破产认定的唯一标准。

## 三、遗产破产程序

遗产的破产程序是遗产处理中的重要环节，也是均衡保护遗产继承中各方利益的一种行之有效的办法。我国目前还未建立完善的个人破产程序，但随着遗产管理制度的不断发展，今后仍然需要面对这类问题。而美国在遗产破产方面早已出现了庭外遗产管理人管理、依据破产管理令管理和法庭管理三种方式，① 就破产财产的计算、共同所有权以及财产混同等问题也有较为全面细致的研究。② 但由于英美财产法体系与我国现行立法存在较大差异，因此我们在遗产破产方面可以更多考虑大陆法系的做法。

### （一）遗产破产申请

德国《支付不能法》专门就遗产破产程序中的申请人作了规定，任何继承人、遗产管理人、其他遗产看管人、有权管理遗产的遗嘱执行人以及任何遗产债权人，均有权提出申请。③ 自然人破产的申请人往往只包括债权人和债务人两方。而遗产破产的申请人的范围则明显要广很多。主要原因在于被继承人已经死亡，无从影响到债务人的生存状况，且债权债务关系的处理仅限于遗产，不会有变动，及时处理更为妥当。而有申请资格的人越多，早提出破产申请的可能性越大，有利于对相关权利人利益的保护。

该法还对受理法院提出了要求，申请非由全体继承人提出的，启动程序的原因可信时，准许申请，对支付不能，法院应当听取其他继承人的意见。④ 听取继

① Edward Cumming, "Insolvency Issues for Trust and Estates Practitioners: Part 1", *Insolvency Intelligence*, Vol. 23, 2010, pp. 33-37.

② Roger Kerridge, "Reform of the Law of Succession: the Need for Change, Not Piecemeal Tinkering", *Conveyancer and Property Lawyer*, Vol. 2, 2007, pp. 47-69.

③ 参见德国《支付不能法》第 317 条第 1 款。

④ 参见德国《支付不能法》第 317 条第 2 款。

承人的意见主要为了了解继承人对于继承模式的选择。若有继承人愿意接受完全概括继承，则没有进入遗产破产程序之必要。因为继承人将继受被继承人的债权债务关系，并可能需要以个人财产偿还债务。此种情况下，遗产破产将不复存在。此外，听取其他继承人的意见，也有利于更全面地了解被继承人的财产状况，帮助判断是否出现资不抵债之情形。

该法还规定，遗产管理权为一名遗嘱执行人享有的，在继承人申请开始程序时，应当听取遗嘱执行人的意见，在遗嘱执行人提出申请时，应当听取继承人的意见。① 遗嘱执行人需尽可能去实现遗嘱的终意处分，而这种终意大多不会是破产。遗产若不进入破产程序，可能使得全体继承人承担无限责任，亦可能损害继承人之利益。在此种情形下，双方都有必要听取对方之意见，既是职责和利益所在，亦是公平之基本要求。

### (二)遗产破产中的期限

遗产破产中的期限主要包括两方面问题：一是债权人申请破产的期限限制；二是遗产债务的到期期限的提前。

德国《支付不能法》规定，自继承承认时起已经经过两年的，不准许遗产债权人提出开始支付不能程序的申请。② 继承承认至遗产分割之间通常会经历一段时间。若采取限定继承，则需要开始进行遗产清单的编制等遗产管理活动，并优先偿还遗产债务。但在遗产分割之前，继承人并不能取得遗产的实际所有权。因此，遗产管理或遗产破产也需要一定的时间限制，不应该无期限拖延。长期拖延不仅对继承权有损抑，也是对人力资源的浪费。在德国民法中，债权适用普通消灭时效，期限为三年。③ 而申请遗产破产本质上是遗产债权人对债权的重申，但未及时申请并不必然导致债权的消灭，故申请破产的期间短于消灭时效而设定为两年。

遗产债务到期期限的提前，是由于遗产作为待分配财产，其总量固定，一次

---

① 参见德国《支付不能法》第 317 条第 3 款。

② 参见德国《支付不能法》第 319 条。

③ 参见《德国民法典》第 194、195 条。

分配才能更好地实现公平分配。故需要将未到期之债务视为已到期，共同参与分配。如果先分配到期债务可能使处于同一顺位的债权人因债务到期的时间点不同而遭遇完全不同的结局。这对于债务后到期的遗产债权人是极不公平的，直接损害了其实体权益。

### (三)与继承人破产的关系

在限定继承中，遗产破产与继承人破产应为两个独立的破产。首先，破产主体不同，遗产破产的主体是遗产本身，而继承人破产的主体是继承人。其次，破产财产的范围不同，遗产破产财产以遗产为限，而继承人破产财产以继承人的个人财产为限。再次，破产偿债的对象不同，遗产破产偿债对象是被继承人的债权人，而继承人破产偿债对象是继承人的债权人。最后，继承人破产属于自然人破产，而遗产破产属于特殊类型的破产，虽包含部分自然人破产的因素，但破产主体与财团法人作为破产主体有一定的相似性。

但在无限责任继承中，由于继承人需对遗产债权承担责任，遗产债权人可以直接向继承人主张权利。而继承人则可能需要以自己的个人财产予以清偿。因此，遗产破产财产的范围可能出现变动。而破产财产的数额是遗产破产开始的唯一标准，如果其产生变动，会直接影响到遗产破产程序的启动。因此，在无限责任继承中，遗产破产程序没有存在之必要，因为遗产债权人可以直接向继承人主张债权，甚至可以申请继承人破产。

### (四)遗产破产清偿顺序

美国《统一遗嘱检验法》规定，若出现遗产无法完成对现存遗产债权的清偿，遗产管理人需将遗产按金钱或其他方式予以分类，并按照如下顺序予以清偿：(1)遗产管理相关费用；(2)联邦和州政府基于其他法律规定而享有的优先权的债权；(3)因支持、照料、教育、健康、福利等事由而之前一直受关照的人或生活依赖于该受关照的人提出的权利；(4)进入遗产管理之前的债权请求；(5)其他债权请求。①

---

① *UNIF. PROBATE CODE* § 5-429 (d) (amended 2010).

德国《支付不能法》规定的遗产破产清偿顺序为：(1)支付不能程序的费用；(2)在通知遗产破产之后设定的，但不属于程序费用的遗产债务；(3)一般遗产债权；(4)由遗产向债务人及其家庭给予的必要抚养费用；(5)遗产债权人的债权产生之孳息；(6)对特留份权利人的债务；(7)遗赠和负担产生的债务。①

这些关于清偿顺序的规定都具有一定的参考价值，可以为指定遗产破产清偿顺序提供参考。而在同一顺位中的债权人，应按照债权比例予以分配。不同类型的债权，可以通过官方的折价合算的方式予以界定。

综上所述，遗产破产的功能在于合理分配遗产，破产标准是资不抵债，破产财产的范围应限于遗产。破产程序主要包括破产申请、破产期限、破产清偿顺序等事项。遗产破产作为实现限定继承的方式之一，需要兼顾遗产债权人和继承人双方的利益，故而对于二者都有一定程度的保护作用，但又同时都有一定的限制：对于遗产债权人而言，其受偿范围受限，以遗产为限；对于继承人而言，其继承权受限，需排在遗产债务偿还之后。

## 第四节　遗 产 分 割

遗产分割是遗产管理活动中的最后环节，也是关系到继承人实际利益的重要环节。对于各类遗产管理人而言，遗产分割是其管理活动的重中之重。遗产分割的依据有依被继承人的遗嘱分割、依共同继承人的协议分割、依法院的判决分割三种；分割的方法有实物分割、变价分割、补偿分割、保留共有四种。② 遗产管理人应充分了解遗产分割的依据和方法，不宜掺杂个人意愿来分配遗产。在遗产分割过程中，遗产管理人的角色定位应该是组织者、建议者和实施者。

### 一、债权债务处理

存在无限责任继承人时，债权债务的处理不是遗产分割的前提，由该无限责

① 参见《德国支付不能法》第 39、100、101、209、327 条。

② 参见蒙冬梅：《论我国继承法之遗产分割制度》，载《广西社会科学》2009 年第 12 期，第 62~63 页。

任继承人概括承受被继承人的债权债务。此时，可直接分配遗产而不考虑优先处理遗产债权债务。但在限定继承中，遗产债权债务的处理，是遗产分割的前提。这是限定继承模式的题中之意。而且遗产债权债务的处理也应遵循一定的处理方式。

### (一)遗产债权的处理

遗产债权的处理可以分为对到期债权的处理和对未到期债权的处理。对于到期债权，遗产管理人应该会同继承人积极主张，尽量将可期待的债权转化为实体性权利，以便于分割。对于未到期债权，遗产债务人可能会主张债权未到期而暂不偿还。从理论上分析，遗产债务人有该项权利，毕竟遗产债权也有权利义务的继承人，而且该请求并不实质性影响继承人的实体权利。因为对于未到期债权可以进行估价分配，并告知遗产债务人新的债权人即可。倘若因被继承人死亡而要求遗产债务人立即偿还债务，对于遗产债务人稍显不公。因为此种要求改变了被继承人生前与遗产债务人之间的约定，对遗产债务人提出了更高标准的要求，甚至还可能影响到遗产债务人的实体性权利。对未到期遗产债权，可以通知遗产债务人，若其主动提前偿还债务，则应及时载入遗产清单；若其无法立即偿还，亦不应提出必须立即偿还之请求，只需对该债务进行估价，作为可期待财产性权利进行分配即可。

### (二)遗产债务的处理

偿还遗产债务应对已申报的债权进行统计，如果出现资不抵债之情形，应及时申请遗产破产。若无资不抵债之情形，则进入遗产债务清偿阶段。遗产债务清偿不存在已进行申报的遗产债权人的债权无法得到清偿之情形，故遗产债务的偿还清偿顺序没有遗产破产中清偿顺序那么重要。即便如此，《法国民法典》依然规定了遗产债务的清偿顺序：(1)继承人按照债权人的债权所享有的担保的顺位，清偿登陆了担保的债权人的债权；(2)报明了债权的其他债权人按照报明债权的顺序接受清偿；(3)钱款的遗赠在债权人获得清偿之后再行支付。[①] 在这一

① 参见《法国民法典》第796条。

清偿顺序中，偿还的前后顺位关系相对较少，更多的是一种偿还先后顺序的安排。当财产型权益不足以偿还遗产债务时，遗产管理人应该有权出售被继承人的不动产来统一规划安排遗产债务。① 这也进一步说明遗产债务的处理与遗产破产的偿还顺位存在着本质差别。

对未到期遗产债务的处理，若遗产债权人同意提前偿还，则可以提前清偿；若债权人不同意，则应提前预留相应份额，可提存或交由某一继承人管理并清偿。在大多数情况下遗产债权人通常都会接受提前清偿。但对于可能影响到遗产债权人利益的情况，例如有息借贷，债权人为了获得更多的利息而拒绝提前受偿。但是否必须按照被继承人生前和遗产债权人之约定清偿，则应视具体情况而定。若是基于约定的合理请求，应当依约履行。若债权人存在主观恶意，例如高利贷，则不应支持。《法国民法典》中规定的处理方式则是，在作出保留财产的声明或者转让财产的所得可以支配之日起 2 个月内向债权人进行清偿。② 这是一条对于所有债权清偿时间限制的规定，对于未到期的债权同样适用，因此，属于将未到期债权视为到期债权一并处理。

对于遗赠和负担所生债务，通常都安排在普通债权之后进行清偿。而负担所生之债务，偿还后若能产生新的债权，例如就部分遗产设立的担保，则应将新的债权作为可期待利益纳入遗产的范畴。

## 二、遗产归扣

### (一) 遗产归扣的必要性

遗产归扣的设立，主要是为了使遗产能在各个继承人之间进行更为公平合理的分配。遗产归扣制度的核心价值是尊重个体自由和维护家庭伦理关系，同时是“法律拟制”技术方法在立法中的恰当运用。③ 通过“法律拟制”的方法实现遗产在

① Christopher J. Winton, “A Probate Happens: How to Sell Real Estate During a Decedent's Estate Administration”, *West Virginia Lawyer*, Vol. 12, 2005, pp. 30-32.

② 参见《法国民法典》第 797 条。

③ 参见李洪祥：《遗产归扣制度的理论、制度构成及其本土化》，载《现代法学》2012 年第 5 期，第 55~56 页。

各继承人之间实质性的公平分配，以维护家庭伦理关系，但又优先尊重被继承人对于特定财产处理的意思表示。遗产归扣制度的设置是在尊重法的自由价值的前提下尽可能地实现法的公平价值，因而被德国、法国、瑞士、日本、奥地利、意大利、西班牙、葡萄牙、菲律宾、马耳他等众多国家立法所采纳。

### (二)遗产归扣的模式选择

关于遗产归扣的模式，主要包括两种类型：列举型归扣和原则加例外型归扣。

列举型归扣针对需要归扣的财产类型一一列举，同时为了兼顾对被继承人意愿的照顾，对于部分列举的财产又设立例外。这种模式的优势在于归扣财产的范围十分固定，不存在过多的推断，便于规则的适用。列举型归扣的不足之处在于规定相对烦琐，例外情况较多，不容易被人完全了解，导致其对财产处分的自由可能因不了解规则而受限。

原则加例外型归扣是设立一个统一的归扣标准，然后再专门设立例外情况。例如葡萄牙，先设立一切无偿性开支均应归扣的原则，再设立被继承人表示免于归扣、意外灭失和习俗免于归扣 3 种例外。原则加例外型归扣的优势在于条文内容和结构清晰，易于了解，会相对减少因不了解规则而不能真正实现自由处分的概率。由于一般原则归扣的范围较广，因而对于例外的规定往往具有一定的抽象性，有些是否属于例外情形需要作出价值判断，可能存在争议，这是其不足之处。

两种归扣模式各有所长，需要结合各国的相关法律和继承习惯予以选择。但在归扣制度设立之初，为了减少争议，列举型归扣的优势能得到较好的发挥；但从长远来看，原则加例外型归扣能更好地实现尊重被继承人处分自己财产的自由。

### (三)遗产归扣的实施

遗产归扣原则上应在财产分配之前进行。只有完成了遗产债权债务的处理以及遗产的归扣，待分配的遗产才能最终确定。唯有如此，才能一次性有效地完成财产的分配，提高遗产管理的效率。例外情形应当针对遗产分配完成后才知悉的待归扣财产。为了继承人的实际利益，即便完成了遗产分配，也可以对于这类后知悉的财产进行归扣和分配。

遗产归扣的对象应限制在继承人范围内。归扣制度的设立是为了实现遗产在继承人之间公平分配，不应扩大解释遗产归扣的对象范围。否则，遗产归扣制度的设立将与赠与制度产生严重冲突。

在归扣的过程中，已经赠与的财产通常无须返还，只需从应继份中扣除即可。对于超过应继份的赠与，各国立法通常规定免于返还，但同时失去分配其他遗产的权利。也就是说，归扣制度在具体实施的过程中，大多不需要实际的返还财产，只需与应继份相冲抵即可。待归扣财产纳入遗产的范围再进行分配，主要是对遗产进行了一次观念和形式上的重新计算和分配，并不会对已经作出的赠与产生实质性的影响。此种归扣方式为观念归扣主义(idealkollation)，又称价额归还主义或充当计算主义,① 为德国、法国、瑞士、日本、意大利、葡萄牙等国的立法所采纳。② 与此相对应的还有一种实物归扣主义(realkollation)，又称之为现物归还主义,③ 即需要尽量返还原物或使其他继承人获得相同性质类别和数量的遗产，为西班牙立法所采纳。④ 可见，各国对于归扣的具体实施方式依然是观念归扣为主。实物归扣往往是由继承人自己选择的归扣方式，例如法国和瑞士。⑤ 观念归扣更便于实际操作，亦能实现遗产分配的实质公平，故而为更多国家立法所采纳。而实物归扣也有存在之必要，尤其是对于有特殊纪念意义之物。实物归扣可以作为观念归扣的补充实施方式。

## 三、应继份和特留份

应继份和特留份也是继承法中的重要内容，不少国家的继承法都对此作了较

---

① 参见张平华、刘耀东：《遗产分割中归扣法律制度研究》，载《法学论坛》2009 年第 1 期，第 48 页。

② 参见《德国民法典》第 2055 条、《法国民法典》第 860 条、《瑞士民法典》第 628 条、《日本民法典》第 903 条、《意大利民法典》第 728 条、《葡萄牙民法典》第 2108 条。

③ 参见张平华、刘耀东：《遗产分割中归扣法律制度研究》，载《法学论坛》2009 年第 1 期，第 48 页。

④ 参见《西班牙民法典》第 1047 条。

⑤ 参见《法国民法典》第 859 条、《瑞士民法典》第 628 条。

为详细的规定，这两种制度反映出的一些问题也值得关注。

### (一)应继份

应继份是继承人从范围已确定的遗产中应当分得的继承份额。法定应继份则是法条中规定的某些继承人应当继承遗产总价值中的最低份额。德国、法国、瑞士、日本及我国台湾地区“民法典”都对法定继承份额作出了规定，并都非常重视配偶的法定应继份份额。① 现代各国及地区关于配偶应继份的规定，大体有三种立法例：(1)将配偶列入固定的继承顺序，并与该顺序的血亲继承人均等继承，没有同顺序的血亲继承人时，配偶取得全部遗产；(2)不将配偶列入固定的继承顺序，可以与不同顺序的血亲继承人一起继承，其应继份因血亲继承人的顺序而异；(3)赋予配偶先取权，继承开始后，配偶先取得一定遗产，然后再与血亲继承人一起继承。② 其中第二种立法模式多为大陆法系国家和地区所采纳，例如德国、日本、我国台湾地区；而第三种立法模式多为英美法系国家所采纳，例如英国、美国、加拿大。无论采取何种立法模式，都说明配偶的继承权在现代继承法体系中有着举足轻重的地位，应当受到重视。

配偶继承权之所以受到重视还有重要的社会因素。首先，婚姻关系在现代亲属关系中的重要性日益凸显。在家庭小型化社会背景下，婚姻关系是家庭关系的核心因素。在外部关系中，婚姻关系又成为其他亲属关系的重要纽带，配偶在维持家庭正常运转的过程中承担着最重要的角色，相比其他亲属而言承担着主要经济压力，理应分得更多的遗产。其次，被继承人的财产多数与配偶共同创造，即便不是直接由配偶现实取得，也与配偶的共同努力和帮助息息相关。对于这样创造出的财富，配偶也应当适当多分。再次，配偶在丧偶时将承担更多额外的生活压力，可能还会面临着“上有老，下有小”的情况，在遗产分配时也应给予适当照顾。但是，配偶享有前述“特殊”待遇的前提是为该家庭作出了应有的贡献，

① 参见《德国民法典》第1924~1934条，《法国民法典》第733、734、745~767条，《瑞士民法典》第460、462、473条，《日本民法典》第887、889、890、900条，台湾地区“民法典”第1138、1144条。

② 参见王蓓：《配偶的法定继承顺序和应继份研究》，载《天府新论》2008年第5期，第72~73页。

承担了与其身份相对应的生活压力和负担，否则，配偶不应在分配遗产时享受特殊照顾，因为于情于理都无法作出合理解释。

### (二)特留份

特留份制度主要是大陆法系国家普遍适用的通过对特定的法定继承人规定一定的应继份额来限制遗嘱自由的制度，其设置是基于法定继承人的亲属身份关系，不考虑该继承人是否有劳动能力、有生活来源，且明确规定了特留份的应继份额。① 特留份的实质是对特定的近亲属的继承期待权的保护，目的在于维护亲属身份的伦理价值，保护近亲属的继承权益，从而维护家庭的稳定，实现家庭的养老育幼功能。②

特留份制度还有另一重要功能，为维护社会公共秩序和善良风俗提供直接的法律依据。三亚老人树某将百万元遗产通过遗嘱赠与保姆引纠纷。③ 此类案件在黑龙江、南京、兰州等地相继发生多次。④ 虽然保姆照料老人，也取得了对应的报酬，在子女并未出现不赡养老人的情况下取得巨额财产，有违公平正义。这几件案例中的保姆都是由子女出资聘用，并未出现完全不赡养老人的情形。而且这几个案例都存在一个相同的因素，即保姆与被照料的老人之间存在感情纠葛，有违善良之风俗。此外，国内曾一度闹得沸沸扬扬的“二奶争产第一案”⑤也与这些案件殊途同归。若法律明文规定了特留份制度，将在一定程度上减少这类情况的

① 参见夏吟兰：《特留份制度之伦理价值分析》，载《现代法学》2012 年第 5 期，第 42 页。

② 参见夏吟兰：《特留份制度之伦理价值分析》，载《现代法学》2012 年第 5 期，第 42 页。

③ 参见林方岱：《三亚老人立遗嘱将百万元遗产给保姆 家属闹上法庭》，载《南国都市报》2014 年 6 月 17 日。

④ 参见孙思娅：《保姆和老汉结婚 18 天后丧偶携 14 份遗嘱争遗产》，载 http://www.hinews.cn/news/system/2011/09/09/013307984.shtml；《保姆照顾癌症老人三个月获百万遗产 两人曾想结婚》，载搜狐网：http://news.sohu.com/20120912/n352951022.shtml；陈霞：《老翁遗产全赠保姆 独生女状告父亲“同居女友”》，载 http://gansu.gscn.com.cn/system/2013/11/20/010513945.shtml，最后访问于 2022 年 9 月 10 日。

⑤ 参见焦武峰：《怎样对待公民的个人财产权——“二奶继承案的思考”》，载《法制日报》2002 年 5 月 26 日。

发生；一方面减少了继承人以外的人可以通过遗嘱分得遗产的数额；另一方面也限制了部分不当遗嘱的自由，维护了继承人的继承利益。有学者在分析此类情人遗嘱的基础上指出，法律技术不应排斥道德立场，而应服务于道德立场，尤其是在道德立场对立且无法判明对错的案件中。[①] 但法律技术得以运用的前提是有相关的法律依据。

特留份制度不应成为助长继承人不尽赡养义务的工具。若特留份制度没有任何例外规则，继承人则可能因此而拒绝赡养老人，因为其至少可以分得特留份所保留的份额。因此，特留份制度对于遗嘱的限制又不应过于绝对。对于继承人未尽赡养义务者，其特留份权利应当可以被遗嘱替代，只要遗嘱中未分配给不尽赡养义务的继承人，则该继承人不得主张享有特留份权利。

## 四、遗产分配

### (一)遗产分配原则

遗产分配原则是指遗产在分配给各个继承人的过程中应该秉持的基本理念。

遗产分配的原则主要包括三个方面：(1)互谅互让、和睦团结的原则；(2)相对均等份额原则；(3)特殊情况下继承份额不均等原则。[②] 特殊情况主要是指：(1)生活有特殊困难的应得到照顾；(2)尽了主要扶养义务或共同生活的人可以多分；(3)有能力而不尽扶养义务的应不分或少分(被继承人拒绝情形除外)；(4)有能力且共同生活的人不尽扶养义务的应不分或少分；(5)缺乏劳动能力又没有生活来源的代位继承人和尽过主要扶养义务的可以多分；(6)继承人协商一致可不均等分配。[③]

我们认为，遗产分配过程中应当遵循的原则主要包括：尊重被继承人意愿、

---

① 参见郑永流：《道德立场与法律技术——中德情妇遗嘱案的比较和评析》，载《中国法学》2008年第4期，第186~187页。

② 参见曹诗权、孟令志、麻昌华著：《婚姻家庭继承法》，北京大学出版社2006年版，第302页。

③ 参见曹诗权、孟令志、麻昌华著：《婚姻家庭继承法》，北京大学出版社2006年版，第302~303页。

追求实质公平、物尽其用、适当照顾弱方利益、尽量减少矛盾冲突。

在遗产分配的过程中，若被继承人对遗产的分配表明了其立场，则应首先尊重其意愿。因为被继承人对遗产的分配是对其个人财产的自由处分，应当得到法律的保护，更应当得到继承人的尊重。但被继承人对遗产作出的明显违背法律强制性规定或者公序良俗而作出的分配，该部分应当无效。

公平原则是遗产分配中一个十分重要的参照标准。但对于公平原则的理解应当是追求实质公平而并非绝对平均。对被继承人尽到了主要的赡养扶助义务的继承人应当适当多分；未尽赡养扶助义务的继承人应当少分甚至不分，视情节而定。对于承担家庭主要生活和经济压力的配偶也应当适当多分。此外，公平原则也并非以平均主义为标准，应适当参照当地继承习俗。因为公平观念在不同的地区对于同一事件的判别可能存在较大反差，需要因地制宜，才有可能使公平分配得到落实。

在遗产分割时，应从有利于生产和生活的需要出发，注意充分发挥遗产的实际效用，全面考虑遗产的种类、性质和继承人的职业、需要等情况，使分配的遗产能够得到有效利用。① 物尽其用是对遗产作为一种社会资源的充分利用。

对于没有生活来源的继承人、劳动能力有限的继承人、未成年继承人以及受被继承人生前供养的人，应当给予适当照顾。因为这些人往往缺乏固定收入来源，可能出现生活困难的情况。这些弱势方分得的份额可交由其监护人代为管理。

在遗产分配的过程中，各继承人应当互谅互让，尽量减少矛盾冲突。否则不仅难以迅速有效地完成遗产的公平分配，更重要的是损伤了家庭和睦，得不偿失。

### (二)遗产分配的实施

遗产分配的实施主要包括遗产分配的方式、方法、方案三项内容。

遗产分配方式主要有三种：遗嘱分配、协商分配和法院分配。遗嘱分配是被

---

①　参见孟冬梅：《论我国继承法之遗产分割制度》，载《广西社会科学》2009 年第 12 期，第 62 页。

继承人通过遗嘱对遗产作出的分配，应该是首选分配方式。协商分配则是没有遗嘱分配或遗嘱分配不全面、存在错误时，由继承人共同协商作出的分配。而法院分配则是最后的可选方式，通常在各继承人对于分配无法达成统一意见又争执不下时才会选择。这三种分配方式有先后顺序，互为补充。

遗产分配的方法主要包括实物分配、折价分配和保留共有三种。实物分配通常用于动产的分配，直接由某一继承人取得原物。折价分配常用于数额较大的动产和不动产的分配，因为此类财产可能占遗产中的比重较大又无法分割，需要通过变价的方式予以分配。保留共有则是对于某些特定类型的遗产，各继承人都希望能够继承，但该项遗产无法分割，继承人又不同意折价变卖，故由各继承人以按份共有的方式保持共有。

遗产分配方案是将遗产进行划分并指定各个继承人应得的相应份额。遗产分配方案可由任一继承人或遗产管理人提出，但需要征得各个继承人的同意。在制定遗产分配方案的过程中，应当充分考虑遗产分配原则，以期达到公平合理分配遗产之效果。在制定分配方案的过程中，还应充分听取各继承人的意见，在不矛盾冲突的情况下尽可能满足各继承人的合理需求。

综上所述，遗产分割则主要涉及债权债务处理、遗产归扣、预留应继份和特留份、遗产分配等内容。遗产债权债务处理时遗产分割的第一步。遗产债权未到期的可以作为可期待利益直接分配，遗产债务应及时偿还。遗产归扣需结合各国继承的特点和传统来选择归扣模式。归扣方法应以观念归扣为主，以实物归扣为辅。在当今社会现实环境下，应继份和特留份制度的建立显得尤为必要。若存在相关规定，在遗产分配之前应提前预留。遗产的分配应尽量尊重被继承人意愿、追求实质公平、物尽其用、适当照顾弱势方利益、尽量减少矛盾冲突。

## 第五节 《民法典》中遗产管理的通知

《民法典》第1150条规定："继承开始后，知道被继承人死亡的继承人应当及时通知其他继承人和遗嘱执行人。继承人中无人知道被继承人死亡或者知道被继承人死亡而不能通知的，由被继承人生前所在单位或者住所地的居民委员会、村民委员会负责通知。"

## 一、规范意旨

《民法典》第 1150 条是关于继承开始后通知义务的履行，主要涉及通知义务主体、通知对象、通知顺位、通知时间节点、通知方式等具体问题。继承相关的通知义务本是基于朴素的道德观念在特定情境之下而作出的一种合理行为，经法律确认后，其内涵变得更加丰富。尤其是我国《民法典》中已经确立遗产管理人制度之后，该条款的内涵应该与之相匹配衔接。

结合本条款在继承编当中的体系化安排，以及《民法典》中通知的类型化区分，本条款中的通知当属于义务型通知。鉴于继承编中再无其他关于通知的专门条款，本条所指通知应该概括性地包含遗嘱执行、遗产管理、法定继承等多种状态下的通知。

本条两句话主要提及了 4 种通知义务主体(继承人、生前所在单位、住宿地居民委员会、住所地村民委员会)，2 种通知对象(其他继承人、遗嘱执行人)，2 级通知义务顺位(继承人、其他 3 种通知义务主体)，1 种特殊情形(知道被继承人死亡而不能通知的)。但本条所涉及的内容并不简单局限于概括的这 4 个基本要点。应结合不同特定情形适当做一些拓展性解读。

## 二、立法历史沿革

本条款与《继承法》第 23 条的字面内容完全一致，两个条款之间具有一定的承继性，故而《继承法意见》当中与通知相关的第 44 条也具有一定的参考价值。《继承法意见》第 44 条规定："人民法院在审理继承案件时，如果知道有继承人而无法通知的，分割遗产时，要保留其应继承的遗产，并确定该遗产的保管人或保管单位。"该意见明确了两点信息：一是未收到通知的适格继承人应该获得对应遗产份额；二是该待继承遗产份额应该确定专门的保管人。而《民法典》第 1151 条中则正好有关于遗产保管人的相关规定："存有遗产的人，应当妥善保管遗产，任何组织或者个人不得侵吞或者争抢。"从条文之间的衔接性来看，《民法典》第 1150 条和第 1151 条之间的关系也应该基于曾经比较具有指导意义的《继承法意见》而在司法实践中具有一定的延续性。

从比较法的角度来看，本条规定与我国台湾地区对应条款也有相似之处。台湾地区“民法典”对遗嘱的通知规定：“遗嘱保管人在知悉继承开始之事实时，应即将遗嘱交付遗嘱执行人，并以适当方法通知已知之继承人；无遗嘱执行人者，应通知已知之继承人、债权人受遗赠人及其他利害关系人。无保管人而由继承人发现遗嘱者，亦同。”①此条规定将通知人限定为遗嘱保管人和继承人，未对遗嘱执行人科以通知义务，对于尚未出现的继承人的通知亦未作出规定。此外，也有一些国家对通知的具体内容方面有所涉及，例如《法国民法典》规定：“遗嘱执行人在变卖不动产之前必须通知各个继承人，否则不动产的买卖不能产生对抗效力。”②由于不动产价值较大，更重要的是对于继承人而言具有纪念意义，因此对于不动产处理应征得各继承人的同意。对于具体事项的通知，一些国家和地区的立法往往有专门规定，并不通用；但这类通知往往与继承人的实体性权益关系密切，也应引起重视。

## 三、构成要件和法律效果

要更合理地履行遗产管理过程中的通知义务，在该规则的构成要件方面应全面把握通知主体、通知对象、通知义务顺位、通知内容、通知时间和方式，并在此基础上关注不同遗产管理情形下的法律效果。

### (一)构成要件

依据第1150条之规定，该条款的构成要件应该包含通知主体、通知对象、通知义务顺位、通知内容、通知时间和方式等多个方面。

1. 通知主体

本条规定涉及四类通知主体，分别是：继承人、被继承人生前所在单位、被继承人生前住所地居民委员会、被继承人生前住所地村民委员会。概括而言，我们可以将通知主体理解为较容易在第一时间知悉被继承人死亡的相关主体。

继承人作为被继承人的近亲属，与其他自然人相比，通常与被继承人在现实

① 参见台湾地区“民法典”第1212条。

② 参见《法国民法典》第1030-1条第2款。参见罗结珍译：《法国民法典》，北京大学出版社2010年版。

生活中具有更紧密的联系，正常情况下应该是第一时间知悉被继承人死亡事实的当事人。即便出现所有继承人都不在被继承人身边的极端情形，第一个知悉被继承人死亡的自然人或其他民事主体也会尽可能在第一时间想办法联系、通知继承人其中之一。鉴于继承人与被继承人之间存在的近亲属关系或法律认可的其他关系(如继承人做广义理解时的遗赠扶养协议等特殊情形)，同时继承人还是被继承人的遗产的最终权利人之一，故而继承人应该成为通知义务的核心主体。这种核心通知主体的地位是从事实层面的近亲属关系和法律层面的遗产权利人两个维度共同推导出的一个合理结果。

被继承人生前所在单位或者住所地的居民委员会、村民委员会作为通知义务主体，主要是一种补位功能，在继承人这一核心通知主体不能很好地履行通知义务时，为了顺利完成通知这一必要环节而作为补充兜底预备功能而存在的。一方面是保证继承人缺位的情况下有人能替补完成通知，另一方面也能在一定程度上敦促继承人及时履行通知义务。被继承人生前所在单位或者住所地的居民委员会、村民委员会作为通知义务主体，履行通知义务仍然有一定前提条件，即"继承人中无人知道被继承人死亡或者知道被继承人死亡而不能通知的"，但这个前提条件不应该成为这三类通知义务主体履行通知义务的桎梏。原则上后三类通知义务主体是不应该随便越过继承人而主动履行通知义务的，但也不应该狭义地理解只有条文涉及的两种情形出现时才能补位履行通知义务，而应当结合条文表述的意图以及客观现实情况来考虑。在继承人拒不履行通知义务时，后三类通知义务主体应该有权代为通知，而杜绝因通知不到位让继承搁置或产生其他不必要的纷争。

2. 通知对象

条文中的通知对象主要列举了"其他继承人"和"遗嘱执行人"，从类型化的角度来概括可以描述为对遗产享有所有权和管理权的两类人。

对其他继承人的通知一方面是基于其他继承人对遗产可以主张权利，另一方面也是基于道德的基本要求；这是一种带有法律和道德双重属性的知情权。

对"遗嘱执行人"的通知，则主要是法律层面的考量，需要"遗嘱执行人"尽快了解和掌握继承开始后的相关现实情况，以便于更好地完成被继承人托付的分配遗产的重要任务，这是条文文义可以直接解读的部分。与"遗嘱执行人"具有同等功能的其他遗产管理权人是否也有必要第一时间被通知呢？从更妥善地分配遗产的角度来看，答案应该是肯定的。例如，继承人在被继承人死亡前已经共同推选了被继承人的挚友作为遗产管理人；或被继承人生前明确表示由自己的挚友负责保管自己的全部遗产直至法院作出财产分配的终局判决等情形。这两个例子主要是为了说明事实上的遗产管理权人可能不止局限于"遗嘱执行人"这一种特定类型，为了让其更妥善地接管最终分配之前的遗产，他们都应该及时得到通知。在今后的实践中，要么对于遗产管理人、遗产保管人的通知参照遗嘱执行人处理，要么适当考虑灵活解释"遗嘱执行人"来处理相关问题。

3. 通知内容

从文义解释的角度来看，本条通知内容明确提及的只涉及"被继承人死亡"这一特定事件。然而这一特定事件背后有大量与继承相关的权利义务随之而来，这一特定事件只是一个启动的节点，犹如"潘多拉魔盒"。

显然，继承开始后的遗嘱执行或遗产管理整个环节中，需要通知的事项并不只包含"被继承人死亡"这一特定事件。那么后续事项通知如何处理，成为一个需要讨论的问题。从《民法典》的相关条文以及《继承法意见》等规范性法律文件来看，没有对通知内容作明确的扩大解释，这就与条文的字面含义表达出现了冲突。要解决这一问题，有三种可能方式：一是对本条只做最狭义的文本解释，此条的通知内容就只涉及"被继承人死亡"这一特定事实，其他通知内容与本条无关，其他的通知今后再通过司法解释等方式去解决；二是将通知内容适当做扩大解释，通知的内容包含"被继承人死亡以及与继承权相关的后续事项"；三是将本条作为示范性条款，其他需要通知的事项可以参照本条适用。

《民法典》中遗产管理相关的规则已形成基本架构，在通知相关的问题上，不少内容都具有一定程度的共性，继承编唯一的通知条款，若只涉及一个特定事实的通知，显然难以与当前的基本架构形成体系化的呼应关系，对于相关制度的落实起不到应有的推进效果。鉴于本条款文字表达相对明确具体，目前将本条作为示范性条款，其他通知事项可以参照本条适用相对更具有灵活性和可操作性。

4. 通知时间和方式

本条款中与时间相关的表述只提及"继承开始后"，并未提及通知的时间区间。这种做法也是与我国继承中涉及的复杂多变的家事关系相适应的。未明确具体的通知时间，并不意味着可以在“继承开始后”的任意时间完全凭个人意志去随意选择通知时间，毕竟通知可能影响到其他继承人实体权利的行使。在通知的时间选取上，既要尊重当地的风俗习惯，也要充分考虑当事人家庭特殊情况，还要在具有可行性的基础上尽快履行通知义务。

本条并未涉及通知的方式，但为了能够达到本条通知的实际效果，应该以通知对象明确知悉“被继承人死亡”这一特定事件为关注重点。通知对象明确知悉，是一个相对主观的表达，因而通知是否实施、完成，也不宜将其作为唯一的判别标准。如果采取的通知方式与法院送达的方式有相同和相似之处时，可以考虑比照法院送达履行程度来分析判断。若采用的是其他新的通知方式，则至少需要由通知主体证明自己通过什么样的方式履行了什么程度的通知义务；若通知对象提出相反意见，则需证明自己客观上并未知悉“被继承人死亡”的特定事实。

鉴于通知时间和方式表述相对抽象，因此我们在这两个问题上需要把握“以履行可能为限”。

### (二)法律效果

如前所述，本条所指通知应该概括性地包含遗嘱执行、遗产管理、法定继承等多种状态下的通知。那么对于通知的具体法律效果应该从不同角度予以考察。当通知的法律效果被具体化且需要专门讨论时，我们应当不再局限于讨论“被继承人死亡”这一特定事项，而应该更多地关注遗产管理过程中的一些关键通知事项。

1. 法定继承情形下的通知

法定继承情况下的通知，核心关注点还是继承人相互之间关于“被继承人死亡”这一特定事实的通知。这一特定事实是整个法定继承开始、继承权在各个继承人之间展开博弈的一个最关键节点，对于各继承人是否能够及时主张权利产生至关重要的影响。此时继承人是最容易出现故意拖延或其他怠于履行通知义务的情形。其他三类通知主体可以酌情考虑直接向其他继承人发送通知。

在法定继承且无法通知的情况下，可以考虑通过公告的方式予以通知。但不得违背被继承人的意愿。例如，被继承人在生前明确表明，在继承人未全部出现的情形下不得分割遗产。对于无法通知的继承人，不能因公告期已过，视为完成通知。但若一直无法取得联系，则永远无法完成遗产分割，也会损害其他继承人的合法权益。故而被继承人的这种意愿也应受到限制，可以考虑借用宣告死亡。即在通知公告期过后，可以对无法通知的继承人向法院提出宣告死亡。死亡宣告成立，则无继续通知之必要，方可进行遗产分割。

2. 遗嘱执行中的通知

总体而言，遗嘱执行中的通知包括对遗嘱执行人的通知、对继承人和受遗赠人的通知、对遗产债权债务人的通知和对特定事由的通知。

对遗嘱执行人的通知，因遗嘱的保密程度不同而有所差别。若是秘密遗嘱，在遗嘱开示之前，无从知晓遗嘱执行人。故而对遗嘱执行人的通知需在遗嘱开示之后方可实行。对于部分内容公开的遗嘱，尤其是遗嘱见证人或遗嘱保管人已经知晓遗嘱执行人的情形，见证人和保管人应当在知悉被继承人死亡时立即联系和通知遗嘱执行人。在大陆法系国家还可能存在遗嘱并未直接指定遗嘱执行人而委托他人指定遗嘱执行人的情形，此时，遗嘱见证人和保管人应及时通知被委托人。

对继承人的通知，主要是通知尚未出现的继承人。只有当继承人全部出现并表明接受或放弃继承之后，才能进行有效的遗产分割。对继承人的通知并不是遗嘱执行人的专属任务，因为遗嘱见证人和保管人、已经出现的继承人都可以成为通知人。但遗嘱执行人应当在其他人未通知时，及时行使该项职权。对受遗赠人的通知与对继承人的通知基本相同。

对遗产债权人的通知，应主要由遗嘱执行人来实施，其他人应予以协助。因为遗嘱执行人就职后，成为遗产的实际管理控制人，拥有处分遗产的权利。对于遗产债务人的通知，需要由遗嘱执行人和继承人共同为之。这与不同国家的继承观念和传统有一定关系。遗嘱执行人向被继承人的债务人催还债务，可能难以被遗产债务人认可，因此需要继承人帮助共同完成。

概括而言，对于遗嘱执行中的通知，没有必要限定由谁通知，重要的是能及时告知遗产相关利害关系人，并主张其对遗产享有的权利，抑或作出放弃取得相关财产的意思表示。遗嘱见证人和保管人、继承人、遗嘱执行人都可以通知。但需要有一个主体能够完成兜底式的通知任务，在存在遗漏通知时及时补充。由于遗嘱执行人是行使遗产管理职权之人，相对于其他人而言，更适合担任此角色。

对于无法通知之人，同样可采取公告通知，亦不得违背被继承人之意愿。

3. 遗产管理中的通知

遗产管理中的通知因继承人是否存在而略有不同。

若有继承人存在，继承人将成为主要通知人。由于无遗嘱存在，不可能指定遗嘱执行人，而被继承人死亡时又不能立即推选出遗产管理人。此时，继承人应及时通知其他尚未出现的继承人以及受遗赠人。随后，由各个继承人共同推选出遗产管理人，或向法院申请指定遗产管理人。若由法院指定遗产管理人，法院需将指定结果通知各继承人和受遗赠人。遗产管理人指定后，对遗产债权人的通知可由继承人和遗产管理人共同完成，但遗产管理人应对未及时通知的情形予以补充。

若遗产无人继承，被继承人的亲属或所在单位应及时通知被继承人生前惯常居所地的基层法院，由法院指定遗产管理人。在这类遗产管理中，遗产管理人将成为主要通知人，通知的对象主要是遗产债权人。

狭义遗产管理中的通知，由于遗产管理人的选任往往出现在通知事由之后，由遗产管理人承担的通知任务相对较少，主要针对遗产债权债务人而为之。

## 四、证明责任

与本条相关的通知义务证明责任核心问题是证明责任在通知主体和通知对象之间如何分配。总体而言，证明责任在双方之间仍然应遵循“谁主张、谁举证”的基本规则，通常不会涉及举证责任倒置的问题。在是否实现有效通知的具体判断时，可以采用现有法律体系当中已经存在的规则作为参照。例如通知的方式与法院送达的方式相同或相近时，可以参照相关规则来判断：通过电子邮件方式通知时，可以借鉴《民事诉讼法》第 90 条的规定，以电子邮件到达通知对象特定系统为准；如需采用公告方式通知，也可借鉴《民事诉讼法》第 95 条的规定，来明确公告通知的适用条件和期间要求等。若采用的是现行司法实践中尚未采取过的新方式告知，也应该明确划分通知主体和通知对象各自的证明责任：通知主体需要证明的事实主要包括通知的内容、方式、时间等；通知对象需要证明的事实主要包括未收到通知、收到的通知内容与通知主体所陈述的内容存在实质性不一致等情形。

## 五、相关国际私法规则

我国《法律适用法》仅概括规定了遗产管理事项的冲突规则，[1]并未对继承通知的法律适用作出单独规定。

若将本条仅理解为对“被继承人死亡”这一特定事实的通知，视为纯粹性的程序性事项，则不存在适用冲突规则的问题，仅需关注法院地法即可。

从本条在《民法典·继承编》中的体系化编排来看，其应作为通知的一个概括性示范条款，而不应局限于只对“被继承人死亡”这一特定事实的通知。从这个角度出发，本条所指的通知，应该被解释为属于“遗产管理等事项”这一国际私法的“范围”之内，故而本条冲突规则就有了一定的适用空间。当然，这里的通知需要与遗产管理的具体事项存在紧密联系且不宜作为单纯程序性问题时才能适用《法律适用法》第 34 条之冲突规则。

---

① 《中华人民共和国涉外民事关系法律适用法》第 34 条：“遗产管理等事项，适用遗产所在地法律。”

# 第五章　涉外遗产管理的国际私法问题

涉外遗产管理的国际私法问题是遗产管理制度建立之后不可避免的现实问题。但在遗产管理制度构建之初，急需解决的问题主要是遗产管理的管辖权、遗产管理的识别和遗产管理相关冲突规则的解释和适用。

遗产管理的管辖在两大法系差别较为明显，大陆法系由于缺乏独立的遗产管理规则，其管辖往往具有一定的附属性。英美法系由于其判例法传统及其对程序正义的关注，其遗产管理的管辖呈现出较强的独立性。

遗产管理范围的确定需要建立在准确识别遗产管理的基础上。遗产管理的范围也体现了其倾向于程序性事项的特点。遗产管理的法律适用规则存在不同的系属，但这些系属也都与几类客观连结点紧密相关。我国需要考虑遗产管理的管辖权规则、界定遗产管理的范围、解释冲突规则的系属。

## 第一节　管　辖　权

### 一、两大法系的管辖特点

两大法系由于继承模式和法律体系存在较大差别，各自对遗产管理的管辖也存在完全不同的态度。相对而言，大陆法系遗产管理的管辖具有较强的附属性，而英美法系遗产管理的管辖则具有较强的独立性。

#### （一）大陆法系管辖的附属性

大陆法系遗产管理管辖的附属性是指遗产管理的管辖附属于继承的管辖，并不单独制定关于遗产管理的管辖规则。

从法律制度层面来看，大陆法系遗产管理法律制度的设立基础是继承法律制度。遗产管理属于继承法律体系中的一部分。这决定了遗产管理规则的制定难以跳出继承的法律框架。遗产管理的具体事项都与继承息息相关，其管辖难以超越继承的范畴。由于缺乏对遗产管理管辖的专门规定，大陆法系国家只能就继承主张管辖权。这是法典化法律体系由规则到个案的传统决定的。

建立遗产管理制度的目的在于高效管理遗产并促进和保障遗产继承。高效的管理需要简明的程序辅助，而遗产管理的功能就体现于此。若为辅助性程序再额外建立一套独立的管辖权规则，会使继承中相关事项的管辖变得更为复杂。这无疑违背了建立遗产管理制度的初衷。

大陆法系遗产管理的附属性与大陆法系国家重实体轻程序的传统也存在一定程度的关联。继承规则更偏向于对实体权利的保护，而遗产管理规则更偏向于程序性事项。这种偏向性表现在立法中就迫使程序性事项附属与实体性权利而存在。细化到管辖权上，其表现为遗产管理的管辖附属于继承的管辖。

涉外遗产管理的管辖附属于涉外继承的管辖也并非一无是处，毕竟二者之间存在众多实质性关联，尤其是在客观连结因素方面。这些连结因素又是涉外继承管辖的重要依据。

在继承采单一制的国家中，涉外继承管辖比较有代表性的国家有德国、意大利和荷兰。

德国主张涉外继承的管辖有三个考量因素：(1)德国继承法可以适用(即便是部分适用)；(2)有遗产(动产或不动产)在德国境内；(3)依公约(包含双边条约)享有管辖权。① 德国在主张管辖权时将其继承法是否能被适用作为考量因素，并明确规定依条约可主张管辖权，这两种做法都比较少见。强调德国继承法的适用，主要基于两方面的考虑：(1)德国法官熟知本国继承法，能更准确地适用法律，降低误判的可能，这既是公平正义对法律适用结果的诉求，也是司法公信力的保障；(2)德国法官适用本国继承法相比适用外国继承法更得心应手，能够提高司法效率。强调依据公约行使管辖权，则体现了其立法的体系性和精细化。公

① Louis Garb, "International Succession", *Kluwer Law International*, 2004, p. 247.

约的优先适用，各国通常有一般性规定，也不必就个别具体事项单独予以说明。

意大利主张涉外继承的管辖有五个考量因素：(1)被继承人死亡时是意大利公民；(2)被继承人死亡时在意大利有住所；(3)主要遗产在意大利；(4)被告在意大利有住所或其已经接受意大利法院的管辖，但诉讼涉及的不动产在境外时除外；(5)提起的诉讼与意大利境内遗产相关。① 意大利可因国籍、住所、财产与意大利相关以及默示接受管辖等因素而主张管辖。这是一种相当广泛的管辖权，有"长臂管辖"之嫌。意大利公民或在意大利有住所的人作为被继承人，往往在意大利有财产，当地法院主张管辖权也是一种基于财产在境内的管辖。除默示接受管辖外，意大利的管辖总体上还是属于一种基于财产在境内的管辖，只是表述方式略有不同而显得其管辖权较为宽泛。

荷兰则主要以被继承人死亡时在境内有住所或惯常居所为主张涉外继承管辖权的依据。② 这是一种基于属人法的管辖，并以住所和惯常居所作为管辖标准。虽然只有两个客观连结因素，但住所和惯常居所覆盖面并不小。通过解释这两个连结因素，荷兰法院的管辖权可以覆盖其国民、境内遗产、以及在境内有住所和惯常居所的外国人。

在继承采区别制的国家中，涉外继承管辖比较有代表性的国家有法国和比利时。

法国主张涉外继承的管辖基于两种情况：(1)被继承人死亡时在法国有住所；(2)外国被继承人在法国有不动产。③ 法国强调的是被继承人与本国之间的联系，并以住所为主要连结因素。与荷兰相比，法国少了惯常居所作为连结因素，其管辖范围可能会缩减。但其作为区别制国家，强调对境内不动产的管辖，又在一定程度上扩大了管辖范围。

比利时主张涉外继承的管辖基于两种情况：(1)被继承人死亡时在比利时有住所；(2)继承人在比利时有住所。④ 比利时的管辖着眼于住所这一连结因素，其特殊之处在于，当继承人在境内有住所时也可行使管辖权。

---

① Louis Garb, "International Succession", *Kluwer Law International*, 2004, p. 373.

② Louis Garb, "International Succession", *Kluwer Law International*, 2004, p. 440.

③ Louis Garb, "International Succession", *Kluwer Law International*, 2004, p. 231.

④ Louis Garb, "International Succession", *Kluwer Law International*, 2004, p. 61.

虽然大陆法系对涉外继承的管辖表述各异，但实质上都强调了继承与本国的实质性联系，主要的连结因素包括国籍、住所、惯常居所、财产所在地。

### (二)英美法系管辖的独立性

英美法系遗产管理管辖的独立性是指法院专门针对遗产管理具体事项主张管辖权，不附属于其他管辖。

英美法系遗产管理制度源于其间接继承制度，发展相对成熟。这为遗产管理单独建立管辖权奠定了实践基础。英美法系经验主义的倾向和对个案的重视也为遗产管理的专门管辖创造了条件。从制度层面考察，间接继承制度和判例法的重要地位是英美法系遗产管理管辖具有独立性不可或缺的因素。

英美法系程序正义与实体正义并驾齐驱也是遗产管理具有独立管辖权的重要原因。英美法系对程序正义的追求，体现在遗产继承过程中，表现为对继承的实体问题和遗产管理等程序性事项采取一视同仁的态度，二者之间没有明显的依附性。这是遗产管理独立管辖的主要原因。

正是基于以上原因，英美法系才可能专门就遗产管理主张独立的管辖。例如，美国《统一遗嘱检验法》中明确规定，境外遗产管理人可就与遗产继承相关的任何程序亲自提请法院管辖，只要其：(1)提交经认证的任命文书副本；(2)以遗产为限处理债权债务；(3)以个人名义在授权范围内履行遗产管理人之职。[①] 境外遗产管理人受到的管辖约束等同于被继承人生前应受的管辖权约束。[②] 可见，美国对境外遗产管理人提出的管辖请求持开放态度。

其他利害关系人提出的遗产管理管辖申请，则需要有合理的管辖事由。这些管辖事由需与利害关系人的利益相关。在 In re Fischer's Estate 案中，一位依纽约州法不享有继承权但依新泽西州法享有继承权的人，以在纽约的遗产管理未尽合理通知义务且补选遗产管理人不当为由，向新泽西州地方法院提出管辖请求并获准。[③] 在 Milmoe v. Toomey 案中，一位继承人以哥伦比亚地方法院指定附属遗产

① *UNIF. PROBATE CODE* § 4-301 (amended 2010).

② *UNIF. PROBATE CODE* § 4-302 (amended 2010).

③ In re Fischer's Estate, 118 N. J. Eq. 599, 180 A. 633 (1935).

管理人不当为由提出管辖权异议。[①] 在 Estate of Nelson v. Neal 案中，得克萨斯州地方法院还专门就临时遗产管理人的任命问题行使管辖权。[②] 在 In re Estate of Arizola 案中，得克萨斯州上诉法院就遗产管理人的解职问题行使管辖权。[③] 在 Ciungu v. Bulea 案中，佛罗里达州上诉法院因当事人对遗产清单的真实性提出异议主张管辖权。[④] 遗产管理的管辖事由众多，且主要围绕遗产管理中的程序性事项。美国各级法院就遗产管理主张管辖时并非只考虑管辖事由，通常该法院所在地也是被继承人的住所地或遗产所在地。

## 二、确立管辖权的考量因素

遗产管理管辖权的确立，在大陆法系需要事实符合管辖规则，在英美法系则更偏向遵循先例。此外，客观连结因素也与遗产管理的管辖关系紧密，值得参考。即便法院主张管辖，也需要适当考量管辖的冲突与协调。

### (一) 客观连结因素

两大法系主张遗产管理的管辖虽各有特点，但也存在相同之处，主要是客观连结点大体相同。这些客观连结点主要包括国籍、住所地、惯常居所地和财产所在地。

基于国籍而主张遗产管理的管辖是一种属人管辖。由于一国国民对其国家享有特殊权利并负担特殊义务，所以该国就应当对本国国民为争议一方的法律关系享有管辖权。[⑤] 遗产原本属于被继承人的财产，而遗产管理主要是对遗产的管理和处分，因此，国籍作为遗产管理的客观连结因素，主要是指被继承人的国籍。相比继承人和其他利害关系人，被继承人与遗产管理和国籍之间的联系更紧密。当遗产管理结束后，继承人和其他利害关系人才可能取得遗产，国籍才对这些因素产生实际意义。在一些典型的多法域国家，如美国，国籍作为认定遗产管理管

---

① Milmoe v. Toomey, 123 US. App. D. C. 40, 356 F. 2d 793 (1966).

② Estate of Nelson v. Neal, 764 S. W. 2d 322 (1988).

③ In re Estate of Arizola, 401 S. W. 3d 664 (2013).

④ Ciungu v. Bulea, Fla. App. 1 Dist., 2015 WL 1223697.

⑤ 参见刘铁铮:《国际私法论丛》，台湾三民书局2000年版，第259页。

辖权的标准则没有实际意义。此外，随着个人财产国际化程度的提升，被继承人的国籍这一客观连结因素在遗产管理管辖中的实际意义反而逐渐降低。例如，一国公民长期生活在外国且其主要财产在境外，仅基于国籍而主张遗产管理的管辖，不便于高效管理遗产。国籍这一客观连结因素也并非完全没有存在之必要。例如，一国公民临终前为逃避债务而将其财产转移至境外，通过增加追债成本并利用债权人不愿在外国诉讼的心理而为继承人谋取利益，此时，国籍作为客观连结因素而由本国法院行使管辖权则尤为必要。

住所地和惯常居所地是遗产管理属人管辖的另外两种重要客观连结因素。住所是一个人以久住的意思而居住的某一处所，因此确定住所必须具备两个因素：一是主观因素，即要有久住的意思；二是客观因素，即居住事实。① 住所与国籍相比，其对人的定位更精确，能具体到某一国的特定区域，受多法域国家推崇。由于“久住的意思”难以证明，一些国家开始以惯常居所地作为补充。惯常居所地不需要“久住的意思”，侧重于强调居住的事实。作为遗产管理属人管辖的另外两种客观连结因素，住所地和惯常居所地同样应指被继承人的住所地和惯常居所地。被继承人的这两种居住地往往也是主要财产所在地和遗产管理行为地，与遗产管理关系密切，便于行使管辖权。而继承人和其他利害关系人的住所地和惯常居所地与被继承人不重合时，这种关联性相对较小，甚至不存在。

基于财产所在地而主张遗产管理的管辖属于属地管辖。这种管辖体现了财产所在地法院对其管辖范围内财产的保护。为了便于开展遗产管理活动，财产所在地往往也是遗产管理行为地。财产所在地法院行使管辖权也是基于评判其辖区内行为的要求。在美国，被继承人留有动产的地区都可以建立独立的遗产管理，而无须考虑被继承人的住所地。② 作为客观连结因素，财产所在地比住所地具有更高的优先级。财产所在地与遗产、管理行为及利害关系人等因素的联系最紧密，也便于诉讼活动的开展，是最重要的客观连结因素。

同样作为属人管辖连结因素，由于住所地和惯常居所地能够更精确地指明具体地理位置，国籍在很大程度上能被二者取代。这也是很少有国家专门以国籍作

---

① 张悦仙：《住所与国籍的冲突与调和》，载《河北法学》2006 年第 9 期，第 88 页。

② Eugene F. Scoles & Peter Hay, *Conflict of Laws*, West Group 1992, p. 860.

为连结因素主张遗产管理管辖的原因。被继承人的住所地和惯常居所地往往同时也是遗产所在地，故而遗产管理管辖权的行使通常也不止一个客观连结因素。

总体而言，被继承人的住所地、惯常居所地以及遗产所在地法院都可以行使遗产管理的管辖权。

### （二）纯遗产管理事由的管辖

纯遗产管理事由无关继承的实体权利义务，只涉及遗产管理的具体事务，主要是程序性事项中存在的问题。这些事由主要包括遗产管理人选任不当、申请解除遗产管理人职务、未尽妥善管理之义务之损害赔偿、遗产清单的编制存在错误、未尽合理通知公告义务等情形。

纯遗产管理事由的管辖，包含两种情形：(1)继承已由某一法院管辖，相关权利人专门就纯遗产管理事由向另一法院提起诉讼；(2)没有提起继承相关诉讼，只就纯遗产管理事由提起诉讼。

继承已由某一法院管辖，而相关权利人再就遗产管理事由单独向另一法院提起诉讼，此时会出现两个管辖法院。管辖继承的法院为主要管辖，另一法院则属于附属管辖。在美国，行使附属管辖权的法院通常要求原告有与遗产管理相关的诉求，且该法院所在地也是被告住所地或遗产所在地。① 在加拿大的绝大部分省和地区，有权发布遗产管理命令的法院通常是被继承人死亡时的住所地或惯常居所地法院；当住所或惯常居所无法确定时，则需要被继承人死亡时有遗产留在该法院区域内。② 相关权利人对遗产管理事由的请求，也应当向发布遗产管理命令的法院提出。澳大利亚各州或地区最高法院根据其辖区的成文法，对凡是死者在该地区内留有动产或不动产的遗嘱检验或遗产管理委托问题拥有管辖权。③ 针对遗产管理而提起的诉讼中，只要死者的遗产管理人在管辖区内被送达了传票，即

① In re Fischer's Estate, 118 N. J. Eq. 599, 180 A. 633 (1935); Milmoe v. Toomey, 123 US. App. D. C. 40, 356 F. 2d 793 (1966); Estate of Nelson v. Neal, 764 S. W. 2d 322 (1988); In re Estate of Arizola, 401 S. W. 3d 664 (2013); Ciungu v. Bulea, Fla. App. 1 Dist., 2015 WL 1223697.

② J. -G. Castel, *Introduction to Conflict of Laws*, Butterworths Canada Ltd., 1998, p. 163.

③ 董丽萍著：《澳大利亚国际私法研究》，法律出版社1999年版，第217页。

使死者的遗产全部位于国外，该法院也可对该管理人行使属人管辖。[①] 英美法系对纯遗产管理事由的管辖最主要的客观连结因素是被继承人的住所地、惯常居所地和遗产所在地。在大陆法系也可能出现附属管辖，由于没有单独的遗产管理管辖规则，需参照继承的管辖权，结果同样是与被继承的住所地或惯常居所地以及遗产所在地等客观连结因素相关。

对于不涉及继承而只就纯遗产管理事由提起的诉讼，其管辖也往往与被继承人的住所地或惯常居所地以及遗产所在地相关，因为这些地方往往是遗产管理行为地。纯遗产管理事由主要涉及遗产管理中的具体行为，对于行为的评判，由行为地法院管辖更合理。全面评判某一行为，既需要评价行为过程，也需要顾及行为的后果。因此，此处遗产管理行为地应包括行为发生地和结果发生地。由于这类诉讼无关继承，遗产管理具有独立性的一面更加凸显，故而对其主张管辖权应着重考虑遗产管理行为本身。事实上，遗产管理行为地若解释为行为发生地和结果发生地，也大多与第一种情形中的客观连结点相关，只是作出解释的角度不同。当存在数个遗产管理人分散在不同地区，他们共同作出某一决定而难以界定行为发生地时，则可以主要遗产管理地为行为发生地。结果发生地则需要对实质性的权利义务关系产生影响方可作出认定，例如未尽合理通知和公告义务，则需要被通知人因此而承受不利影响。

纯遗产管理事由单独涉诉，若同时存在继承诉讼，则需由被继承人住所地、惯常居所地或遗产所在地法院管辖；若不存在继承诉讼，则由遗产管理行为发生地或结果发生地法院管辖。

概言之，遗产管理的管辖，在大陆法系具有附属性，在英美法系则相对独立。附属性是由于大陆法系的司法传统是由规则到个案的过程，同时又缺乏遗产管理管辖的独立规则，故而遗产管理的管辖只能参照借鉴继承的管辖规则。此外，大陆法系重实体轻程序的特点也是遗产管理的管辖往往附属于继承而存在的重要原因。英美法系遗产管理的独立性是由其经验主义和判例法传统的必然结果，英美法系对程序正义的强调也起到了重要的推动作用。确立遗产管理的管辖需要考量客观连结因素，主要包括国籍、住所地、惯常居所地和财产所在地。遗

① 参见董丽萍著：《澳大利亚国际私法研究》，法律出版社 1999 年版，第 222 页。

产管理的管辖还需关注纯遗产管理事由的管辖。遗产管理事由涉诉，若同时存在继承诉讼，需由被继承人住所地、惯常居所地或遗产所在地法院管辖；若不存在继承诉讼，应由遗产管理行为发生地或结果发生地法院管辖。

## 第二节　适用范围

### 一、遗产管理的识别

识别(characterization)是在适用冲突规范时，依据一定的法律观念，对有关的事实构成作出定性(qualification)或分类(classification)，将其归入特定的法律范畴，并对有关的冲突规范进行解释(interpretation)，从而确定适用哪一条冲突规范的认识过程。① 由于人们对识别的认识角度和范围不同，西方学者用三种名称表述识别：characterization 就是对争议事实赋予法律特征，qualification 就是对发生争议的事实构成识别，classification 就是对争议事实进行法律上的分类。② 识别作为一个认识过程，具有极大的普遍性，而且由于识别总是出现在适用法律之前，并且直接指引适用何种法律，进而形成判决，确定当事人的权利和义务，它的重要性是显而易见的。③ 从某种程度而言，识别的依据甚至比具体的法律更重要：法律是确定当事人权利和义务的依据，而识别的依据则是确定法律的依据。④ 因此，对遗产管理的识别，我们应从不同层面和角度考量相关事实构成。唯有如此，我们才能更科学地识别遗产管理。

冲突法视角下遗产管理的识别，是对遗产管理相关的事实构成作出定性，将其归入特定的法律范畴，并对该事实构成有关的冲突规范进行解释，从而确定适用哪一条冲突规范的过程。在这一认识过程中，遗产管理相关事实构成可能涉及继承、遗产管理和遗产信托的相关冲突规范。这种识别主要用于遗产管理或继承

---

① 肖永平著：《法理学视野下的冲突法》，高等教育出版社 2008 年版，第 91 页。

② 参见肖永平著：《法理学视野下的冲突法》，高等教育出版社 2008 年版，第 91 页。

③ 吕鸣：《论国际私法中的识别》，中国国际私法学会 2008 年年会论文集，第 160 页。

④ 参见吕鸣：《论国际私法中的识别》，中国国际私法学会 2008 年年会论文集，第 160 页。

包含涉外因素且可能适用两个以上冲突规则的情形。例如，我国公民甲的遗产继承进入遗产管理程序，甲有部分遗产在英国①并设立了信托，此时需要从冲突法的视角识别遗产管理相关事实构成。我国没有明文规定涉外信托的法律适用，可能适用遗产管理或法定继承的冲突规则。英国签署并批准了《关于信托法律适用及其承认的公约》(以下简称《信托法律适用公约》)。该公约规定信托的法律适用优先适用委托人选择的法律；没有选择准据法，适用与信托有最密切联系的法律。② 该项信托财产的继承涉及三种冲突规则，需要对其作出定性和分类。若将其识别为信托事项，依照《信托法律适用公约》中的冲突规则，适用委托人选择的准据法或与该信托有最密切联系的法律。③ 若将其识别为遗产管理事项，依照我国遗产管理冲突规则，适用财产所在地法，即英国法。若将其识别为法定继承事项，适用被继承人经常居所地法，即中国法。冲突法层面遗产管理的识别侧重点在于定性。

识别不仅是对冲突规则的解释，还包括对法律事实的确定和分类。④ 努斯鲍姆(Nussbaum)、劳任森(Lorenzen)和《第二次冲突法重述》中都承认识别应包含对法律事实的确定和分类。⑤ 实体法视角下遗产管理的识别，就是指遗产管理相关事实构成应归为哪一类，在一国实体法中应受到哪些规则的约束。例如编制遗产清单，其设立本旨是为遗产的转移服务，既与继承紧密相关，又是遗产管理进程中的重要步骤。编制遗产清单应视为继承事项还是遗产管理事项，即属于实体法上的识别。实体法层面遗产管理的识别侧重点在于分类。

识别的对象，因人们对于识别含义的理解不同而不同。对识别含义的理解越宽泛，识别的对象越多；反之，则越少。肖永平教授认为，识别的对象主要有：

---

① 英国、澳大利亚、加拿大、荷兰、意大利、马耳他等国签署并批准了《关于信托法律适用及其承认的公约》(*Convention on Applicable Law in Trusts and Their Recognition*)。该公约关于遗产信托的法律适用的规定在这些国家需要优先适用。

② Article6-7, *Convention on Applicable Law in Trusts and Their Recognition*, http://www.hcch.net/index_en.php? act=conventions.text&cid=59, last visited at 10 September 2022.

③ 若甲没有选择该信托的准据法，英国法极有可能被认定为与该信托具有最密切联系而被适用。

④ 肖永平：《法理学视野下的冲突法》，高等教育出版社 2008 年版，第 90 页。

⑤ 参见肖永平：《法理学视野下的冲突法》，高等教育出版社 2008 年版，第 90 页。

(1)案件争议事实与诉因；(2)连结因素与范围中的法律概念；(3)被指引的外国法和法院地法。① 若宽泛地理解遗产管理的识别，遗产管理的识别对象就涵盖这三个方面。

遗产管理事实层面的识别对象主要涉及管理进程中的具体行为和事件，例如编制遗产清单、通知和公告、遗产破产、遗产分割等。这些具体行为和事件是构成遗产管理的事实要素，对其进行归类，与具体的法律规则相对应，便于解释和适用法律。这些具体的行为和事件，属于继承范畴还是遗产管理范畴，需要作出明确分类。在一国法律体系下，继承和遗产管理的冲突规则指向的准据法可能完全不同。不同的准据法中对于这些具体行为和事件的要求和标准也可能完全不同，间接影响到利害关系人的利益。例如德国和美国对遗产债权人的公告要求和效力明显不同。德国公告期间为6个月，只公告1次，期间届满后遗产债权人不丧失债权，失去优先受偿权。② 美国公告期间为4个月，连续3周循环公告3次，期间届满后，遗产债权人不得主张债权。③ 公告若被识别为遗产管理事项，依照我国现有法律规定，境外财产的公告需适用财产所在地的外国法作为准据法，公告的要求需要符合准据法中的规定。

遗产管理中的法律概念，也是遗产管理的识别对象。例如指定的遗嘱执行人拒绝接受任命时选任的管理人，属于遗嘱执行人还是狭义的遗产管理人，在不同法系中有不同的认定，大陆法系倾向于归入遗嘱执行人范畴，而英美法系则倾向于归入狭义遗产管理人范畴。④ 基于对法律概念认定的差异，同一法律行为可能被纳入不同法律概念的范畴。

遗产管理具体事项适用的准据法也是识别的对象。通过分析判断准据法的适用范围，再与遗产管理具体事项对应，判断该准据法是否能直接适用。若准据法是对继承问题作出的规定，则不应直接适用于遗产管理事项。若准据法所在国未就某一特定遗产管理事项作出明确规定，但该特定事项在该国司法实践中一直参照继承事项处理，才可以将继承的具体规定用于特定遗产管理事项。

---

① 参见肖永平著：《法理学视野下的冲突法》，高等教育出版社2008年版，第91页。

② 参见《德国民法典》第1971、1972、1973、2061条。

③ *UNIF. PROBATE CODE* §3-801 (amended 2010).

④ 这是通常情形下的区分。英国将符合“代理链”规则的管理人也认定为遗嘱执行人。

## 二、遗产管理的范围

遗产管理的范围，是遗产管理冲突规则所要解决的法律问题的类别，也是遗产管理进程中具体事务归属的类别。遗产管理涉及的具体事务众多，其范围总体上可能涉及六方面事项：遗产管理人的选任和解职、编制遗产清单、通知和公告、遗产转移、遗产破产和遗产分割。这些事项与遗产管理的联系相对继承而言更紧密，通常会纳入遗产管理范畴，但并不绝对。具体事项是否纳入遗产管理范畴需要结合各国继承相关法律制度和司法实践来识别判断。

### (一)界定标准

界定遗产管理的范围，主要考量因素包含三个方面：(1)与继承和遗产管理的关联程度；(2)属于程序性事项还是实体法事项；(3)兼顾法律适用结果。

与遗产管理相关的事实应纳入继承或遗产管理的范畴，最主要的标准是与这些法律概念的关联程度。关联程度是反映事实与相关概念之间实质性联系的主要参照标准。关联程度难以用固定的具体认定标准量化，因此很难从关联程度自身寻求解决方案。我们只能从分析具体事实构成和解释相关法律概念着手，再认定事实属于哪一法律概念的范畴。

与遗产管理相关的事实属于程序性事项还是实体法事项，是界定遗产范围的重要参考依据。从整体上看，继承法主要调整实体法上的权利义务关系，遗产管理则更偏重于程序性事项。信托本身既包含实体法上的权利义务，又涉及程序性事项。而遗产信托作为一种特殊的遗产管理方式，也可以区分其中的实体法事项和程序性事项。遗产信托实体法事项本质上也是对遗产的处理，可类比继承的实体法事项处理，而程序性事项又属于特殊的遗产管理方式，可类比遗产管理的程序性事项处理。

界定遗产管理的范围，是便于相关冲突规则的适用，进而确定准据法。准据法的确定是划定遗产管理范围的重要目标之一，并且直接影响相关利害关系人的实质性利益。因此，在界定遗产管理的范围时，也需要适当兼顾法律适用结果。

### (二)遗产管理人的选任和解职

遗产管理人的选任和解职，与遗产管理的关联程度更强，理由有三。首先，遗产管理人的设定目的是帮助完成遗产管理活动，不是确定相关利害关系人之间的权利义务关系。其次，遗产管理人从事的工作性质，更偏向于程序性事项，即便涉及具体的权利义务或利益，也没有决定权。最后，遗产管理人本质上只是遗产转移分配进程的推动者，自身并不直接涉及实际利益，属于实质性利害关系网络的局外人，应当具有一定的中立性。

遗产管理人的选任和解职更多涉及程序性事项。虽然一些具体条文规定了实体标准，但这些规定并不直接影响遗产的转移和分配。选任和解职的过程主要是依照各国的司法实践按照流程进行。

遗产管理人的选任和解职通常需要法院决定或确认，但对于该事项的判断，主要还是依照法院地法，冲突规则的适用空间极为有限。在一些主张单一管辖权的国家，对于海外事项也适用内国法，例如法国。① 即便适用遗产管理冲突规则，法律选择的结果也都与遗产管理相关，况且遗产管理人的选任和解职的结果也并不能直接影响实体性权利义务。因此，遗产管理人的选任和解职并不迫切需要重点考量法律适用结果。

综上所述，从整体上识别遗产管理人的选任和解职，应当将其纳入遗产管理的范围。

遗产管理人的选任并非全部属于遗产管理的范围，还应结合具体遗产管理人的类型而定。生前信托受托人担任遗产管理人是双方合意的结果，属于意思自治的范畴。而遗嘱信托受托人和遗嘱执行人担任遗产管理人是源于被继承人的个人意愿，只要受托人和执行人表示接受，亦可视为达成双方合意，同样属于意思自治的范畴。虽然意思自治也会受到限制，但这种限制应当来自一国的强制性规范或者公共利益等因素，而并非来自于遗产管理冲突规则指引的准据法。例如，被

---

① Louis Garb, "International Succession", *Kluwer Law International*, 2004, p. 218. (The French Civil Code governs family law: inheritance, marriage, gifts, for the whole of the country, including for the overseas territories. While the application of law of estate administration reffers to the application of law of inheritance.)

继承人就境外遗产设立信托，为该信托指定受托人必然会受到该国强制性规范和公共秩序的限制。而一些国家遗产管理事项倾向于适用继承准据法、法院地法、遗产管理地法、住所地法等内国法，并主张单一管辖权。依照这些国家遗产管理冲突规则的指引，为境外遗产指定受托人则应受准据法即内国法的限制。内国法限制境外遗产信托受托人的指定是不太恰当的，毕竟这种指定行为对内国产生的影响极为有限。即便有必要，也需以损害内国公共利益为由予以解释。内国公共利益的限制与信托地强制性规则和公共秩序的限制本质上并无不同。因此，基于意思自治指定遗产管理人受到的限制主要来源于信托地强制性规则和相关国家的公共利益，并非源于遗产管理的准据法。因此，没有必要将这类指定行为纳入遗产管理的范围，相对而言，将其纳入意思自治的范围更合理。

### （三）编制遗产清单

一些没有建立系统遗产管理制度的国家往往没有编制遗产清单的要求。这也意味着，在传统继承法体系下，编制遗产清单并非必要程序。随着遗产管理制度的建立，不少国家在继承法中也相继提出了编制遗产清单的要求。编制遗产清单的目的在于提供遗产范围的参照标准。编制遗产清单是遗产管理进程中的重要内容，与遗产管理存在较强的关联程度。虽然编制遗产清单也与有限责任继承相关，但无限责任继承和部分无遗产管理的继承并不依赖于编制遗产清单。总体而言，编制遗产清单与遗产管理的关联程度更高。

编制遗产清单主要是程序性事项。虽存在实体性规则，但这些规则是为了确定编制遗产清单的大体流程。遗产清单的效力可能会影响利害关系人的实体性权利，但因一个要素而认定整个编制过程的性质显然不太恰当。编制遗产清单的大部分事项具有程序性，整体上将其界定为程序性事项更合理。

编制遗产清单主要是参照某一国内国法的相关规定，没有必要专门就该国以外的财产单独适用一套标准和要求，反而适用两套标准可能出现冲突。而遗产清单的相关规定即便属于强制性规定，也是管理型强制性规定，不应当直接适用。因此，采用一套编制标准是可行的。遗产清单的内容因继承模式和遗产范围的不同而存在较大差别，因而编制遗产清单需要在主要管辖法院所在地进行。主要管辖法院也会尽可能将其准据法解释为内国法。这既是便于管理的需要，也是基于法院地法识别编制遗产清单的必然结果。各国遗产管理冲突规则指向的准据法都不会排除法院地法成为准据法的可能。因此，编制遗产清单不迫切需要考量法律适用结果。

综上所述，从整体上识别编制遗产清单，应当将其纳入遗产管理的范围。

### (四)通知和公告

在无遗产管理的继承中也需要通知和公告，因而很难直接判断其与继承和遗产管理的关联程度的强弱。但通知和公告具有明显的程序性，参照程序与实体的划分标准，纳入遗产管理的范围更合理。

关于程序性事项，各国均主张适用法院地法，尤其是具有明显程序性的通知和公告。通知和公告的目的在于催促利害关系人及时主张其与遗产相关的权利。由于遗产管理的通知重点在于取得联系，形式要求相对较弱，对境外人员的通知可参照对境内人员的通知要求。但遗产管理中的公告具有较强的形式要求，且直接影响利害关系人主张实体性权利。因此，对境外人员的公告应适当考量当地的标准，除非境外存在附属管辖法院。① 对于境外人员的公告要求，主要参考当地的形式要求，按要求在当地发布公告，目的在于尽充分通知之义务。公告的实际效力仍应参照内国公告的效力，否则可能出现不同的公告后果而影响利害关系人之间的利益均衡。

德国要求在《联邦公报》和为遗产法院发布公告而指定的报纸发布公告。② 但对于境外人员，这种公告则没有实际意义，外国人几乎不可能知悉相关公告的内容。要避免这种情形，公告的标准可以规定为在公告对象的惯常居所地媒体上发布公告。这样既可以尽充分通知之义务，也可以不用参考境外人员当地的公告标准。

### (五)遗产破产

遗产破产既包含程序性事项，也包含对实体性权利义务的处理，难以直接判

① 附属管辖法院可以依照本地的标准和要求进行通知和公告。

② 参见《德国民法典》第2061条。

断其属于程序性事项还是实体法事项。遗产进入破产程序，出现资不抵债，意味着继承人无法通过继承取得遗产。遗产破产不涉及继承中的实际利益关联，二者之间的关联程度较低。但这并不意味着能够直接认定遗产破产属于遗产管理的范畴。因为遗产破产属于一种特殊的个人破产，与破产的关联程度也较强。《德国民法典》规定遗产管理终止于遗产破产,① 说明遗产破产在德国民法体系中被纳入破产的范畴，而不属于遗产管理范畴。这是由于德国拥有较完善和先进的破产法体系，而且专门就遗产破产作出了特殊规定。② 在不承认个人破产的法律体系中，遗产破产无法纳入破产的范围，当然属于遗产管理的范围。在承认个人破产的法律体系中，遗产破产属于遗产管理还是破产，需要进一步分析。

遗产管理人担任遗产破产管理人更合适，节省了重新选任管理人的时间，其前期管理行为也有助于继续担任破产管理人。遗产破产进程，本质上也是属于遗产管理行为，破产遗产的分配涉及的主要是遗产债权人之间的利益分配，与遗产分割中债权债务的处理极为相似。这些因素都表明遗产破产与遗产管理之间有着极强的关联程度。遗产管理和个人破产对于遗产破产而言都属于一般规则，但遗产破产与遗产管理的关联程度更强。但遗产破产的专门规定则属于特殊规则，应优先于一般规则适用。因此，除非个人破产制度中就遗产破产专门作出了特别规定，否则遗产破产纳入遗产管理范围更恰当。

原则上应将遗产破产纳入遗产管理的范围，但承认个人破产且就遗产破产作出专门规定的情形除外。

### （六）遗产分割

遗产分割直接关系到遗产相关利害关系人的实体法利益。无论是否存在遗产管理，遗产分割都是继承中的关键环节。虽然遗产分割中也存在程序性事项，但这些事项的设定是为了更公平、合理、高效地完成遗产分割。遗产分割的重点在于实体法利益的分配，与继承法对实体权利义务关系的调整相契合。遗产归扣、应继份和特留份的预留、遗产分配等都直接影响继承人的实体权益。而遗产分割

① 参见《德国民法典》第 1988 条。

② 德国《支付不能法》第 19 章是关于遗产破产的专门规定。

中的程序性事项虽与遗产管理的程序性更契合，但这种程序性事项在遗产分割中的辅助地位难以改变。因此，遗产分割与继承有更高的实质性关联程度。

继承法侧重于保护实体法上的权利义务关系。因此，各国设定继承的冲突规则时，通常会考虑准据法对实体权益的保护。在没有设立专门的遗产管理冲突规则时，这些继承冲突规则的适用结果也能实现保护继承实体权利的功能。而遗产管理偏向于程序性事项的特点也决定了遗产管理冲突规则指引的准据法更倾向于兼顾遗产管理的便利性。从准据法的选择结果来看，将遗产分割纳入继承的范畴更合理。但这只是按照冲突规则设立的目的作出的一般性考量，具体的法律适用结果仍取决于各国关于继承和遗产管理的准据法。

若采无限责任继承，则无遗产管理之必要，继承人直接概括继受一切权利义务。若存在遗产管理，则对应有限责任继承，遗产债权债务关系应在继承财产分配之前处理完毕。遗产债权债务的处理虽会影响实体权利义务关系，但这种债权债务关系本质上属于被继承人与他人之间的普通债权债务。这种关系应属于债法的范畴，并不属于传统意义上的继承范畴。遗产管理人作为遗产的实际控制者，有相对中立的地位，是处理遗产债权债务关系的最佳人选。因此，遗产分割纳入继承的范畴更合理，但遗产债权债务的处理应属于遗产管理的范畴。

概言之，遗产管理的识别可从冲突法和实体法两个视角进行识别。冲突法层面遗产管理的识别侧重点在于定性，强调遗产管理相关事项自身的性质，看其是否属于遗产管理冲突规则的调整范围。实体法层面遗产管理的识别侧重点在于分类，强调遗产管理相关事项在实体法中的归属，看其与哪一种实体法范畴具有更强的关联性。遗产管理的范围主要包括遗产管理中的程序性事项，例如遗产管理人的选任和解职、编制遗产清册、通知和公告、遗产破产中的大部分内容，也包括遗产分割中的债权债务处理。相比继承而言，这些事项与遗产管理的关联程度更高。

## 第三节 系属公式

### 一、适用继承的准据法

没有专门规定遗产管理的法律适用的国家通常参照继承的法律适用，典型代表有德国、法国。遗产管理与继承联系紧密，继承的法律适用是较好的参照标准。

关于继承的准据法，德国没有区分不动产和动产，统一适用被继承人死亡时的本国法。① 其法律适用，原则上以被继承人死亡时的本国法为主要连结因素，不动产也可能适用不动产所在地法。② 对位于德国的不动产，外国被继承人可以选择德国法作为继承的准据法。③ 此时的德国法即不动产所在地法。这种做法的优点体现在两方面：(1)在继承开始之前，其可以减轻公证机构的咨询负担，在继承开始之后，其可以减轻继承法院和登记部门的工作负担；(2)对于继承人而言，适用德国法也使得遗产转移更加快捷和便宜。④ 虽然继承的法律适用对于不动产有特别规定，但总体而言主要适用被继承人死亡时的本国法。因此，德国遗产管理也应适用被继承人死亡时的本国法。

在法国，遗产中的动产适用被继承人死亡时的最后住所地法，不动产适用不动产所在地法。⑤ 法国属于采用区别制下以最后住所地和不动产所在地为客观连结点。因此，法国需要考虑对动产和不动产的识别，其识别依据是法院地法，即法国法。⑥ 根据法院地法进行识别通常被认为更加符合双边冲突法制度的精神，既然法院地的冲突规范对动产和不动产规定了不同的连结点，也就必须由法院地法对其所使用的对应概念予以解释。⑦ 遗产管理也可区分为对动产和不动产的管理，若与继承一一对应，则对动产的遗产管理，适用被继承人死亡时的最后住所地法；对不动产的遗产管理适用不动产所在地法。这种规则会导致一些特定情形下同一地区的财产适用两种不同的准据法。例如，当外国遗产管理的对象包含动产和不动产，而被继承人死亡时的最后住所地在内国时，内国遗产管理法院需对

---

① 中国大百科全书出版社编辑部编：《中国大百科全书·法学》，中国大百科全书出版社1984年版，第308页。

② Louis Garb, "International Succession", *Kluwer Law International*, 2004, pp. 247-248.

③ 参见《德国民法施行法》第25条第2款。

④ 参见向在胜：《大陆法系国家涉外继承法律适用法比较研究》，载《武汉大学学报(哲学社会科学版)》2007年第6期，第812页。

⑤ Louis Garb, "International Succession", *Kluwer Law International*, 2004, p. 231.

⑥ Louis Garb, "International Succession", *Kluwer Law International*, 2004, p. 232.

⑦ 参见向在胜：《大陆法系国家涉外继承法律适用法比较研究》，载《武汉大学学报(哲学社会科学版)》2007年第6期，第811页。

动产的管理适用内国法而不动产的管理适用该外国法。对不动产管理中的众多程序性事项适用外国法律无疑会给遗产管理造成诸多麻烦。不动产的实体权利义务和程序都尊重外国法的规定，内国法院就该不动产作出的判决容易得到该外国法院的承认与执行。

2012 年 7 月 4 日欧盟通过了《关于继承问题的管辖权、法律适用、判决的承认与执行、认证文书的接受与执行以及创设欧洲继承证书的第 650 号条例》(简称《欧盟继承条例》)。① 该条例将惯常居所地作为确立管辖权和法律适用的主要标准。② 欧盟成员国若参照适用继承的准据法，还需要依据惯常居所地确立准据法。对德国和法国而言，属人法的连结因素由国籍和住所地变成了惯常居所地。

遗产管理和继承不予区分，统一适用继承的准据法，优势在于适用同一冲突规则简便易行且适用结果具有可预见性和确定性。单一制继承国家，遗产管理适用被继承人属人法，通常也是法院地法，相对合理。区别制继承国家，需对外国不动产的管理适用外国法，不便于管理，但判决容易得到外国法院的承认与执行。

## 二、适用法院地法

澳大利亚遗产管理适用法院地法。正如高等法院在 Permanent Trustee Co. (Canberra) Ltd. v. Finlayson 案中所讲的，死者遗产的管理应依代理权已授予的国家的法院地法进行，这是一个毫无疑问的主张。③ 法院地法适用的范围包括收集死者的财产、清偿债务、支付死亡和继承税以及管理结束前遗产管理人的义务、权限和作用。④

在国际民事诉讼的理论和实践中，不少国家都将“程序法适用法院地法”作为一项重要原则，理由有三：(1)关于程序问题，属地原则优于属人原则，而属

① Regulation (EC) n. 650/2012 of July 2012 on jurisdiction, applicable law, recognition and enforcement of decisions and acceptance and enforcement of authentic instruments in matters of succession and on the creation of a European Certificate of Succession, www. europarl. europa. eu/.../201212/20121220ATT58404/20121220ATT58404EN. pdf, last visited at 10 September 2022.

② 2. 2. 1(Habitual residence), Regulation (EC) n. 650/2012, p. 13.

③ 董丽萍著:《澳大利亚国际私法研究》，法律出版社 1999 年版，第 223 页。

④ 参见董丽萍著:《澳大利亚国际私法研究》，法律出版社 1999 年版，第 223 页。

地原则主要是法院地法；(2)程序法的公法属性决定其不宜适用外国法；(3)适用外国程序法容易导致司法资源的浪费以及应遵守的程序法的不确定性。① 程序法是对程序性事项的约束，遗产管理事项又具有较强的程序性，因而遗产管理当属于程序法调整范围。这也是澳大利亚法官认为遗产管理“毫无疑问”应当适用法院地法的重要原因。遗产管理虽具有较强的程序性色彩，但并非纯粹程序性事项，适用法院地法具有较强可行性，但不宜过于绝对。

“代理权已授予的国家”即对遗产管理人已授权的国家。当外国存在附属管理时，若该国对遗产管理人授权，属于“代理权已授予的国家”，其程序法也将得到适用。若内外国程序法规定不同，会影响遗产管理的具体实施，仍需再次选择程序规则。此时，需要对程序规则的选择作出合理解释，择一适用，通常主遗产管理地的程序规则将优先适用。

对于遗产管理中能对实体性权利造成直接影响的事项，完全照搬适用法院地法也不尽合理。例如对外国债权人的公告，若采用内国程序法中的标准和要求在内国公告，显然难以称之为尽到合理公告义务。当然，内国程序法规定适用外国公告要求的情形除外，但这种情况极为鲜见。

遗产管理适用法院地法，能够较好地适应遗产管理的程序性，但不宜过于绝对化，尤其是能直接影响实体性权利的事项。存在两套程序规则且规定不一致时，需选择适用，并作出合理解释，主遗产管理地的程序规则往往优先适用。

## 三、适用被继承人的属人法

当立嘱人的惯常居所地在荷兰时，遗产的清算和清算人的职能与权限适用荷兰法。② 此冲突规则规定了遗嘱执行人实施管理遗产的法律适用，采用了属人法的立场，以惯常居所地作为连结点。这条单边冲突规则强调了荷兰法的适用，并不能很好地解决外国法院管辖可能产生的法律适用冲突。因此，荷兰还就继承和遗产管理的法律适用创立了“就近原则”，强调尊重境外遗产所在国的法律适用

---

① 参见翟中鞠、屈广清：《“程序法适用法院地法”原则之局限与克服》，载《法商研究》1998 年第 4 期，第 86 页。

② 参见《荷兰民法典》(第 10 卷)第 149、150 条。参见黄进、肖永平、刘仁山主编：《中国国际私法与比较法年刊(第 14 卷)》，北京大学出版社 2012 年版，第 466~467 页。

结果，即便该外国法的适用损抑部分利害关系人利益，荷兰法院也应认可。[①] 这一规则尊重了外国法院对其境内遗产的管辖权，也体现了遗产管理的地域性。为了追求实质公平，荷兰允许受损抑的利害关系人和获益人之间在遗产范围内进行均衡。[②]

被继承人的属人法常用的连结点包括国籍、住所地和惯常居所地。惯常居所地能够精确定位且易于从客观上把握，成为属人法的重要连结点。一个人可能因在不同地方有经常居住之事实而被同时认定为有两个以上惯常居所，需要进一步判断。因此，荷兰立法也强调，只要在荷兰境内有惯常居所，即适用荷兰法。荷兰遗产管理的法律适用以被继承人的属人法为主，以此主张适用荷兰法，同时又尊重境外财产的法律适用结果，设立“就近原则”作为补充且优先适用。这种做法能在一定程度上缓解不同法域财产的法律适用冲突。当法院对本国公民的继承或遗产管理行使管辖权时，被继承人的属人法即法院地法。遗产管理适用法院地法较为直观且易于操作，有利于高效地管理遗产。

遗产管理适用被继承人的属人法，需要合理解释属人法的连结点，并通过该连结点与准据法对应。这种方法确定的准据法唯一，其对境外财产的约束不易得到境外财产所在国的承认，故而需要针对境外财产设立例外规则。

## 四、适用遗产聚集地法

加拿大遗产管理适用遗产聚集地法。具体而言，死者遗产的管理适用授权遗产代理人聚集遗产的省或区的法律。[③] 因此，无论遗产的管理是主要的还是附属的，省内遗产代理人对遗产的管理必须遵从指定该遗产代理人的某省的法律，外国遗产代理人对遗产的管理必须遵从指定该遗产代理人的某省的法律。[④] 遗产聚集地法院发布遗产管理命令后，法院地法将成为遗产管理的准据法。当继承和遗产管理只有一个法院主张管辖时，这种做法简单明了且具有可行性。然而，涉外遗产管理往往不止一个法院可以主张管辖权。利害关系人以境外遗产管理人指定

① 参见《荷兰民法典》(第 10 卷)第 147 条第 1 款。

② 参见《荷兰民法典》(第 10 卷)第 147 条第 2 款。

③ 刘仁山著：《加拿大国际私法研究》，法律出版社 2001 年版，第 276 页。

④ 刘仁山著：《加拿大国际私法研究》，法律出版社 2001 年版，第 276 页。

不当等事由在遗产所在地法院起诉时，该法院可能指定新的遗产管理人，且法院地关于遗产管理的规定极有可能被适用。此时，两地遗产管理的准据法不同而产生的冲突将不可避免。要解决这冲突，加拿大需要考虑在遗产管理适用遗产聚集地法为原则的基础上建立例外规则，不宜过分强调遗产聚集地法律的适用，应适当考量境外遗产管理的法律适用的特殊性。具体规则的设定可借鉴荷兰的“就近原则”。

作为财产所在地的具体类型，遗产聚集地通常也是主要遗产管理地，能明确指定遗产管理的主要场所。适用遗产聚集地法的优势在于法律选择结果单一，能为遗产管理确定统一的准据法，进而为遗产管理的具体实施提供统一的参照标准。统一准据法的优势更多地体现在一国法院管辖之时。当两个以上法域同时存在有管辖权的法院时，僵硬的冲突规则难以适应涉外案件的法律适用需求。遗产管理行为往往在财产所在地实施，而财产所在地法本应是遗产管理行为需遵从的法律，由其作为遗产管理的准据法是不二之选。然而，财产所在地不宜作狭义解释，如解释为财产聚集地或主要财产所在地等，会导致冲突规则过分僵硬而难以适应复杂多变的各类遗产管理案例。

遗产管理适用财产所在地法是能较好适应遗产管理需求的法律选择方法，应对财产所在地做灵活解释，使其适应不同遗产管理案件的客观需求。

## 五、灵活适用准据法

在比利时，遗产的管理与转移原则上适用继承的准据法，但遗产所在地法规定该地政府有权干预遗产的管理或转移，则适用遗产所在地法。① 比利时关于继承的准据法规定：动产适用被继承人死亡时的惯常居所地法；不动产原则上适用不动产所在地法，但不动产所在地法的冲突规则指向被继承人死亡时的惯常居所地法则优先适用惯常居所地法。② 此外，被继承人还可以通过遗嘱选择其遗产适用其死亡时的惯常居所地法或是其本国法。③ 比利时遗产管理的法律适用规则看

① 参见《比利时国际私法典》第82条第1款。参见黄进、肖永平、刘仁山主编：《中国国际私法与比较法年刊(第8卷)》，北京大学出版社2006年版，第586页。

② 参见《比利时国际私法典》第78条。

③ 参见《比利时国际私法典》第79条。

似复杂但条理清晰。整体来看，其遗产管理的法律适用分三个层级。第一层级最优先适用，当遗产所在地法有特殊规定的，适用遗产所在地法。第二层级次优先适用，尊重当事人的有限意思自治。第三层级按照动产和不动产分别适用惯常居所地法和不动产所在地法。这一系列规定紧密围绕遗产管理的重要客观连结点财产所在地和被继承人的惯常居所地来构建，能够较好地兼顾遗产所在地的法律规定。唯有如此，比利时法院作出的判决才有可能被遗产所在地的外国法院承认和执行。

灵活适用遗产管理的准据法的最大优势在于遗产管理能被外国法院所认可。遗产管理是否被外国法院认可，直接关涉遗产管理的实际效果，这是各国立法不得不慎重考虑的重要因素。灵活适用遗产管理的准据法也需要有范围限制，通常最终确定的准据法都与财产所在地、被继承人的居住地、法院地等连结因素紧密相关。遗产管理的法律适用结果与这些客观连结因素具有较强的关联性也充分体现了遗产管理自身的地域性和程序性。在有限的范围内灵活选择准据法是遗产管理法律适用较为科学合理的方法。

概言之，遗产管理的法律适用包括适用继承的准据法、适用法院地法、适用被继承人的属人法、适用遗产聚集地法以及灵活适用准据法。适用继承的准据法的优势在于继承和遗产管理可以适用统一的准据法，保持了准据法的完整性。适用法院地法的优势在于尊重了法院地程序规则，避免了程序规则的冲突。适用被继承人的属人法的优势在于强调保护本国公民的合法权利。灵活适用准据法则是一种综合性处理遗产管理法律适用的方法，能够较好地兼顾不同情况下遗产管理法律适用的特殊要求，值得参考。

## 第四节　我国遗产管理规则的适用问题

### 一、我国遗产管理的管辖

我国现行《中华人民共和国民事诉讼法》(以下简称《新民诉法》)已于2023年9月1日起施行。该法沿袭了旧法的做法，继承的管辖属于专属管辖。其第34条第3项规定："因继承遗产纠纷提起的诉讼，由被继承人死亡时住所地或者主要遗产所在地人民法院管辖。”①当遗产管理相关诉讼涉及继承纠纷时，可直接被认定为“因继承遗产纠纷提起的诉讼”，而直接适用第34条的规定。当遗产管理相关诉讼并不涉及继承纠纷时，纯遗产管理诉讼并不直接涉及继承遗产纠纷，难以被直接认定为“因继承遗产纠纷提起的诉讼”。纯遗产管理诉讼因继承而起，继承遗产纠纷也是因继承而起，二者同源。这为纯遗产管理纠纷适用第34条创造了条件，二者之间具有了可类比性。此外，鉴于我国目前尚无明文规定遗产管理的管辖，且遗产管理与继承之间存在紧密联系，纯遗产管理诉讼也只能参照适用继承的管辖。

若参照适用《新民诉法》第34条的规定，我国遗产管理相关诉讼应由被继承人死亡时住所地或主要遗产所在地人民法院管辖。住所地作为客观连结因素，通常需要有“久住的意思”。由于主观性较强，这种意图在实践中不易证明。为了解决这一问题，《最高人民法院关于适用〈中华人民共和国民事诉讼法〉的解释》(以下简称《新民诉解释》)对住所地作出了界定，其第3条第1款规定：“公民的住所地是指公民的户籍所在地。”②我国《新民诉法》坚持采用住所地标准，实质上强调了被继承人需为我国公民，并为其身后财产的管理与分配提供保障。以主要遗产所在地主张管辖需要界定何处为主要遗产所在地。无论是以财产数额还是财产性质作为认定标准，都需要对遗产有整体认知和了解。法院不可能一一查明被继承人的财产之后再判断是否具有管辖权。从文义解释的角度来看，这一规定在司法实践中不利于法院主张管辖权。这一规定应采客观目的解释。遗产所在地法院均可主张管辖，当两个以上法院具有管辖权时，由主要遗产所在地法院行使管辖权。

在多数情况下，依据户籍所在地即可确定管辖法院。对于户籍迁出尚未落户等特定情况，则需依照主要遗产所在地作为管辖权依据。虽然没有明确住所地(户籍所在地)和主要遗产所在地之间的优先顺序，但由于户籍易于认定，住所地更容易成为主张管辖的主要标准。

① 参见《中华人民共和国民事诉讼法》第34条第3项。

② 法释〔2015〕5号。《最高人民法院关于适用〈中华人民共和国民事诉讼法〉的解释》已于2014年12月18日由最高人民法院审判委员会第1636次会议通过，自2015年2月4日起施行。

## 二、与继承冲突规则的关系

《法律适用法》中对继承和遗产管理的法律适用都作出了明确规定。第 31 条规定："法定继承，适用被继承人死亡时经常居所地法律，但不动产法定继承，适用不动产所在地法律。"①第 34 条规定："遗产管理等事项，适用遗产所在地法律。"②这两条规定在《法律适用法》中并没有隶属关系，属于两条平行规则。若存在隶属关系，则具有较高位阶的规则将得到优先适用，从属规则将失去适用空间，亦无单独制定从属规则之必要。这两条平行规则的适用关键在于界定各自的适用范围。同时二者的适用结果也存在较强的关联性。

继承法侧重于对实体权利义务的保护。《法律适用法》第 31 条法定继承的范围也应当是继承中的实体权利义务关系。法定继承的范围与我国《民法典·继承编》第 2 章相对应，主要包括：继承权男女平等、继承顺位、代位继承权、丧偶儿媳和女婿作为第一顺位继承人的条件、遗产分配的原则和调节方式、依靠被继承人抚养的非继承人的权利、遗产分割不同途径的先后顺序等问题。③ 在遗嘱继承中，遗嘱的形式、效力、变更等问题亦属于实体性权利义务。针对具体事项的法律规则能够直接影响利害关系人的实体性权利义务，则是实体性规则，属于第 31 条的范围。《法律适用法》第 34 条的范围则主要是继承中的程序性事项。从适用的范围来看，这两条平行冲突规则的适用范围全面覆盖继承，第 31 条适用于实体性权利义务，第 34 条适用于继承中的程序性事项。在确定二者范围时，具体事项与继承和遗产管理之间关联程度也是重要的参考标准。

《法律适用法》第 31 条的适用结果指向被继承人死亡时经常居所地法律和不动产所在地法律，第 34 条的适用结果指向遗产所在地法律。不动产是遗产中的重要组成部分，故不动产所在地当然属于遗产所在地。被继承死亡时经常居所地也与遗产所在地也关系密切。《最高人民法院关于适用〈中华人民共和国涉外民事关系法律适用法〉若干问题的解释(一)》(以下简称《法律适用法解释一》)第 13

① 参见《法律适用法》第 31 条。
② 参见《法律适用法》第 34 条。
③ 参见《民法典》第 1126~1132 条。

条规定："自然人在涉外民事关系产生或者变更、终止时已经连续居住一年以上且作为其生活中心的地方，人民法院可以认定为涉外民事关系法律适用法规定的自然人的经常居所地，但就医、劳务派遣、公务等情形除外。"①经常居所地要求居住一年以上且作为生活中心。若符合此要求，被继承人在该地必然会留有遗产，也可被认定为遗产所在地。从适用结果来看，由于遗产所在地往往与被继承人死亡时经常居所地以及不动产所在地重合，第 31 条和第 34 条虽然系属不同但适用结果很可能相同。

## 三、我国遗产管理的范围

虽然遗产管理具有明显的程序性，但并不意味着遗产管理只包含程序性事项。具体事项与继承和遗产管理之间关联程度的强弱才是最核心的标准。如前文所述，遗产管理的范围主要包括遗产管理人的选任和解职、编制遗产清单、通知和公告、遗产破产这几个部分，遗产分割中的大部分事项与继承具有较强的关联关系，总体而言应纳入继承的范畴。这种划分只是依据遗产管理涉及的主要环节作出的整体判断，具有一定的抽象性。在遗产管理的实施过程中，这几个部分并没有明确的程序界限，有些环节可能同时存在。例如，通知和公告就可能存在于其他任何一个环节之中。故而遗产管理的范围需要结合具体的事项作出判断。

狭义遗产管理人的选任因遗产管理的需求而产生，当属于遗产管理的范畴。指定遗产信托受托人和遗嘱执行人应属于意思自治的范畴。各类遗产管理人的解职均应属于遗产管理的范畴。一国遗产管理人委任书在域外的认证程序和标准等事项也应属于遗产管理的范畴。

遗产清单的编制时机、编制主体、编制期间以及遗产清单的内容、效力和查阅等事项均应属于遗产管理的范畴。虽然遗产清单记载了利害关系人之间的权利义务状态，但其并不是决定实体权利义务关系的法律规则。编制遗产清单主要是为了便于管理遗产，属于遗产管理的重要依据。此外，一国遗产清单在域外的认

① 法释〔2012〕24 号。《最高人民法院关于适用〈中华人民共和国涉外民事关系法律适用法〉若干问题的解释（一）》已于 2012 年 12 月 10 日由最高人民法院审判委员会第 1563 次会议通过，自 2013 年 1 月 7 日起施行。

证程序和标准等事项也应属于遗产管理的范畴。

通知和公告具有较强的程序性，贯穿于遗产管理整个进程，整体而言当属于遗产管理的范畴。由于公告的效果会直接影响利害关系人的实体性权益，按程序和实体的划分标准可纳入继承的范畴。然而从我国法律适用的结果来看，遗产所在地的覆盖面更广，更有利于按照利害关系人所在地的标准进行公告，尽合理公告之义务。因此，通知和公告在我国纳入遗产管理的范围更恰当。此外，当公告的对象无法确定居住地时，只能按照主管法院的标准进行公告。

遗产破产与继承、破产和遗产管理都存在一定关联性。但我国尚未承认个人破产制度，故而无法将遗产破产纳入破产范畴。遗产破产之后，继承人无法取得遗产，也不宜纳入继承范畴。就我国目前的立法来看，遗产破产只能纳入遗产管理范畴。虽然遗产破产中涉及遗产的分配，但这种分配不同于继承法中继承财产的分配，更接近于普通债权债务的处理，将其纳入遗产管理的范畴也不会对实体权利义务产生不利影响。

遗产分割中的大部分事项都应属于继承的范畴，但遗产债权债务的处理应属于遗产管理的范畴。遗产债权债务处理更接近于对普通债权债务关系的处理。遗产管理人也是处理这种关系的最佳人选。因此，遗产债权债务的处理与遗产管理有着更强的关联程度，当纳入遗产管理的范围。

若我国将来设立遗产税，则缴纳遗产税的相关程序和标准也均应属于遗产管理的范畴。关于税收的法律规定通常都属于强制性规定，各国缴纳遗产税的相关程序和标准也会强制适用于其领域内的财产。缴纳遗产税的程序和标准适用遗产所在地法也能更好地适应这种强制性规则的适用。

## 四、我国遗产管理的系属

我国遗产管理的系属是遗产所在地法。遗产所在地往往与被继承人的经常居所地、不动产所在地、法院地、遗产管理行为地等地域重合。这也是遗产所在地法最重要的系属优势。

遗产所在地往往与被继承人的经常居所地、不动产所在地重合，可能使遗产管理的法律适用和继承的法律适用结果一致。继承和遗产管理适用统一的准据法保留了该准据法的完整性，能够更全面地展现法律制度中蕴含的法理，统筹兼顾实体性权利义务关系和程序性事项及规则。

主要遗产所在地往往也是主管辖法院所在地。此时法院地的程序性规则会覆盖被继承人的主要遗产，既使法院地的程序规则得以有效运用，又使被继承人的大部分遗产处于有效管辖之中而能够确保其顺利分配。

遗产管理的最终目标在于管理和分配遗产，当遗产存在于不同法域时，往往需要设立两个以上遗产管理人。遗产所在地同时也是遗产管理行为地。遗产所在地法能兼顾遗产管理行为的地域性，不同地域的遗产管理行为由于尊重了行为地法而更容易得到认可。

我们不宜对遗产所在地作狭义解释，应根据遗产管理的客观需要灵活解释。我们在考虑遗产管理准据法的统一性时也需充分尊重域外遗产所在地国家的遗产管理规则。唯有如此，遗产管理的效力才能在其他法域国家和地区得到更好的承认与执行。

概言之，我国遗产管理的管辖权在现阶段只能由被继承人住所地(实际是户籍所在地)和主要遗产所在地法院行使。在多数情况下，依据户籍所在地即可确定管辖法院。对于户籍迁出尚未落户等特定情况，则需依照主要遗产所在地作为管辖权依据。由于户籍所在地容易确定，而主要遗产所在地则需要对遗产有全面的了解才能判断，基于住所地主张管辖很可能成为主要理由。我国遗产管理冲突规则和继承的冲突规则之间属于平行关系，二者共同为涉外继承的法律适用提供依据。继承的冲突规则偏向于实体权利义务关系的法律适用，遗产管理的冲突规则偏向于程序性事项的法律适用。我国遗产管理范围的确定需要考量被识别对象与继承和遗产管理之间的关联程度的强弱、分析其自身属于实体性权利还是程序性规则，同时还应兼顾法律适用结果。遗产管理的系属，遗产所在地法，与众多客观连结点指向的法律都有机会重合，这是其最主要的系属优势。我们应对遗产所在地法作灵活解释，避免狭义解释，以期最大化其自身的系属优势。

## 第五节　民法典时代遗产管理冲突规则的规范构造

我国《法律适用法》第 34 条第一次就遗产管理的冲突规则做了明确规定："遗产管理等事项，适用遗产所在地法律。"但如何理解和适用该条规定，我国理论界与实务界均没有深入探讨。《民法典》中有关遗产管理的规定，对准确理解和适用遗产管理冲突规则具有重要意义。①《民法典》第1147条明确规定遗产管理人应当履行的六项职责，② 为正确适用《法律适用法》第34条打下了国内实体法基础。本书从冲突法的视角出发、遵照法律适用的一般路径、利用法律解释学方法，从遗产管理的内涵、识别、范围，以及遗产管理冲突规则的适用等方面来论述如何准确适用遗产管理的冲突规则。

## 一、规则原点：双重含义的取舍

"遗产管理"这一术语在目前的文献中并非表达着同样的内容，甚至出现了完全不同的表意对象。导致这一现象的原因多种多样，难以穷尽，但概念措辞、呈现方式、实施路径、表意内容这四方面因素不容忽视。③ 这些因素增加了理解"遗产管理"这一概念在不同语境中具体含义的难度。"遗产管理"又与相关概念联系较为紧密，容易产生混淆。因此，我们应梳理遗产管理的含义，区分近似概念，从狭义和广义的角度分别予以界定，才能更准确地理解和适用。

### (一)狭义的遗产管理

狭义的遗产管理，仅指无遗嘱继承时，选任的遗产管理人对死者遗产实施的管理活动。它在英美法系和大陆法系略有不同。大陆法系不同国家的狭义遗产管理也存在差别。

在英美法系，狭义遗产管理人(estate administrator)是指选任出来帮助完成遗

① 主要相关条文集中展现在《民法典》第1133条、第1145~1151条，其余条款主要以该条意旨为主，附带或间接与遗产管理制度有交叉重合。

② 《民法典》第1147条规定："遗产管理人应当履行的职责包括：(一)清理遗产并制作遗产清单；(二)向继承人报告遗产情况；(三)采取必要措施防止遗产毁损、灭失；(四)处理被继承人的债权债务；(五)按照遗嘱或者依照法律规定分割遗产；(六)实施与管理遗产有关的其他必要行为。"

③ 首先，不同的语言中描述同一种现象所用词汇千差万别，仅仅靠翻译难以实现概念的完全对应。其次，文化差异造就了形式多样的遗产继承传统和习俗，遗产管理即便在概念上能找到对应，但对应概念所要表达的内容也不尽相同。再次，各国法律规定的不同也决定了各国遗产管理的具体实施条件和方式有所不同。最后，由于对遗产管理的理解不同使得同一词汇在不同的文献中所表达的含义也略有区别。

嘱检验程序(probate process)的遗产管理人，不包括遗产信托受托人和遗嘱执行人。在美国，未经遗嘱检验的遗嘱不能成为享有所有权或占有权的有效证明：因为具体的权利没有被确定，推定的继承人、受益人、债权人尚不能行使他们的权利。① 自然人死亡，遗嘱检验程序将启动，有两个主要原因：(1)继承人和受益人需要证明其权利来源；(2)遗产债权人的债权需要得到清偿。② 此时，各类遗产管理人必须及时管理和控制遗产，以防止受到侵害。存在遗嘱时由遗嘱执行人管理，设立了遗产信托由受托人管理，其他情况则由狭义遗产管理人管理。遗嘱检验程序是英美法系间接继承制度所必需，因为遗产债务未清偿则无法实现继承人对遗产中积极财产的继承，所以必须存在遗产管理人。

英美法系的狭义遗产管理人看似范围较广，但事实上并不是最核心的遗产管理人类型。因为间接继承制度的存在，被继承人大多会对个人身后财产进行安排，要么设立遗产信托，要么立遗嘱指定遗嘱执行人。因此，狭义的遗产管理人通常是在其他类型管理人不存在时选任，作为一种补充方式。

大陆法系的狭义遗产管理人在不同国家亦有细微差别，但这些差别主要是一些形式上的差别，本质上大体类似。德国的狭义遗产管理人与英美法系的狭义遗产管理人类似。之所以说类似而不是相同，是因为德国采取的是概括继承而不是间接继承。在概括继承模式下，遗产管理并不一定是必经程序。在完全概括继承(无限责任继承)中就没有遗产管理之必要，因为继承人需向遗产债权人承担责任。在限定概括继承中，只要不存在危及遗产债权人利益之情形，没有人申请就不会出现遗产管理。德国赋予继承人和遗产债权人申请命令遗产管理的权利，明确了遗产管理人的义务和责任，规定遗产管理人可以取得报酬，并列举了遗产管理的终止和废止的具体情况。③ 狭义遗产管理人主要适用于无遗嘱继承的情形。由于德国还存在遗产信托和遗嘱执行的专门规定，这些规定应该是对狭义遗产管理的专门规定。也就意味着，德国的狭义遗产管理人的范围与英美法系狭义遗产

---

① Andrew G. Middleton, "Power Failure: How the Texas Probate Code Leaves a Gap in the Ability to Preserve Estates after Death", *Texas A&M Law Review*, Vol. 1, 2013, p. 231.

② Gerry W. Beyer, Wills, *Trusts, and Estates: Examples and Explanations*, Aspen, 2005, p. 231.

③ 参见《德国民法典》第1981、1985、1987、1988条。

管理人的范围一致。所不同的是德国的狭义遗产管理只在法院认为有必要时才会依申请而发布遗产管理命令。瑞士、法国、日本的狭义遗产管理与德国类似，只在一些措辞和细节设定方面略有出入。

虽然一些大陆法系国家关于狭义遗产管理存在一些措辞、适用范围和要求上的不同，但本质上都是无遗嘱继承时选任的遗产管理人实施的管理活动。而与英美法系狭义遗产管理相比，最主要的区别在于这类管理并非必须实施，只有符合特定条件才能实施。而英美法系的狭义遗产管理在无遗嘱继承中是不可避免的。

### (二)广义的遗产管理

广义的遗产管理，是指一切以遗产为对象的管理行为的总称，包括遗产信托受托人、遗嘱执行人、遗产保管人和遗产管理人等对死者遗产实施的管理活动。之所以将这几种对遗产的管理行为都划归为广义的遗产管理，是因为它们在本质上是相同的，核心任务都是保存和管理遗产进而确保遗产利害关系人(包含继承者)的权利得到保障、义务得以履行。广义的遗产管理包含狭义的遗产管理，另外还涵盖遗产信托、遗嘱执行和遗产保管。

1. 遗产信托

遗产信托，即对遗产设立的信托，包括遗嘱信托(testamentary trust / trust under will)和生前信托(inter vivos trust / living trust)[①]两大类。我国现存的部分文献中使用“遗嘱信托”一词表达的含义与“遗产信托”无异，属于错用了上位概念。[②] 例如，“遗产信托是一种死因财产处置行为，表现为遗产处置人委托其继承人、受遗赠人实施某种使第三人受益的行为”。[③] 这一含义描述的是“遗嘱信托”，但用到的术语却是“遗产信托”。史尚宽先生曾在《信托法论》中详细梳理了

---

① “生前信托”本是英美法系翻译的对应概念，但此处借用是为了表达“生前代用遗产信托”。由于“生前代用遗产信托”在英美法系中并没有十分明确的对应概念，所以此处暂时借用上位概念进行表达。

② 造成这一现象有三个方面的原因：(1)并未仔细区分遗产信托和遗嘱信托的差别；(2)受罗马法中的“遗产信托”一词的影响，将其沿用，但表达的却是遗嘱信托；(3)生前信托的适用在我国凤毛麟角，若排除这种情形，遗产信托与遗嘱信托也没有太大差别。

③ 参见黄风编：《罗马法词典》，法律出版社2002年版，第113页。

"遗产信托"一词之含义，最后精要地概括为"是财产移转和管理的一种设计"。①这种概括性描述简明扼要地揭示了遗产信托的本质：无论是遗嘱信托还是生前信托，归根结底都是财产转移和管理的一种设计。

在普通法系，关于遗嘱信托的定义往往落脚于信托本身，并在此基础上附加了遗嘱及其生效要件。例如，遗嘱信托是通过遗嘱设立的信托，由委托人生前设立并于其死后生效。② 由于信托起源较早，随后被引入不同领域，有着较为复杂的信托关系，不同国家和地区的分类标准亦有所不同，因而普通法系学者对于信托的定义也存在较大差别，难以统一。③ 不少英美法系学者都认为给"信托"一个明确而完整的定义实属不易。④ 即便如此，这些定义能对法官产生的最大程度的影响仅限于对"信托"的直观印象，难以影响法官对个案的认定。正如曼斯菲尔德勋爵(William Murray Mansfield)所言，普通法规则源于个案且自成一体。⑤ 从这一角度来看，遗嘱信托具体的定义是否明确而完整对普通法系法官而言显得并不重要。

2. 遗嘱执行

遗嘱执行是指遗嘱执行人依照遗嘱内容来管理和分配遗产的过程。我国学者把遗嘱执行人分为两类，主要区别在于法人和非法人组织是否能够成为遗嘱执行人。第一类是指自然人，例如"遗嘱执行人是指有权执行遗嘱的内容，实现遗嘱人意愿的人"，⑥ 第二类明确了遗嘱执行的主体，例如"遗嘱执行人是依被继承人的指定或法律的规定执行遗嘱的自然人、法人和非法人组织"。⑦

值得注意的是，大陆法的遗嘱执行人是指执行遗嘱的人，这表明遗嘱执行人

① 参见史尚宽著：《信托法论》，台湾商务印书馆 1972 年版，第 1~12 页。

② Philip H. Pettit, *Equity and the Law of Trust*, 7th Edition, Butterworths, 1993, p. 23; Liz C. Messianu, *Estate Planning as Necessary as Ever Following Atra*, Estate Planning Client Strategies (Aspatore 2013), 2013 WL 3772849.

③ 信托法领域的一些知名学者，如 Arthur Underhill, George G. Bogert & George T. Bogert, Bernard Rudden, Austin W. Scott 等，对信托的定义都存在较大差别。

④ 参见江平编著：《西方国家民商法概要》，法律出版社 1984 年版，第 75 页。

⑤ Alan B. Morrison, *Fundamentals of American Law*, Oxford University Press, 1996, p. 21.

⑥ 参见巫昌祯主编：《婚姻与家庭法学》，中国政法大学出版社 2007 年版，第 281 页；龙翼飞著：《比较继承法》，吉林人民出版社 2001 年版，第 88 页。

⑦ 刘心稳著：《中国民法学研究述评》，中国政法大学出版社 2006 年版，第 814 页。

可由遗嘱指定以外的途径产生，英国法的遗嘱执行人则是遗嘱指定的执行人，只能由遗嘱指定产生，通过其他选任产生的被称为遗产管理人(administrator)。[①] 在大陆法系，只要遗嘱有效，同时又选任了管理遗产的人，此管理人即被称为遗嘱执行人。德国、法国、瑞士、日本、俄罗斯等国法律明文规定了遗嘱执行人的选任方式。他们都没有将遗嘱执行人限定为遗嘱指定的人。《德国民法典》专门规定了由第三人确定遗嘱执行人的情形。[②]《日本民法典》规定，家庭法院可根据利害关系人的请求选任遗嘱执行人。[③]《日本民法典》将遗嘱没有指定遗嘱执行人情况下由家庭法院指定的管理人也被称为遗嘱执行人。也就意味着，只要存在有效遗嘱，再选任出的任何管理人都被称为遗嘱执行人，这是对遗嘱执行人范围最大化的一种立法例。

英国的遗嘱执行人仅限于遗嘱指定的人，既包括遗嘱明确指定的遗嘱执行人(executor)，也包括遗嘱指定的遗嘱相关事务执行人(如收集遗产、清偿债务与丧葬费用、分配遗产等)，还专门设置了代理链(the chain of representation)来应对遗嘱执行人死亡的情形。[④] 英国对遗嘱执行人的认定较为严格，只有遗嘱中表明了寻求执行遗嘱之人的意愿，才有可能被认定为遗嘱执行人。“代理链”制度只能弥补遗嘱执行人死亡且指定了代理遗嘱执行人之情形。这是遗嘱执行人的范围相对较小的一种立法体例。

各国对于遗嘱执行人的认定存在差异，与各国遗产管理体系密切相关。遗嘱执行人范围的界定还需结合社会现实需求。从整体来看，由于英美法系的遗产信托制度发展较为成熟且适用较广泛，遗嘱执行在遗产继承中所占比例相对较小，

---

① 张泽传：《两大法系遗嘱执行人制度比较》，载《贵州师范大学学报》2002 年第 2 期，第 9 页。

② 参见《德国民法典》第 2198 条。陈卫佐译：《德国民法典》(第三版)，法律出版社 2010 年版，第 603 页。

③ 《日本民法典》第 1010 条规定：“没有遗嘱执行人，或遗嘱执行人已不复存在时，家庭法院根据利害关系人的请求，可以选任遗嘱执行人。”渠涛编译：《最新日本民法》，法律出版社 2006 年版，第 219 页。

④ 所谓“代理链”，是指在立遗嘱人的遗嘱执行人在就职后、遗嘱执行事务完毕前死亡时，若遗嘱执行人也指定了遗嘱执行人(此处区别称之为“代理遗嘱执行人”)，就由代理遗嘱执行人继续执行有关立遗嘱人的未完成之遗嘱执行事务。参见张泽传：《两大法系遗嘱执行人制度比较》，载《贵州师范大学学报》2002 年第 2 期，第 10 页。

故而对遗嘱执行人的范围作严格解释。在大陆法系，遗产信托尚未发展成熟，遗产的继承主要依赖法定继承和遗嘱继承，为了全面保护和尊重立遗嘱人的愿望，遗嘱执行人的范围一般偏向于扩大解释。

3. 遗产保管

遗产保管，是指在遗产分割前对死者遗产进行保存和管理的行为，从被继承人作为财产所有权人死亡后到遗产分割处理前，为了避免遗产损毁、散失，保证继承人、债权人、受遗赠人之合法权益不受损害。① 按照这一类观点，遗产的保管则可能与遗产信托的受托人、遗嘱执行人以及狭义的遗产管理人的管理存在交叉和重合。这几类管理人都有保存和管理的职能，就可能出现权责划分不清，甚至出现纠纷时互相推卸责任的局面。因此，我们需要考量遗产保管的核心功能而尽量排除与这一功能不相关的因素。

从遗产保管的核心功能来看，它仅指遗产的占有人(多数情形下为继承人)对遗产的暂时保管。这一制度的存在，主要是为了弥补被继承人死亡之后至遗产管理人接管之前的一段管理空白期。针对管理空白期，美国学者也提出了临时遗产管理(temporary administration)概念。以得克萨斯州为例，基于遗产而享有的法律上的权利在被继承人死后并没有立即转移给继承人或其他权利继受人。② 从被继承人死亡到正式的遗产管理开始前，存在一段空白期，容易出现许多问题而必须采取措施及时保存遗产，得州立法要求为此期间指定临时管理人。③ 这种临时的管理只是正式的遗产管理开始前的过渡措施。这种过渡性质是由正式遗产管理制度决定的。但若没有系统的遗产管理制度，对于遗产的保管则未必是一个临时的过渡手段。因为对遗产保管的需求会一直持续到遗产分割完毕。

### (三)《民法典》中的遗产管理

《民法典》第 1145 条规定："继承开始后，遗嘱执行人为遗产管理人；没有

① 赖廷谦主编：《婚姻与继承法学》，四川大学出版社 2004 年版，第 203 页。

② Andrew G. Middleton, "Power Failure: How the Texas Probate Code Leaves a Gap in the Ability to Preserve Estates After Death", *Texas A&M Law Review*, Vol. 1, 2013, p. 231.

③ Andrew G. Middleton, "Power Failure: How the Texas Probate Code Leaves a Gap in the Ability to Preserve Estates After Death", *Texas A&M Law Review*, Vol. 1, 2013, p. 232.

遗嘱执行人的，继承人应当及时推选遗产管理人；继承人未推选的，由继承人共同担任遗产管理人；没有继承人或者继承人均放弃继承的，由被继承人生前住所地的民政部门或者村民委员会担任遗产管理人。”“遗产管理人”在此条文中出现了4次，其表意略有不同，第一次应采广义，因为遗嘱执行人和狭义遗产管理人属于并列关系而非包含关系，后三次则均指狭义遗产管理人；若第一次也采狭义理解，则有混淆同阶概念之嫌。

《民法典》第1151条规定：“存有遗产的人，应当妥善保管遗产，任何组织或者个人不得侵吞或者争抢。”这一条明确界定了遗产保管人的职责。从建立健全遗产管理制度长期发展来看，遗产保管的功能应该着眼于填补被继承人死亡至遗产管理人选任之间的空白，类似于美国的“临时管理”的功能。否则，遗产保管人和遗产管理人之间的权责难以明确，易生纠纷。即便出现选任的遗产管理人本身也是遗产保管人的情形，① 也存在一个权利义务变更的过程，不会对遗产管理产生不利影响。如果为遗产保管人设定过多的责任，也可能会造成保管人因担心承担责任而放弃对遗产的占有。若数个继承人都不愿意占有该遗产，互相推诿，则可能出现遗产暂时无人占有的情形。这就违背了设立遗产保管的初衷。作为一种临时管理方式，遗产保管应当严格限制保管人的权利和责任，只要能保存遗产而不致毁损灭失即可。遗产保管人的权责范围应小于正式的遗产管理人。

综合前述两条的内容来判断，《民法典》总体上对遗产管理内涵的取舍还是倾向于广义遗产管理，略有不同之处在《民法典》通过第1133条第2款的转介条款将遗嘱信托授权给《信托法》去调整。这是由于遗嘱信托成立生效条件在《继承法》和《信托法》中的规定存在矛盾、信托财产的权利性质不确定以及财产登记制度方面障碍等原因共同导致了遗嘱信托制度目前在我国仍存在实施障碍。② 由此可见，《民法典》关于遗产管理的总体布局，还是倾向于构建“存有遗产的人”妥善保管的基础上，由遗嘱执行人、遗嘱信托受托人、遗产管理人共同构建的三位一体的广义遗产管理制度。

---

① 例如选任的遗产管理人为继承人中的一人，而该继承人本身又因占有遗产而负有保管遗产的责任。此时该继承人在担任遗产管理人前后的权利义务也会发生明显变化。

② 参见李霞：《遗嘱信托制度论》，载《政法论丛》2013年第2期，第46页。

## 二、准确定位：遗产管理的识别

遗产管理的识别不可忽略的是几种不同的识别对象均可能对法律适用结果产生影响，因此都需要细致区别对待。识别的侧重点在于将争诉事实准确定性，精准地纳入继承或某一具体的遗产管理类型的法律范畴之下。

### （一）遗产管理的识别对象

识别的对象，因人们对于识别含义的理解不同而不同。对识别含义的理解越宽泛，识别的对象越多；反之，则越少。识别的对象主要有：(1)案件争议事实与诉因；(2)连结因素与范围中的法律概念；(3)被指引的外国法和法院地法。① 若宽泛地理解遗产管理的识别，遗产管理的识别对象就涵盖这三个方面。

遗产管理事实层面的识别对象主要涉及管理进程中的具体行为和事件，例如编制遗产清单、通知和公告、债权债务处理、遗产分割、遗产破产等。这些具体行为和事件是构成遗产管理的事实要素，对其进行归类，与具体的法律规则相对应，便于解释和适用法律。这些具体的行为和事件，属于继承范畴还是遗产管理范畴，需要作出明确分类。在一国法律体系下，继承和遗产管理的冲突规则指向的准据法可能完全不同。不同的准据法对于这些具体行为和事件的要求和标准也可能完全不同，间接影响到利害关系人的利益。例如德国和美国对遗产债权人的公告要求和效力明显不同。德国公告期间为 6 个月，只公告 1 次，期间届满后遗产债权人不丧失债权，失去优先受偿权。② 美国公告期间为 4 个月，连续 3 周循环公告 3 次，期间届满后，遗产债权人不得主张债权。③ 公告若被识别为遗产管理事项，依照《法律适用法》第 34 条的规定，境外财产的公告需适用遗产所在地的外国法作为准据法，其必须符合准据法中的要求。

遗产管理中的法律概念，也是遗产管理的识别对象。例如遗嘱指定的遗嘱执行人拒绝接受任命时选任的管理人，属于遗嘱执行人还是狭义的遗产管理人，在

① 参见肖永平著：《法理学视野下的冲突法》，高等教育出版社 2008 年版，第 91 页。

② 参见《德国民法典》第 1971、1972、1973、2061 条。

③ *UNIF. PROBATE CODE* § 3-801 (amended 2010).

不同法系中有不同的认定，大陆法系倾向于归入遗嘱执行人范畴，而英美法系则倾向于归入狭义遗产管理人范畴。① 基于对法律概念认定的差异，同一法律行为可能被纳入不同法律概念项下。

遗产管理具体事项适用的准据法也是识别的对象。通过分析判断准据法的调整对象，再与遗产管理具体事项对应，判断该准据法是否能直接适用。若准据法是对继承问题作出的规定，则不应直接适用于遗产管理事项。若准据法所在国未就某一特定遗产管理事项作出明确规定，但该特定事项在该国司法实践中一直参照继承事项处理，才可以将继承的具体规定用于处理特定遗产管理事项。

**（二）遗产管理识别的侧重点**

冲突法视角下遗产管理的识别，是对遗产管理相关的事实构成作出定性，将其归入特定的法律范畴，并对该事实构成有关的冲突规范进行解释，从而确定适用哪一条冲突规范的过程。识别不仅是对冲突规则的解释，还包括对法律事实的确定和分类。② 努斯鲍姆（Nussbaum）、劳任森（Lorenzen）和《第二次冲突法重述》中都承认识别应包含对法律事实的确定和分类。③ 遗产管理的识别，就是指遗产管理相关事实构成应归为哪一类，在一国实体法中应受到哪些规则的约束。

在识别过程中，遗产管理相关事实构成可能涉及继承、遗产管理和遗产信托的相关冲突规范。这种识别主要用于遗产管理或继承包含涉外因素且可能适用两个以上冲突规则的情形。这也是遗产管理识别需要重点关注的部分。例如，我国公民甲的遗产继承进入遗产管理程序，甲有部分遗产在英国④并设立了信托，此时需要从冲突法的视角识别遗产管理相关事实构成。我国没有明文规定涉外信托的法律适用，可能适用遗产管理或法定继承的冲突规则。英国签署并批准了《关于信托法律适用及其承认的公约》（以下简称 1984 年《海牙公约》）。该公约规定

① 这是通常情形下的区分。英国将符合“代理链”规则的管理人也认定为遗嘱执行人。

② 肖永平著：《法理学视野下的冲突法》，高等教育出版社 2008 年版，第 90 页。

③ 参见肖永平著：《法理学视野下的冲突法》，高等教育出版社 2008 年版，第 90 页。

④ 英国、澳大利亚、加拿大、荷兰、意大利、马耳他等国签署并批准了《关于信托法律适用及其承认的公约》（*Convention on Applicable Law in Trusts and Their Recognition*）。该公约关于遗产信托的法律适用的规定在这些国家需要优先适用。

信托的法律适用优先适用委托人选择的法律；没有选择准据法，适用与信托有最密切联系的法律。[①] 该项信托财产的继承，涉及三种冲突规则，需要对其作出定性和分类。若将其识别为信托事项，依照 1984 年《海牙公约》中的冲突规则，适用委托人选择的准据法或与该信托有最密切联系的法律。[②] 若将其识别为遗产管理事项，依照我国遗产管理冲突规则，适用财产所在地法，即英国法。若将其识别为法定继承事项，适用被继承人经常居所地法，即中国法。冲突法视角下遗产管理的识别侧重点在于对争诉事实的定性，尤其是要准确界定其应纳入继承、遗产管理、遗嘱信托哪一法律范畴之下。

## 三、边界划定：遗产管理的范围

遗产管理的范围主要包括遗产管理中的程序性事项，例如遗产管理人的选任和解职、编制遗产清单、通知和公告、遗产破产中的大部分内容，也包括遗产分割中的债权债务处理。相较继承而言，这些事项与遗产管理的关联程度更高。

### (一)界定标准

界定遗产管理的范围，主要考量因素包含三个方面：(1)与继承和遗产管理的关联程度；(2)属于程序性事项还是实体法事项；(3)兼顾法律适用结果。

与遗产管理相关的事实应纳入继承或遗产管理的范畴，最主要的标准是与这些法律概念的关联程度。关联程度是反映事实与相关概念之间实质性联系的主要参照标准。关联程度难以用固定的具体认定标准量化，因此很难从关联程度自身寻求解决方案。我们只能从分析具体事实构成和解释相关法律概念着手，再认定事实属于哪一法律概念的范畴。

与遗产管理相关的事实属于程序性事项还是实体法事项，是界定遗产范围的重要参考依据。从整体上看，继承法主要调整实体法上的权利义务关系，遗产管理则更偏重于程序性事项。信托本身既包含实体法上的权利义务，又涉及程序性

---

① Article6-7, *Convention on Applicable Law in Trusts and Their Recognition*, http: //www.hcch. net/index_en. php? act=conventions. text&cid=59, last visited at 10 September 2022.

② 若甲没有选择该信托的准据法，英国法极有可能被认定为与该信托具有最密切联系而被适用。

事项。而遗产信托作为一种特殊的遗产管理方式，也可以区分其中的实体法事项和程序性事项。遗产信托实体法事项本质上也是对遗产的处理，可类比继承的实体法事项处理，而程序性事项又属于特殊的遗产管理方式，可类比遗产管理的程序性事项处理。

准确界定遗产管理的范围，是便于相关冲突规则的正确适用，进而确定准据法。准据法的确定是划定遗产管理范围的重要目标之一，并且直接影响相关利害关系人的实质利益。因此，在界定遗产管理的范围时，也需要适当兼顾法律适用结果。

**（二）《民法典》划定的范围**

《民法典》第1147条规定："遗产管理人应当履行下列职责：（一）清理遗产并制作遗产清单；（二）向继承人报告遗产情况；（三）采取必要措施防止遗产毁损、灭失；（四）处理被继承人的债权债务；（五）按照遗嘱或者依照法律规定分割遗产；（六）实施与管理遗产有关的其他必要行为。"从文义角度来看，此条规定的是遗产管理人的义务，但这些义务所指向的法律事实正是遗产管理范围涵盖的部分内容。

虽然遗产管理具有明显的程序性，但并不意味着遗产管理只包含程序性事项。具体事项与继承和遗产管理之间关联程度的强弱才是最核心的标准。遗产管理的范围主要包括遗产管理人的选任和解职、编制遗产清单、通知和公告、遗产债权债务的处理、遗产分割、遗产破产几个部分，这种划分只是依据遗产管理涉及的主要环节作出的整体判断，具有一定的抽象性。在遗产管理的实施过程中，这几个部分并没有明确的程序界限，有些环节可能同时存在。例如，通知和公告就可能存在于其他任何一个环节之中。故而遗产管理的范围需要结合具体的事项作出判断。

遗产清单的编制时机、编制主体、编制期间以及遗产清单的内容、效力和查阅等事项均应属于遗产管理的范畴。虽然遗产清单记载了利害关系人之间的权利义务状态，但其并不是决定实体权利义务关系的法律规则。编制遗产清单主要是为了便于管理遗产，属于遗产管理的重要依据。此外，一国遗产清单在域外的认证程序和标准等事项也应属于遗产管理的范畴。

遗产保管的核心功能在于防止遗产的毁损、灭失，意在使遗产得以留存。那么，占有人保存遗产即可，没有使遗产保值增值等额外管理之必要。遗产的保管可能与遗产信托的受托人、遗嘱执行人以及狭义的遗产管理人的管理存在交叉和重合，将其纳入遗产管理的范围也尤为必要。

遗产债权债务的处理应属于遗产管理的范畴。遗产债权债务处理更接近于对普通债权债务关系的处理。遗产管理人也是处理这种关系的最佳人选。因此，遗产债权债务的处理与遗产管理有着更强的关联程度，当纳入遗产管理的范围。

遗产分割在《民法典》框架下必然会涉及应继份和特留份。① 此外，遗产分配涉及的方式、方法、方案也是遗产分割中不可避免的重要内容。这一系列规则和方法得以有效实施，其根源均在于遗产管理人的有效管理行为。因此，将遗产分割纳入遗产管理的范围显得尤为必要。

### (三)框架之外的补正

狭义遗产管理人的选任因遗产管理的需求而产生，当属于遗产管理的范畴。指定遗产信托受托人和遗嘱执行人应属于意思自治的范畴。各类遗产管理人的解职均应属于遗产管理的范畴。一国遗产管理人委任书在域外的认证程序和标准等事项也应属于遗产管理的范畴。

通知和公告具有较强的程序性，贯穿于遗产管理整个进程，整体而言当属于遗产管理的范畴。由于公告的效果会直接影响利害关系人的实体性权益，按程序和实体的划分标准可纳入继承的范畴。然而从我国法律适用的结果来看，遗产所在地的覆盖面更广，更有利于按照利害关系人所在地的标准进行公告，尽合理公告之义务。因此，通知和公告在我国纳入遗产管理的范围更恰当。此外，当公告的对象无法确定居住地时，只能按照主管法院的标准进行公告。

遗产破产与继承、破产和遗产管理都存在一定关联性。但我国尚未承认个人破产制度，故而无法将遗产破产纳入破产范畴。在遗产破产之后，继承人无法取得遗产，也不宜纳入继承范畴。就我国目前的立法来看，遗产破产只能纳入遗产管理范畴。虽然遗产破产中涉及遗产的分配，但这种分配不同于继承法中继承财

① 参见《民法典》第1155条、第1159条。

产的分配，更接近于普通债权债务的处理，将其纳入遗产管理的范畴也不会对实体权利义务产生不利影响。

若我国将来设立遗产税，则缴纳遗产税的相关程序和标准也均应属于遗产管理的范畴。关于税收的法律规定通常都属于强制性规定，各国缴纳遗产税的相关程序和标准也会强制适用于其领域内的财产。缴纳遗产税的程序和标准适用遗产所在地法也能更好地适应这种强制性规则的适用。

## 四、路径抉择：系属公式的参考

遗产管理的法律适用包括适用继承的准据法、适用法院地法、适用被继承人的属人法、适用遗产聚集地法以及灵活适用准据法。适用继承的准据法的优势在于继承和遗产管理可以适用统一的准据法，保持了准据法的完整性。适用法院地法的优势在于尊重了法院地程序规则，避免了程序规则的冲突。适用被继承人的属人法的优势在于强调保护本国公民的合法权利。灵活适用准据法则是一种综合性处理遗产管理法律适用的方法，能够较好地兼顾不同情况下遗产管理法律适用的特殊要求，值得参考。

### (一)适用继承的准据法

没有专门规定遗产管理的法律适用的国家通常参照继承的法律适用，典型代表有德国、法国。遗产管理与继承联系紧密，继承的法律适用是较好的参照标准。

关于继承的准据法，德国没有区分不动产和动产，统一适用被继承人死亡时的本国法。① 其法律适用，原则上以被继承人死亡时的本国法为主要连结因素，不动产也可能适用不动产所在地法。② 对位于德国的不动产，外国被继承人可以选择德国法作为继承的准据法。③ 此时的德国法即不动产所在地法。这种做法的优点体现在两方面：(1)在继承开始之前，其可以减轻公证机构的咨询负担，在继承开始之后，其可以减轻继承法院和登记部门的工作负担；(2)对于继承人而

① 中国大百科全书出版社编辑部编：《中国大百科全书·法学》，中国大百科全书出版社1984年版，第308页。

② Louis Garb, "International Succession", *Kluwer Law International*, 2004, pp. 247-248.

③ 参见《德国民法施行法》第25条第2款。

言，适用德国法也使得遗产转移更加快捷和便宜。[①] 虽然继承的法律适用对于不动产有特别规定，但总体而言主要适用被继承人死亡时的本国法。因此，德国遗产管理也应适用被继承人死亡时的本国法。

在法国，遗产中的动产适用被继承人死亡时的最后住所地法，不动产适用不动产所在地法。[②] 法国属于采用区别制下以最后住所地和不动产所在地为客观连结点。因此，法国需要考虑对动产和不动产的识别，其识别依据是法院地法，即法国法。[③] 根据法院地法进行识别通常被认为更加符合双边冲突法制度的精神，既然法院地的冲突规范对动产和不动产规定了不同的连结点，也就必须由法院地法对其所使用的对应概念予以解释。[④] 遗产管理也可区分为对动产和不动产的管理，若与继承一一对应，则对动产的遗产管理，适用被继承人死亡时的最后住所地法；对不动产的遗产管理适用不动产所在地法。这种规则会导致一些特定情形下同一地区的财产适用两种不同的准据法。例如，当外国遗产管理的对象包含动产和不动产，而被继承人死亡时的最后住所地在内国时，内国遗产管理法院需对动产的管理适用内国法而不动产的管理适用该外国法。对不动产管理中的众多程序性事项适用外国法律无疑会给遗产管理造成诸多麻烦。不动产的实体权利义务和程序都尊重外国法的规定，内国法院就该不动产作出的判决容易得到该外国法院的承认与执行。

2012 年 7 月 4 日欧盟通过了《关于继承问题的管辖权、法律适用、判决的承认与执行、认证文书的接受与执行以及创设欧洲继承证书的第 650 号条例》(以下简称《欧盟继承条例》)。[⑤] 该条例将惯常居所地作为确立管辖权和法律适用的主

① 参见向在胜：《大陆法系国家涉外继承法律适用法比较研究》，载《武汉大学学报(哲学社会科学版)》2007 年第 6 期，第 812 页。

② Louis Garb, "International Succession", *Kluwer Law International*, 2004, p. 231.

③ Louis Garb, "International Succession", *Kluwer Law International*, 2004, p. 232.

④ 参见向在胜：《大陆法系国家涉外继承法律适用法比较研究》，载《武汉大学学报(哲学社会科学版)》2007 年第 6 期，第 811 页。

⑤ Regulation (EC) n. 650/2012 of July 2012 on jurisdiction, applicable law, recognition and enforcement of decisions and acceptance and enforcement of authentic instruments in matters of succession and on the creation of a European Certificate of Succession. www. europarl. europa. eu/. . . /201212/20121220ATT58404/20121220ATT58404EN. pdf, latest visit at 11 January 2022.

要标准。① 欧盟成员国若参照适用继承的准据法，还需要依据惯常居所地确立准据法。对德国和法国而言，属人法的连结因素由国籍和住所地变成了惯常居所地。

遗产管理和继承不予区分，统一适用继承的准据法，其优势在于适用同一冲突规则简便易行且适用结果具有可预见性和确定性。单一制继承国家，遗产管理适用被继承人属人法，通常也是法院地法，相对合理。区别制继承国家，需对外国不动产的管理适用外国法，不便于管理，但判决容易得到外国法院的承认与执行。

### （二）适用法院地法

澳大利亚遗产管理适用法院地法。高等法院在 Permanent Trustee Co.（Canberra）Ltd. v. Finlayson 案中明确表示遗产管理应依法院地法，毕竟这一原则已在 In re Lorillard、Griffith v. Catforth 案和 Government of India v. Taylor 案中所确立。②

在国际民事诉讼的理论和实践中，不少国家都将“程序法适用法院地法”作为一项重要原则，理由有三：(1)关于程序问题，属地原则优于属人原则，而属地原则主要是法院地法；(2)程序法的公法属性决定其不宜适用外国法；(3)适用外国程序法容易导致司法资源的浪费以及应遵守的程序法的不确定性。③ 程序法是对程序性事项的约束，遗产管理事项又具有较强的程序性，因而遗产管理当属于程序法调整范围。这也是澳大利亚法官认为遗产管理“毫无疑问”应当适用法院地法的重要原因。遗产管理虽具有较强的程序性色彩，但并非纯粹程序性事项，适用法院地法具有较强可行性，但不宜过于绝对。

“代理权已授予的国家”即对遗产管理人已授权的国家。当外国存在附属管理时，若该国对遗产管理人授权，属于“代理权已授予的国家”，其程序法也将

① 2.2.1(Habitual residence), Regulation (EC) n. 650/2012, p. 13

② (1968) 122 CLR 338, para. 6. http://www8.austlii.edu.au/cgi-bin/viewdoc/au/cases/cth/HCA/1968/85.html, last visit at 11 September 2022.

③ 参见翟中鞠、屈广清：《“程序法适用法院地法”原则之局限与克服》，载《法商研究》1998年第4期，第86页。

得到适用。若内外国程序法规定不同，会影响遗产管理的具体实施，仍需再次选择程序规则。此时，需要对程序规则的选择作出合理解释，择一适用，通常主遗产管理地的程序规则将优先适用。

对于遗产管理中能对实体性权利造成直接影响的事项，完全照搬适用法院地法也不尽合理。例如对外国债权人的公告，若采用内国程序法中的标准和要求在内国公告，显然难以称之为尽到合理公告义务。当然，内国程序法规定适用外国公告要求的情形除外，但这种情况极为鲜见。

遗产管理适用法院地法，能够较好地适应遗产管理的程序性，但不宜过于绝对化，尤其是能直接影响实体性权利的事项。存在两套程序规则且规定不一致时，需选择适用，并作出合理解释，主遗产管理地的程序规则往往优先适用。

### (三)适用被继承人的属人法

当立嘱人的惯常居所地在荷兰时，遗产的清算和清算人的职能与权限适用荷兰法。[①] 此冲突规则规定了遗嘱执行人实施管理遗产的法律适用，采用了属人法的立场，以惯常居所地作为连结点。这条单边冲突规则强调了荷兰法的适用，并不能很好地解决外国法院管辖可能产生的法律适用冲突。因此，荷兰还就继承和遗产管理的法律适用创立了“就近原则”，强调尊重境外遗产所在国的法律适用结果，即便该外国法的适用损抑部分利害关系人利益，荷兰法院也应认可。[②] 这一规则尊重了外国法院对其境内遗产的管辖权，也体现了遗产管理的地域性。为了追求实质公平，荷兰允许受损抑的利害关系人和获益人之间在遗产范围内进行均衡。[③]

被继承人的属人法常用的连结点包括国籍、住所地和惯常居所地。惯常居所

① 参见《荷兰民法典》(第10卷)第149、150条。参见黄进、肖永平、刘仁山主编：《中国国际私法与比较法年刊(第14卷)》，北京大学出版社2012年版，第466~467页。

② 参见《荷兰民法典》(第10卷)第147条第1款。参见黄进、肖永平、刘仁山主编：《中国国际私法与比较法年刊(第14卷)》，北京大学出版社2012年版，第466页。

③ 参见《荷兰民法典》(第10卷)第147条第2款。参见黄进、肖永平、刘仁山主编：《中国国际私法与比较法年刊(第14卷)》，北京大学出版社2012年版，第466页。

地能够精确定位且易于从客观上把握，成为属人法的重要连结点。一个人可能因在不同地方有经常居住之事实而被同时认定为有两个以上惯常居所，需要进一步判断。因此，荷兰立法也强调，只要在荷兰境内有惯常居所，即适用荷兰法。荷兰遗产管理的法律适用以被继承人的属人法为主，以此主张适用荷兰法，同时又尊重境外财产的法律适用结果，设立“就近原则”作为补充且优先适用。这种做法能在一定程度上缓解不同法域财产的法律适用冲突。当法院对本国公民的继承或遗产管理行使管辖权时，被继承人的属人法即法院地法。遗产管理适用法院地法较为直观且易于操作，有利于高效地管理遗产。

遗产管理适用被继承人的属人法，需要合理解释属人法的连结点，并通过该连结点与准据法对应。这种方法确定的准据法唯一，其对境外财产的约束不易得到境外财产所在国的承认，故而需要针对境外财产设立例外规则。

### （四）适用遗产聚集地法

加拿大遗产管理适用遗产聚集地法。具体而言，死者遗产的管理适用授权遗产代理人聚集遗产的省或区的法律。① 因此，无论遗产的管理是主要的还是附属的，省内遗产代理人对遗产的管理必须遵从指定该遗产代理人的某省的法律，外国遗产代理人对遗产的管理必须遵从指定该遗产代理人的某省的法律。② 遗产聚集地法院发布遗产管理命令后，法院地法将成为遗产管理的准据法。当继承和遗产管理只有一个法院主张管辖时，这种做法简单明了且具有可行性。然而，涉外遗产管理往往不止一个法院可以主张管辖权。利害关系人以境外遗产管理人指定不当等事由在遗产所在地法院起诉时，该法院可能指定新的遗产管理人，且法院地关于遗产管理的规定极有可能被适用。此时，两地遗产管理的准据法不同而产生的冲突将不可避免。要解决这冲突，加拿大需要考虑在遗产管理适用遗产聚集地法为原则的基础上建立例外规则，不宜过分强调遗产聚集地法律的适用，应适当考量境外遗产管理的法律适用的特殊性。具体规则的设定可借鉴荷兰的“就近原则”。

① 参见刘仁山著：《加拿大国际私法研究》，法律出版社 2001 年版，第 276 页。

② 参见刘仁山著：《加拿大国际私法研究》，法律出版社 2001 年版，第 276 页。

作为财产所在地的具体类型，遗产聚集地通常也是主要遗产管理地，能明确指定遗产管理的主要场所。适用遗产聚集地法的优势在于法律选择结果单一，能为遗产管理确定统一的准据法，进而为遗产管理的具体实施提供统一的参照标准。统一准据法的优势更多地体现在一国法院管辖之时。当两个以上法域同时存在有管辖权的法院时，僵硬的冲突规则难以适应涉外案件的法律适用需求。遗产管理行为往往在财产所在地实施，而财产所在地法本应是遗产管理行为需遵从的法律，由其作为遗产管理的准据法是不二之选。然而，财产所在地不宜作狭义解释，如解释为财产聚集地或主要财产所在地等，会导致冲突规则过分僵硬而难以适应复杂多变的各类遗产管理案例。

遗产管理适用财产所在地法是能较好适应遗产管理需求的法律选择方法，应对财产所在地做灵活解释，使其适应不同遗产管理案件的客观需求。

### (五)适用体系化的系属

所谓体系化的系属，应具有尺度上的完全性、结构上的层次性，以及功能上的整合性。① 在比利时，遗产的管理与转移原则上适用继承的准据法，但遗产所在地法规定该地政府有权干预遗产的管理或转移，则适用遗产所在地法。② 比利时关于继承的准据法规定：动产适用被继承人死亡时的惯常居所地法；不动产原则上适用不动产所在地法，但不动产所在地法的冲突规则指向被继承人死亡时的惯常居所地法则优先适用惯常居所地法。③ 此外，被继承人还可以通过遗嘱选择其遗产适用其死亡时的惯常居所地法或是其本国法。④ 比利时遗产管理的法律适用规则看似复杂但条理清晰。整体来看，其遗产管理的法律适用分三个层级。第一层级最优先适用，当遗产所在地法有特殊规定的，适用遗产所在地法。第二层级次优先适用，尊重当事人的有限意思自治。最后再按照动产和不动产分别适用

① 张春良：《系属的体系化与体系化的系属——从〈涉外民事关系法律适用法〉第 21 条展开》，载《法律科学》2018 年第 5 期，第 180 页。

② 参见《比利时国际私法典》第 82 条第 1 款。参见黄进、肖永平、刘仁山主编：《中国国际私法与比较法年刊(第 8 卷)》，北京大学出版社 2006 年版，第 586 页。

③ 参见《比利时国际私法典》第 78 条。

④ 参见《比利时国际私法典》第 79 条。

惯常居所地法和不动产所在地法。这一系列规定紧密围绕遗产管理的重要客观连结点财产所在地和被继承人的惯常居所地来构建，能够较好地兼顾遗产所在地的法律规定。唯有如此，比利时法院作出的判决才有可能被遗产所在地的外国法院承认和执行。

灵活适用遗产管理的准据法的最大优势在于遗产管理能被外国法院所认可。遗产管理是否被外国法院认可，直接关涉遗产管理的实际效果，这是各国立法不得不慎重考虑的重要因素。灵活适用遗产管理的准据法也需要有范围限制，通常最终确定的准据法都与财产所在地、被继承人的居住地、法院地等连结因素紧密相关。遗产管理的法律适用结果与这些客观连结因素具有较强的关联性也充分体现了遗产管理自身的地域性和程序性。在有限的范围内灵活选择准据法是遗产管理法律适用较为科学合理的方法。

## 五、合理适用：规则选用与解释

要准确适用遗产管理这条冲突规则，我们需要在把握其与继承冲突规则的关系的基础上，适当考虑让位于信托专门的冲突规则，灵活且精准地解释遗产所在地法。

### （一）与继承冲突规则的关系

《法律适用法》中对继承和遗产管理的法律适用都作出了明确规定。第 31 条规定：“法定继承，适用被继承人死亡时经常居所地法律，但不动产法定继承，适用不动产所在地法律。”第 34 条规定：“遗产管理等事项，适用遗产所在地法律。”这两条规定在《法律适用法》中并没有隶属关系，属于两条平行规则。若存在隶属关系，则具有较高位阶的规则将得到优先适用，从属规则将失去适用空间，亦无单独制定从属规则之必要。这两条平行规则的适用关键在于界定各自的适用范围。同时二者的适用结果也存在较强的关联性。

继承法侧重于对实体权利义务的保护。第 31 条法定继承的范围也应当是继承中的实体权利义务关系。法定继承的范围与我国《民法典·继承编》相对应，主要包括：继承权男女平等、继承顺位、代位继承权、丧偶儿媳和女婿作为第一顺位继承人的条件、遗产分配的原则和调节方式、依靠被继承人抚养的非继承人的权利、遗产分割不同途径的先后顺序等问题。① 在遗嘱继承中，遗嘱的形式、效力、变更等问题亦属于实体性权利义务。针对具体事项的法律规则能够直接影响利害关系人的实体性权利义务，则是实体性规则，属于第31条的范围。第34条的范围则主要是继承中的程序性事项。从适用的范围来看，这两条平行冲突规则的适用范围全面覆盖继承，第31条适用于实体性权利义务，第34条适用于继承中的程序性事项。在确定二者范围时，具体事项与继承和遗产管理之间关联程度也是重要的参考标准。

第31条的适用结果指向被继承人死亡时经常居所地法律和不动产所在地法律，第34条的适用结果指向遗产所在地法律。不动产是遗产中的重要组成部分，故不动产所在地当然属于遗产所在地。被继承死亡时经常居所地也与遗产所在地也关系密切。根据《最高人民法院关于适用〈中华人民共和国涉外民事关系法律适用法〉若干问题的解释(一)》(以下简称《适用法解释一》)第13条的规定，② 经常居所地要求居住一年以上且作为生活中心。若符合此要求，被继承人在该地必然会留有遗产，也可被认定为遗产所在地。从适用结果来看，由于遗产所在地往往与被继承死亡时经常居所地以及不动产所在地重合，第31条和第34条虽然系属不同但适用结果很可能相同。

我国遗产管理冲突规则和继承的冲突规则之间属于平行关系，二者共同为涉外继承的法律适用提供依据。继承的冲突规则偏向于实体权利义务关系的法律适用，遗产管理的冲突规则偏向于程序性事项的法律适用。

### (二)对信托冲突规则的让步

《法律适用法》第17条规定："当事人可以协议选择信托适用的法律。当事人没有选择的，适用信托财产所在地法律或者信托关系发生地法律。"该条文法律

① 参见《民法典》第1126~1132条。

② 法释〔2012〕24号。《最高人民法院关于适用〈中华人民共和国涉外民事关系法律适用法〉若干问题的解释(一)》已于2012年12月10日由最高人民法院审判委员会第1563次会议通过，自2013年1月7日起施行。

适用的基本思路与以下简称 1984 年《海牙公约》①和美国第二次冲突法重述中信托法律适用②如出一辙，不仅在立法技术层面具有先进性，还较好地做到了与国际接轨。我国遗产管理冲突规则的现状与之形成鲜明对比，不仅只属于国际上众多系属公式之一，而且规定的内容也相对单一，本身就具有一定适用难度。

祖国大陆遗产信托凤毛麟角，即便在案例中有所涉及，也基本上都是在境外设立的遗产信托。这种跨国信托的法律适用若直接运用我国遗产管理冲突规则，则极可能违背当事人意思自治而指向一个关联度并不高的准据法，进而增加遗产信托的实际操作难度。意思自治作为主观连接点在遗产信托的法律适用当中具有不可替代的作用。

再考虑到《民法典》中相关规则的体系架构，遗产信托并未明确纳入遗产管理范畴之下。因此，遗产信托的法律适用也不宜直接适用遗产管理冲突规则。从这两条冲突规系属的具体内容来看，信托财产所在地与遗产所在地的功能并无实质意义上的差别。当信托财产所在地配合信托关系发生地适用时，其灵活性和可操作性明显优于单一的遗产所在地。

在现有规则体系下，信托冲突规则在功能上可替代遗产管理冲突规则，在规则的国际化程度、适用灵活性方面还具有一定优势。换言之，在解决遗产信托法律适用问题时，《法律适用法》中遗产管理冲突规则确有必要让位于信托冲突规则。

### （三）遗产所在地法的解释

我国遗产管理的系属是遗产所在地法。遗产所在地往往与被继承人的经常居所地、不动产所在地、法院地、遗产管理行为地等地域重合。这也是遗产所在地法最重要的系属优势。

遗产所在地往往与被继承人的经常居所地、不动产所在地重合，可能使遗产管理的法律适用和继承的法律适用结果一致。继承和遗产管理适用统一的准据法

① Article6-7, *Convention on Applicable Law in Trusts and Their Recognition*, http: //www.hcch.net/index_en.php? act=conventions.text&cid=59, last visited at 10 September 2022.

② *Restatement (Second) of Conflict of Laws* § 10(1971).

保留了该准据法的完整性，能够更全面地展现法律制度中蕴含的法理，统筹兼顾实体性权利义务关系和程序性事项及规则。

主要遗产所在地往往也是主管辖法院所在地。此时法院地的程序性规则会覆盖被继承人的主要遗产，既使法院地的程序规则得以有效运用，又使被继承人的大部分遗产处于有效管辖之中而能够确保其顺利分配。

遗产管理的最终目标在于管理和分配遗产，当遗产存在于不同法域时，往往需要设立两个以上遗产管理人。遗产所在地同时也是遗产管理行为地。遗产所在地法能兼顾遗产管理行为的地域性，不同地域的遗产管理行为由于尊重了行为地法而更容易得到认可。

我们不宜对遗产所在地作狭义解释，应根据遗产管理的客观需要灵活解释。我们在考虑遗产管理准据法的统一性时也需充分尊重域外遗产所在地国家的遗产管理规则。唯有如此，遗产管理的效力才能在其他法域国家和地区得到更好的承认与执行。

遗产管理的系属，遗产所在地法，与众多客观连结点指向的法律都有机会重合，这是其最主要的系属优势。我们应对遗产所在地法作灵活解释，避免狭义解释，以期最大化其自身的系属优势。

# 第六章　各类遗产管理人典型案件分析

“遗产管理纠纷”和“申请指定遗产管理人”这两项在最新版《民事案件案由规定》中已列明的三级案由在裁判文书网中公布的案例中几乎没有被使用，相关案例仍然较常采用其他继承类案由，这或许与最新近案例公开的进度有一定关系。不过可以确定的是，已经有部分法院推送的案例概要已经表明采用了这两项案由。在当前这个节点，关于各类遗产管理人的典型案件，我们只能从其他案由的案件中抽丝剥茧去探寻，并尝试着从类型化的角度去归纳、分析、解读。

## 第一节　遗产保管人类案分析

由于遗产保管的规定并不完善，《民法典·继承编》关于遗产保管的规定也仅有第1151条，按其规定“存有遗产的人”范围很广，大于遗产管理人，法条也未对其详细规定，目前搜集到的遗产保管案例比较有代表性的是遗产保管人拒交遗产、遗产保管不当和对遗产保管人的执行措施三类。

### 一、遗产保管人拒交遗产

在甘肃省兰州市安宁区人民法院审理的一起占有物返还纠纷案中，出现了遗产保管人拒交遗产的事件。① 被继承人肖某祥系一审原告孙某荣的丈夫，同时又是一审被告中国能源建设集团西北电力建设甘肃工程有限公司(以下简称“能源集团甘肃公司”)原职工。原告向一审法院提出的诉请，要求依法判决一审被告

① 本案一审案情及理由参见〔2019〕甘0105民初967号民事判决书。

扣押的肖某祥养老金 13034.03 元归其所有，并支付利息及孳息 1.5 万元整。被告辩称：(1)涉案养老金目前在国网甘肃省电力公司账户统一保管，能源集团甘肃公司只是答辩人、不是本案适格被告；(2)虽然肖某祥的养老金在答辩人处保管，但因肖某祥的养老金归属问题仍存在纠纷，答辩人有权在尚未获得法院生效判决前拒绝被答辩人的支付请求。一审法院认为，本案中的 13034.03 元是兰州中院生效判决书中认定的肖某祥的嘉陵遗产,① 应当先进行遗产分割，确定最终遗产分配方案，然后再请求遗产保管人交付；原告在遗产未经分配的情形下直接要求遗产保管人支付该款项，无事实与法律依据，不予支持；原告对利息及孳息的诉请，因未能提交计算依据及相关证据，亦不予支持。

二审中,② 上诉人孙某荣诉请撤销一审判决，发回重审或改判，新增理由是肖某祥生前曾于 2007 年 5 月 18 日和 6 月 1 日写下两份自书遗嘱，对其所有财产事务由孙某荣继承处理，其遗产应按遗嘱执行分配给上诉人。被上诉人在二审中继续维持一审答辩意见。二审法院查明除上诉人提交两份自书遗嘱外，还有 2007 年 8 月 8 日所立的代书遗嘱且内容与两份自书遗嘱有部分冲突；在不能排除肖某祥生前所立多份遗嘱内容冲突的情况下，直接按上诉人请求处理有可能侵害其他遗嘱继承人的合法权益。被上诉人作为遗产保管人，有权对其职工基本养老保险账户余额资金进行管理，且不负有支付账户资金利息的义务。在各继承人未就遗产分配形成一致意见或经人民法院判决确认的情况下，被上诉人作为部分遗产的代管人，拒绝支付请求并不构成对上诉人财产权益的损害。二审法院判决：驳回上诉，维持原判。

在再审程序中,③ 申请人孙某荣申请再审称，被申请人能源集团甘肃公司恶意占有，拒不交付其丈夫的遗产，并提出此案相关的多份判决书中存在事实未认定、法律适用不当。最高人民法院认为，本案案涉的养老金系遗产，保管单位应交付给肖某祥该部分遗产的合法继承人；然而，由于肖某祥的法定继承人之间就遗产的分配存在争议，且各法定继承人之间发生多次诉讼，被申请人作为遗产的

① 参见〔2019〕甘 01 民终 3 号民事判决书。

② 本案二审案情及理由参见〔2019〕甘 01 民终 3301 号民事判决书。

③ 本案再审案情及理由参见〔2020〕甘民申 2499 号民事裁定书。

保管人，在各继承人未就遗产分配形成一致意见或者经人民法院判决确认的情况下，拒绝向任何一方支付养老金的行为，不构成恶意占有。

此案作为遗产保管人履职尽责的典型案例，具有十分重要的意义：首先，遗产保管人行使保管之职，虽具有一定的"临时性"，但并不意味着保管周期很短，本案从 2016 年开始涉诉，直到 2021 年最高人民法院下达裁定，先后历时 6 年；其次，遗产保管人不应基于保管的"临时性"而对遗产的处置具有随意性，反而应积极依法履行妥善保管之职，本案能源集团甘肃公司的做法起到了很好的表率作用；再次，遗产保管人履职尽责也不代表要无限期持有遗产，依据各级法院之陈述，应该在各继承人就遗产分割达成一致意见或经人民法院判决确认之后及时交付；最后，遗产保管人应该将其保管的遗产交付给谁的问题，需要区分具体情况：有遗产管理人的(包括遗嘱执行人、选任的遗产管理人、遗嘱信托受托人、法院指定的遗产管理人)，直接交其处理；全体继承人担任遗产管理人的，交全体继承人自行处理；以上情形都不符合的，则应当按照最终确定的遗产分割方案，划分具体份额后交给各个合法继承人。

## 二、遗产保管不当纠纷

在相声演员侯某文继承纠纷一案中，由于侯某文生前没有订立遗嘱，导致两位法定继承人之间、继承人与非法定继承人之间关于遗产部分争论不休，以至于耗费三年多的时光，遗产纠纷案件仍然悬而未决。在这一场遗产继承纠纷诉讼案件中，由于侯某文先生去世后是由侯某华等人料理后事，并实际掌握侯某文生前的财产和证件。并且在之后的两年里，没有让法定继承人清点遗产和封存遗物，企图侵占掌握的遗产。此案中两位法定继承人之间对于分割的结果存在纠纷，认为遗产范围不清楚，导致两人之间继承份额有争议。两继承人与其他非继承人之间也存在纠纷，认为侯某华等人随意处置遗产，侵害了继承权。

此外，侯某文先生生前因购置房屋在银行贷款，银行多次催告两位法定继承人偿还欠款，但两位法定继承人并没有依据法律规定进行清偿。于是银行提起诉讼，要求解除合同。

最终该案件确定了有效遗嘱后，遗产管理人将剩余遗产交付给继承人。由此可以看出，在侯某文案中，案件需要解决两个方面的纠纷，一个方面是遗产继承的外部纠纷，即被继承人生前的债权债务；另一个方面是遗产继承的内部纠纷，即继承人之间的权益问题。按照我国现行的继承体制，外部债权债务纠纷得以解决后，内部继承人之间才可以对遗产进行法定或者意定划分。但外部的债权债务纠纷需要继承人来处理，在侯某文案件中，银行多次讨要未果乃至起诉是因为继承人不配合，无人对债务进行清偿。因此，在当时我国大陆地区遗产保管制度不完善的情况下，导致案件长达三年未能解决的重要原因是，继承遗产范围不确定，实际占有遗产的人恶意侵占、转移、不交付遗产给继承人，导致继承人的继承权不能实现，债权人的债权无法被清偿。

而在香港发生的龚某心遗产继承纠纷案件中，有两份遗嘱真假难辨，导致继承人不能明确。此种情况下，必然也会出现外部债权债务纠纷和内部继承人之间利益争夺。但香港地区已经有较完善的遗产管理人制度，当出现继承人不能明确的时候，为保护遗产，香港法院根据当事人申请，确定遗产管理人，遗产管理人履行职责时，可以清点遗产、代为处理外部债权债务等其他事项，待继承人确定后，遗产管理人将剩余遗产交付给继承人。

通过侯某文案和龚某心案，不难看出，即便是继承人不能予以明确，继承开始后的一段时间内遗产处于悬而未决状态，在有遗产管理人制度的香港，也能很好地保管遗产，实现遗产的安全转移，进行遗产分配。然而在内地，由于遗产处理的方式很单一，没有明确的法律规定，以至于在没有被继承人意志表明的情况下，非常容易引起继承纠纷，因此就需要一个协调一致的制度化处理方式。纵观我国现行的立法体制，遗产保管与其他遗产处理制度难以有效衔接，因此倡导一种全面的遗产处理制度应当成为新立法的必然选择。《民法典》出台后，遗产管理法律制度安排在遗产的处理部分，其中遗产的保管单列一条，其重要性不言而喻。我们需要在今后的司法实践中不断积累关于遗产保管的实践经验，为遗产保管的精确理解和准确适用提供更全面的素材。

## 三、对遗产保管人的执行措施

在云南省曲靖市宣威市人民法院审理的一起被继承人债务清偿纠纷案①的后

① 本案一审案情及理由参见〔2019〕云 0381 民初 2477 号民事调解书。

续执行过程中，涉及对遗产保管人采取执行措施的情况。该案民事调解书确定：由宁某彩、海某腾、海某战、海某珍、海某宁作为海某宪的遗产保管人在遗产范围内于2019年9月30日前偿还海某宪所欠原告海某恩本金及相应利息。海某腾系海某宪之子，在原审期间已经明确表示放弃继承。

在前述案件的执行过程中，① 海某恩认为海某腾作为海某宪的法定继承人，擅自处分、转移被继承人海某宪的遗产，主要包括一辆汽车和一套房产，并提供了车辆和自建房的相关财产线索。海某腾认为线索指向的财产均不是遗产，该车是其弟海某战于2017年购买，但在案材料显示该车落户时间为2012年，与海某战购买时间不一致，而其未能提供该车过户登记材料。随后，海某腾又陈述该车辆是其父购买后过户登记在其弟海某战名下，其自认相互矛盾。关于房产，海某腾陈述自建房于2018年建盖，被执行人宁某彩却陈述是被继承人去世后于2019年建盖，双方陈述不一。据此，云南省曲靖市马龙区法院于2021年9月16日、22日分别在〔2021〕云0321执恢33号案件中，对异议申请人海某腾及其余被执行人宁某彩、海某战、海某珍的网络支付平台及相应银行卡进行冻结。

随后，海某腾提出执行异议，理由有三：一是自己已经放弃继承；二是房产作为唯一遗产已经被法院处置、汽车也不属于遗产范围；三是自己被冻结的银行账户资金也并非遗产。马龙区法院认为：首先，放弃继承也改变不了其法定继承人的法律地位；其次，海某腾未提供房产权属证明、汽车过户材料等证据排除这些财产属于遗产范围，且之前陈述自相矛盾；最后，冻结账户是为了促使其履行遗产保管人义务实现债权，从而采取的执行措施。因此，马龙区法院通过〔2021〕云0321执异7号执行裁定驳回了海某腾的异议请求。

随后，海某腾向云南省曲靖市中级人民法院申请复议，请求撤销前述执行裁定并解除账户冻结，并强调其在实现债权的过程中，积极履行其作为遗产保管人的义务，没有重大过失或者故意转移遗产，给海某恩的债权造成损害。经审理查明，被继承人遗产仅有一套威市环城东路房产，已于2015年抵押给银行并办理了抵押登记，现已由宣威市人民法院拍卖处置，相关事实已在〔2019〕云0321执394号执行案件中已查清。曲靖中院认为，在民事执行中，人民法院不得超过执

① 本案后续相关执行情况参见〔2022〕云03执复12号执行裁定书。

行依据确认范围采取执行措施、实施执行行为，除非法律、司法解释另有明确规定。本案中，生效民事调解书确认海某腾等被告作为遗产保管人在遗产范围内对原告海某恩的借款本息承担清偿责任。则在该调解书的执行过程中，人民法院仅可对海某宪的遗产或者遗产的转化物采取执行措施。马龙法院原审异议裁定未查清该院在案件执行过程中查封、冻结的财产是否属于遗产或遗产的转化物，属认定基本事实不清，故而发回重审。

通过该案，我们可以得知，遗产保管人作为被执行对象时，必须有生效法律文书作为执行依据；而生效法律文书的内容则必须符合《民法典》中关于遗产管理的规定。遗产保管人虽应尽妥善保管之责，但非故意或重大过失导致相关权利人损失，原则上无须承担责任。若遗产保管人同时还是继承人的，则仅需以遗产或遗产转化物的实际价值为限承担责任，若放弃继承则可以不负清偿责任。无论从执行程序的角度，抑或是遗产保管人的实体权利义务的角度，现有规则都对遗产保管人给予了充分的保障，避免其承担不应由其承担的责任。这样的规则设置有利于增强遗产保管人的信心，使其敢于积极履职尽责妥善保管遗产，为后续遗产的处理铺平道路，同时也更有利于明确各方利害关系人的权利范围。

## 第二节　遗嘱执行人类案分析

继承开始后，经遗嘱指定的遗嘱执行人应作为优先考虑的遗产管理人，这种规则设置在《民法典》第 1145 条中已有规定，既是符合尊重被继承人真实意愿的做法，同时又进一步明确了遗嘱执行人的内涵。遗嘱执行人虽已有较多实践案例，但其作为遗产管理人这一角色，比较有代表性的是无效的遗嘱执行人、多份遗嘱中的遗嘱执行人以及境外遗嘱执行人权限三类。

### 一、无效的遗嘱执行人

在青海省西宁市城中区人民法院审理的一起法定继承纠纷案中，出现了依照现行法律规定不得不否定遗嘱执行人身份的事件。① 被继承人李某元因病于 2015

① 本案一审案情及理由参见〔2021〕青 0103 民初 3448 号民事判决书。

年去世，其配偶在2004年已去世，原告李某芳和被告李某花、李某萍、李某存四人都是被继承人的女儿。一审原告李某芳请求法院依法分割其父遗留的西宁市城中区总寨镇清水河村87号房屋以及后期加盖房屋的拆迁补偿款。三被告则主张应该按父亲生前所留遗嘱处理遗产，并提交了李某元所立的代书遗嘱，该遗嘱由本村村民李某春、李某春、代某伟作为见证人，并由韩某龙代笔完成，代某滨作为遗嘱执行人均在遗嘱上签字。一审法院查明：见证人李某春、李某春、代某伟在该遗嘱代书过程中，并未在场见证整个遗嘱的完成情况，三位的签字均是补签。遗嘱执行人代某滨的证言既不能反映遗嘱订立的真实过程，也不能佐证遗嘱内容是否为被继承人的真实意思表示，对所立遗嘱中的财产分配情况也并不清楚。虽然代书人韩某龙的证词基本能够证实遗嘱的真实性，但其未通过拍照、录像或录音等方式对遗嘱订立过程加以记录，无法与其他证据形成证据链。故一审法院认定该代书遗嘱存在重大瑕疵，对其效力不予认定，此案依法定继承办理。原告自认因其与三被告有矛盾，致使其无法照顾被继承人李某元。原告虽有能力扶养、照顾，但事实上并未尽到对被继承人的扶养、照顾义务。反而三被告在被继承人李某元生前住院治病期间及平时的生活中照顾较多，尽到了主要的扶养、照顾义务，且李某元在加盖房屋时，也是由三被告出工出力给予协助。一审法院判决87号房屋由四人平均分配，后加盖房屋拆迁补偿款酌定原告与三被告按1：3：3：3的比例分配。

二审中，上诉人李某芳经传票传唤无正当理由拒不出庭，二审法院按上诉人李某芳撤回上诉处理。①

在再审程序中，② 申请人李某花、李某存申请再审称：(1)被继承人于2015年去世，2021年起诉已过诉讼时效；(2)遗嘱有效，应按遗嘱继承办理；(3)清水河村87号房屋应按夫妻共同财产分割后，再对母亲的份额由各继承人按法定继承办理；(4)后加盖房屋系被继承人、李某存与案外人合伙修建，不应作为被继承人的遗产进行分割；(5)附属物价值、过渡费、奖金、搬家费均是给付被拆迁人李某花个人的，不应作为遗产份额进行分割。被申请人李某芳坚持应按法定

① 本案二审案情及理由参见〔2021〕青01民终2793号民事裁定书。

② 本案再审案情及理由参见〔2022〕青民申149号民事裁定书。

继承处理。最高人民法院优先分析了本案应属法定继承还是遗嘱继承的问题：首先，三位见证人均不在场，并不了解被继承人是否立有遗嘱，更无从知晓遗嘱是否其真实意思表示；其次，遗嘱执行人应当熟知遗产分配等内容，代某滨对此却一无所知，明显与遗嘱执行人作用相违背，其证言也不足采信；再次，见证遗嘱订立过程的仅有原村长韩某龙一人，其应当知道到场见证的重要性，事后找人补签的做法有违遗嘱订立的基本程序；最后，清水河村委会调查笔录显示该村印章管理和出具证明都具有较大随意性。综合以上理由，涉案代书遗嘱存在重大瑕疵，其真实性存疑，故而本案还是应该采用法定继承。在法定继承中，李某芳未放弃继承权，遗产作为共有物分割不适用诉讼时效的有关规定。关于遗产分割，原审法院认定应对87号房屋平均分配，即便按申请人意见先分割母亲部分再重新分配，计算结果也相同，原审分配并无不当。本案是法定继承纠纷，主要审理案涉遗产的分割问题，即便存在投资建房的事实，基于投资建房协议所产生的合同争议并非本案审理的范围。依本案相关的《集体土地房屋征收补偿协议书》《房屋征收补偿方案》等内容，虽然李某花在被征收人处签字，但被征收的土地及房屋等附属设施系被继承人李某元所留，因此附属物价值、过渡费、奖金、搬家费等属于遗产范围。

此案中关于遗嘱执行人的部分虽可简单概括为代书遗嘱瑕疵导致出现无效的遗嘱执行人，但案件中的细节仍有许多值得留意之处。首先，有证人证明李某元立遗嘱时在场人员有李某元、韩某龙、代某滨、严某功四人，遗憾的是实际在场见证人没有或不愿签字，却找另外三个不知情的人补签字，对待代书遗嘱的态度有如儿戏，导致遗嘱的效力不被认可；其次，遗嘱执行人出现在立嘱现场，却对遗嘱内容并不了解，充分说明其没有把遗嘱执行当作一件重要的事情来对待，不配担任遗嘱执行人一职；再次，该代书遗嘱直接由代书人韩某龙和严某功作为见证人签字，则此案将会是另外一种结局。最后，我们可以得到的教训是，无论是遗嘱执行人、还是遗嘱见证人，在某些情况下，也许能力并不是最重要的选择标准，“人是否有担当”才是。

## 二、多份遗嘱中的遗嘱执行人

在天津市和平区人民法院审理的一起继承纠纷案中，存在多份遗嘱，其中第一份遗嘱指定的遗嘱执行人积极履职尽责，最终促成了遗产的公平合理分配。① 被继承人景老太系一审原告关某甲(长子)、一审被告关某乙(长女)和关某丙(次子)的母亲，其配偶已于1998年去世，本人于2017年3月去世，生前先后立有3份遗嘱。景老太于2007年立下第一份自书遗嘱，指定其妹妹景某慧担任遗嘱执行人，由其哥哥、弟弟、同学李某三人在场见证，核心内容是关于房产分配：天津和平区房产由长子继承，北京房产由长女继承，天津南开区房产由次子继承；以上安排三个子女也曾默认过，望我故后，三子团结无争议。景老太于2010年又书写了一份"遗嘱"，核心内容是：天津和平区房产是其唯一房产，由三子女继承；另两处房产本来就归属于长女和次子，出资帮忙买房属于赠与，所以改变遗嘱待立。景老太临终前于2017年1月在医院以录音的形式口述遗嘱，核心内容是生前住宅天津和平区房产是丈夫一人名下财产，由三子女继承，居住权长子占领，占着可以，留出一间来，帮着看看，谁来了，多招待招待。长女自认录音遗嘱订立时仅有其一人在场。景老太去世后，遗嘱执行人景某慧草拟了《遗产分割协议》，关于房产内容如下：(1)坐落在天津南开区房产由次子继承；(2)北京东城房产由长女继承；(3)天津市和平区三居室房产，其中两居室遗留给长子承受，一生应有使用和居住权；另一居(一间房)为临时居住房保留母亲故居屋。三子女均签名，遗嘱执行人和2007年遗嘱还在世的见证人均签名。一审法院认可了《遗产分割协议》的效力，并综合考虑景老太生前对房屋分割的真实意愿及案涉房屋实际居住情况、依据公平原则，依法进行分割，即原告长子占天津市和平区三居室房产的70%份额，被告长女、次子各占15%份额；另两处房产分别由长女和次子继承。

二审中②，上诉人长子主张天津市和平区三居室房产应按照2007年遗嘱全部由其继承。二审法院认为，景老太去世后，各方虽达成了《遗产分割协议》，但对涉案房屋如何继承的理解上存在争议，无法认定就继承达成了新的合议。现各方均认可涉案房屋系被继承人关某与景老太夫妻共同财产。景老太丈夫去世

① 由于〔2021〕津0101民初4635号一审判决书在裁判文书网等各网站均无从查阅。故本案一审案情及理由参见〔2021〕津01民终9912号民事判决书。

② 本案二审案情及理由参见〔2021〕津01民终9912号民事判决书。

后，未留有遗嘱，其遗产部分应按法定继承处理。故景老太继承62.5%，三子女各继承12.5%。后被继承人景老太去世，生前留有遗嘱，其享有的份额，按照遗嘱处理。被继承人景老太生前虽立有多份遗嘱，但其2007年4月21日所立的自书遗嘱，符合遗嘱的有效要件，应为有效遗嘱；后来的两份遗嘱无效。因此被继承人景老太所享有的份额应由上诉人长子继承。综上所述，上诉人长子应继承涉案房屋75%份额，二被上诉人各继承12.5%份额，纠正了一审法院遗产分割的内容。

本案虽有多份遗嘱，但第一份遗嘱的遗嘱执行人仍然积极履职尽责，草拟《遗产分割协议》帮助实现被继承人遗愿。在之后的诉讼过程中，后面的新遗嘱效力均被否定，最终实际采纳的还是第一份遗嘱。由此可见，即便存在多份遗嘱，哪怕存在多个遗嘱执行人，各遗嘱执行人(尤其是有效遗嘱的执行人)均应该积极履职尽责，因为不到盖棺定论之时，谁都无法保证自己是否那个最终有效的遗嘱指定的那个遗嘱执行人。本案中略微遗憾的是分割协议中的表述存在理解上的偏差而导致被二审法院不予采纳，不然《遗产分割协议》就有可能一锤定音地确定最终的遗产分配方案。总体而言，本案遗嘱执行人综合全面考虑被继承人不同阶段的意愿，积极协调各继承人协商遗产分割事宜，规范地按照程序要求处理遗产相关各项事务的做法，值得推崇。本案遗嘱执行人作为一位高龄老人尚能尽职如此，的确值得钦佩，更值得其他遗嘱执行人效仿、学习。

## 三、境外遗嘱执行人权限

在广东省高级人民法院审理的一起委托合同纠纷案中，涉及境外遗嘱执行人的权限问题。① 被继承人叶某能系香港居民，其生前与加拿大公民吴某均合伙投资房产，并作为产权人委托吴某均办理房产办证、管理、交易、收款等事宜，在广州涉案房产十余套。被继承人在香港立有遗嘱，主要内容是将个人财产分配给其配偶及子女，委任梁某锦担任遗嘱执行人，并载明遗嘱适用香港法，而香港以外拥有的联名物业，则适用物之所在地法。该遗嘱已经香港高等法院检定。随后，遗嘱执行人梁某锦(委托人)向四位继承人(被委托人)出具委托书并载明，

① 本案相关案情及理由参见〔2016〕粤民终1828号民事判决书。

委托人因工作繁忙，无法就被继承人在国内的产业进行继承、赠与或诉讼等安排，故授权四位被委托人作为合法代理人处理相关事宜，被委托人有权以自己的名义向法院提出起诉、应诉……委托有效期到委托事项办理完结为止。

被继承人配偶彭某棣及三子叶某森、叶某伦、叶某伦(四人均为香港特区居民)向一审广州中院诉请：判令吴某均向四人返还广州市房款人民币661万元，并支付相应利息。该案第一个争议点是四位继承人是否具有诉讼主体资格。四原告认为被继承人生前对吴某均享有债权，可依据继承人的身份提起本案诉讼；被告吴某均则认为，四人并非委托合同的当事人，无权依据该合同提起诉讼，且在存在遗嘱执行人的情况下，四人并无诉权。广州中院认为，关于叶某能所立遗嘱的效力以及该遗嘱指定的遗嘱执行人的权利义务等，根据《法律适用法》第32、33条的规定，应适用香港法律。虽然被继承人才是与吴某均之间委托合同的相对人，但如被继承人确因委托合同对吴某均享有债权，则该债权作为遗产可由继承人提出主张。虽然被继承人曾立下遗嘱将其全部遗产交予唯一的遗嘱执行人处理，但被告并未举证证明根据香港法律，在存在遗嘱执行人的情况下，继承人不能自行提起有关诉讼。此外，遗嘱执行人已通过委托书授权继承人处理广州房产相关事务，并强调四继承人有权以自己的名义向法院起诉、应诉。故而认定四继承人有诉讼主体资格。但四继承人请求吴某均返还售房款的诉讼请求缺乏相应事实基础和法律依据，判决驳回。

随后，四继承人上诉至广东省高院。关于四继承人是否具有诉讼主体资格，广东高院认为，参照《法律适用法》第32、33条之规定，该遗嘱的成立及效力问题应适用香港法律予以认定，被继承人叶某能所立遗嘱已经过香港高等法院检定，是合法有效的遗嘱，据此可确定梁某锦为遗嘱执行人，其所享有的权利及职责应依据香港法律予以确定。叶某能所立遗嘱及香港黄某庆、廖某彪律师事务所出具《法律意见书》等的内容表明，梁某锦作为遗嘱执行人，可执行清理及管理遗产、向继承人移交遗产、诉讼代理、排除各种执行遗嘱的妨碍等事务，并有权将归属于其的所有或任何信托、权利及酌情决定权的执行或行使转委托给他人。因此，遗嘱执行人有权以自己的名义就与被继承人遗产相关的纠纷提起诉讼。遗嘱执行人授权四继承人作为其代理人处理在广州的房产，并明确四人有权以其自身名义就包括涉案房屋在内的财产纠纷向法院提起诉讼，且四继承人均主张涉外房款属于遗产，故而四继承人都是适格的原告。广东省高级人民法院认为，一审判决认定事实基本清楚，虽部分争议问题适用法律及认定有误，但其最终处理结果并无不当，可予以维持。

本案中关于境外遗嘱执行人的权限，有两个方面值得关注。其一，在境外所立遗嘱，往往会记载适用立遗嘱地法，若在人民法院涉诉，依《法律适用法》之规定，遗嘱方式可适用遗嘱行为地法，通常不会产生冲突；而遗嘱效力则只能适用遗嘱人立遗嘱时或者死亡时经常居所地法律或者国籍国法律；则有可能出现与立遗嘱地并不重合的情况，即立遗嘱地既不是立遗嘱人的经常居所地也不是其国籍所属地。本案两审法院在援用冲突规则时都同时援引了第 32、33 条两条，幸运的是立遗嘱人的立遗嘱地正好是其经常居住地，故而未出现法律冲突。当遗嘱中明确载明遗嘱效力适用立遗嘱地法时，该遗嘱的效力应该只需要依据立遗嘱地法来判断即可，人民法院是否有必要依据《法律适用法》第 33 条之冲突规则再去确认遗嘱效力的准据法，值得推敲。倘若我国公民(经常居住地在我国大陆)因病赴国外就医，其临终前找了一位当地律师立下唯一遗嘱。当地律师大抵会在遗嘱中载明遗嘱的解释及效力等问题，适用立遗嘱地的法律。若该遗嘱涉诉，人民法院一方面不得不承认该遗嘱依立遗嘱地法有效，另一方面又要根据《法律适用法》第 33 条规定的冲突规则指向的中国法去再“审查”一遍该遗嘱的效力；两国关于遗嘱的效力规则一致倒也无伤大雅，倘若两国规定不一致，难道我们应该否定这份唯一遗嘱的效力，进而以法定继承取而代之吗？答案应该是否定的。既然《法律适用法》第 32 条认可以立遗嘱地的方式去立遗嘱，只要该遗嘱不损害我国的社会公共利益，都不宜随意否定该遗嘱的效力，否则难免会有欲取姑予之嫌。若充分尊重立遗嘱地法关于遗嘱效力的问题，那么遗嘱执行人的权限则取决于立遗嘱地法的规定，进而有可能与法院地法规定的内容有所不同。因此，人民法院在认定有关境外遗嘱执行人权限时，有必要仔细查证该法中关于遗嘱执行人权限的规定，而不能以《民法典》及相关司法解释的规定取而代之。

其二，遗嘱执行人仅以工作繁忙为由将本属于自己职责范围内的事项再委托给四位继承人，这种做法是否合理，有待商榷。经遗嘱指定的遗嘱执行人，通常都是立遗嘱人最信赖的人，至少是在处理遗产相关事务方面最信赖的人，甚至可以说人身信赖关系就是遗嘱存在的基础。与此同时，人身信赖关系具有极强的人身专属性，它是委托合同存在的根本性基础，这种信赖关系是否存在、背景如何、持续性怎样以及是否存在障碍等情事，几乎不能经由法律上的标准加以验证。① 从人身信赖关系这一基础来看，遗嘱和委托合同是具有高度同质性的；从二者的内容来看，也都是由被信赖的人代为办理某项特定事务。所不同的是，转委托依照《民法典》第 169 条之规定，应当取得被代理人的同意或者追认，且视为代理事务直接指示转委托的第三人；而遗嘱则没有相关规定。遗嘱执行人将遗嘱中交办的事务再委托给第三人去完成，本质上与转委托无异，原则上也应该征得立遗嘱人的同意或追认，但现实是立遗嘱人已死亡，不可能再行使同意或追认的权利。因此，除非遗嘱中明确授权在特定情形下，遗嘱执行人可以将遗嘱交办的事务委托第三人处理，原则上遗嘱执行人不得随意将自己基于立遗嘱人的信赖关系而取得的遗产处分权随意转委托给第三人。本案中境外遗嘱执行人因工作繁忙为由将部分遗产的处分权和诉权转委托给四位继承人显然是不合适的。

## 第三节　遗产管理人类案分析

遗产管理人这一概念本身具有双重含义，《民法典》第 1145、1146 条对狭义遗产管理人设定了不同的存在情境，可以概括为继承人共同担任遗产管理人、无人继承遗产的遗产管理人、法院指定遗产管理人三类。

### 一、继承人共同担任遗产管理人

在吉林省松原市长岭县人民法院审理的一起合同纠纷案中，出现了最后依法认定继承人共同担任遗产管理人的情况。② 原告孙某在诉被告张某丽、任某宁、任秀发、毛某兰、王某金、李某文、李某龙合同纠纷一案中，要求七被告履行偿还土方工程款余款 434176 元及利息。此案七被告中的前四位分别是被继承人任某波的妻子、女儿、父亲、母亲。被继承人任某波生前于 2013 年与七被告中的后三位签订合作协议书，四人约定共同经营长岭县太平川镇风水村 580 公顷河

① 参见叶名怡：《论事前弃权的效力》，载《中外法学》2018 年第 2 期，第 341 页。

② 本案一审案情及理由参见〔2019〕吉 0722 民初 1629 号民事判决书。

泡，20 公顷荒地。任某波生前于 2016 年与原告签订提供取土、垫地的土方工程合同，总金额 133 万元。相关工程在 2017 年全部完工，在工程进行期间，通过任某波陆续支付给原告取土垫地工程款 895824 元，剩余工程款 434176 元一直拖欠未支付。鉴于七被告后三人已实际支付部分欠款，原告在法庭辩论阶段，撤销对这三人主张诉讼款项的请求。2019 年，一审法院作出判决，四位继承人表示继承任某波生前与他人共有的 600 垧土地经营权中的财产，应在继承遗产范围内给付孙某垫土工程尾欠价款。被继承人生前与他人共有的 600 垧土地经营权属共同共有，共同共有人对共有财产享有权利、承担义务。故任某波的继承人对共同共有财产享有权利，并承担义务；进而判决支持了原告的诉讼请求。

原审被告任某宁不服长岭县人民法院〔2019〕吉 0722 民初 1629 号民事判决，向松原市人民检察院申诉。松原市人民检察院作出松检民监〔2020〕22070000044 号民事抗诉书，向松原市中院提出抗诉。松原市中院作出（2020）吉 07 民抗 4 号民事裁定，指令长岭县人民法院再审本案。在再审程序中，[①] 被继承人女儿任某宁申请再审称：(1)一审适用案由错误，该案应为被继承人债务清偿纠纷，因为最终判决只有四位继承人以遗产清偿债务，其余三被告并未被判决偿还债务。(2)一审法院认定事实错误，四位承包人应承担同等的权利义务，不应该最终只由被继承人一方承担债务。(3)再审申请人任某宁已放弃对任某波财产全部继承的权利，不应再对外承担清偿欠款的偿还义务。长岭县人民法院经审查认为，原审判决认定事实清楚，适用法律正确，故再审申请人的申请不符合法律规定，不予支持。

原审被告任某宁不服长岭县人民法院于 2021 年 11 月 29 日作出（2021）吉 0722 民再 4 号民事判决，向松原市中院提出上诉，要求撤销一审判决，驳回被申请人孙某对任某宁的全部一审诉讼请求。[②] 经审理查明，一审中任某宁的委托诉讼代理人没有表示放弃继承任某波 600 公顷土地承包经营的继承权，再审时向法庭提供了任某宁于 2019 年 4 月 8 日书写的放弃对其父任某波所有财产继承权声明书。根据《继承法意见》第 46 条规定继承人因放弃继承权，致其不能履行法定

---

① 本案再审情况及理由参见〔2020〕吉 0722 民申 1 号民事裁定书。

② 本案再审案情及理由参见〔2022〕吉 07 民再 12 号民事判决书。

义务的，放弃继承权的行为无效。① 依《民法典》第 1145 条之规定，本案被继承人去世后，四位继承人没有推选遗产管理人，故应由四位继承人共同担任遗产管理人。遗产管理人应履行处理被继承人生前的债权债务的职责。如不履行该法定职责，放弃继承的行为无效。所以，任某宁放弃继承的行为无效。最终驳回上诉，维持原判。

在 2019 年的一审程序中，四位继承人以遗产为限承担债务的依据是《民通意见》第 177 条关于遗产视为共同共有的规定（已废止，《民法典》未采纳此种做法），故而只能通过认定四位继承人作为共同共有人对遗产债务应承担清偿责任。到 2022 年的再审程序中，松原市中院则依照《民法典》之规定，认定四位继承人是共同的遗产管理人，应履行处理遗产债权债务的职责。虽然并没有改变实体层面的权利义务关系，但是四位继承人的身份却发生了重要的变化，由共同共有人转变成共同的遗产管理人。需要注意的是《继承法意见》第 46 条之内容已经被《继承编解释一》第 32 条取代，虽然内容上一致，但有新的司法解释存在的情况下，应该优先考虑适用新的解释。

## 二、无人继承遗产管理人

在重庆市江津区人民法院审理的一起遗产管理纠纷案件中，依照《民法典》关于遗产管理人确定以及履职的新规定，将居委会确定为遗产管理人，由其处理被继承人的债权债务等事务。② 本案中，况某生前系重庆市江津区德感街道草坝村染坊 6 社成员，后由于建制调整，重庆市江津区德感街道草坝村染坊 6 社变更为重庆市江津区德感街道草坝社区第一居民小组。

2017 年 1 月 5 日，况某于与本案原告桂某清签订《房屋买卖协议》，出售其所有的房屋。桂某清已支付房屋款项并居住至今，但由于该房为还建房，产权手续尚在办理中，暂时也无法办理过户。由于况某无子女亦无其他继承人，生病期间由草坝居民委员会安排了人员照顾况某。后况某因病去世，留下了还没有过户的房子和一些其他财产。

---

① 法发〔1985〕22 号。

② 本案二审案情及理由参见〔2021〕渝 0116 民初 3943 号民事判决书。

为办理过户手续，桂某清找到了曾经照顾况某的草坝居委会。之后，桂某清于2021年年初将草坝居委会起诉至法院，请求判定其办理过户手续。2021年2月4日，重庆市江津区德感街道办事处民政和社区事务办公室与被告草坝居委会（原草坝村委会）协商一致，由被告草坝居委会担任况某遗产管理人。

法院审理认为：由于况某没有继承人，其生前住所地的民政部门或村民委员会应担任其遗产管理人。被告草坝居委会系况某生前所在村委会建制调整而成，其作为基层组织兼具社区服务职能，与况某生前联系密切并给予关怀照料，同时对本案事实较为清楚，能更好地履行遗产管理人职责，故对被告草坝居委会担任况某遗产管理人予以确认。

遗产管理人的职责包括处理被继承人的债权债务，并实施与管理遗产有关的其他必要行为，协助原告桂某清办理房屋过户手续系况某的债务，属于与管理遗产有关的必要行为。加之，可能存在权利主张的第三人（草坝社区第一居民小组）对此并无异议。江津法院遂判决被告草坝居委会作为遗产管理人，协助原告桂某清办理房屋过户手续。

本案原告属于“存有遗产的人”，其是在被继承人况某死亡前通过买卖合同实际占有该房产，但由于没办理过户手续其对该房产没有所有权，没有处分的权利。其他组织或个人若想处理遗产，必须通过法院确认或被继承人授权，如本案中的草坝居委会成为遗产管理人即由法院确认，再由遗产管理人负责协助办理相关房产的过户手续。

《民法典》继承编对遗产管理人的确定、职责、法律责任以及报酬规定的完善，是基于我国社会现实和当前国情制定的。无人继承又无受遗赠遗产的被继承人多为“五保户”或丁克家族，其很多生产、生活事宜通过居住地的基层组织进行联系、处理、照料，由其担任遗产管理人不仅能避免出现遗产无人管理、无人知晓的真空状态，也能更好地维护继承人、债权人等其他人员的合法权益。①

## 三、法院指定遗产管理人

最高人民法院发布的实施民法典第一批典型案例中的遗产管理案创造性地通

① 参见张平华、刘耀东著：《继承法原理》，中国法制出版社2009年版，第11页。

过“竞标”方式选任遗产管理人，妥善解决涉侨祖宅管养维护问题。[①] 已故的魏姜氏遗有祖宅一处，生前未留有遗嘱，第一代继承人中有三女一子，长女、次女现均已去世，儿子和三女儿早年迁居境外，现生死情况及子孙沿嗣情况均不明朗。因继承人众多且多人散落海外情况不明，遗留祖宅的继承和析产争议历经两代人仍未能妥善解决。

遗留祖宅曾由魏某甲夫妻二人管理，同时方便照顾晚年魏姜氏。魏姜氏和长女过世后，长女后辈继续居住在该祖宅中。由于祖宅年久失修，各支继承人也无法就祖宅的管养维护问题达成一致意见。实际继续居住的长女后人，既不是唯一继承人，也没有其他法律认可的身份，想要维修祖宅确处处受到限制，难以实际开展维护工作。各支都认为自己这一支才是最合适管理该祖宅的继承人。各方相持不下，遂诉至法院。

思明区人民法院在魏姜氏后人争当遗产管理人的情况下，创造性地引入“竞标”机制，令争当遗产管理人的各支继承人分别阐述管理遗产的有利条件、能力水平和具体方案。法院在筛选比对，综合考量的情况下再指定该祖宅的遗产管理人。思明区法院认为，指定本案遗产管理人应充分考虑以下因素：(1)尽量靠近、尊重被继承人遗愿；(2)最大限度发挥遗产效用；(3)尽可能熟悉祖宅状态及周边情况；(4)与祖宅的感情基础等因素。最终判决符合前述条件且与魏姜氏较为亲近的长女后人担任遗产管理人。

《民法典》第1146条规定：“对遗产管理人的确定有争议的，利害关系人可以向人民法院申请指定遗产管理人。”最新版《案由规定》也将“申请指定遗产管理人”列为非讼程序案件案由项下独立的三级案由。这些新的规定都为年久失修的祖宅的管养维护问题提供了一个新的解决方案，并不是一定要等到继承和析产全部处理完才能解决。况且此家族的继承纠纷已经历两代人仍无定论，等到有明确结果再去维护并不现实。只要确定了遗产管理人，就能以该法定身份去处理祖宅眼下的管养维护问题。遗产管理人的设立，为解决这类继承关系复杂的家族遗产的处理打开了一个新的大门，为灵活处理继承过程中的急需解决的紧迫问题提供了新的思路。

---

① 本案案情及理由参见厦门市思明区法院微信公众号。

## 第四节　遗嘱信托受托人类案分析

关于遗嘱信托，《民法典》第1133条第4款仅概括规定“自然人可依法设立”，其余条款则再没有涉及，故只能依《信托法》而设立。现有案件中存在将遗嘱信托受托人和遗嘱执行人并称的情况，主要原因是遗嘱对财产分配的安排存在不同层次，但我们仍需要非常明确规定涉及信托部分财产时遗嘱信托受托人的权限期间、受托人变更以及涉嫌越权管理等特定问题。

### 一、遗嘱信托受托人权限期间

在广东省广州市中级人民法院审理的一件案外人执行异议之诉的案件中，涉及遗嘱信托受托人的权限问题。① 被继承人汤某超于2009年在两名见证人见证下自书遗嘱：撤销以前所立的所有遗嘱，汤某姿（女儿）为遗嘱的执行人和受托人，汤某超死亡后，在支付了丧葬费用、遗嘱费用及所有遗产税（如有）后，将把所有不动产和个人财产，不论是何种性质的财产，也不论这些财产居于何地，赠与杨某馨（配偶），如杨某馨先离世，或在取得其净遗产之前去世，则以信托的方式把净遗产交付给汤某姿，汤某超居住在香港，遗嘱应按香港有关法律条文进行解读。杨某馨因患病急需用钱，想出售被继承人名下的房产，并明示梅某芳涉案房屋产权人为已逝丈夫汤某超，但其持有遗嘱。2017年2月，梅某芳、杨某馨、中介三方签订《存量房买卖合同》，约定：杨某馨向梅某芳出售位于广东省广州市越秀区龟岗大马路×号809房（被继承人遗产之一），价款为440万元；梅某芳确认中介已向其出示产权证书及登记簿查询资料，梅某芳对该物业的权利状况无任何异议。后双方因合同争议提交中国广州仲裁委员会仲裁。

杨某馨曾以中国广州仲裁委员会无权仲裁涉及继承纠纷的涉案房屋为由申请撤销〔2017〕穗仲案字第8461号裁决。2018年10月29日，一审法院于作出〔2018〕粤01民特641号民事裁定：梅某芳、杨某馨提交中国广州仲裁委员会仲裁的是房屋买卖合同纠纷，内容是履行房屋买卖合同过程中所产生的争议，不是

① 本案相关事实及理由参见〔2019〕粤民终2349号民事裁定书。

继承纠纷，广州仲裁委员会有权管辖。广州市仲裁委员会依法仲裁确定双方实体争议的准据法、判断涉案房屋所有权归属、杨某馨是否有权出售涉案房屋、何人是合同履行过错方均属其职权范畴。一审法院依法不做审查，并驳回申请。

梅某芳因杨某馨未履行广州仲裁委裁决而申请法院强制执行。一审法院作出〔2018〕粤 01 执 5986 号执行裁定：解除对杨某馨配偶汤某超名下广东省广州市越秀区龟岗大马路×号 809 房的查封，将该房过户至梅某芳名下。

汤某诗以遗嘱信托受托人的身份对〔2018〕粤 01 执 5986 号执行裁定提出案外人执行异议，以该房屋是汤某超的个人遗产、杨某馨事先未告知三个子女而擅自签订合同将该房屋转卖给梅某芳属于无权单方处置行为，诉请确认其有权继承涉案房屋四分之一的产权并停止对该房予以执行。汤某诗的诉讼请求成立以推翻仲裁裁决所确认的部分内容为前提，即其诉讼请求与执行案件中的作为执行依据的仲裁裁决有关。汤某诗提起本案诉讼并不符合案外人提起执行异议之诉的法定受案条件。现涉案房屋已执行过户至梅某芳名下，汤某诗提起本案执行异议之诉请求停止对涉案房屋的执行已丧失事实基础，故驳回汤某诗的起诉。

二审广东省高院再一次强调，依《民诉解释》第 305 条之规定，[①] 案外人提起执行异议之诉，需要有明确地排除对执行标的执行的诉讼请求，且该诉讼请求应与原判决、裁定无关。汤某诗的诉请以推翻仲裁裁决、撤销已生效的民事裁定、扭转已办理过户手续的事实为前提，显然不符合案外人执行异议之诉的法定条件，故驳回上诉，维持原裁定。

本案中，除遗嘱信托受托人提出的诉请不符合法定条件之外，还有一个非常重要的细节值得关注：遗嘱信托受托人何时开始履职并具有受托人权限。依被继承人遗嘱中所表达之意，被继承人死后，其所有财产首先遗赠给配偶；若配偶先离世或在取得其净遗产之前去世，再将遗产以信托方式转交给三子女，并由女儿汤某诗担任遗产信托受托人。本案中被继承人的配偶尚未离世，还没有到把遗产以信托方式交给三个子女的阶段。严格来说，汤某诗目前还不是遗嘱信托受托人；即便认为遗产生效之时，遗产信托受托人就应该履职，该受托人的权限也不能及于信托成立的前提部分，不能损害顺位更靠前的遗赠受益人的权利。

---

① 参见《最高人民法院关于适用〈中华人民共和国民事诉讼法〉的解释》第 305 条。

## 二、遗嘱信托受托人变更

在广东省佛山市中级人民法院审理的一件股权变更登记案件后续诉讼中，出现了变更遗嘱信托受托人的情况。[①] 被继承人翁某，香港居民，生前于1998年，在广东顺德设立有利公司，自持股份80%，儿子翁某基持股20%，公司章程对股权继承无特殊规定。翁某于2004年在香港去世，生前在2001年立有遗嘱一份：委任翁某芳、杨翁某琼、翁某芝、蔡某华(此4人皆为第一代继承人)为遗嘱执行人及信托受托人共同管理其遗产，有权依信托将其遗产出售变现；只要信托受托人使用绝对酌情权认为恰当，可延期出售上述财产，并无须承担损失；偿债缴税后的盈余遗产由信托受托人分为17.2份，分配给13名受益人以信托方式持有；本遗嘱根据香港法律解释及生效。香港高等法院对该遗嘱进行认证及登记，颁发《遗嘱认证书》，将遗产管理权授予4位遗嘱信托受托人。一审法院依照遗嘱信托意愿判令将被继承人的80%股份变更登记到位信托受托人名下。

翁某雅、翁某雅、翁某文、翁某文(此4人皆为第二代继承人)旋即提起第三人撤销之诉，请求撤销佛山市中级人民法院〔2013〕佛中法民二初字第11号民事判决。佛山中院作出〔2014〕佛中法审监民撤初字第3号、〔2015〕佛中法审监民撤初字第2~4号民事判决书驳回4人诉请。[②]

翁某雅等第二代继承人4人不服佛山中院作出的第三人撤销之诉判决向广东省高院上诉，请求撤销佛山市中级人民法院〔2013〕佛中法民二初字第11号民事判决第一项，依法改判确认翁某雅、翁某雅、翁某文、翁某文分别有权持有有利公司登记在翁某名下的80%股份中的2.79%、2.79%、4.65%、4.65%股份。广东省高级人民将本案争议点概括为：(1)一代继承人是否有权持有有利公司80%股份；(2)一代继承人是否有权将被继承人名下的80%的股份变更记载于其4人名下；(3)二代继承人作为翁某的遗嘱继承人，是否有权直接依照内地法律分别

---

① 由于〔2013〕佛中法民二初字第11号一审判决书在裁判文书网等各网站均无从查阅。故本案一审案情及理由参见〔2016〕粤民终261~264号民事判决书。

② 由于〔2014〕佛中法审监民撤初字第3号、〔2015〕佛中法审监民撤初字第2~4号民事判决书在裁判文书网等各网站均无从查阅。故本案一审案情及理由参见〔2016〕粤民终261~264号民事判决书。

享有涉案股份中对应的股份。第一个争议焦点涉及遗嘱继承的准据法选择问题。由于遗嘱及相关认证程序等事项均发生在《法律适用法》之前，依《继承法》第36条第2款之规定，外国人承继在中国境内的遗产，动产适用被继承人住所地法律，不动产适用不动产所在地法律。本案遗产股权属于动产，应适用翁某住所地香港的法律。本案遗嘱已被香港高等法院确认，且不存在违反内地强制性规定、违反公序良俗的情况，当为有效。一代继承人依遗嘱内容，有权持有该80%股份。第二个争议焦点涉及遗产管理的准据法选择问题。一代继承人申请股权变更登记，属于遗产管理问题，其在2013年起诉时，《法律适用法》已经生效，根据该法第34条的规定，本案应适用遗产所在地(广东佛山)法律，即准据法应是中国法。① 根据《公司法》第75条的规定，只要公司章程无特别规定的，自然人股东的合法继承人可以继承股东资格，故本案一代继承人作为遗嘱信托受托人，有权向有利公司主张该股权的继承事宜。② 再根据《公司登记管理条例》第3条第2款的规定，自然人股东死亡后，其合法继承人继承股东资格的，公司应当自股权变更之日起30日内申请变更登记。③ 故有利公司应当在该期限内履行其办理变更股东登记手续的义务。第三个争议焦点主要涉及遗嘱信托内容的理解问题。根据香港法律，遗产管理人享有收集、管理及分配遗产的权利，而二代继承人有继承权但并不享有遗产管理权，其无权直接依照内地法律分别享有争议股份中的对应份额，也无权请求有利公司将相应股份变更记载在自己名下。因此，广东省高院驳回上诉，维持原判。

为了更好地管理被继承人遗嘱信托中安排的股权，抑或是一代继承人不愿再与晚辈们对簿公堂，一代继承人决定由毕马威咨询(香港)有限公司总监吕绮雯及帕特里克·考利接替其遗嘱信托受托人身份，继续管理相关遗产。两任遗嘱信托受托人身份交接及相关手续变更已于2019年7月23日由香港高等法院原讼法庭作出裁判确认。

随后，4位二代继承人分别向最高人民法院申请再审，请求撤销前审判决，

---

① 参见《法律适用法》第34条。

② 参见《公司法》第75条。

③ 参见《公司登记管理条例》第3条。

确认各自继承份额，并将份额对应股权变更至自己名下。① 最高人民法院在判决书中明确了二代继承人作为再审申请人、两位新的遗嘱信托受托人作为第三人均具有适格的诉讼主体资格；重点解释了遗嘱信托受托人在受托期间能否将遗产关联公司股权登记在自身名下，从而以名义股东身份管理相应遗产的问题。首先，遗嘱还规定，一代继承人作为遗嘱信托受托人有绝对酌情决定权，如同享有信托基金绝对受益权一样，作出投资及转换投资。股权继续登记在已逝被继承人名下，无法进行遗产管理、处理，且现实也证明相关股权未能得到有效管理。因此，一代继承人申请将股权登记在自身名下，有利于实现对遗产的管理与分配。其次，一审判决基于一代继承人遗嘱信托受托人身份接管遗产相关股权并将其纳入被继承人遗产组成部分，该股权最终归于包括 4 位二代继承人在内的全部受益人。该判决仅系出于遗产管理的需要，由遗嘱信托受托人代为持有股权。此种裁判在现行遗产管理人制度以及遗嘱信托制度不完善情况下，并不违反法律规定，且更有利于遗嘱的执行以及遗产的收集和管理，也最终有利于全体遗嘱受益人。再次，一、二审判决确认的都是一代继承人作为遗嘱信托受托人的管理权，而不是确认其对股份的所有权；公司股权变更登记并不会导致遗嘱信托受托人实际成为公司股东。最后，一代继承人既是遗嘱执行人，也是遗产管理人，还是信托受托人；现有法律并未明确禁止遗嘱信托受托人成为遗产关联公司的股东并办理股权登记；如果不按照一审判决的方式处理，案涉遗产将难以管理、难以确保遗嘱的执行和信托财产的收集与分配。

我国三级法院都对本案中遗嘱信托所涉及的利害关系人之间的实体权利义务关系作出了详尽的解释，各级法院的观点和态度都十分明确且一致，当再无任何疑义。唯一值得商榷之处在于，本案是一个非常典型的遗嘱信托，也许是受遗嘱原表述的影响，各级人民法院都出现了同时将遗嘱信托受托人称为遗嘱执行人、遗产管理人，并未作明确区分。在今后的司法实践中，我们还是应该仔细区分各类遗产管理人的不同身份，结合具体的情境来解释不同类型遗产管理人的权利与义务，才能使得我国的遗产管理制度日益规范、成熟、饱满，进入一个良性发展的局面。

---

① 本案再审案情及理由参见〔2020〕最高法民再 111 号、〔2020〕最高法民再 112 号、〔2020〕最高法民再 113 号、〔2020〕最高法民再 114 号民事判决书。

## 三、遗嘱信托中的越权管理

在江西省抚州市临川区人民法院审理的一起遗嘱继承纠纷案①及其后续程序中出现了遗嘱信托受托人越权管理的情形。被继承人曾金生临终前立有遗嘱：(1)从我财产中，每月支付护理人员费用；(2)剩余财产成立曾氏基金，由侄子曾甲、曾丙管理使用；(3)本遗嘱一式五份……曾家村小组召开村民会议，决定依照曾金生的遗嘱划拨部分遗产成立曾氏基金，为本村贫困学生资助、村民大病无钱医治、孤寡老人生活补助等公益需要提供帮助，并指定曾甲、曾乙(曾家村小组组长)为曾氏基金管理人，曾丙放弃相应遗产管理和使用的权利。原告曾甲及第三人曾家村小组多次找被告李某(被继承人配偶)协商未果，故诉至人民法院要求分割被继承人财产并按遗嘱管理使用。被告辩称：(1)原告主体不适格，(2)遗嘱无效。一审法院认可曾甲作为利害关系人的诉讼主体资格，并详细查证后认定遗嘱有效。鉴于曾氏基金要求划拨的财产明显小于曾氏基金应得的遗产价值，被告李某所得的三套房屋价值也明显大于夫妻共同财产应当分割的财产，故原告的意思表示不侵害被告李某的合法权利。故判令相应财产划拨给曾氏基金，由原告曾甲管理使用。

随后，李某上诉至抚州中院，② 上诉称：(1)一审判决程序错误，曾氏基金才是适格的主体；(2)曾氏基金应该是合法成立的社会团体，一审法院以曾家小组的一个村民小组会议，认为成立了曾氏基金，是违法的。二审法院认为，被继承人遗产安排应以其所立遗嘱为准；从遗嘱内容来看，该遗嘱对曾氏基金的设立方式和目的、基金运转机制、财产分配使用安排、管理人的使用权限等均无明确约定；故曾甲以自己名义诉请分割被继承人财产，并按遗嘱交付其管理使用缺乏法律依据，不予支持。

曾甲申请再审③称：民事法律以意思自治为原则，民事行为只要不违反法律禁止性规定、不违反公序良俗，民事行为即为有效。遗嘱中虽未详细注明曾氏基

---

① 本案一审案情及理由参见〔2014〕临民初字第 238 号民事判决书。

② 本案二审案情及理由参见〔2015〕抚民一终字第 266 号民事判决书。

③ 本案再审案情及理由参见〔2016〕赣民申 392 号民事裁定书。

金的设立、运转、使用机制等，但遗嘱本身未违反禁止性规定而有效，曾家村小组会议根据立遗嘱人的意思，明确曾氏基金的设立、运转和使用，属于执行遗嘱的行为。江西省高级人民法院认为，被继承人遗嘱的真实目的是将遗产成立基金会用于公益事业，并由曾甲、曾丙管理，即用遗嘱的形式成立信托，必须符合继承法和信托法的规定。曾家村小组的行为突破了被继承人遗嘱的内容，其并没有获得遗嘱相应的授权；而获得授权的曾甲、曾丙至今未成立基金会。依据《信托法》第 11 条规定，“信托财产不能确定、受益人或者受益人范围不能确定的信托无效”，故而该遗嘱所设立的信托无效。

本案中遗嘱虽合法有效，但曾家村小组试图通过村民大会表决的形式建立曾氏基金的行为被认定为超越立遗嘱人意思的越权管理而被否定了效力。依判决之表述，曾甲、曾丙需成立基金会才能有效执行遗嘱中有关曾氏基金相关事务。依《基金会管理条例》[①]第 8 条第 2 款之规定，“非公募基金会的原始基金不低于 200 万元人民币；原始基金必须为到账货币资金”。而现实是曾氏基金所涉遗产全部变现也无法满足这一要求，那么曾甲、曾丙则需自己贴钱才能勉强完成基本注册要求，后续工作的开展将更加步履维艰。其实，所谓“曾氏基金”只是一种描述性表述而已。对于一名普通民众，我们不应期待其对《基金会管理条例》这类专业法律规则了如指掌，进而立下完全符合法律规定的明确授意设立基金会的遗嘱。因此，我们不能过于严格的解释“曾氏基金”这一抽象表述，将其狭义理解为必须依法成立基金会。另外，村民大会所作设立“曾氏基金”的决议若只由村民小组组织并设立，的确可以认定为越权管理；然而此次大会曾甲全程参与并见证，而曾丙已明确表示放弃权利，这种情形可以认定是曾甲在村民小组的协助下就如何成立“曾氏基金”而作出的执行遗嘱信托行为。这从曾甲在村民大会作出决议后与曾家村小组多次与被继承人配偶协商可以再次印证。在现有法律没有明确禁止设立这类小额私募基金的情况下，在私权领域还是应遵循“法无禁止即自由”的基本理念，故而我们不宜否定设立该类基金遗嘱的效力。遗嘱信托受托人实施的管理行为，只要不违反强制性规定、不违背社会公共利益，也不应被随意否定其效力。在认定遗嘱信托受托人越权管理时，我们更应该抱持着审慎的态度。

① 中华人民共和国国务院令第 400 号。

# 第七章 我国遗产管理法律制度的适用与完善

我国遗产管理法律制度的适用和完善需要全面把握遗产管理的制度基础、构建方向、遗产范围的界定、遗产管理人、遗产管理各环节事务、涉外遗产管理的处理、各类遗产管理人类案总结等一系列现实问题。遗产管理法律制度的准确适用需要优先关注我国继承模式的选择以及遗产管理的基本架构。遗产管理法律制度的完善宏观上需要建立管理活动的核心、发挥主要推动者的功能、着眼于实施重点。遗产范围的界定需要审视现有遗产范围的相关规定，加强对新立法模式的运用和解读，设立遗产归扣制度，注意共有财产的区分，关注特殊财产的继承。遗产管理人和遗产管理事项的具体规定需要注意在借鉴他国做法的同时充分考量我国的现实需求。

## 一、我国遗产管理制度的基础

### (一)关于我国继承模式的考量

我国《民法典》第1161条第1款规定："继承人以所得遗产实际价值为限清偿被继承人依法应当缴纳的税款和债务。超过遗产实际价值部分，继承人自愿偿还的不在此限。"①由于此条沿用了《继承法》第33条的内容，有学者认为此条设立了无条件的限定清偿的原则，我国目前采取的是限定继承制度。

---

① 《民法典》第1161条。此条规定实质上延续了《继承法》中确立的限定继承宗旨，当时立法有着众多的考量因素，其中之一是为了革除"父债子偿"等封建继承思想，然而这一设立初衷在现在看来亦有进一步完善的空间。

但在实践中，继承人隐匿、转移遗产的现象比较常见、而被继承人的债权人难以查证，而且即使继承人隐匿、转移遗产行为被发现，也并不影响继承人的有限清偿责任，恶意的继承人往往未受到应有的法律制裁。① 完全排除继承人的无限责任的做法不可取，应当规定继承人在一些情况下承担无限责任。这既是对遗产债权人权益的保护，又是对继承人行为的规制。

限定继承原则是目前各国继承法体系构建的一种趋势，也是适应现代社会发展的一种继承制度。但限定继承与无限责任之间的内在矛盾决定了这两种继承模式无法同时适用，需要有适用主次和适用条件的设定。

限定继承对应的是限定概括继承模式和间接继承模式。限定概括继承模式和间接继承模式分别是大陆法系和英美法系所采用的限定继承制度。由于我国的继承法理论与大陆法系的继承法理论更为接近，因而在限定继承制度的选择中采用限定概括继承更合理。无限责任对应的则是完全概括继承，继承人取得全部遗产但也概括承受遗产债权人享有的全部债权。

依照《民法典》遗产管理人职责之规定，限定继承需编制遗产清单，记录遗产和相关债权债务。遗产清单的编制应当受到利害关系人的监督，并供其查阅。遗产清单编制完成后需复制给利害关系人。若继承人在编制遗产清单的过程中存在隐匿、转移遗产的行为，则可以考虑剥夺其限定继承的权利，需承担无限责任。即便嗣后发现存在隐匿遗产等行为，也可以继续追究继承人故意伪造的责任，进而向继承人主张未完全获得清偿的债权。另外，在以信用为基础的乡土社会，如果儿子有一定的清偿能力而不还父债，儿子的信用将会受到极大影响和道德谴责。② 因此，完全概括继承模式也应当可以由继承人选择，以适应我国不同社会现实的需求。

《民法典》第 1145 条给我国遗产管理制度预留了限定继承和概括继承都能适用的空间：全体继承人担任遗产管理人这种情况，本质上就是继承人直接概括继

① 麻昌华：《论法的民族性与我国继承法的修改》，载《法学评论》2015 年第 1 期，第 149 页。参见陈苇、宋豫主编：《中国大陆与港、澳、台继承法比较研究》，群众出版社 2007 年版，第 431 页。

② 麻昌华：《论法的民族性与我国继承法的修改》，载《法学评论》2015 年第 1 期，第 149 页。

受被继承人遗产，然后再来考虑遗产债务的偿还问题，契合大陆法系国家常用的限定概括继承模式，同时继承人自愿偿又补充了无限继承的特定情况。显然我国目前是采取了“以限定继承为主，以概括继承为辅”的继承模式。继承人可选择限定继承或概括继承的方式继承遗产。限定继承需在偿还债务、缴纳税款后才能开始分配遗产。概括继承自继承开始时由继承人概括承受被继承人的一切财产、债权和债务关系。

**（二）遗产管理法律制度的基本架构**

我国当前的遗产管理法律制度是在存有遗产的人妥善保管的基础上，由遗嘱执行人、遗嘱信托受托人和遗产管理人三类不同的管理人依法履行管理职责，妥善处理和移转传承被继承人财产的一体化制度设计。

《民法典》第1133条第1款规定：“自然人可以依照本法规定立遗嘱处分个人财产，并可以指定遗嘱执行人。”此条规定是我国遗嘱执行制度的基础。而继承法中关于遗嘱执行的另一规定则是对遗嘱执行人的通知。[①] 关于遗嘱执行的其他规定亦是一片空白。虽然遗嘱执行在司法实践中大量存在，但并未形成系统化、程序化的制度。

我国《民法典》第1133条第4款规定：“自然人可以依法设立遗嘱信托。”此条规定是我国遗嘱信托的转介条款，将遗嘱信托授权给现行有效的信托相关规则去调整。我国《信托法》不仅明文承认了遗嘱信托，还就遗嘱信托中的受托人拒绝无能力担任时的补选规则作出了专门规定，遗嘱中有说明则遵照遗嘱，否则由受益人选任，受益人为不完全民事行为能力人则由其监护人选任。[②] 此外，信托的设立方式也包含以遗嘱的方式设立。[③] 而生前信托属于普通民事信托，自然也隶属于我国信托法体系。因此，遗嘱信托在我国现行信托法体系下是存在的，只

---

① 参见《继承法》第23条：“继承开始后，知道被继承人死亡的继承人应当及时通知其他继承人和遗嘱执行人。继承人中无人知道被继承人死亡或者知道被继承人死亡而不能通知的，由被继承人生前所在单位或者住所地的居民委员会、村民委员会负责通知。”

② 参见《信托法》第13条第1款：“设立遗嘱信托，应当遵守继承法关于遗嘱的规定。”

③ 参见《信托法》第8条：“设立信托，应当采取书面形式。书面形式包括信托合同、遗嘱或者法律、行政法规规定的其他书面文件等。……”

是规定较为概括，有待进一步完善。然而具体规则的完善也需要司法实务提供素材和诉求，唯有如此，才能逐步形成适应我国国情的遗嘱信托具体规则，为今后关于遗嘱信托的司法解释和新立法提供具有参考价值的范本。

《民法典》第 1145 条划分了四个层次分别设定遗产管理开展的四种不同情境，涵盖了遗嘱继承、法定继承、无人继承遗产三个维度的遗产管理问题，搭建了我国遗产管理法律制度的大体框架。与此同时，第 1146 条是法院指定遗产管理人的法律依据，也是我国遗产管理人制度能否有效落实的关键条款，作为一种被动型职权，其功能定位当属确定遗产管理人的兜底性条款。

此外，《民法典》第 1151 条还规定："存有遗产的人，应当妥善保管遗产，任何组织或者个人不得侵吞或者争抢。"此条为对遗产保管的规定。遗产保管本身只是一种临时管理，没有实质性的管理程序和事项，但"存有遗产的人"这一身份却能完全涵盖前述遗嘱信托受托人、遗嘱执行人和遗产管理人这三类主体，甚至还能纳入基于各种原因临时持有遗产的人。

随着《民法典》的颁布施行，遗产管理法律制度的基本架构已搭建完毕，但这些制度的具体落实仍任重道远，相关制度在近两年的司法实践中虽有体现，但发展速度并不如预期。从遗产管理制度的长远发展来看，我们应当坚持在司法实践中细致区分不同类型遗产管理人之间的区别，在职能范围内不断完善各自的角色内涵，通过类案分析的方法逐步总结、探索、构建契合我国新时代特色的遗嘱信托、遗嘱执行、遗产管理三位一体的遗产管理法律制度。

## 二、遗产管理法律制度的完善方向

### （一）明确遗产管理法律制度的核心

遗产管理法律制度，无论是哪一种遗产管理类型，其核心目标在于管理和分配遗产。各类遗产管理人的产生都是为了妥善管理遗产。各类遗产管理事务的安排也都是为了妥善处理遗产。可见，遗产才是遗产管理制度的核心。

以遗产为核心来构建遗产管理制度，是客观中立处理遗产利害关系人之间的财产关系的基础。而客观中立的处理方式则是平衡各方利益的最佳途径。只有客观中立地对待各利害关系人，才能公平公正地处理相关事务，才能为利害关系人所信服，才能从根本上解决遗产在继承过程中的潜在纠纷。遗产债权债务人和继承人对于遗产都有各自的主张，都希望从遗产中获得更多的利益。以任何一方利害关系人为中心来构建遗产管理制度，都会或多或少地被认为带有主观色彩。唯有遗产自身不可能有主张而显得客观中立。因此，以遗产为核心构建遗产管理制度才能体现出客观中立的立场。

以遗产为核心构建遗产管理制度，是事务型管理模式的构建前提。遗产没有主张和立场，只能被动接受分配。这就决定了以遗产为核心构建的管理制度必须围绕遗产来设定各种事项。而所有事项的设定，本质上都是对各方利害关系人利益的协调，具有程序性和中立性。这便是事务型管理模式，其优势在于程序固定、主观因素少、客观中立、简便易行。而以人为中心构建的管理体系则是关系型管理模式。因为人总是会有自己的主张，而这些主张必须通过一定的关系与他人产生联系。关系型管理模式最主要的问题在于类型多样化，主观因素多，易生偏见，运行复杂。相比之下，事务型管理模式更适合遗产管理制度。

### （二）管理活动紧密围绕主要推动者

遗产管理活动的展开需要各相关人员共同配合完成，从这个层面上来看，都是管理进程的推动者。但其中主要推动者应该是遗产管理人。遗产管理人的设立是为了管理遗产，他对管理进程而言，应当是一个积极的推动者。

遗产管理人的推动者身份是由事务型管理模式所决定的。遗产管理中的各事项在管理进程中的位置相对固定，形成一条完整的流程体系。遗产管理人无法随意调整和支配遗产管理中的各事项，亦不能被称为支配者或主宰者。遗产管理人享有的职权仅限于敦促各利害关系人及时参与遗产管理活动，以便顺利实施遗产管理中的各事项。

遗产管理人作为遗产管理进程的主要推动者也是遗产管理人的职责所在。遗产管理人对于遗产应尽妥善管理之义务。而妥善管理不仅要求遗产管理人能够有效地管理并分配遗产，也包含对于管理活动效率的要求，即管理活动应该在合理期限内尽快完成。高效地完成遗产管理活动并分配遗产是遗产管理制度设立的初衷。

在遗产管理期间，遗产管理人是遗产的实际控制者，并参与遗产管理事项等各个重要环节，是遗产管理活动中的一条主线，也是各个利害关系人之间的桥梁。

而且遗产管理人由于全程参与，对遗产相关事务更为熟悉，能更好地把握遗产管理进程。同时，遗产管理人又是相对较为中立的管理活动参与者。因此，由遗产管理人来主导推动遗产管理进程是最佳选择。

### （三）准确把握遗产管理的实施重点

遗产管理活动中的实施重点是遗产管理事项。管理事项的实施情况直接影响到遗产的最终分配，是遗产管理进程中最重要的内容。而各管理事项中亦存在不同的侧重点。

在遗产清单的编制过程中，遗产现存状况的记录是重点，原则上不能有任何遗漏。存在未记录的遗产，将会损害遗产债权人的利益。继承人若存在故意隐匿和转移遗产的行为，应对遗产债务承担无限责任。因过失而导致的遗漏，继承人发现后应当及时用于偿还未完全受偿之遗产债权人。

在通知和公告过程中，重点在于尽可能地与被通知人取得联系，实在无法取得联系的，应当及时发布公告。而在被通知者中，对遗产债权人的通知则显得更为重要。因为遗产债务未偿还，则无法实现限定继承，还会对遗产分配产生影响。

在遗产破产程序中，重点体现在破产程序的启动和破产财产的分配。破产财产的启动需要确认是否达到破产标准，即是否确实出现资不抵债的情况。破产财产的分配则需要把握破产财产的清偿顺位以及同顺位受清偿人的财产分配方式。

在遗产分割过程中，重点在于及时处理遗产债权债务、准确地实施财产归扣并公平地分配遗产。处理遗产债权债务时遗产分割的前提条件。财产归扣和遗产分配则是为了实现遗产在各继承人之间公平分配。而公平分配应该追求实质公平而非形式均等。

## 三、准确界定我国遗产的范围

### （一）现有规则的运用

《民法典》第 1122 条是关于自然人遗产范围的概括性规定，主要涉及特定性、时间性、合法性、财产性、可排除性五个层面的问题。特定性需关注遗产的原权利人身份方面的特定性；时间性，需把握遗产仅存于被继承人死亡之后至遗产分割之前；合法性要求被继承人的财产来源于合法途径；财产性强调能划入遗产范围的应是遗留的财产或财产性权利；可排除性，主要指新增的排除性规则可以否定一部分遗产的可继承性。

从立法模式的角度来看，当前关于遗产的范围的规定仍属概括规定加具体调节的模式：先概括性划定自然人遗产的宏观范围；再通过具体调节的方式，将“依照法律规定或者根据其性质不得继承的遗产”排除在遗产范围之外。值得注意的是第 2 款仍然属于转介条款，把不得继承的情形予以适当留白，需结合其他相关法律和理论来综合通盘考量。

依照法律规定不得继承的财产，如国有资源的使用权；根据其性质不得继承的财产，如与自然人人身不可分离的具有抚恤、救济性质的财产权利。在《民法典》其他编章的规则中，还明确规定居住权和人格权不得继承。在夫妻关系中，先逝配偶的自有财产，生存配偶不得继承。在公司章程中有特别规定的，可能导致自然人的份额不得继承；未经合伙人一致同意的，合伙份额不能继承。在农村土地承包关系中，虽然承包收益可以继承，但是林地承包权和土地承包权原则上不得继承。无农村集体经济组织成员资格，或有成员资格但无农业户口的，均不得继承宅基地使用权。

### （二）遗产归扣

虽然我国《民法典》中没有专门设置遗产归扣制度，但是总则部分第 10 条规定，处理民事纠纷，法律没有规定的，可以适用习惯。① 归扣制度中有很重要一部分内容都与民间习惯相关，因此今后关于归扣制度的研究可以考虑从继承领域中的民间习惯着手，为今后关于习惯的司法解释提供素材。

遗产归扣本是为了实现遗产在各继承人之间公平分配而设立的一种财产分割理论。由于归扣只在继承人之间实施，对于普通的赠与制度并不会产生实质性冲击。而且归扣的实施通常是观念归扣，并不会对受赠人现实占有待归扣财产产生

① 参见《民法典》第 10 条。

不利影响。而且在现实生活中，尤其是广大农村，存在着大量的生前特种赠与的做法，在继承中也有归扣的习惯。① 例如，我国长期存在的分家析产和继承不分的习惯，其实质就是重要财产在儿子之间平均分配，如果长子结婚时已从父母处得到房屋，而次子未婚，父母死亡时长子便不能与次子同样分财产。② 因此，在我国立法中设置归扣制度仍有不可替代的价值。

由于归扣通常需要尊重被继承人的意愿，对于待归扣财产也会因被继承人的意思表示而专门设置例外。大陆法系国家通常的做法是原则上应予归扣，除非被继承人明确表示不予归扣。而美国《统一遗嘱检验法》正好相反，原则上对于赠与财产不予归扣，除非被继承人明确表示需要归扣。③ 虽然都给予了被继承特权和例外，体现的却是两种对归扣截然不同的态度。归扣的实际效果亦有所不同，大陆法系更倾向于归扣，英美法系倾向于不归扣，因为被继承人在现实生活中往往不会对每一次无偿处分行为都一一作出是否应予归扣的说明。鉴于此，我国在设置被继承人意愿例外时，可以参考借鉴美国的做法。

我国在设置归扣制度时，建议采取列举式的归扣模式。财产归扣，除非被继承人明确表示需要归扣，否则一律不予归扣。财产归扣，可采取观念归扣的方式实施。归扣财产的范围包括以下 8 类：(1)一般赠与；(2)继承人额外教育支出的费用；(3)因子女的婚姻而作出的赠与；(4)分家析产时作出的赠与；(5)帮助继承人的工作而为的支出；(6)偿还继承人债务的支出；(7)代位继承人取得的待归扣财产；(8)待归扣财产所生之孳息。

被继承人的意愿，只要能够证明存在，并不一定必须以书面方式为之。被继承人作出的意思表示表明有归扣之意愿即可，并不一定需要明确以“归扣”的字眼表达。例如，被继承人明确表示在分家析产时已经赠与了分家的继承人部分财产，该继承人在继承时应少分遗产，这种情况应当认定为被继承人有归扣之意思表示。又如，被继承人明确表示女儿出嫁时已赠与嫁妆，在继承时应少分遗产，

① 房绍坤：《论遗产分割中的归扣制度》，载《法制与社会发展》2003 年第 6 期，第 66 页。

② 房绍坤：《论遗产分割中的归扣制度》，载《法制与社会发展》2003 年第 6 期，第 66 页。

③ *UNIF. PROBATE CODE* §2-609(amended 2010).

也应认定为被继承人有归扣之意思表示。

### (三)共有财产的分割

在划定待继承遗产的范围时，还应注意被继承人与他人共有财产的处理。对于可分割物，可直接分割；对于不可分物，则应当折价。若为按份共有，则按照被继承人所占有的比例分割。若为共同共有，则应当征求各共有人的意见划分被继承人应占有的份额比例，无法达成一致意见的，被继承人与共同共有总人数(需算入被继承人)的比值为被继承人占有的份额比例。

被继承人应占有的份额比例，又称为“潜在份额”，此份额虽在共同关系存续期间即已存在，但因受共同目的之约束，共同共有人不得处分其财产份额和请求分割共同财产；仅在共同关系消灭或共同目的完成后，始得依此“潜在份额”请求分割共同财产，故有“潜在”之谓。① 由于被继承人死亡，其共同关系消灭，不得不分割其应占有的潜在份额。

共同共有中的财产若为可分物，直接分割即可。对于不可分物，则可按照如下方式处理。首先，若其他共同共有人同意由继承人之一继承的，则由该继承人继承其在共同共有关系中的相应潜在份额。其次，若其他共有人不同意继承人参与共有，其他共有人对于该潜在份额有优先购买权，若均不愿购买，则可由他人购买。最后，其他共有人既不愿购买，又没有人购买该潜在份额的，需将共同共有财产整体折价并分割。

共同共有中的财产若为可分物，直接分割即可。对于不可分物，共有人同意由继承人之一继承的，则由该继承人继承在共有关系中的相应份额；共有人不同意继承人参与共有，享有优先购买权，若均不愿购买，可由他人购买；无人购买潜在份额的，将共有财产整体折价并分割。

### (四)特定财产的继承

对于遗体，无论其法律属性为物、财产抑或是人格权之延续，都难以像其他财产一样正常参与继承。即便是由继承人继承，也不能享有所有权，只能享有安

① 参见戴永盛：《共有释论》，载《法学》2013 年第 12 期，第 30 页。

葬或照管之义务。故没有必要将遗体纳入遗产之范围。

遗体捐赠补偿金，需要视具体情况而定。被继承人生前知道或应当知道的补偿金，对于被继承人而言属于可期待财产性利益，应当属于遗产。而超出被继承人生前合理预期的补偿金，不能被认定为可期待利益，其性质更接近于赠与的财产。而赠与给过世者于理于法都难以自圆其说。此种补偿金不能纳入遗产范围。但这种补偿金直接赠与给被继承人的近亲属和作为遗产分配给继承人产生的实际效果并没有太大的差别。

死亡赔偿金和抚恤金，在我国现有立法体系下，其发放对象均限于死者近亲属。这两种财产都包含精神抚慰的性质，精神抚慰当然是抚慰在世之人，故而发放对象限于死者近亲属。

个人知识产权中的财产性权利，应当纳入遗产的范围予以继承。个人著作财产权主要包括复制权、作品的稿酬，出版、改编、上演作品所得报酬等；个人专利中的财产权包括许可他人使用权、收取专利使用费的权利等；而自然人享有的商标权本身就是一项财产权利，也可以继承，但继承人应及时申报商标局，更改商标注册登记并变更注册人名称，成为新的注册人。

占有的状态属于事实，但基于占有事实而生之权利义务关系则属于法律上占有的必要内容，对于占有事实而生之权利也应予以保护。在我国物权法体系中，占有也是一种物权。在租赁关系、借用关系、拾得遗失物以及农村房屋买卖等情况下，占有的继承也可以解决其中一些问题，有社会现实之需求。因此，占有应被纳入遗产之范围准许继承。

无论网络虚拟财产的法律属性为商品、无形物、债权、知识产权抑或是新型财产权，都不能否认其财产价值和网络用户对其享有的权利。网络虚拟财产中具有纪念意义的图文资料、能作为证据或重要证明的资料以及虚拟货币都应当被纳入遗产的范围。

## 四、明确界分各类遗产管理人

### （一）全面把握各类遗产管理人的法律地位

英美法系遗产管理人的法律地位统一界定为被继承人的人格代表。而大陆法系对于不同类型遗产管理人的界定有所不同，都是围绕代理人来界定，主要包括被继承人的代理人、继承人的代理人以及遗产的代理人。总体来看，无论采用哪一种方式来类比解释遗产管理人的法律地位，都只能解决其中的部分理论问题，故存在众多学理之争。究其原因，无非是遗产管理人与其他概念的内涵和外延都或多或少存在不同。这种类比性的学理解释的作用在于帮助我们认识和理解遗产管理人的角色定位，并不能因此将其认定为遗产管理人实质上的法律地位。

遗产管理人最原始、最本质的法律地位就是“遗产管理人”这一概念自身。代理人之所以被界定为一种法律地位，是由于人们对这一传统概念十分熟悉，不存在理解障碍。在代理制度形成之初，代理人也难以用“代理人”这一概念本身来解释其法律地位。而法律地位无非是法律关系中某一特定概念所指向的对象在该法律体系结构中所处的位置和状态。最能反映该对象的位置和状态的，当然是与其直接对应的那个特定概念。因此，遗产管理人的法律地位应该就是遗产管理人。只是目前阶段，为了便于理解，学者们偏向于将其解释为人们相对熟悉的法律概念。待到遗产管理制度为人所熟知、无须就遗产管理人作出过多解释之时，遗产管理人自然能被人们理解为一种法律地位。

目前，鉴于我国遗产管理制度尚未发展成熟，亦可就不同类型遗产管理人的法律地位作出类比性解释。由于遗产信托的财产具有较强的独立性，可将遗产信托受托人的法律地位解释为信托财产的代理人。鉴于我国代理制度规定代理人死亡则代理关系消灭，被继承人的代理人一说难以自圆其说。而我国现行立法体系又没有财团法人的概念。遗嘱执行人和遗产管理人的法律地位只能类比解释为继承人的代理人。

### （二）各类遗产管理人的选任和解职

遗产信托受托人原则上都由被继承人指定。当受指定的人拒绝时，可由受益人和继承人推选。因无法达成一致意见等原因未能成功推选时，可由法院直接指定。只要被继承人有设立遗产信托的意思表示，应当优先考虑这种意愿。对于遗产信托的内容只包含部分遗产时，关于其余部分遗产的处理建议另行选任遗产管理人。

目前我国遗产管理人的产生方式主要包括遗嘱指定、继承人推选、继承人共同担任、依法履职和法院指定。遗嘱指定的遗嘱执行人虽被称为“遗产管理人”但仍应注意二者之间细微的差别，尤其要注意区分专门通过遗嘱指定法定继承情形下的遗产管理人。没有遗嘱时(法定继承)，继承人应及时推选遗产管理人。继承人没有推选的，直接由全体继承人担任遗产管理人。依法履职主要指无人继承财产由被继承人生前住所地的民政部门或者村民委员会担任遗产管理人。法院指定则主要用于对遗产管理人的确定有争议时，由利害关系人申请指定。有学者指出，《民法典》中的规范应该包含倡导性规范，即提倡和诱导当事人采用特定行为模式的规范。① 有些法院已经在判决书中援用了此种观点，② 将遗产管理人的产生方式界定为倡导性规范，并认为选任遗产管理人并不是遗产分割的必经程序。此种观点值得商榷，有待实践检验。

关于遗产管理人的任职资格，不同国家和地区提出了不同的标准，大多要求应该是完全民事行为能力人。但遗产管理人选任是为了遗产管理事务，通常也不会选任限制民事行为能力人为遗产管理人。而且遗产管理人还需要能够胜任职务，否则可能被撤职。因此，没有必要专门就遗产管理人的任职资格作出具体规定。葡萄牙还规定了遗产管理人的任职顺位，这种规定也只是作为指示性的参考，并非强制性规定。在我国，这类规则暂时没有必要专门设立。

遗产管理人解职主要包括辞职、被撤职、完成管理事务三种情形。遗产管理人只要提出合理的请求，例如不能胜任、疾病等原因，其辞职请求均应被准许。强制要求遗产管理人管理遗产，很难使其做到妥善、高效管理。遗产管理人被撤职亦应当有合理之理由，当遗产管理人存在隐匿或转移遗产、捏造不存在之债权债务关系、未以谨慎认真之态度管理遗产或者不能胜任该职务等情形时，可以撤职。其他利害关系人也可以基于正当理由申请法院撤销遗产管理人之职务。完成管理事务则是遗产管理人自然解职。

此外，德国还规定遗产破产时遗产管理终止，也就是将遗产破产与遗产管理严格区分。我们认为没有太大必要。遗产破产只是遗产分割的一种特殊形式，亦

① 参见王轶：《民法典的规范类型及其配置关系》，载何勤华主编：《民法典编纂论》，商务印书馆 2016 年版，第 176 页。

② 例如〔2021〕闽民终 1616 号民事裁定书。

属于对遗产的管理和分配。而遗产管理人由于之前任职对相关遗产和各方当事人的了解，能够更好地担任遗产破产管理人。只要在遗产破产程序中，各遗产债权人没有明确提出更换新的破产管理人，应当由原遗产管理人继续担任破产管理人。

### （三）遗产管理人的权利义务

《民法典》第1149条规定了遗产管理人的报酬请求权，[①] 但其权利范畴远不止于此。一般而言，遗产管理人的权利包括表决权、处分权、请求权和诉讼参与权四类。

表决权又可分为接受任命时的表决权、辞职时的表决权和投票中的表决权。接受任命和辞职时的表决权主要是指遗产管理人有权接受或拒绝该项任命。而投票中的表决权是指遗产管理活动中，存在多名遗产管理人时，就具体事务的决定需要投票表决时，可就该事项表明态度。这种表决权主要存在于数名管理人共同管理并且没有划分具体权限的遗产管理之中。

处分权主要由遗产管理人通过对遗产的处分行为来实施，可分为收入型处分行为、支出型处分行为和为特定目的的变卖行为。为特定目的的变卖行为主要是指为保存遗产价值而作出的变卖行为和因分割遗产之必要而作出的折价变卖行为。

请求权主要包括物权请求权、合同之债请求权、损害赔偿请求权以及报酬请求权。物权请求权、合同之债权请求权、损害赔偿请求权均与一般请求权内容相同，该权利并非来自所有权，而是源于管理遗产之必要。报酬请求权则是由于遗产管理人的管理行为作为一种劳动有理由获得对应报酬。

诉讼参与权是由于遗产管理人在遗产涉及相关诉讼时有权利参与诉讼活动。这种权利源于遗产管理人在遗产管理期间对遗产享有实际控制权。实际控制权对应的是妥善保管之责。这种责任还是遗产管理人妥善保管义务之要求。

《民法典》第1148条规定，遗产管理人因故意或者重大过失造成他人损害应

---

① 参见《民法典》第1149条。

当承担责任,[①] 但这一规定只展现出了遗产管理人损害赔偿义务中的一个侧面。通常来说，遗产管理人的义务主要包括妥善管理义务、损害赔偿义务、管理情况报告义务和共同管理协助义务。

妥善管理义务要求遗产管理人尽量减少失误，并以积极、勤勉、谨慎之态度合理高效地实现遗产利害关系人之利益诉求。妥善管理义务不得因管理是否有报酬而存在不同。是否存在过失，则可用“善良家父的勤谨注意”作为评判标准。

损害赔偿义务则要求遗产管理人因其不能妥善管理遗产而给利害关系人造成损失时，需承担损害赔偿责任。

管理情况报告义务要求遗产管理人在必要时需就其管理活动向各利害关系人以及法院作出报告。报告的目的在于增强遗产管理活动的透明度，便于监督，防止相关利害关系人的权益受损。

共同管理协助义务包括三种情形。其一是各继承人的共同管理，相互之间有协助管理之义务。其二是存在多名同类型遗产管理人，但未就管理人的具体管理权限予以划分，各管理人之间应相互协助管理。其三是存在不同类型的遗产管理人时，相互之间的协助管理义务。

## 五、遗产管理的主要环节

### (一)编制遗产清单

遗产清单的编制应该适用于概括限定继承之时。只要适用有限责任继承，都应该编制遗产清单。这既是对遗产债权人利益的保护，又是有限责任继承的重要依据，否则对遗产债权人会有不公平之疑。继承人以遗产清单中载明的财产为限向遗产债权人承担责任。

遗产清单的编制主体原则上应该包括继承人、遗产管理人和法院。应优先让继承人编制，因为遗产清单编制若出现造假等情形，继承人将承担无限责任。遗产清单的编制与继承人之利益密切相关，应该首先由其自行编制。同时应准许继承人授权遗产管理人编制，在遗产管理人编制过程中，继承人应当如实汇报其知

---

① 参见《民法典》第1148条。

晓的遗产相关信息。在继承人和遗产管理人编制遗产清单造假时才由法院编制遗产清单。法院在编制遗产清单过程中，各方当事人均需如实汇报其知晓的遗产相关信息。

编制遗产清单的一般期间可以规定为3个月。清册期间可以由继承人申请延长，但需有合理理由，延长期限由法院视具体情况而定。因不可抗力等原因出现了阻碍编制遗产清单的事由，继承人可在阻碍消除后的两星期内(至迟在最初指定的期间终了后一年以内)提出重新指定新期间。继承人均为未成年人时，即便指定了遗产编制期间，该期间可以因未成年人尚未被指定法定代理人而中止，直到产生法定代理人为止才开始计算遗产编制期间。

遗产清单需按照遗产的类型分类记载，并载明各遗产的具体情况和被继承人对该项财产所享有的权利。遗产债权债务也应当详细记载，应当载明债权债务关系的对方当事人和债权债务到期的时间。

各利害关系人享有查阅遗产清单的权利。查阅遗产清单，须向法院提出申请，确实存在查阅之必要时，方可准许。查阅了遗产清单的人，应当保密，不得泄露遗产相关信息，以保护遗产信息实际关联人的隐私权。对于故意泄露遗产信息的行为应当给予处罚。

《民法典》第1147条虽提及编制遗产清单，但并未设置相关具体操作规则。结合前文研究，本书建议考虑以下4条简要规则作为参考，以期能起到抛砖引玉的效果：(1)继承人应自行编制或委托遗产管理人及时编制遗产清单。他人编制遗产清单，继承人应如实汇报其知悉的遗产相关信息，故意隐瞒视为虚假编制遗产清单。人民法院发现虚假编制遗产清单情形的，应当自行编制。(2)参与虚假编制遗产清单的继承人对被继承人的债务承担无限责任。(3)编制遗产清单的一般期间为3个月。清册期间可因继承人申请延长，延长期限由法院视具体情况而定，一般不得超过3个月。因不可抗力等原因出现了阻碍编制遗产清单的事由，继承人可在阻碍消除后的两星期内提出重新指定新期间，但不得超过最初指定的期间终了后一年。(4)各利害关系人享有查阅遗产清单的权利。查阅遗产清单，须向法院提出申请，确实存在查阅之必要时，方可准许。查阅了遗产清单的人，应当保密，不得泄露遗产相关信息。

### （二）通知和公告

继承开始后，继承人、遗产管理人、被继承人的其他近亲属、生前所在单位、生前住所地的基层组织都在不同程度上负有通知义务。通知对象主要包括对未出现继承人、对遗产信托受托人和遗嘱执行人以及遗产债权债务人的通知。在遗产管理人就职后，应当承担主要的通知责任。若出现无人继承或无人接受继承之情形，被继承人的近亲属、生前所在单位、生前住所地的基层组织需及时通知被继承人生前住所地的基层法院，指定遗产管理人管理相关遗产。

公告事项的重点是对遗产债权人的公告。公告期间可设定为6个月，需在主要遗产所在地有较大影响力的报刊或其他媒体上予以公告。遗产债权人未在公示催告期间内申报其债权的，并不因此丧失债权，其债权需在已经申报的债权受清偿后才能被清偿，但仍然优先于特留份权利、遗赠和负担所生之债权。

《民法典》第1150条是关于继承开始后通知义务的履行，主要涉及通知义务主体、通知对象、通知顺位、通知时间节点、通知方式等具体问题。本条两句话主要提及了4种通知义务主体（继承人、生前所在单位、住宿地居民委员会、住所地村民委员会），2种通知对象（其他继承人、遗嘱执行人），2级通知义务顺位（继承人、其他三种通知义务主体），1种特殊情形（知道被继承人死亡而不能通知的）。

此外，建议公告期间为6个月，需在主要遗产所在地知名报刊或媒体上予以公告。对境外人员的公告需遵照其住所地的标准，住所地无法确定的，在主要遗产管理地公告。遗产债权人未在公示催告期间内申报债权的，丧失优先受偿债权，其债权在已经申报的债权清偿完毕后才能被清偿，但优先于特留份权利、遗赠和负担所生之债权。

### （三）遗产破产

在我国《破产法》修订过程中，《破产法》的适用范围是争议比较大的问题之一，虽然自然人破产日益得到法学界多数学者的认同和支持，但我国目前仍没有完全肯定自然人的破产能力。① 遗产破产和一般破产有着较大差别，其主要目的在

① 王春梅：《议遗产破产》，载《哈尔滨工业大学学报》2005年第5期，第103页。

于清偿遗产债权人的债务。当被继承人的财产不足以清偿遗产债务时，遗产最终还是需要分配给各债权人。所谓遗产破产，不过是将遗产在各债权人之间进行公平分配。虽为破产之名，本质上只是偿还遗产债务的一种设计和安排。因此，我国有必要参考外国遗产破产的相关规定，就遗产不足以偿还债务时作出相应安排。

从我国《民法典》的规定来看，继承人没有为被继承人偿还债务的法定义务。遗产破产还债之后，继承人无须承担被继承人的债务，也是限定继承原则的具体体现，与现有继承法的理念相吻合。继承人在破产程序后免除法定偿债义务，也是对继承人个人财产利益的保护。而遗产破产最主要的作用是将遗产在各债权人之间合理分配。

遗产破产的主体是遗产，其范围应当包括被继承人死亡时所有的一切财产，应当包括可期待利益，如遗产债权。可期待利益纳入破产财产的范围是因为遗产债权人享有就被继承人的财产优先受偿的权利，否则会违背限定继承原则。遗产破产的唯一认定标准是资不抵债，只要被继承人的所有财产之和少于已出现的遗产债务之和，即构成遗产破产。在进入遗产破产之后，也需要通知和公告遗产债权人，只有所有债权人都出现才能更公平地分配遗产。但公告期结束，即可将遗产在现有遗产债权人之间进行分配。

遗产破产需由继承人、遗产管理人或遗产债权人向法院提出申请，在法院的监督下开展破产程序。遗产破产的申请期限可设置为两年，与我国普通债权主张的时效中断期间相同。遗产破产偿债顺序为：(1)遗产破产程序所产生之费用；(2)与遗产相关的赋税；(3)一般债权；(4)遗赠。

### (四)遗产分割

遗产在分配给各个继承人之前应当先偿还遗产债务。在偿还遗产债务之前，应对已申报的债权进行统计，若资不抵债应及时申请遗产破产，然后进入遗产债务清偿阶段。如果不存在资不抵债，遗产债务的清偿顺序就并不重要。对于未到期的债权，应当视为到期债权一并偿还。

遗产管理人和继承人应当积极主张遗产债权，及时结算到期债权。对于未到期债权，应计算其价值，纳入遗产范围进行分配。未到期之债权的价值与其他遗产的价值地位相同，不应有折扣。若继承人都不愿意继承未到期之债权，可以按照各继承人最终的继承份额的比例，将该债权按照比例分摊给各继承人。

遗产归扣应当在遗产分配前进行。在归扣的实施中，以观念归扣为主、以实物归扣为辅，以实现遗产在各继承人之间的实质公平分配。在现代小家庭为社会基本单元的背景下，应继份的设立应当考虑到配偶的特殊性，给予足够的重视。特留份的设立则是保障继承人享有继承权的有效方式，可以防止出现被继承人将遗产全部赠与继承人以外的人而损害继承人的继承权。但特留份制度的设置需要有例外规则，当继承人不尽赡养扶助义务时，其特留份可以由被继承人的遗嘱替代，即遗嘱若未分配给该继承人遗产则其无法享受特留份利益。

遗产分配给继承人的过程中，应当遵循尊重被继承人意愿、追求实质公平、物尽其用、适当照顾弱方利益、尽量减少矛盾冲突等原则。对于没有生活来源的继承人、劳动能力有限的继承人、未成年继承人以及受被继承人生前供养的人，应当给予适当照顾。遗产分配应首先遵照遗嘱，无遗嘱则协商分配，协商不成则申请法院分配。分配应以实物分配和折价分配为主，通过这两种方式不能完成分配的，可以由各继承人保留共有。

## 六、我国涉外遗产管理问题

### (一)管辖权

我国目前没有明文规定遗产管理的管辖，鉴于遗产管理与继承之间存在紧密联系，可参照适用《新民诉法》第 34 条的规定，由被继承人死亡时住所地或主要遗产所在地人民法院管辖。

依照《新民诉解释》的规定，住所地是指户籍所在地。主要遗产所在地需要确定，无论是以数额还是性质作为判断标准，都需在管辖之前作判断，不利于法院主张管辖。因此需对其作客观目的解释，遗产所在地法院均可主张管辖，但当两个以上法院具有管辖权时，由主要遗产所在地法院主张管辖。

虽然存在住所地(户籍所在地)和主要遗产所在地两个连结因素，但前者更易于判断，容易成为主张管辖的主要理由。当出现户籍迁出且尚未落户等户籍所在地暂时无法确定的情形时，主要遗产所在地将成为主张管辖权的标准。

住所地标准通常要求“有久住的意思”，这种主观愿望在实践中难以证明，也只有极少数国家可以通过户籍所在地来确定，因此，住所地在逐渐被惯常居所地替代。遗产所在地往往存在遗产管理行为，当地法院有权管辖，增加“主要”二字反而不利于法院及时行使管辖权。因此，若制定专门的遗产管理管辖权规则，应规定：“遗产管理相关诉讼，由被继承人死亡时的惯常居所地或遗产所在地法院管辖。两个以上法院有管辖权时，主要遗产所在地法院为主要管辖法院。”

### （二）与继承冲突规则的关系

《法律适用法》对继承和遗产管理的法律适用都作了明确规定。该法第31条是继承冲突规则，第34条是遗产管理冲突规则，它们之间并无隶属关系，属于两条平行规则。

继承冲突规则的适用范围主要包括继承中实体性权利义务关系，遗产管理冲突规则的适用范围主要包括继承中的程序性事项。程序与实体并不是唯一区分标准，只因其具有更高的辨识度。界定这两条冲突规则的范围，最重要的参考标准应当是具体事项与继承和遗产管理之间关联程度的高低。

继承冲突规则指向惯常居所地和不动产所在地，遗产管理冲突规则指向遗产所在地。《适用法解释一》规定惯常居所地需连续居住一年以上，故其通常也是遗产所在地。不动产所在地也是遗产所在地。因此，这两条冲突规则的适用结果极有可能一致。

### （三）我国遗产管理的范围和系属

我国遗产管理的范围包括：(1)遗产管理人的选任；(2)遗产管理人的解职；(3)一国遗产管理人委任书在域外的认证程序和标准；(4)遗产清单的编制时间、编制主体、编制期间以及遗产清单的内容、效力和查阅等事项；(5)一国遗产清单在域外的认证程序和标准；(6)通知和公告；(7)遗产破产中的破产标准和破产财产分配；(8)遗产分割中的债权债务处理；(9)缴纳遗产税的相关程序和标准等事项。

我国遗产管理的系属是遗产所在地法，其主要优势体现在可能与被继承人的经常居所地法、不动产所在地法、法院地法、遗产管理行为地法重合。遗产所在地和经常居所地和不动产所在地重合时，继承和遗产管理适用统一的准据法，能更全面地展现法律制度中蕴含的法理，统筹兼顾实体性权利义务关系和程序性规则。遗产所在地和法院地重合时，法律适用结果能够充分尊重法院地的程序性规则。遗产所在地和遗产管理行为地重合时，法律适用结果能兼顾遗产管理的地域性，避免与行为地法之间的冲突。遗产所在地法应灵活解释，才能适应涉外遗产管理案件的客观需要。

在《民法典》规定的遗产管理制度已经确立的情况下，我们有必要重新审视遗产管理冲突规则的规范构造。《民法典》中就遗产管理内涵作出的抉择是：我国遗产管理应作广义理解，包含遗产保管、遗嘱执行、遗产信托和遗产管理。遗产管理的识别对象主要包括：(1)管理进程中的具体行为和事件；(2)遗产管理当中的特定法律概念，尤其是名称相同但内涵不同的概念；(3)遗产管理准据法的适用范围。遗产管理识别的侧重点在于将争诉事实准确纳入继承或某一具体遗产管理类型法律范畴之下。《民法典》第1147条已规定的遗产管理的范围不仅应包含清理遗产并制作遗产清单、向继承人报告、保管遗产、处理债权债务、依遗嘱或依法分割遗产5类事务，第6项作为兜底条款目前可解释为包含遗产管理人的选任和解职、通知和公告、遗产破产等事项。遗产管理的系属可概括为适用继承准据法、适用法院地法、适用被继承人属人法、适用财产聚集地法、适用体系化系属5类，每种类型均对我们合理适用冲突规则有一定参考价值。在运用我国遗产管理冲突规则时，我们需准确划定与继承冲突规则的边界，适当让位于信托冲突规则，并在此基础上灵活解释遗产所在地法，细致考察与其他连结点关联、重合的情形，充分发挥系属可灵活解释的优势。

## 七、关于遗产管理人采类案整理的建议

转眼间，《民法典》和最新版《民事案件案由规定》的施行都已两三年，但我们依然无法在裁判文书网的高级检索“案由”一栏中找到“34. 遗产管理纠纷”、“406. 申请指定遗产管理人”，而这两项在最新版《民事案件案由规定》中已列明的三级案由。

也并不是没有这两项三级案由案件发生，只是法官们似乎更倾向于把案由定为“继承纠纷”“遗嘱继承纠纷”“合同纠纷”“占有物返还纠纷”“股权变更登记纠纷”等其他更常见的纠纷。有极少数在其他网络资源中反映出的“遗产管理纠纷”

案件，却在裁判文书网上根本找不到判决书原文。出现这一奇怪的现象，难道是大家刻意在回避？但愿只是因为出现了一批采用新案由的判决书还没来得及上传。提及此现象，不是为了强调新案由多么特别，只是希望出现这类案件的时候能客观理性对待，避免一人回避逐渐演化成人人回避的情况。

从这类案件自身特点出发，可能它们先天就自带了“附带性”，往往相关案件中当事人有其他涉及实体权利的诉请，故而直接归到其他案由项下。然而，有不少案件，原本并未与实体权利相关，问题关键点就在遗产管理人这一角色身上。也许是因为《民法典》刚确立了遗产管理法律制度，对其内涵、作用都不甚了解，故敬而远之。但我们的司法终将回归到各种类案的本位，否则也没必要再去完善和修订《民事案件案由规定》了。

基于这一背景，我们有必要适时考虑对各种类型遗产管理人相关的典型案件做类案整理汇编工作，一方面给不了解相关制度的法官们一个参照基础，另一方面也可以进一步完善《民法典》中遗产管理规则没有触及的具体问题，进而为我国构建更完善的三位一体的遗产管理法律制度贡献鲜活的司法实例。本书结合当前司法实践真实案例，初步做了简要的类案分析，以期起到抛砖引玉的作用。

在遗产保管人相关案件中，比较有代表性的是遗产管理人拒交遗产和遗产保管不当两类。在遗嘱执行人相关案件中比较有代表性的是遗嘱的效力导致指定的遗嘱执行人无效，以及多份遗嘱中遗嘱执行人面临的问题。在遗产管理人相关案件中，主要涉及继承人共同担任遗产管理人、无人继承遗产管理人的确定、法院指定遗产管理人这三类；而继承人推选管理人由于已经能达成合意，故而选任遗产管理人争议这一类在当前尚未找到已公布的实例。我国大陆遗嘱信托的发展相对较慢，目前遗嘱信托纠纷大多与香港地区的当事人相关，案件涉及的继承问题也相对复杂，遗嘱信托的特性在这类案件中也展现得不够充分。遗嘱信托本身也有待进一步发展完善。

从各类遗产管理人相关的案例入手分门别类归纳案件中的要点，只是我们不断尝试、探索这一新制度在我国落地生根迈出的第一步。然而一整套完整的遗产管理制度的成型，还需仰仗大家共同努力去发掘新的问题、作出合理解释、解决实际问题；通过鲜活的真实案例去反向促进关于遗产管理法律制度的不断更新、深化、完善。愿我国遗产管理法律制度随着司法实践的发展能够日臻完善，使人们的财富传承能够更有保障，为新时代法治中国建设贡献力量。

# 参考文献

## 一、中文著作

[1]郭峰编著：《中华人民共和国民法典条文精释与实务指南·婚姻家庭编、继承编》，中国法制出版社2021年版。

[2]龙卫球主编：《中华人民共和国民法典·婚姻家庭编与继承编释义》，中国法制出版社2020年版。

[3]石宏主编：《〈中华人民共和国民法典〉解释与适用·婚姻家庭继承编》，人民法院出版社2020年版。

[4]杨立新著：《中国民法典释评·继承编》，中国人民大学出版社2020年版。

[5]中国审判理论研究会民事审判理论专业委员会编著：《民法典继承编条文理解与司法适用》，法律出版社2020年版。

[6]何群著：《婚姻家庭继承法学》，厦门大学出版社2018年版。

[7]陈苇主编：《婚姻家庭继承法学案例教程》，群众出版社2017年版。

[8]何勤华主编：《民法典编纂论》，商务印书馆2016年版。

[9]石婷著：《遗产管理制度研究》，群众出版社2016年版。

[10]房绍坤、范李瑛、张洪涛著：《婚姻家庭与继承法》，中国人民大学出版社2013年版。

[11]杨立新、刘德权、杨震主编：《继承法的现代化》，人民法院出版社2013年版。

[12]陈苇主编：《中国继承法修改热点难点问题研究》，群众出版社2013年版。

[13]何丽新主编：《婚姻家庭与继承法》，厦门大学出版社2012年版。

[14]黄进、肖永平、刘仁山主编:《中国国际私法与比较法年刊(第14卷)》,北京大学出版社2012年版。
[15]陈苇主编:《外国继承法比较与中国民法典继承编制定研究》,北京大学出版社2011年版。
[16]杜景林、卢谌著:《德国民法典评注》,法律出版社2011年版。
[17]万鄂湘主编:《〈中华人民共和国涉外民事关系法律适用法〉条文理解与适用》,中国法制出版社2011年版。
[18]叶朋著:《公正视角下的遗嘱自由与限制私法研究》,江苏大学出版社2011年版。
[19]李俊主编:《婚姻家庭继承法》,中国政法大学出版社2010年版。
[20]杨立新主编:《婚姻家庭继承法》,北京师范大学出版社2010年版。
[21]王歌雅主编:《婚姻家庭继承法学》,中国人民大学出版社2009年版。
[22]尹田著:《法国物权法》,法律出版社2009年版。
[23]张平华、刘耀东著:《继承法原理》,中国法制出版社2009年版。
[24]陈苇主编:《当代中国民众继承习惯调查实证研究》,群众出版社2008年版。
[25]刘春茂主编:《中国民法学·财产继承》,人民法院出版社2008年版。
[26]刘惠荣著:《虚拟财产法律保护体系的构建》,法律出版社2008年版。
[27]肖永平著:《法理学视野下的冲突法》,高等教育出版社2008年版。
[28]陈苇、宋豫主编:《中国大陆与港、澳、台继承法比较研究》,群众出版社2007年版。
[29]房绍坤、范李瑛、张洪波编著:《婚姻家庭与继承法》,中国人民大学出版社2007年版。
[30]马俊驹、余延满著:《民法原论》(第三版),法律出版社2007年版。
[31]王利明著:《物权法研究》,中国人民大学出版社2007年版。
[32]巫昌祯主编:《婚姻与家庭法学》,中国政法大学出版社2007年版。
[33]吴红瑛主编:《婚姻法与继承法》,浙江大学出版社2007年版。
[34]曹诗权、孟令志、麻昌华著:《婚姻家庭继承法》,北京大学出版社2006年版。

[35]黄进、肖永平、刘仁山主编:《中国国际私法与比较法年刊(第 8 卷)》,北京大学出版社 2006 年版。
[36]刘心稳著:《中国民法学研究述评》,中国政法大学出版社 2006 年版。
[37]李鲲、张强、张永红编著:《典型婚姻继承改判案例精析》,中国法制出版社 2005 年版。
[38]杨遂令主编:《亲属与继承法论》,四川大学出版社 2005 年版。
[39]赖廷谦主编:《婚姻与继承法学》,四川大学出版社 2004 年版。
[40]郭明瑞、房绍坤、关涛著:《继承法研究》,中国人民大学出版社 2003 年版。
[41]霍玉芬著:《信托法要论》,中国政法大学出版社 2003 年版。
[42]刘悦著:《中国财产继承法律制度研究》,中国海关出版社 2003 年版。
[43]黄风编著:《罗马法词典》,法律出版社 2002 年版。
[44]刘仁山著:《加拿大国际私法研究》,法律出版社 2001 年版。
[45]龙翼飞著:《比较继承法》,吉林人民出版社 2001 年版。
[46]王泽鉴著:《民法物权》,中国政法大学出版社 2001 年版。
[47]刘铁铮著:《国际私法论丛》,台湾三民书局 2000 年版。
[48]史尚宽著:《继承法论》,中国政法大学出版社 2000 年版。
[49]费安玲著:《罗马继承法研究》,中国政法大学出版社 2000 年版。
[50]史尚宽著:《民法总论》,中国政法大学出版社 2000 年版。
[51]李永军著:《破产法律制度》,中国法制出版社 2000 年版。
[52]董丽萍著:《澳大利亚国际私法研究》,法律出版社 1999 年版。
[53]张玉敏著:《继承法律制度研究》,法律出版社 1999 年版。
[54]陈华彬著:《物权法原理》,国家行政学院出版社 1998 年版。
[55]戴炎辉、戴东熊著:《中国继承法》,台湾三民书局 1998 年版。
[56]孙宪忠著:《德国当代物权法》,法律出版社 1997 年版。
[57]王春旭、罗文武著:《港澳台民商法》,人民法院出版社 1997 年版。
[58]何美欢著:《香港代理法》(上),中国政法大学出版社 1996 年版。
[59]梁慧星著:《民法总论》,法律出版社 1996 年版。
[60]李湘如著:《台湾物权法》,中国广播电视出版社 1993 年版。

[61]江平编著:《西方国家民商法概要》,法律出版社1984年版。
[62]中国大百科全书出版社编辑部编:《中国大百科全书·法学》,中国大百科全书出版社1984年版。
[63]史尚宽著:《信托法论》,台湾商务印书馆1972年版。

## 二、中文译著

[1][美]弗里德曼著:《遗嘱、信托与继承法的社会史》,沈朝晖译,法律出版社2017年版。
[2][德]卡尔·拉伦茨著:《德国民法通论》,王晓晔等译,法律出版社2013年版。
[3][日]松冈义正口述,熊元楷编:《民法物权》,上海人民出版社2013年版。
[4]潘灯、马琴译:《西班牙民法典》,中国政法大学出版社2013年版。
[5][英]威廉·格尔达特著:《英国法导论》,张笑牧译,中国政法大学出版社2013年版。
[6]周友军、杨垠红译:《奥地利普通民法典》,清华大学出版社2013年版。
[7]周喜梅译:《泰王国民商法典》,中国法制出版社2013年版。
[8][英]弗雷德里克·波洛克著:《普通法上的占有》,于子亮译,中国政法大学出版社2012年版。
[9]李飞译:《马耳他民法典》,厦门大学出版社2012年版。
[10]蒋军洲译:《菲律宾民法典》,厦门大学出版社2011年版。
[11]陈卫佐译:《德国民法典》(第三版),法律出版社2010年版。
[12]罗结珍译:《法国民法典》,北京大学出版社2010年版。
[13][古罗马]查士丁尼著:《法学总论:法学阶梯》,张企泰译,商务印书馆2009年版。
[14]唐晓晴等译:《葡萄牙民法典》,北京大学出版社2009年版。
[15][古罗马]盖尤斯著:《盖尤斯法学阶梯》,黄风译,中国政法大学出版社2008年版。
[16][日]我妻荣著,有泉亨补订:《我妻荣民法讲义II新订物权法》,罗丽译,中国法制出版社2008年版。

[17][德]弗里德里希·卡尔·冯·萨维尼著:《论占有》,朱虎、刘智慧译,法律出版社2007年版。
[18][英]靳克斯著:《英国法》,张季忻译,中国政法大学出版社2007年版。
[19]黄道秀译:《俄罗斯联邦民法典》,北京大学出版社2007年版。
[20]渠涛译:《最新日本民法》,法律出版社2006年版。
[21]孙建江等译:《魁北克民法典》,中国人民大学出版社2005年版。
[22][德]鲍尔·施蒂尔纳著:《德国物权法》(上册),张双根译,法律出版社2004年版。
[23][意]桑德罗·斯奇巴尼编:《婚姻·家庭和遗产继承》,费安玲译,中国政法大学出版社2001年版。
[24][德]迪特尔·梅迪库斯著:《德国民法总论》,郝建东译,法律出版社2000年版。
[25]杜景林、卢谌译:《德国支付不能法》,法律出版社2000年版。
[26]殷生根、王燕译:《瑞士民法典》,中国政法大学出版社1999年版。
[27][美]彼得·哈伊著:《美国法律概论》(第二版),沈宗灵译,北京大学出版社1997年版。
[28][意]彼得罗·彭梵得著:《罗马法教科书》,黄风译,中国政法大学出版社1992年版。

## 三、期刊论文

[1]刘学在、赵贝贝:《遗产管理人的诉讼实施权配置研究——从实体与程序的双重维度切入》,载《中南大学学报(社会科学版)》2022年第4期。
[2]陈庆:《民法史上的人与人格——兼论〈民法典〉自然人民事权利能力条款修改方向》,载《河南大学学报(社会科学版)》2021年第1期。
[3]马新彦:《遗产限定继承论》,载《中国法学》2021年第1期。
[4]孙永军:《中国非讼程序年度观察报告(2018)》,载《金陵法律评论》2020年第1期。
[5]王歌雅:《〈民法典·继承编〉:制度补益与规范精进》,载《求是学刊》2020年第1期。

[6]杨立新：《我国继承制度的完善与规则适用》，载《中国法学》2020年第4期。
[7]杨璐嘉、廖惠敏、叶鑫欣：《遗产管理人制度建构的"非讼法理"——以〈民法典〉继承编为视角》，载《法治论坛》2020年第2期。
[8]房绍坤：《继承制度的立法完善——以〈民法典继承编草案〉为分析对象》，载《东方法学》2019年第6期。
[9]杨立新：《民法典继承编草案修改要点》，载《中国法律评论》2019年第1期。
[10]张春良：《系属的体系化与体系化的系属——从〈涉外民事关系法律适用法〉第21条展开》，载《法律科学》2018年第5期。
[11]张海燕：《家事诉讼证据规则的反思与重构》，载《政治与法律》2018年第11期。
[12]李佳伦：《民法典编纂中遗产酌给请求权的制度重构》，载《法学评论》2017年第3期。
[13]黎乃忠：《遗产范围界定的误区与修正》，载《法学论坛》2016年第1期。
[14]杨震：《民法总则"自然人"立法研究》，载《法学家》2016年第5期。
[15]郭明瑞：《民法典编纂中继承法的修订原则》，载《比较法研究》2015年第3期。
[16]刘耀东：《论我国遗产管理人制度之立法构建——兼论与遗嘱执行人的关系》，载《广西大学学报(哲学社会科学版)》2014年第4期。
[17]马新彦、黄海洲：《英美法遗产信托制度研究——兼论我国遗产继承制度的完善》，载《求是学刊》2014年第1期。
[18]陈苇、石婷：《我国设立遗产管理制度的社会基础及其制度构建》，载《河北法学》2013年第7期。
[19]杜江涌：《遗产管理人制度研究》，载陈苇主编：《中国继承法修改热点难点问题研究》，群众出版社2013年版。
[20]高淑珍：《我国遗产范围之探讨》，载《产业与科技论坛》2013年第16期。
[21]李霞：《遗嘱信托制度论》，载《政法论丛》2013年第2期。
[22]李宜利：《近现代英国信托制度的确立——以〈用益法〉三项例外向信托的转变为视角》，载《商》2013年第7期。
[23]刘耀东：《遗嘱执行的比较法研究》，载《东方法学》2013年第2期。

[24]陆夏凌：《试论数字遗产继承范围的界定》，载杨立新、刘德权、杨震主编：《继承法的现代化》，人民法院出版社2013年版。

[25]吕富强：《论中世纪教会对普通法信托制度的起源和形成所发挥的作用》，载《暨南学报》2013年第12期。

[26]麻昌华：《遗产范围的界定及其立法模式选择》，载陈苇主编：《中国继承法修改热点难点问题研究》，群众出版社2013年版。

[27]马一德：《网络虚拟财产继承问题探析》，载《法商研究》2013年第5期。

[28]谭启平、冯乐坤：《遗产处理制度的反思与重构》，载《法学家》2013年第4期。

[29]托马斯·加兰尼斯著，徐卫译：《美国信托法的新方向》，载《交大法学》2013年第3期。

[30]任江：《论我国〈继承法〉遗产范围的重构》，载《河南财经政法大学学报》2013年第5期。

[31]王利明：《继承法修改的若干问题》，载《法学研究》2013年第7期。

[32]王歌雅：《论继承法的修正》，载《中国法学》2013年第6期。

[33]叶英萍、李永：《试论我国遗嘱执行人制度》，载杨立新、刘德权、杨震主编：《继承法的现代化》，人民法院出版社2013年版。

[34]谢鸿飞：《民法典与特别民法关系的建构》，载《中国社会科学》2013年第2期。

[35]张冬梅：《那些遗留在虚拟世界的财产——网络虚拟财产继承之若干法律问题》，载杨立新、刘德权、杨震主编：《继承法的现代化》，人民法院出版社2013年版。

[36]付翠英：《遗产管理制度的设立基础和体系架构》，载《法学》2012年第8期。

[37]麻昌华：《遗产范围的界定及其立法模式选择》，载《法学》2012年第8期。

[38]王海啸：《浅谈遗产管理人制度》，载《法制与经济》2012年第10期。

[39]吴国平：《我国遗嘱执行人制度的立法完善探析》，载《海峡法学》2012年第3期。

[40]吴肇武：《遗嘱信托概念之辨析》，载《法制与社会》2011年第4期。

[41]张淳：《信托财产独立性的法理》，载《社会科学》2011年第3期。
[42]杜江涌：《比较法视野下的遗产范围制度研究》，载《河北法学》2010年第4期。
[43]吕富强：《论法国式信托——一种对本土资源加以改造的途径》，载《比较法研究》2010年第2期。
[44]于海涌：《论英美信托财产双重所有权在中国的本土化?》，载《现代法学》2010年第3期。
[45]蒙冬梅：《论我国继承法之遗产分割制度》，载《广西社会科学》2009年第12期。
[46]陈乃高：《试析遗嘱执行人的法律地位》，载《探索与争鸣》2008年第5期。
[47]吕鸣：《论国际私法中的识别》，中国国际私法学会2008年年会论文集。
[48]石佳友：《〈物权法〉占有制度的理解与适用》，载《政治与法律》2008年第10期。
[49]王丽萍：《债权人与继承人利益的协调与平衡》，载《法学家》2008年第6期。
[50]陈晓枫、苏艾平：《英国封建政治的特质与宪政的生成》，载《法学评论》2007年第5期。
[51]李旭：《农村房屋买卖存在的问题及法律对策》，载《时代法学》2007年第4期。
[52]向在胜：《大陆法系国家涉外继承法律适用法比较研究》，载《武汉大学学报(哲学社会科学版)》2007年第6期。
[53]徐国栋：《权利能力制度的理想与现实——人法的英特纳雄耐尔之路》，载《北方法学》2007年第2期。
[54]王晓鑫：《遗产破产能力刍议》，载《经济问题》2006年第6期。
[55]张华贵：《财产归扣制度研究》，载《现代法学》2006年第4期。
[56]赵双阁等：《中国隐私权制度的财产权能研究》，载《学术论坛》2006年第10期。
[57]张悦仙：《住所与国籍的冲突与调和》，载《河北法学》2006年第9期。
[58]陈志红：《罗马法"善良家父的勤谨注意"研究》，载《西南民族大学学报》

2005 年第 8 期。
[59]石杰、吴双全:《论网络虚拟财产的法律属性》，载《政法论丛》2005 年第 4 期。
[60]孙静:《德国信托法探析》，载《比较法研究》2004 年第 1 期。
[61]杨立新、王中合:《论网络虚拟财产的物权属性及其基本规则》，载《国家检察官学院学报》2004 年第 6 期。
[62]张军建、陈光:《建构我国遗产信托制度的思考》，载《中南大学学报》2004 年第 6 期。
[63]余辉:《近现代英国信托法律制度的确立》，载《西北政法学院学报》2003 年第 6 期。
[64]余辉:《信托法律制度的肇始——英国 1536 年〈用益法〉》，载《环球法律评论》2003 年秋季号。
[65]杨震、王歌雅:《继承权向所有权转化探究》，载《学习与探索》2002 年第 6 期。
[66]张泽传:《两大法系遗嘱执行人制度比较》，载《贵州师范大学学报》2002 年第 2 期。
[67]崔明霞、彭学龙:《信托制度的历史演变与信托财产权的法律性质》，载《中南财经大学学报》2001 年第 4 期。
[68]胡大展:《论信托法的源流》，载《法学家》2001 年第 4 期。
[69]马俊驹、梅夏英:《无形财产的理论和立法问题》，载《中国法学》2001 年第 2 期。
[70]炎白:《"善良家父"与"诚实信用"》，载《比较法研究》2001 年第 1 期。
[71]张翔:《从占有到物权——论占有在物权法中的基础地位》，载《法律科学》2001 年第 4 期。
[72]黄敏兰:《论欧洲中世纪的封建制与非封建性制度》，载《西北大学学报》1999 年第 3 期。
[73]翟中鞠、屈广清:《"程序法适用法院地法"原则之局限与克服》，载《法商研究》1998 年第 4 期。
[74]李校利、王孔雀:《论遗产所有权转移的时间》，载《当代法学》1993 年第

2 期。
[75]孟勤国：《占有概念的历史发展与中国占有制度》，载《中国社会科学》1993 年第 4 期。
[76]张玉敏：《论限定继承制度》，载《中外法学》1993 年第 2 期。

## 四、学位论文

[1]贺海燕：《遗赠制度研究》，西南政法大学 2021 年博士学位论文。
[2]杜志红：《遗产分割制度研究》，西南政法大学 2016 年博士学位论文。
[3]石婷：《遗产管理制度研究》，西南政法大学 2015 年博士学位论文。
[4]黄海洲：《我国遗产信托法律制度构建》，吉林大学 2014 年博士学位论文。
[5]陈琼：《信托监管中的市场约束问题研究》，湖南大学 2009 年博士学位论文。
[6]余俊生：《网络虚拟财产法律问题研究》，中国政法大学 2008 博士学位论文。
[7]杨佳红：《民法占有制度研究》，西南政法大学 2006 年博士学位论文。
[8]薛明珠：《遗嘱信托法律问题研究》，华东政法大学 2021 年硕士学位论文。
[9]李智：《遗产债务清偿制度研究》，西南政法大学 2016 年硕士学位论文。
[10]田志林：《遗产管理人制度研究》，华东政法大学 2013 年硕士学位论文。
[11]王永波：《遗嘱执行人制度研究》，昆明理工大学 2012 年硕士学位论文。
[12]连光宗：《遗产管理人的法律地位研究》，湖南师范大学 2011 年硕士学位论文。
[13]曹国丽：《论遗产管理人制度》，西南政法大学 2007 年硕士学位论文。

## 五、英文著作

[1]Susan N. Gary, *Contemporary Approaches to Trusts and Estates*, Wolters Kluwer Law and Business, 2011.
[2]Suzan Herskowitz Singer, *Wills, Trusts, and Estates Administration*, Prentice Hall, 2011.
[3]Louis Garb & John Wood, *International Succession*, Oxford University Press, 2010.
[4]Peter Hay et al., *Conflict of Laws*, West, 2010.
[5]J. H. C. Morris et al., *The Conflict of Laws*, Sweet & Maxwell, 2009.

[6]John Mowbray et al., *Lewin on Trusts*, Sweet & Maxwell, 2007.

[7]Gerry W. Beyer, *Wills, Trusts, and Estates: Examples and Explanations*, Aspen, 2005.

[8]Edmund T. Fleming, *Estate Planning and Administration: How to Maximize Assets, Minimize Taxes, and Protect Loved Ones*, Allworth Press, 2004.

[9]Geraint W. Thomas & Alastair Hudson, *The Law of Trusts*, Oxford University Press, 2004.

[10]Louis Garb, *International Succession*, Kluwer Law International, 2004.

[11]Luther L. Mcdougal III et al., *American Conflicts Law: Cases and Materials*, LexisNexis, 2004.

[12]Peter Hay et al., *Conflict of Laws: Cases and Materials*, Foundation Press, 2004.

[13]J.-G. Castel, *Introduction to Conflict of Laws*, Butterworths Canada Ltd., 1998.

[14]Alan B. Morrison, *Fundamentals of American Law*, Oxford University Press, 1996.

[15]Philip H. Pettit, *Equity and the Law of Trust*, Butterworths, 1993.

[16]Eugene F. Scoles & Peter Hay, *Conflict of Laws*, West Group, 1992.

## 六、英文论文

[1]Albert Keating, "The Representative Capacity of Administrators and Section 9(2) of the Civil Liability Act 1961", *Irish Probate Law Journal*, Vol. 2, 2014.

[2]Elizabeth Crawford & Janeen Carruthers, "The Law of Unintended Consequences: the Inheritance and Trustees' Powers Bill", *Edinburgh Law Review*, Vol. 18, 2014.

[3]Jamie Glister, "Disclaimer and Secret Trusts", *The Conveyancer and Property Lawyer*, Vol. 1, 2014.

[4]Larry S. Dushkes, "The Special Provisions Applicable to Probate Proceedings", *Los Angeles Lawyer*, Vol. 37, 2014.

[5]Matt Borden, "Covering Your Digital Assets: Why the Stored Communications Act Stands in the Way of Digital Inheritance", *Ohio State Law Journal*, Vol. 75, 2014.

[6]Robert Grimes & Karl Dowling, "Time Limits in Succession Law Cases and the

'First Taking out of Representation'", *Irish Probate Law Journal*, Vol. 2, 2014.
[7] Adam J. Hirsh, "Incomplete Wills", *Michigan Law Review*, Vol. 111, 2013.
[8] Andrew G. Middleton, "Power Failure: How the Texas Probate Code Leaves a Gap in the Ability to Preserve Estates After Death", *Texas A&M Law Review*, Vol. 1, 2013.
[9] Gerry W. Beyer, "Wills & Trusts", *SMU Law Review*, Vol. 66, 2013.
[10] Carly Howard, "Trust Funds in Common Law and Civil Law Systems: A Comparative Analysis", *University of Miami International and Comparative Law Review*, Vol. 13, 2006.
[11] Iain Sim, "Digital Estate", *Scots Law Times*, Vol. 13, 2013.
[12] John Kerrigan, "Estate Planning and the Adults with Incapacity (Scotland) Act 2000", *Scots Law Times*, Vol. 20, 2013.
[13] Lilian Edwards & Edina Harbinja, "Protecting Post-Mortem Privacy: Reconsidering the Privacy Interests of the Deceased in a Digital World", *Cardozo Arts and Entertainment Law Journal*, Vol. 32, 2013.
[14] Lionel Smith, "Scottish Trusts in the Common Law", *Edinburgh Law Review*, Vol. 17, 2013.
[15] Liz C. Messianu, "Estate Planning as Necessary as Ever Following Atra", *Estate Planning Client Strategies* 2013 *WL* 3772849, Aspatore 2013.
[16] Kent D. Schenkel, "The Trust-as-will Portmanteau: Will or Spork?", *Quinnipiac Probate Law Journal*, Vol. 27, 2013.
[17] Ruth Gaffney-Rhys & Joanna Jones, "Where There's a Will There's a Way: Attitudes to Inheritance Planning among Small Business Owners", *International Journal of Law & Management*, Vol. 55, 2013.
[18] Elizabeth Neale, "Failure of Charitable Legacies: Will Drafting in the Light of Two Recent Cases", *Private Client Business*, Vol. 6, 2012.
[19] John H. Martin, "Non-Judicial Estate Settlement", *University of Michigan Journal of Law Reform*, Vol. 45, 2012.
[20] Joseph Jaconelli, "Wills as Public Documents — Privacy and Property Rights",

*Cambridge Law Journal*, Vol. 71, 2012.

[21] Kristina Sherry, "What Happens to Our Facebook Accounts When We Die?: Probate Versus Policy and the Fate of Social-Media Assets Postmortem", *Pepperdine Law Review*, Vol. 40, 2012.

[22] Dustin Joseph Richards, "Tort Law—Overruled! Wyoming's Novel Interpretation of The Wronful Death Act's Personal Representative", *Wyoming Law Review*, Vol. 11, 2011.

[23] Michael D. Roy, "Beyond the Digital Asset Dilemma: Will Online Services Revolutionize Estate Planning?", *Quinnipiac Probate Law Journal*, Vol. 24, 2011.

[24] Zhengxin Huo, "An Imperfect Improvement: the New Conflict of Laws Act of the People's Republic of China", *International & Comparative Law Quarterly*, Vol. 60, 2011.

[25] Catherine S. Curtis, "Notice Requirements: Adding to the Burden or Preventing Fraud for the Texas Probate System", *Texas Wesleyan Law Review*, Vol. 16, 2010.

[26] David Hayton, "Some Current Trust Law Issues 2010", *Trust Law International*, Vol. 24, 2010.

[27] Edward Cumming, "Insolvency Issues for Trust and Estates Practitioners: Part 1", *Insolvency Intelligence*, Vol. 23, 2010.

[28] Edward Cumming, "Insolvency Issues for Trust and Estates Practitioners: Part 2", *Insolvency Intelligence*, Vol. 23, 2010.

[29] Emma Chamberlain & Chris Whitehouse, "Pre-Owned Assets and Estate Planning", *Private Client Business*, Vol. 5, 2010.

[30] Elaine Kirton, "The Legal Complaints Service and the Probate Practitioner", *Private Client Business*, Vol. 4, 2009.

[31] George Duncan, "In the Matter of the Estate of Bertha Hemming (Deceased): the Nature of an Interest in an Estate in Course of Administration", *Private Client Business*, Vol. 2, 2009.

[32] Henry Frydenson, "Mediation in Settling Probate Disputes", *Private Client Business*, Vol. 5, 2009.

[33] Iain Sim, "Employment Issues in Executries", *Scots Law Times*, Vol. 40, 2009.

[34] John H. Martin, "Reconfiguring Estate Settlement", *Minnesota Law Review*, Vol. 94, 2009.

[35] Karen J. Sneddon, "Beyond the Personal Representative: the Potential of Succession without Administration", *South Texas Law Review*, Vol. 50, 2009.

[36] Howard Johnson, "Access to EU Documents — the Data Protection Exception", *Communications Law*, Vol. 13, 2008.

[37] John Kerrigan, "The Scottish Law Commission Discussion Paper on Succession", *Scots Law Times*, Vol. 11, 2008.

[38] Jonathan Harris, "The Proposed EU Regulation on Succession and Wills: Prospects and Challenges", *Trust Law International*, Vol. 22, 2008.

[39] Alison Talbot, "Disposing of Assets on Behalf of Charities", *Private Client Business*, Vol. 1, 2007.

[40] Gary Scanlan, "Administration of Estates and Limitation", *Civil Justice Quarterly*, Vol. 26, 2007.

[41] Roger Kerridge, "Reform of the Law of Succession: the Need for Change, Not Piecemeal Tinkering", *Conveyancer and Property Lawyer*, Vol. 2, 2007.

[42] Amy K. Rosenberg, "The Common Law Spouse in Colorado Estate Administration", *Colorado Lawyer*, Vol. 35, 2006.

[43] Jonathan J. Darrow & Gerald R. Ferrera, "Who Owns a Decedent's Emails: Inheritable Probate Assets or Property of the Networks?", *NYU Journal of Legislation and Public Policy*, Vol. 10, 2006.

[44] Terence Prime, "Limitation of Actions in Beneficiaries' Claims on Intestacy", *Conveyancer and Property Lawyer*, Vol. 6, 2006.

[45] Christopher J. Winton, "A Probate Happens: How to Sell Real Estate During a Decedent's Estate Administration", *West Virginia Lawyer*, Vol. 12, 2005.

[46] James Kessler, "Drafting Trusts and Will Trusts—A Modern Approach", *Conveyancer and Property Lawyer*, Vol. 10, 2005.

[47] Tamela J. White & Charlotte A. Hoffman, "The Privacy Stadards under the

Health Insurance Portability and Accountability Act: Apractical Guide to Promote Order and Avoid Potential Chaos", *West Virginia Law Review*, Vol. 106, 2004.

[48] Howard Seife, "Discovery in the United States: What Devices are Available to Assist Foreign Insolvency Proceedings?", *Insolvency Intelligence*, Vol. 16, 2003.

[49] James Behrens, "The History of Mediation of Probate Disputes", *Arbitration*, Vol. 68, 2002.

[50] Bradley E. S. Fogel, "What Have You Done for Me Lately? Constitutional Limitations on State Taxation of Trusts", *University of Richmond Law Review*, Vol. 32, 1998.

[51] Brian A. Chard, "A Practical Look at Estate Planning with Family Limited Partnerships", *Thomas M. Cooley Journal of Practical and Clinical Law*, Vol. 1, 1997.

[52] David M. Richards, "The Death of a Party in Arbitration Proceedings", *Arbitration*, Vol. 61, 1995.

[53] John H. Langbein, "The Contractarian Basis of the Law of Trusts", *Yale Law Journal*, Vol. 12, 1995.

[54] Sean Kendall Murphy, "Pouring Nonprobate Assets into a Testamentary Trust: A Half-protected Activity in Alaska", *Alaska Law Review*, Vol. 12, 1995.

[55] Abraham S. Guterman, "The Federal Income Tax and Trusts for Support—the Stuart Case and its Aftermath", *Harvard Law Review*, Vol. 57, 1944.

## 七、英文立法文件

[1] HCCH: Convention on the Conflicts of Laws Relating to the Form of Testamentary Dispositions.

[2] HCCH: Convention Concerning the International Administration of the Estates of Deceased Persons.

[3] HCCH: Convention on the Law Applicable to Succession to the Estates of Deceased Persons.

[4] HCCH: Convention on the Law Applicable to Trusts and on their Recognition.

[5]UNESO：Charter on the Preservation of the Digital Heritage.

[6]Restatement (1st) of Conflict of Laws.

[7]Restatement (3th) of Trusts.

[8]Uniform Probate Code.

## 八、其他英文资料

[1]Commission of the European Communities, *Green Paper — Succession and Wills*, COM(2005) 65 final, Brussels, 2005.

[2]European Commission, *Proposal for a Regulation of the European Parliament and of the Council on Jurisdiction, Applicable Law, Recognition and Enforcement of Decisions and Authentic Instruments in Matters of Succession and the Creation of a European Certificate of Succession*, COM(2009)154 final, Brussels, 2009.

[3]Claudio Cappellini, *Opinion of the European Economic and Social Committee on the "Proposal for a Regulation of the European Parliament and of the Council on Jurisdiction, Applicable Law, Recognition and Enforcement of Decisions and Authentic Instruments in Matters of Succession and the Creation of a European Certificate of Succession"*, C44, Official Journal of the European Union, 2011.

[4]European Parliament Council, *Regulation (EU) No. 650/2012 of the European Parliament and of the Council of* 4 *July* 2012 *on Jurisdiction, Applicable Law, Recognition and Enforcement of Decisions and Acceptance and Enforcement of Authentic Instruments in Matters of Succession and on the Creation of a European Certificate of Succession*, L201, Official Journal of the European Union, 2012.

# 后　记

当书稿完成至此，恍惚间略感惶恐迷茫：一方面是书稿的撰写暂时告一段落，心里似有石头落了地；而另一方面却又忽觉本书所涉之研究主题仍有大片新地有待进一步深耕细作。拙作付梓出版，难免存在疏漏不当之处，恳请各位读者高才不吝赐教、批评斧正。

眨眼间从珞珈山毕业走向工作岗位已七年有余。读博期间有幸承蒙恩师提点，指明此研究方向，而今完成拙作，权且作为阶段性的回复，以后仍将继续努力，希望能再有所精进。每每回想起国际法所各位老师的引导、鼓励和帮助，顿时百感交集。疫情期间，让人伤感的事时有发生，但生活仍需继续。唯愿各位恩师在肩负重任之时能保重身体、一切顺遂、心想事成。

感谢我的硕导、博导肖永平教授对我的苦心栽培与提携，学生自当铭记于心。恩师为人、治学都是我的榜样，虽难望其项背，但必以之为鞭策。虽当面讨教的机会有限，但恩师每次寥寥几句总能拨云见日，消除学生心中的彷徨迷茫。感谢师母喻术红教授对我为人处世的提点以及日常生活的关照。师母的睿智给予我很多启发，虽望尘莫及，必孜孜以求。毕业多年，学生的不少生活琐事仍劳烦师母挂怀，既心怀感激，又于心不忍。师母的关怀和教诲自当铭记于心，学生祈愿师母所念皆顺、所想皆成。

感谢西南政法大学国际法学院各位领导的信任和理解；感谢刘想树教授的关怀和提点；感谢张春良师兄在工作、科研等多方面的建议和指点；感谢田路老师在工作、生活等多方面的关照和帮助；感谢在重庆的各位师友知无不言的坦诚相待。感谢华中农业大学文法学院各位领导的帮助和提携；感谢王德强教授在工作、生活、科研等多方面的指导；感谢刘旭霞教授通过读书会等形式引领我们尝试开展新领域的研究；感谢各位同事的包容、理解和帮助，助我尽快地融入新环境。感谢教授过的各级同学们给予的评价和认可，你们的鼓励让我时时提醒自己在教学时务必不忘初心。

感谢我的父母对我的养育之恩和全力支持，儿子永生难忘。你们为我倾注毕生心血，我只能祝福你们平安、健康、快乐。希望你们老有所乐，培养一些可持续发展的爱好，疫情当前保重身体，乐观面对退休后的清闲生活。请不要再事事为我操心，你们的人生本可以更精彩。感谢岳父母大人对我的关爱和包容，让我又有了一个新家。感谢妻子对我工作的理解和支持，在我伏案执笔之时积极分担家务，在我焦躁忧虑之时主动沟通开导，努力撑起这半边天。

感谢身边所有的亲人、师友、朋友们。凡有困顿迷茫之时，总能得到各位亲朋好友的鼎力相助，倾囊相授。人生不如意之事十有八九、人生得一知己足矣；而我却是个被幸运眷顾的人，没有那么多不如意，也不止一位可以称之为知己的朋友。虽说滴水之恩，当涌泉相报，然本人能力所限，难以达到这个标准，故只能铭记恩情、徐图报之。梦醒人间看微雨，江山还似旧温柔。

本书出版要感谢教育部人文社会科学研究青年基金项目“冲突法视角下中国遗产管理法律制度构建研究”(项目编号 18YJC820084)的资助和支持。特别要感谢武汉大学出版社的胡荣编辑的辛勤工作。

鉴于作者资质驽钝、能力有限，书中错误、疏漏、不当之处难免出现，敬请读者批评指正，以鞭策作者进一步学习、改正。为方便读者联系，现将本人邮箱留于此处，有劳批评赐教。邮箱地址：imzhangchi@ foxmail. com。

**张　弛**

2023 年 10 月 10 日